라인하르트 슈바르츠의
마틴 루터

라인하르트 슈바르츠(Reinhard Schwarz) 지음
정 병 식 옮김

라인하르트 슈바르츠의
마틴 루터

2007년 2월 15일 / 초판 1쇄
2010년 8월 25일 / 초판 2쇄

옮긴이 / 정병식
펴낸이 / 김성재
펴낸곳 / 한국신학연구소

등록 / 1973년 6월 28일 제5-25호
주소 / 110-030 서울시 종로구 청운동 115-1
전화 / 02)738-3265 팩스 / 02)738-0167
E-mail / ktsi@chollian.net
홈페이지 / http://ktsi.or.kr

이 책의 한국어판 저작권은 Vandenhoeck & Ruprecht 출판사와의 독점 계약으로
한국신학연구소가 소유합니다.
저작권법에 따라 국내에서 보호를 받는 저작물이므로
무단 전제와 무단 복제를 금합니다.

Luther. 2. Auflage 1998
by Reinhard Schwarz
Copyright © Vandenhoeck & Ruprecht GmbH & Co. KG, Göttingen
All rights reserved.

Korean Translation Copyright © 2007 by Korea Theological Study Institute.

값 19,000원

ISBN 978-89-487-0317-7 93230

파본은 교환해 드립니다.

라인하르트 슈바르츠

마틴 루터

한국신학연구소

| 역 자 서 문 |

    종교개혁은 인간과 사회의 모든 영역에 큰 변화를 초래한 주요한 역사적 사건 가운데 하나였다. 그것은 종교적인 영역을 넘어서 정치, 사회 그리고 문화적 영역에 영향을 주었지만, 무엇보다도 종교적 사고와 삶의 영역에서 기존 진로의 획기적인 변화와 수정을 요구한 사건이었다. 프로테스탄트와 그와 유사한 종교적 혹은 종파적 운동들은 모두 종교개혁적 기반 위에 서 있으며, 오늘날도 이러한 흐름은 계속되고 있다.

    마틴 루터는 독일 종교개혁의 성취자이다. 그는 신앙적으로는 성서와 하나님께 민감한 감성의 소유자였고, 신학적으로는 판단과 분석 그리고 강한 집중력의 인물이었을 뿐만 아니라, 강력한 리더쉽을 가진 지도자였다. 그의 신앙은 언제나 성서와 하나님 중심이었다. 그의 신앙적 삶은 단순한 개인의 경건적 차원에 머물지 않았다. 그것은 참된 영성이었고, 그 결과 사회변혁적 힘으로 분출되었다.

    루터의 전기와 종교개혁을 상세히 논한 이 책은 '역사속의 교회'

(Die Kirche in ihrer Geschichte)라는 이름으로 나온 교회사 연속 간행물 가운데 하나이다. 저자 슈바르츠는 1971년 이후 뮌헨대학교의 교회사 교수였으며, 루터 전문가로 잘 알려져 있다. 1963년부터 시작된 루터의 일차 시편강의 비평판(WA55 I,II) 제작에 적극 참여한 그는 시편 16-30편까지 단독으로 작업하여 1973년 완성했고, 상세한 비평과 원문 인용의 출처까지도 세세하게 밝혀주어 초기 루터 신학을 상세히 개관해 볼 수 있는 학문적인 기회를 제공해 주었다.

평이함과 전문성을 두루 갖춘 슈바르츠의 이 책 『루터』는 1986년에 나왔으며, 그동안 독일에서 루터 평전인 동시에 원자료에 충실한 깊이가 있는 책으로 평가되어 루터를 알리는데 일조해 왔다. 루터의 출생에서 그가 죽기까지 연대기적인 방법을 사용했고, 동일한 방법으로 루터의 생애를 서술한 과거의 책보다는 새로운 자료와 비평판에 근거해 사실성과 객관성을 크게 보완한 유익한 책이다.

개신교회는 루터의 종교개혁에 뿌리를 두고 있으며, 루터와 그의 종교개혁 신학에 큰 빚을 지고 있다. 따라서 루터와 종교개혁은 고루한 역사적 인물과 사건으로 스쳐서는 안 되며, 반드시 알아야 하고 경험해야 하는 필수적인 요소이자 분야이다. 중세 교회와 그의 종교개혁은 현대 교회의 주요한 대화의 소스여야 한다. 올바른 역사 이해와 인식은 올바른 방향 설정의 전제가 된다. 종교개혁은 뼈아픈 역사적 사건이자 기억이지만, 오늘의 교회가 나아가고 추구해야 할 목표를 정함에 있어서 중요한 잣대로 삼는다면, 또 다시 겪게 될지도 모를 분열적 개혁을 예방하는 동시에 하나님이 원하시는 성서적 교회의 모형으로 다가가는 안내자로 자리매김될 것이다. 루터를 아는 것과 루터처럼 사는 것은 매우 다른 것임에 틀림없다. 종교개혁을 공부하는 것과 그것을 수행하는 것 역시 매우 다른 차원의 것이다. 루터와 그의 종교개혁을 소개하는 것은 루터를 공부한 역자에게 매우 기쁜 일이다. 교회의 본질과 신앙의 본 모습을 루터를 빌어 간접적으로나마 역설할 수 있기 때문이다. 이 책이 신학을 공부하는 한국 교회 내일의 지도자들과 교회에 작은 도움이 되기를 바라며, 출판을 허락해주신 한국신학연구소에 진심으로 감사를 드린다.

2006년 9월 20일
서울에서 정 병 식

제1장 유년시절(1483-1505)

1. 가정과 학교 ▶▶▶ 13
2. 철학 기본 수업 ▶▶▶ 18
3. 사회의 종교성 ▶▶▶ 23

제2장 수도사, 사제 그리고 신학자(1505-1512)

1. 구걸승려와 사제가 되다 ▶▶▶ 28
2. 수도사와 사제신분에 대한 요구 ▶▶▶ 34
3. 학문적인 신학 수업 ▶▶▶ 40
4. 요한네스 폰 스타우피츠, 수도원 총책임자이며 상담가
   - 루터의 로마 여행 ▶▶▶ 46

제3장 비텐베르크 교수 1512-1517/18

1. 비텐베르크 ▶▶▶ 53
2. 신학박사 – 성서신학의 길로 ▶▶▶ 57
3. "하나님의 의"라는 성서적 표현의 참된 의미 ▶▶▶ 65
4. 바울과 아우구스티누스로 스콜라신학 반박 ▶▶▶ 73
5. 수도원과 교회에 대한 책임 ▶▶▶ 84

CONTENTS

제4장 1518년까지의 면죄부 논쟁
1. 베드로 면죄부 ▶▶▶ 92
2. 루터의 면죄부 비판 ▶▶▶ 98
3. 루터의 면죄부 비판에 대한 첫 반박 ▶▶▶ 106
4. 하이델베르크 논쟁과 비텐베르크 교과 개혁 ▶▶▶ 113
5. 로마의 소송 시작; 카예탄의 심문; 루터의 첫 호소 ▶▶▶ 121

제5장 루터 문제의 확산(1519/20)
1. 밀티츠의 외교와 레오 10세의 면죄부 교령 ▶▶▶ 133
2. 에크와의 라이프치히 논쟁 ▶▶▶ 139
3. 대중적인 글에 나타난 새로운 주제들: 공식적인 첫 번째 정죄; 인문주의자들의 동정 ▶▶▶ 152

제6장 종교개혁 신학의 윤곽
1. 기독교의 일치와 전권 ▶▶▶ 162
2. 교회개혁의 호소-『독일 그리스도인 귀족들에게』 ▶▶▶ 169
3. 새로운 성례전 근거 ▶▶▶ 176
4. 기독교인의 자유와 선행 ▶▶▶ 187

제7장 로마의 정죄-황제와 제국회의에서 루터의 심문
1. 로마 소송의 종결 ▶▶▶ 195
2. 루터의 로마 판결 거부 ▶▶▶ 203
3. 황제와 제국회의 앞에서, 1521년 보름스 ▶▶▶ 210

제8장 개신교회 건설의 시작, 1522-1524
1. 바르트부르크에서 ▶▶▶ 224
2. 개혁의 책임감으로 비텐베르크로의 귀환 ▶▶▶ 241
3. 예배개혁 ▶▶▶ 250
4. 교회공동체의 법과 제도적 요소들: 목사선출, 재정, 학교 ▶▶▶ 257
5. 복음과 세속적인 법 생활 ▶▶▶ 266

제9장　1524/25년의 결정들

1. 뮌처와 칼슈타트에 대한 루터의 거부 ▶▶▶ 281
2. 1525년 농민들의 소요와 그들의 요구에 대한 판단 ▶▶▶ 290
3. 결혼과 가정생활 ▶▶▶ 300
4. 에라스무스와의 결렬 ▶▶▶ 305

제10장　각 지역으로의 종교개혁 확장의 해, 1526-1530

1. 츠빙글리와의 성만찬 논쟁 ▶▶▶ 314
2. 선제후의 첫 시찰, 예배와 교회 개혁의 두 번째 단계 ▶▶▶ 324
3. 터기 문제 ▶▶▶ 334
4. 고백, 동맹, 저항권 ▶▶▶ 341
5. 코부르크 시대 ▶▶▶ 351

제11장　제국이 정치적으로 종교개혁을 지원해준 해, 1531-1539

1. 제국의원들의 종교개혁 주장 ▶▶▶ 361
2. 재세례와 공적인 관용의 문제 ▶▶▶ 371
3. 계속되는 대학과 교회의 새로운 설립 ▶▶▶ 380
4. 성만찬 일치와 반율법주의 논쟁 ▶▶▶ 390
5. 공의회 문제와 루터의 슈말칼덴 조항 ▶▶▶ 403

제12장　생의 마지막 해, 계속되는 제국내 종교정치적인 경색

1. 교회와 역사 ▶▶▶ 412
2. 유대교 논쟁 ▶▶▶ 424
3. 제국내 교회정치적인 혼선 ▶▶▶ 434
4. 병, 마지막 영향, 죽음 ▶▶▶ 448

참고도서

라인하르트 슈바르츠의

마틴 루터

제 1 장 유년시절(1483-1505)
제 2 장 수도사, 사제 그리고 신학자(1505-1512)
제 3 장 비텐베르크 교수 1512-1517/18
제 4 장 1518년까지의 면죄부 논쟁
제 5 장 루터 문제의 확산(1519/20)
제 6 장 종교개혁 신학의 윤곽
제 7 장 로마의 정죄 – 황제와 제국회의에서 루터의 심문
제 8 장 개신교회 건설의 시작, 1522-1524
제 9 장 1524/25년의 결정들
제10장 각 지역으로의 종교개혁 확장의 해, 1526-1530
제11장 제국이 정치적으로 종교개혁을 지원해준 해, 1531-1539
제12장 생의 마지막 해, 계속되는 제국내 종교정치적인 경색

제 1 장

유년시절(1483-1505)

1. 가정과 학교

마틴 루터의 부모는 1483년[1] 11월 10일 첫째 혹은 둘째 아들이[2] 태어난 다음날 세례에서 마틴(Martin)이라는 일일성인의 이름을 주었을 당시 아이스레벤(만스펠트 공작령)에 살았다. 아버지 한스 루터(†1530년 6월 29일)는 튀링겐 숲 서쪽에 있는 바트 잘충겐

---

1) 가족명은 본래 루더(Luder)였다. 루터로의 개명에 대해서는 참고 15, 각주 17을 참고하라. 출생년도인 1483년이 절대적으로 확실한 것은 아니다. 그러나 1484년보다는 더 많이 전해져 왔다. 라인하르트 스타츠(Reinhart Staats)는 그의 연구(Luthers Geburtsjahr 1484 und das Geburtsjahr der evangelischen Kirche 1519; Bibliothek u. Wissenschaft 18, 1984, 61-84)를 통해 1484년을 더 고집한다.
2) 비교. O. Scheel. (참고문헌 B) 1, 263f. 각주 4.

북부 뫼라 마을의 농촌 출신이었다. 그 지역의 법에 따라 맏아들인 그는 아버지가 물려주신 집을 막내 동생에게 넘겨주고 광산, 특히 만스펠트의 구리광산에서 생계비를 벌었다. 부인 마가레트(✝1531년 6월 30일, 출생이름 - 린데만)[3]는 아이제나흐에서 태어났다. 1484년 가족과 함께 만스펠트로 이사한 후, 루터의 아버지는 일반 갱부가 아닌 소광산연합회의 노조원으로 일했고, 제련기술자가 되었다. 그는 1250굴덴(Gulden)[4]의 재산을 상속으로 남겼다. 루터의 어린시절, 부모들은 최소 일곱(혹은 아홉)의 자녀를 둔 가족의 생존을 위해 열심히 일했다. 루터의 아버지는 만스펠트의 완전한 시민권자였으며, 1491년 처음으로 시당국과 독립된 4인의 시민 대표 중 한 사람이었음이 문서로 입증되었다. 1502년 그는 두 번째로 시민 대표가 되었다. 루터의 성장을 연구하는 데 있어서 부친의 특별한 경제적 직업관계[5]는 크게 관심을 얻지 못하고, 오히려 도시 생활이 주는 일반적 - 사회적, 시민적 - 법적 환경이 더 큰 흥미를 얻고 있다. 이것은 다른 종교개혁가와도 다르지 않다.

루터는 극히 정상적인 교육을 받았다. 어린 시절 부모에 의해 양육되고, 구걸승려가 되었을 때, 오랜 기간 아버지의 반대를 경험했

---

3) H. A. Oberman (참고문헌 B), 94f; J. Siggins; R. Bainton.
4) WAB 7, 87ff. 형제들과의 마틴 루터의 상속문서; 비교. AKat. Martin Luther (참고문헌 C), Nr.7.
5) AKat. Martin Luther (참고문헌 C), Nr.2ff. Ekkehard Westermann: Hans Luther und die Hüttenmeister der Grafschaft Mansfeld im 16. Jahrhundert. Eine Forschungsaufgabe; Scripta Mececaturae 2, München 1975, 53-95. Erich Paterna: Da stunden die Bergkleute auf. Die Klassenkämpfe der mansfeldischen Bergarbeiter im 16. und 17. Jahrhundert; 2 Bde. Berlin (DDR) 1960. Wieland Held: Die soziale Umgebung von Martin Luthers Elternhaus; bei G. Vogler (참고문헌 C), 13-19.

음에도 불구하고 부친에 대한 전체적인 인상과 부모와의 관계는 루터의 성장이 극도의 심적인 부담 속에서 이루어졌다는 추측을 갖게 하지는 않는다. 초기 루터의 신학적 성장을 아버지와의 갈등에서 심층심리학적으로 도출하고자 한 에릭 에릭슨(Erik H. Erikson)⁶⁾의 연구는 양심현상 자체에 대한 중요한 통찰이었음에도 불구하고 비판을 피하지 못했다. 그것은 에릭슨이 부분적으로는 전설적인 자료를 근거로 삼고, 부분적으로는 부친에 대한 루터 자신의 언급을 지나치게 과장하여 루터가 부친에 대하여 늘 즐겨 표현한 존경과 따뜻한 애정뿐만 아니라, 시민들로부터 아버지가 얻은 명성을 중요하게 여기지 않았기 때문이다. 그는 그 당시의 일반적인 종교적 환경도 고려하지 않았다(참고 1장 3). 그 시대의 종교적 환경은 가정과 학교 교육에도 영향을 주었다. 루터의 교육은 우리가 접근할 수 있는 모든 관점을 종합해 볼 때, 특별한 헌신과는 상관없는 평범한 교회적인 경건의 흐름 속에서 이루어졌다.⁷⁾

루터는 먼저 (추측컨대 1490년부터) 1497년까지 만스펠트 시가 운영하는 학교를 다녔다. 그 후 1년 동안 마그데부르크에서 살았다. 이곳에서 그는 성당학교를 다녔으며, 공동생활 형제단, 즉 네덜란드에서 시작된 경건운동인 새로운 경건(Devotio moderna)의 회원들과 함께 일종의 학생 기숙사에서 살았다.⁸⁾ 후에 고향에서 제련기술자가 된 만스펠트 출신의 한스 라이넥은 루터의 동료였고, 1536

---

6) E. H. Erikson. 비교. H. Bornkamm 그리고 Roland H. Bainton: Luther und sein Vater. Psychiatrie und Biographie; Zeitwende 44, 1973, 393-403.
7) 아버지의 종교적인 생각을 비쳐주는 특별히 유익한 루터의 부친 회고: WADB 11 II, 95, 19ff. XCII; 비교. WA 27, XI.
8) H. Junghans (참고 1장 2), 63f. 비교. WAB 1, 611,27f; 2, 563,4ff; WA 38, 105. AKat. Martin Luther (참고문헌 C), Nr.93.

년에도 루터는 여전히 그를 가장 친한 친구라 말하고 있다.⁹⁾ 대주교청에서 일하는 같은 만스펠트 출신의 파울 모스하우어는 이 젊은 학생을 영적으로 잘 보살펴 주었다.¹⁰⁾ 루터 자신이 형제단의 장려자라고 고집할 때조차도(1532/34) 공동생활 형제단의 특별한 인상에 대해 그는 나중에 아무것도 말하지 않고 있다.¹¹⁾ 그에게 특별히 감명 깊었던 것은 프랜시스회 구걸승려인 선제후 빌헬름(Wilhelm von Anhalt-Zerbst)을 거리에서 보던 때인 마그데부르크 시절이었다.¹²⁾

루터는 1498년 봄부터 3년간 아이제나흐¹³⁾에 있는 성 게오르크 사제학교를 다녔다. 이곳은 어머니의 친척들이 살고 있었다. 초기에는 마그데부르크에서처럼 가가호호를 방문하며 노래를 불러 생활을 했고, 그 후에는 하숙비와 생활비를 하인리히 샬베(Heinrich Schalbe)와 콘라트 코타(Konrad Cotta)의 가정에서 벌었다.¹⁴⁾ 이들은 가까운 인척으로 샬베는 상인이었고, 코타는 귀족가정이었다. 수도사와 평신도가 하나인 중세 후기의 전형적인 토대에서 이 가정들은 아이제나흐에 들어와 뿌리를 내리고 있던 프랜시스회적인 경건에 힘썼다.¹⁵⁾ 물론 아이제나흐의 경건한 사람들은 특별히 성 엘리자베스를 앙모했다.¹⁶⁾ 루터는 아이제나흐 마리아 교회의 성직자 가운데

---

9) WAB 7, 399f; 비교. 5, 346, 1 349, 27 351, 20; 8, 280, 4 그리고 TR 5 Nr.6030.
10) WAB 2, 563, 4ff.
11) WAB 6, 254ff (290ff) 295ff; 7, 112ff.
12) WA 38, 105, 8ff; TR 6 Nr.6859.
13) 비교. WAB 1, 14f 52, 8; 4, 74f.
14) 비교. WA 30 III, 491, 32ff; WAB 3, 36, 3f (각주 1); TR 5 Nr.5362 샬베에 관하여; WAB 9, 549f; WADB 10 II, 101; TR 6 Nr.6910 코타에 관하여.
15) 비교. WAB 1, 10, 39ff.

한 사람인 요한네스 브라운과 깊은 교제를 가졌다. 그는 늘 젊은이들과 함께 시와 음악에 힘쓰는 사람이었다. 루터는 1507년 신임 신부의 첫 미사 때 아이제나흐의 옛 가정교사를 초청하면서 요한네스 브라운도 에어푸르트에 초대했다.[17]

11년간의 학창시절 마지막 무렵, 루터는 당시 라틴어 학교 마지막 단계에 있었다. 그는 라틴어를 읽고, 쓰고, 말하는 법을 배웠다. 그의 수업은 엘리우스 도나투스(Aelius Donatus), 케사리우스 프리스치아누스(Caesarius Priscianus) 그리고 하나님의 집(de Villa-Dei)[18]에 대해 쓴 알렉산더의 문법책으로 시작했다. 강의는 서신 형태를 지닌 수사학의 전 단계를 잘 이해하게 만들어 주었다.[19] 라틴어 강의는 독일인을 결코 배제하지 않았고, 독일어로 암기할 수 있었던 주요 교리서—십계명, 신앙고백서, 주기도문—를 주교재로 사용했다. 그 외에도 예전으로 쓰는 찬송가 본문을 배웠다. 이것은 예배송을 부를 때에 학생들이 규칙적으로 함께 협력해야 했기 때문이다. 음악 이론을 가르치는 음악 교육도 있었다. 라틴어로 쓰인 일반 문학작품에서 좋은 라틴어 문장들을 추출해 왔다. 루터가 아이제나흐의 마지막 학창시절에 이미 새로운 것뿐만 아니라 고대의 몇몇 고전적 라틴 시문학을 배웠는지 아니면 에어푸르트 학창시절에 비로소 알게 되었는지는 더 연구해야 할 문제이다.[20] 루터는 카토의

---

16) 비교. TR 3 Nr.3653; WA 10 I, 1, 257, 19; 31 I, 201, 7. B. Moeller (참고 3장 1, 각주 2), 35ff.
17) WAB 1 Nr.3f, 비교. Nr.5와 Nr.1f.
18) 비교. AKat. Martin Luther (참고문헌 C), Nr.90. WA 15, 46, 25f 50, 10.
19) 비교. Leonid Arbusow: Colores rhetorici; Göttingen 1948, 12.
20) 루터에게 중요한 아이제나흐 인물들의 인문주의에 대한 경향에 대해서는 다음을 보라. H. Junghans (참고 1장 2), 64ff. 고대의 저자들에 대한 루터의 지식에 대해서는 Oswald Gottlob Schmidt: Luthers Bekann-

시와 이솝의 우화를 학창시절에 이미 배웠음에 틀림없다.[21] 이 책과 다른 라틴 문헌 속에 다루어진 도덕적 가르침은 교회가 가르치는 신앙적 정직에 대한 가르침과 밀접하게 결합되었다.[22]

> 참고문헌 : Roland H. Bainton: Luther und seine Mutter; Luther 44, 1973, 123-130. Heinrich Bornkamm: Luther und sein Vater. Bemerkungen zu Erik H. Erikson, Young Man Luther; bei dems. (참고문헌 C), 11-32; zuerst ZThK 66, 1969, 38-61. Erik H. Erikson: Young Man Luther. A Study in Psychoanalysis and History; New York 1958; deutsch: Der junge Mann Luther. Eine psychoanalytische und historische Studie; Frankfurt/M. 1975. Jan D. Kingston Siggins: Luther and his mother; Philadelphia Pa. 1981.

2. 철학 기본 수업

1501년 루터는 에어푸르트 대학에서 학업을 시작했다. 이곳은 아이제나흐에서 가장 가까운 대학이었다. 비텐베르크 대학은 이 시점에는 아직 존재하지 않았다.

---

schaft mit den alten Klassikern, Leipzig 1883을 보라.
21) TR 3 Nr.3490: Post Biblia Catonis et Aesopi scripta sund optima. WA 26, 237, 9. 30.
22) 라틴어 강의에서 그러한 가르침에 대한 좋은 예는 1500년경에 수차례 인쇄된 익명의 작품인 영원한 행복의 기초(Fundamentum aeternae felicitatis)이다.

중세의 대학생은 세 개의 최고학과인 신학, 법학 또는 의학 가운데 하나를 공부하기 전에 먼저 철학적이며 일반적인 기본 학업을 마쳐야 한다. 이 기본 수업은 중세 전성기 아리스토텔레스의 사상이 수용되어 심리학과 형이상학을 포함하여 논리, 도덕철학, 자연철학으로 영역이 확장되고 비로소 올바로 알려진 이후, 고대 후기 및 중세 초기의 7개의 교양과목(artes liberales)에 비해 볼 때 상당히 중요했다. 이제는 논리(변증법), 자연 혹은 도덕철학이 더 우선시 되었다. 문법과 수사학은 가치가 떨어졌다. 이 두 분야는 인문주의가 산문과 역사에 강조점을 두면서 다시금 꽃피우기 시작했다. 루터가 공부할 당시인 1501-1505년 에어푸르트에서도 이 가운데 몇 가지를 찾아볼 수 있다. 학업 규정에 의하면 학생은 학사학위를 받을 때까지 적어도 3차 학기 이후에나 신청할 수 있는 문법 강의와 무엇보다도 논리와 자연철학 강의를 듣고, 토론 시험을 거쳐 이수해야만 했다. 당시 4년(초기에는 5년) 이후에나 석사학위로 마칠 수 있었던 두 번째 학업과정에서는 논리와 자연철학 수업이 계속되었고, 수학, 산술, 천문, 형이상학(수학과 동일한 분량으로)과 특별히 도덕철학으로 수업이 확장되었다.[23]

루터가 공부할 당시 인문학부에는 그들 분야의 탁월한 두 명의 대표자인 요도쿠스 투르트페터(✝1519)[24]와 우징겐의 바톨로메우스 아르놀디(✝1532)[25]가 가르치고 있었다. 이 두 사람은 근대의 길, 유명론 혹은 더 정확히 명사론(Terminismus)이라고 일컫는 빌헬름 폰 오캄(✝1349)의 철학경향을 추구했다. 이 둘은 아리스토텔레스의 논리학과 물리학에 대한 자신들의 주요 저작을 여러 번에 걸쳐 출판했지만, 도덕철학의 교과서로는 사용하지 않았다. 아마도

---

23) E. Kleineindam 1, 229.
24) 비교. E. Kleineidam 1과 2pass.
25) 비교. E. Kleineidam 2pass.

그들은 이 분야에서만은 적어도 오캄의 가르침을 드러내고자 했기 때문이다. 후에 루터가 자신의 배경에 대해서 말할 때 유명론 학파 출신이라고 말했다면,[26] 우선은 특별히 논리의 영역에서 자신의 철학적 노선을 의미했을 것이다.

보편자의 실재 여부는 지난 백년간 논리학의 중심 문제였다. 이 문제에 대해 투르트페터와 우징겐은 보편이란 인식한 개체를 개념화시키려는 의도에서 이성이 만들지만 이성적 활동 이전에는 존재하지 않는 즉, 개별적인 대상으로 인식되는 것이 아니라는 유명론적인 의견을 대변했다.[27]

아리스토텔레스의 물리학에서는 현실을 이해할 수 있는 중요한 개념들이 확정되었고, 이 개념으로 스콜라 신학 역시 질료(materia)와 형상(forma), 네 원인(질료원인, 형태원인, 작용원인, 목적원인), 운동, 생성(generatio)과 사멸(corruptio), 공간적 존재와 시간적 존재의 개념을 연구했다. 모든 심리학은 이러한 원리 속에서 함께 다루어졌다. 우징겐은 인간의 의지가 궁극적인 목적과 관련하여, 그것을 분명히 알고 있다고 할 때 자유한지에 대한 근본적인 문제를 논의했으며, 다른 사람들은 의지가 다른 행동을 하도록 강요받을 수 있는지의 문제를 토론했다.[28]

---

26) TR 2 Nr.2544a; 5 Nr 6419; WA 6, 600, 11. 만일 루터가 후에 그 자신이 오캄과 서로 대립하고 있다고 보았다면, 이것은 신학적인 문제, 특별히 은총론에 있어서이다. 은총의 문제에 있어서 루터는 오캄과 다른 후기 프랜시스회의 대표적 신학자들을 반대했다; WA 6, 195, 4f는 두 가지 측면을 함께 묶고 있다. 즉, 루터는 자신의 신학적 입장에서도 역시 오캄주의자들을 반대하고 철학 교육에서 받은 토론에서 오직 확실한 근거가 있을 때만 유효하다고 인정하는 강력한 원칙을 주장하고자 했다.
27) Usingen: Magistralis totius······ artis logicae compilatio, Basel 1511, tr.5 참고 1 (Bl. n 1 v f.).
28) Usingen: Parvulus philosophiae naturalis······ interpretatio, Basel

도덕철학 수업은 좁은 의미에서 볼 때 윤리(특히 니코메니우스의 윤리), 정치, 경제에 대한 아리스토텔레스의 저술에 의존하고 있다. 그것은 개인윤리(근본윤리를 포함하여), 사회 및 가정윤리로 구성되었다.[29]

에어푸르트의 학생 규정에 의하면 6개월 강의로 계획한 형이상학은 신의 개념과 불변하는 것에 대한 순수 지식에 관한 개념을 포함하고 있고, 존재 자체, 즉 보편적인 존재론을 그 개념과 결합시켰다. 학과 구분에서 적어도 우리는 에어푸르트 또는 다른 독일 대학들이 1500년대에 어떻게 가르쳤는지를 알게 된다.[30] 철학 기본 수업에 있어서 일반적인 관심은 다른 학문의 원리에 있었다.

중세의 인문 교육은 철저히 기독교적으로 채색되었다. 신학과의 접촉이 결코 형이상학뿐만 아니라, 모든 주요 학문 속에 있었다. 인문학부의 교수들은 비록 신학박사 학위를 획득한 것은 아니라 할지라도 저마다 신학 교육을 받은 사람들이었다. 인문학부의 교과과정도 모든 대학과 더불어 기독교적인 종교성으로 가득했다. 신학 또는 교회법 수업을 철학 기본 수업에 연결시킬 의도가 전혀 없었다고 해도 가르치는 자와 배우는 자, 특히 남성과 미혼자는 성직자의 정원에 있는 듯 살았다.

루터는 1505년 봄 인문석사(Mag.art)로 학업을 끝낸 인문학부 수업기간 동안 일반적인 통례를 따라 에어푸르트의 학생 기숙사에

1511, tr.3(Bl. 114r/v).
29) 에어푸르트의 학생규정에 따르면 좁은 의미의 윤리학 강의는 8개월, 사회윤리는 6개월 그리고 가정 윤리는 1개월이 소요되었다(Kleineidam, 각주 1).
30) Gregor Reisch(1525년 사망)의 「Margarita philosophica」(Straß-burg 1503 u.ö.)은 형이상학을 다루지 않고, 일곱 개의 인문학부 과목과 함께 자연 및 도덕철학을 다루고 있다. 비교. AKat. Martin Luther (참고문헌 C), Nr.100.

서 살았다.³¹⁾ 비용은 그의 아버지가 지불했다. 루터는 기초철학 공부에 매우 심혈을 기울였고, 투르트페터와 우징겐과도 좋은 사제관계를 가졌다. 그는 논제를 제시하고 토론하는 방식에서 즐거움을 얻었고, 후기에도 역시 이런 모습을 찾을 수 있다. 그는 17명의 졸업생 중 2등으로 석사를 마쳤다.

인문학 수업과 함께 루터는 당시 고대 라틴 시인과 산문 작가들을 공부했다. 이때 그는 고대 작가들이 지은 작품에 대한 이해를 얻었다. 그가 당시 인문주의에 의해 영향을 받았는지에 대한 문제에 답변하고자 한다면, 같은 해에 인문주의가 에어푸르트에서 무엇을 했는지를 주목해야 한다. 우선 인문주의는 우아한 라틴어 사용을 보급하는 일에 힘을 기울였고, 게다가 당시 지배적이던 스콜라 학문과 대립하기보다는 더 긴밀한 관계를 유지했다.³²⁾ 루터의 스승인 투르트페터와 우징겐은 비록 그들이 자신들의 작품에서 전통적인 학문 방법과 언어를 사용하고 있음에도 불구하고 격하지 않은 인문주의에 어느 정도 친근한 입장을 나타냈다. 에어푸르트 인문주의는 이 당시 아직 새로운 삶의 이해를 전개하지는 않았다. 루터는 당시 불어오는 인문주의 정신의 부드러운 바람을 감지했다. 물론 그의 본래의 관심은 주로 전통적인 아리스토텔레스적인 철학수업이었다. 직접 독특한 인문주의를 계속해서 발전시키고, 스콜라 신학을 공격하기 시작한 크로투스 루베아누스(Crotus Rubeanus, 1539)라는

---

31) 그것이 게오르크 기숙사였는지 아니면 하늘의 문(Porta coeli)이라고 일컬은 암플로니안 대학이었는지는 확실히 말할 수 없다. 비교. M. Brecht (참고문헌 B), 40.
32) 헬마 융한은 인문주의의 핵심 인물인 니콜라우스 마샬크(1539년 사망)를 인용하여 당시의 인문주의는 스콜라 신학과 날카롭게 대립하고 있는 것으로 보고 있다. 31ff. 71ff. 비교. Ders.: Erfurt, Universität; TRE 10, 1982, 141-144.

사람이 당시 루터와 함께 한 남자들 가운데 한 명이라는 것은 잘 알려져 있다.[33] 루베아누스는 그들 가운데서 가장 공격적인 사람이었다.

> 참고문헌 : Detlef Illmer: Artes liberales; TRE 4, 1979, 156-171. Helmar Junghans: Der junge Luther und die Humanisten; Weimar 1984. Erich Kleineidam: Universitas studii Erffordensis. Überblick über die Geschichte der Universität Erfurt im Mittelalter 1392-1521; 2Bde., Leipzig 1964. 1969. Wolfgang Urban: Die 'via moderna' an der Universität Erfurt am Vorabend der Reformation; bei Heiko A. Oberman (Hg.): Gregor von Rimini, Werk und Wirkung bis zur Reformation; Berlin 1981, 311-330.

3. 사회의 종교성

유년기, 학생기 그리고 청소년기는 루터의 성장을 폐쇄된 기독교 사회인 도시 환경으로 내몰았다. 중세 독일이라는 공간[34], 특히 마그데부르크와 에어푸르트와 같은 시에서는 교회생활의 활기에도 불구하고 후이칭가(J. Huizinga)가 그의 책 『중세의 가을』(Herbst des Mittelalters)에서 묘사한 프랑스나 네덜란드에서 찾아볼 수

---

33) WAB 1, 541, 1ff.
34) 칼하인츠 블라슈케(Karlheinz Blaschke)가 작센 공작령에 대하여 그의 책 『Sachsen im Zeitalter der Reformation』(Gütersloh 1970, 103ff)에서 설명하고 있는 것은 일반적으로 선제후국에도 타당하다.

있는 고도로 발전되고, 독창성이 풍부하며 긴장감 넘치는 도시-교회적 문화를 가정할 수는 없다.

중세 후기의 종교성을 알 수 있는 일반적인 표지들을 루터의 주변에서도 쉽게 찾아볼 수 있다. 즉, 다양한 성인숭배, 특히 마리아와 그의 모친 안나, 로사리오 묵주 기도(Rosenkranzgebet), 마리아 시편기도, 순례와 이적, 면죄부와 개인미사 및 영구적인 제단봉사, 성당전체, 제단화상 또는 제의와 교회에 속하는 물건에 대한 기부제도 등이다. 형제관계에서 평신도는 교회적이고 축복받은 삶을 이루기 위한 연합을 찾았다. 신앙심의 표현방식인 이와 같은 현상 외에도 그 근본적인 요소들을 간과해서는 안 된다. 즉 성례, 구원의 희망 그리고 그리스도에 대한 사상이다.

7성례 중에 참회 및 제단의 성례전은 성직 계급과 긴밀하게 묶여 사회적이며 교회적인 삶을 가장 강하게 나타내주는 것이다. 참회의 성례전은 그것이 없이는 의롭게 하는 은총을 매개할 수 없는 교회의 죄 용서, 즉 교회의 법적 힘에 의존하고 있다. 제단의 성례전은 특별한 제의적 여건 속에서 그리스도의 희생의 성례전적 반복인 제단의 제물을 하나님께 드리고 희생제물에 대해 특별한 방식으로 사제의 기도를 행할 수 있는 서품받은 사제의 권한에 대한 것이다.

정치 계급에 속하든 혹은 성직 계급에 속하든 사회의 모든 구성원은 세례를 통해 결합되었고, 동일한 구원, 즉 영생을 추구했다. 그 시대의 종교성은 영생을 얻기 위해서는 세례에서 주어지는 의롭게 하는 은총의 소유가 필수적이라는 확신에 의해 유지되었다. 죽음의 죄를 범하면 이 은총을 잃게 되지만, 참회의 성례전에서 사제의 용서를 통해 요구받은 고해를 이행하게 되면 갱신될 수 있다. 그렇지 않은 경우 세례받은 그리스도인 역시 죽음의 죄를 범하면 영원한 정죄를 기다려야 했다. 그러므로 죽음의 죄(peccatum mortale)가 가장 중요한 의미를 갖게 되었다. 그것은 도덕적으로 정의된 것이 아니며[35] 의도된 의지의 정도를 통해서만 용서받을 수 있는 죄(peccatum veniale)와 구분되었다. 생각, 말 혹은 행위의 죄가 용서받을 수 있는 죄인지 아니면 죽음의 죄에 해당할 정도에 도달했는지 의심스러운 경우에는 고해시 사제에게 그 결정을 위임하라고 권고했다. 일곱 죽음의 죄보다 그 자체가 부정확하게 표기된 일곱 개의 주요 실수들(vitia capitalia)이 죽음의 죄를 알리는 안내서가 되고 있다. 그 일곱은 교만, 탐욕(당시 용어로는 인색), 호색, 분노, 음식과 술에 대한 욕구, 시기 그리고 영적태만 등이다(superbia, avaritia, luxuria, ira, gula, invidia, accidia).

그리스도의 희생은 제단의 성례전에서 현재화된다.[36] 그리스도는 죽음으로 하나님의 긍휼의 사역을 완성했다. 희생의 결과인 하나님의 은총을 그는 교회의 성례전에 넣어 제정했고, 이러한 방식으로 하나님의 은총이 인류에게 전달되도록 했다. 신자들은 은총의 수단인 성례전의 근원 역시 십자가에 달린 그리스도에게 있음을 확신하고 있다. 십자가에 달리신 그리스도에 대한 깊은 묵상은 고난의 묵상으로 확장되고 있다.[37]

---

35) 「영원한 행복의 기초」는 "죽음의 죄"란 피조물이 하나님보다 높아지거나 혹은 같아지려는 욕구 혹은 욕망이라고 정의하고 있다. 혹은 암브로시우스에 따르면, "죽음의 죄"는 하나님과 하늘의 법의 위반이며 명령 또는 임무에 대한 불복종이다(Das Fundamentum aeternae felicitatis (참고 1장 1, 각주 22) definiert (Köln 1506, 11): [Peccatum mortale] est libido sive voluptas in creatura supra Deum vel aeque Deo. Vel secundum Ambrosium: Peccatum mortale est praevaricatio legis divinae et coelestium inoboedientia praeceptorum vel mandatorum).

36) 그림으로는 자주 나오는 그레고리 미사(Gregorsmesse)에서 볼 수 있다. 비교. AKat. Martin Luther (참고문헌 C), Nr.69, 460, 463, 464.

37) Martin Elze: Das Verständnis der Passion Jesu im ausgehenden

십자가에 달린 그리스도에 대한 모습과 더불어 심판하시는 그리스도에 대한 생각도 특징적인 확신이다.[38] 최후 심판의 날에 그리스도는 엄격한 의로 온 인류에 대한 심판을 행하신다. 신앙이 없고 세례를 받지 않거나 또는 신앙을 재차 부인한 불신자들은 예외 없이 영원한 정죄의 심판을 받지만, 반면에 거룩한 자들은 그들의 완전에 따라 아무도 심판의 시험에 설 필요가 없다. 여타의 모든 그리스도인에게는 누가 선행을 통해 가진 은총으로 열매를 맺었으며 공로를 쌓았는지 엄격한 시험이 있을 것이다. 영원한 지옥의 형벌을 받은 사람의 삶에서는 선행이 최후의 심판에서 아무런 중요성을 갖지 못한다. 이 땅에 있는 어느 누구도 그리스도가 마지막 심판의 날에 자신에 대하여 어떻게 판결할지, 그가 자신을 공정하게 판결하여 선택된 자들 편에 세울지 아니면 버림받을 자들 편에 세울지 확신할 수 없다.

 한시적인 제한성뿐만 아니라, 그 정화기능을 통해 지옥의 형벌과 구분되는 연옥의 형벌은 모든 신자들이 죽음 이후 자신의 영혼을 위해 실제로 기다려야 한다.[39] 영혼이 사후 얼마나 오랫동안 이러한 시련을 견디어야 하는가는 인간의 편에서는 말할 수 없다. 연옥의 형벌을 받지 않을 복 있는 사람과 성인들에 관해서는 교회만이 안다. 교회는 연옥에 있는 영혼들에게 미사희생, 기도, 금식 그리고 적선의 행위를 통해 도움을 줄 수 있다.

    Mittelalter und bei Luther; FS Hanns Rückert, Berlin 1966, 127-151. M. Nicol (참고문헌 D), 32f. AKat. Martin Luther (참고문헌 C), Nr.77, 133f, 456-460, 484, 488-490.

38) Reinhard Schwarz: Die spätmittelalterliche Vorstellung vom richtenden Christus - 종교적 인간성에 대한 표현; GWU 32, 1981, 526-553. AKat. Martin Luther (참고문헌 C), Nr.146-148.

39) AKat. Martin Luther (참고문헌 C), Nr.41.

중세 후기에 교회의 설교활동도 도시에서는 점점 증가되고 있었다. 시민들 역시 설교를 원했다. 종종 설교단도 만들어졌고, 학문적으로 교육받은 사람들이 그 자리에 임명되었다. 지배적인 의견에 의하면 설교들은 풍부한 종교적 상상의 세계에 대해 그리고 덕 있는 기독교인의 생활의 다양한 관점에 대해 가르쳤다고 한다.

> 참고문헌 : AKat. Martin Luther (참고문헌 C), Abt. 2 und 13. Willy Andreas: Deutschland vor der Reformation; 6. Aufl. Stuttgart 1959. Theodor Kolde: Das religiöse Leben in Erfurt beim Ausgand des Mittelalters; Halle 1898. Willi Massa: Die Eucharistiepredigt am Vorabend der Reformation, eine materialkery-gmatische Untersuchung zum Glaubenver-ständnis von Altarsakrament und Messe am Beginn des 16. Jahrhunderts als Beitrag zur Geschichte der Predigt; Steyl 1966. Bernd Moeller: Fröm-migkeit in Deutschland um 1500; ARG 56, 1965, 5-31. Ders.: Spätmittelalter; (KiiG, Lfg.H) Göttingen 1966. S.32ff. Will-Erich Peuckert: Die große Wen-de. Das apokalyptische Saeculum und Luther; Hamburg 1948. Thomas N. Tentler: Sin and Con-fession on the Eve of the Reformation; Princeton N. J. 1977.

제2장

수도사, 사제 그리고 신학자
(1505-1512)

1. 구걸승려와 사제가 되다

　1505년 2월 초 석사학위를 마친 후 루터는 최소 2년간 인문학과에서 강의할 의무가 있었다. 중세 대학의 관례에 의하면, 졸업생은 저학년을 가르치면서 고학년 수준의 학업을 계속할 수 있었다. 루터는 1505년 봄 철학 석사로서 조교가 되었고, 동시에 법학을 공부하기 시작했다.[1] 이것은 자식을 위해 "명예롭고 화려한 결혼"도 이미 염두에 두었던 그의 부친의 뜻과도 일치했다.[2]

---

1) 에어푸르트 대학 법과는 좋은 평판을 갖고 있었다. 당시 네 명의 교수 가운데 가장 유명한 사람은 후에 비텐베르크에서도 가르쳤던 헨닝 괴데(Henning Goede)였다. 비교. WAB 1, 62 각주 4와 E. Kleineidam (참고 1장 2) 2, 94ff. 152ff. 317ff.
2) WA 8, 573, 24(1521).

학문의 인생이라는 새로운 국면으로 진입한지 몇 주 후 전혀 예기치 못했던 경험이 그를 궤도에서 벗어나게 했다. 그 이유를 알 수는 없지만 1505년 여름방학을 맞아 루터는 며칠간 집을 방문했다. 귀환도중 7월 2일 에어푸르트에 당도하기 전 스토테른하임 마을에서 폭우를 만났고, 천둥번개로 인해 걷잡을 수 없는 두려움에 빠졌다. 죽음에 대한 공포에 사로잡힌 나머지 그는 성 안나를 부르며, 수도사가 되겠다고 서원했다.³⁾ 다음날 충분한 심사숙고가 선행되지 않았기에 서원이 아마도 자신에게 구속력이 없다는 의심이 생겨 동료들과 상의했으며, 에어푸르트에서 그것을 들은 다른 사람들은 그의 서원의 구속성을 부인했다. 그러나 루터는 약속을 이행하기로 결심하여 1505년 7월 17일 에어푸르트에 있는 아우구스티누스 엄수파 수도원에 들어갔다. 갑작스러운 죽음의 공포에서 그가 한 서원은 종교적인 깊은 심성에서 나왔음에 틀림없다. 그렇지 않을 경우 그는 기꺼이 다른 사람에게 서원의 비구속성에 대하여 확증토록 했을 것이다. 서원은 그 시대 교회의 종교적 심성에서 나온 것이다. 점차 분명해지는 확신 속에서 루터는 자신의 종교성이 가져온 이 구속력을 최대한 지킬 것을 다짐했다.

석사 시험 이후 지난 몇 달 동안 22살의 이 젊은이는 심리적으로 커다란 불안을 경험하고 무엇보다도 법학 공부의 불만족이 가져온 정체성 문제로 크게 고심했다는 것도 배제할 수는 없지만, 그렇다고 해서 그것을 지나치게 과대평가해서도 안 된다. 루터는 후에 당시 그가 슬픔 가운데서 시련을 겪고 있었고, 처음으로 도서관에서 성서를 붙들고 비록 잠깐일지라도 불타는 관심으로 성서를 읽었

---

3) TR 4 Nr.4707 (1539); 5 Nr.5373 (1540); WA 8, 573, 31ff (1521); 54, 179, 32f (1545). 루터가 광부의 수호성인인 성 안나를 불렀다는 것이 부모를 통해서 그녀를 특별히 잘 알고 있었다는 것으로 귀결될 필요는 없다. 그녀의 숭배는 당시 보편적으로 가장 전성기였다.

다고 설명했다.[4] 그 자신의 경건 속에서 당시 두 명의 에어푸르트 법률학자가 죽음에 직면하면 그들도 기꺼이 수도사나 또는 목자가 되고자 했을텐데…… 라고 그에게 말한 것을 확인할 수가 있었다.[5] 죽음에 대한 공포가 가장 중요한 것이긴 하나, 동시에 마지막 심판의 날에 그리스도 앞에 설 수 없다는 두려움과 영생이 없다는 삶의 목표 역시 중요하게 작용했다.

에어푸르트에는 어거스틴 엄수파 수도원 외에도 두 개의 커다란 구걸승단인 프랜시스회와 도미니크회가 있었다. 자신이 시민 출신임과 학문적인 수준을 고려해서 세 개의 걸식교단 중에 하나를 염두에 두었다.[6] 아우구스티누스 엄수파를 선택했다는 것이 나중에 특별한 학풍의 신학공부를 이미 생각하고 있었다는 것으로 설명되어서는 안 된다. 수도원 원장만이 수도사에게 신학공부를 명할 수 있다. 수도사가 된다는 것은 자신의 소망을 포기하고, 수도원의 규정과 원장의 뜻에 복종한다는 것을 의미했다. 루터가 아우구스티누스 엄수파 수도원에 들어간 것은 이곳이 같은 교단의 개혁진영에 속했고, 에어푸르트와 대학에서 특별히 좋은 영적인 명성을 얻었기 때문이라 추측된다.[7]

---

4) TR 3 Nr.3593 (비교. 3 Nr.3767, 5 Nr.5346); 해석에 대하여 M. Brecht (참고문헌 B) 90f.
5) WA 40 II, 283, 6f/21ff(1532); 40 III, 382, 10ff/29ff (1532/33); 44, 624, 12ff (1535/45); 49, 611, 4f/26ff (1544) 654, 12ff/26ff (1545) 774, 4f/34ff (1545); TR 6 Nr.7022. 비교. M. Brecht (참고문헌 B), 53f.
6) 에어푸르트에는 남성수도원이 이 외에도 베네딕트 수도원인 성 베드로와 스코틀랜드 수도원인 성 야곱과 더 나아가서 수도사로 구성된 아우구스티누스 남성성가회(Augustiner-Chorherren), 세르비텐과 카르토우센스 교단이 있었다.
7) 기혼자이며 인문주의를 수용한 에어푸르트의 의학교수 게오르크 에버바흐 (✝1508)는 이 수도원과 긴밀한 관계를 가졌고, "아우구스티누스 수도원

16세기 초 에어푸르트 사람으로서 가장 유명한 아우구스티누스 엄수파 수도사는 1483년 이후 신학박사였던 요한네스 폰 팔츠(†1511)였다.[8] 수도원에서 그는 개혁정신에 많은 영향을 주었다. 일반대중에게는 설교자로서 명성을 날렸다. 그의 책들[9]은 설교활동에서 나왔다. 이 책들은 성례전, 특히 참회, 성찬 그리고 종유가 지닌 구원의 가치를 논하고 있다. 또한 고난에 대한 명상과 경건한 죽음의 준비(ars moriendi)를 권고한다. 교회의 면죄부, 특히 교황의 일괄 면죄부를 칭송하고 있다. 이 저서들은 동정녀 마리아와 금욕적인 삶에 경의를 표하고 있다.[10] 과도한 순례 열기를 비판하기도 하나, 기본적으로는 그것을 고무하고 있다. 예언과 마술을 반대하고 점성술 역시 확고하게 반대하고 있다. 우리는 그 시대의 교회가 갈망한 숙련된 경건의 대표자를 팔츠에게서 보게 된다. 1501년부터 1505년까지 팔츠는 주로 에어푸르트에 머물렀다. 그 후 코블렌츠의 에렌브라이트스타인(Ehrenbreitstein)에 있는 수도원 연합회의 지도자가 되었다. 그는 그 해 자신의 설교와 저서로 에어푸르트 수도회가 교회적인 좋은 명성을 얻는데 크게 기여했다.

루터의 아버지는 아들의 결정에 동의하지 않았고, 그를 부를 때

에 묻히게 되기를" "상당히 소망했다"; E. Kleineidam (참고 1장 2) 2, 118. 340f.

8) Berndt Hamm: Frömmigkeitstheologie am Anfang des 16. Jahrhunderts. Studien zu Johannes von Paltz und seinem Umkreis; Tübingen 1982. Robert H. Fischer: Paltz und Luther, LuJ 37, 1970, 9-36.

9) 지금까지 두 권의 비평집이 나왔다. Bd. 1 (Coelifodina)와 2 (Supplementum Coelifodinae), Berlin 1982/83.

10) Supplementum Coelifodinae, Werke 2, 104, 1ff는 마리아에 대해 쓰고 있다: tria vota(수도사의 3가지 주요서원: 정결, 청빈, 복종) emisit pro omnibus religiosis et omnia monasteria, immo totam fidem christianam fundavit.

에 석사학위를 받은 이후 써왔던 존경의 호칭인 "당신"을 더 이상 사용치 않고 "너"를 다시 사용했다.[11] 그해 여름 어린 두 아들들이 전염병으로 죽은 후에 아버지는 비로소 자의반 타의반으로 유명한 세속적 지위를 갖게 되리라 소망했던 아들이 이제 세상과 결별했다는 사실에 타협했다.[12]

루터는 수도원에 들어감으로 대학정관에 따라 철학부에서의 강의를 중단해야 했다. 우선 예비수련생인 루터는 수도원 공동체 생활을 시작하기 전에 (추측컨대 1505년 9월) 원장에게 일반고해시 지금까지의 그의 삶 속에서 분명히 알 수 있는 모든 죽음의 죄를 고백했다. 원장과 수도원회의가 그를 받아들일 것을 결정한 후에, 루터는 수도원 입교를 축하하는 행사에서 머리 중앙부를 삭발했고, 검은색의 수도원 복장을 착용했다. 1년간의 예비수련 기간 동안 예비수련생 담당자의 지도 하에 수도원 규정[13]과 수도원 생활을 상세히 규정해 놓은 원칙[14]을 정확히 가슴에 새겼다. 그는 자신에 대한 탐구와 고해라는 수도활동을 매일 실천했다. 집회는 매일 수차례 수도원 내 교회에서 열렸고, 시간이 흐르면서 성무일도를 숙지했다. 그는 수도원 밖에서 구걸과정도 수행했다. 예비수련생 기간에는 개인적으로 쓰도록 성서가 주어져서, 그의 회상에 의하면, 그는 정열

---

11) O. Scheel: Dokumente Nr. 508 (die durch WA 49, 322, 12ff gestützte Überlieferung des Valentin Bavarus). 비교. WA 8, 573, 19f.

12) O. Scheel: Dokumente Nr. 508(각주 11).

13) 연구에 의해서 제일 원칙과 제이 원칙으로 표시된 아우구스티누스 규율에 대한 본문은 수도원에서 동시에 인정을 받았다. 이 두 본문의 비평판은 Jordani de Saxonia Liber Vitasfratrum, ed. R. Arbesmann et W. Hüpfner (New York 1943) 속에 있다.

14) 독일 개혁수도원의 정관은 요한네스 폰 스타우피츠가 1504년 뉘른베르크에서 발행했다. 그것은 그의 전집 중 제5권에 편집되어 있다.

적으로 성서를 읽었다.¹⁵⁾ 1년간의 예비수련 기간이 지나자 루터는 단순한 입교 예배라기보다는 축하하는 형식으로 치러진 예배에서 장엄한 수도사 서원식을 거행했다. 여기서 수도원의 규정을 토대로 일생동안 하나님, 동정녀 마리아 그리고 수도원 책임자에 대한 복종과 가난하고 정결하게 살겠다는 의무가 주어진다.

서원식 후 수도원 원장은 루터에게 필요한 준비를 마친 후 사제서품을 받으라고 결정해 주었다. 가브리엘 빌(✝1495)¹⁶⁾의 방대한 책인 『미사정경주해』(Expositio canonis missae)를 공부하며 미사 예전에 대한 중요한 지식을 습득했다. 복잡하고 교회법과 서로 뒤얽힌 고해문제를 푸는데 도움이 되는 핸드북은 저자가 간단히 「숨마 앙겔리카」(Summa Angelica)¹⁷⁾라고 부른 「die Summa de casibus conscientiae des Angelus de Clavasio(✝1495)」였다. 루터는 그 날짜가 정확치 않은 – 2월 27일 혹은 4월 3일 (종려주일 전 토요일) – 1507년 에어푸르트 성당 신부서품 담당자에 의해 신부가 된 후, 1507년 5월 2일(Sonntag Cantate) 수도원에서 신임 신부의 첫 미사를 드렸다. 처음으로 그는 제단에서 하나님께 희생제물을 드렸고, 사제로서의 중간 역할을 했다.¹⁸⁾ 루터의 아버지

---

15) TR 1 Nr. 116, 3 Nr.3767, 4 Nr.4691, 5 Nr.5346.
16) H. A. Oberman과 W. J. Courtenay가 4권(4 Bde)으로 편집했다 (Wiesbaden 1963ff;). 제5권은 W. Werbeck가 1976년 편찬한 것으로 상세한 내용개관과 주제별 색인을 담고 있다. 비교. TR 3 Nr.3146. 3722.
17) TR 5 Nr.6471 WA 1, 384, 18 568, 4 569, 41; 6, 553, 31; WAB 2, 234, 7. 본래 수도원이 추천한 플로랜스의 안토니우스의 고백서에 대해서 루터는 아무런 언급도 하지 않고 있다.
18) 이 미사에서 하나님의 위엄에 대한 두려움이 그를 엄습했다는 루터의 후기 언급에 대한 해석상의 문제가 발생했다. TR 2 Nr.1558, 3 Nr.3556 A, 4 Nr.4574, 5 Nr.5357; WA 43, 382, 1ff.

는 20여 명의 다른 사람들과 함께 20굴덴에 해당하는 선물을 가지고 신임 신부의 첫 미사에 참석하고자 에어푸르트 수도원에 왔다. 수도사 신분인 아들 앞에서 아버지는 내적인 거리감을 숨기지 않았다. 그는 4번째 계명인 부모에 대한 복종의 의무를 말하며, 스토테른하임에서 그가 정말로 하나님의 뜻을 경험했는지에 대하여 의심스러운 질문을 제기하여 아직은 어린 수도사와 신부를 불안케 했다.[19]

> 참고문헌 : Cornelis Augustijn: Luthers intrede in het klooster; Kampen 1968. Adalbero Kunzelmann: Geschichte der deutschen Augustinereremiten; 7 Bde., Würzburg 1969-1976. Ders.: Die Bedeutung des alten Erfurter Augustinerklosters; Scientia Augustiniana, Festschrift Adolar Zumkeller, Würzburg 1975, 609-629. Franz Lau: Luthers Eintritt in Erfurter Augustinerkloster; Luther 27, 1956, 49-70. Adolar Zumkeller: Martin Luther und sein Orden; Analecta Augustiniana 25, 1962, 254-290.

2. 수도사와 사제신분에 대한 요구

수도사와 사제 계급은 특별한 영적인 존경을 받았고, 구원에 더 근접해 있다고 생각했다. 그렇지만 그만큼 더 높은 요구가 주어졌고, 양심의 문제들도 고조되었다. 구원의 기회와 더불어 구원을 상

---

19) WA 8, 573, 30ff (1521); TR 3 Nr. 3556 A; O. Scheel, Dokumente Nr.508.

실할 위험도 높았던 것이다.[20]

수도사 서원식은 세례를 능가했다. 어느 정도는 제2의 세례라고 말할 수도 있었다.[21] 왜냐하면 삶에 새롭고 더 높은 의무를 부여했기 때문이다. 수도사는 12가지 복음적 권고(consilia evangelica)를 준수하면서 그리스도인의 완전을 추구했다. 복음적 권고는 산상수훈을 담고 있고, 처음부터 수도사의 세 가지 주요 서원, 즉 가난, 복종, 정결(paupertas, oboedientia, castitas)을 열거하고 있다.[22] 일반 신자에게는 단지 한 가지 권고만이 지켜야 될 계명으로 요구되었으나, 수도사에게는 그의 서원에 근거해서 최고의 구속력이 적용되었다.[23] 완전한 신자의 삶의 종착지에는 보상으로서 하늘

---

20) Paltz: Supplementum Coelifodinae; Werke 1, 1983, 117, 7ff zitiert Pseudo-Anselm, De similitudinibus 82 PL 159, 653f: Quamvis in istis votis gravius peccet religiosus quam saecularis, tamen conversus religiosus facilius obtinet remissionem. 비교. B. Hamm, 298f.

21) 비교. Paltz: Supplementum Coelifodinae; Werke 1, 1983, 115, 5ff. B. Lohse, 38. 41. 58ff. 69ff. 120ff. 157f. 167ff. 171ff. B. Hamm, 294f. Dom B. Capelle: De monastieke Professie als tweede Doopsel; Horae monasticae, Tielt 1948, S.33-45. Ders.: De quelques temoignages relatifs a equivalence: Profession monastique second bapteme; Sanctae Ecclesiae 29, 1948, 196-208.

22) Ludolf von Sachsen: Vita Christi, p 2 c 12: De duodecim consiliis evangelicis. Hugo Ripelin von Strassburg: Compendium theologicae veritatis lib 5 c 69f.

23) Hugo Ripelin von Strassburg: Compendium theologicae veritatis lib 5 c 69: praecepta separant nos ab illicitis, consilia vero a concessis······ consilium per votum fit praeceptum, sicut ait Augustinus: Vovere est volutatis, sed reddere est necessitatis. -「Konstitutionen」(참고 2장 1, 각주 15) c18에 따르면, 수도원장은 서원식 후부터 곧바로 요구되는 삶의 형태에 대해서 주의를

의 영광인 영생의 면류관(aureola)이 기다렸다.²⁴⁾

   수도사의 삶은 끝없는 참회의 삶이었다. 수도원 생활이 요구하는 규정에 완전히 헌신하여 살고 있는지를 스스로 계속해서 검토해야 했고, 부족한 면은 곧바로 진정한 회개의 동기가 되었다. 매주 1회씩 고해하고, 사제의 용서를 구하도록 루터가 몸담고 있는 수도원의 정관은 규정하고 있었다. 구원을 염려하는 수도사일수록 더욱 자주 고해를 했다.²⁵⁾ 그 외에도 수도회는 정규적으로 수도원 회의를 개최했고, 전체 앞에서 결격자를 가려냈다. 교회에서 일반적으로 진지하게 뉘우칠 수 있는 회개와 효과가 뚜렷한 고해를 위해 제시된 요구들은 특별히 수도사에게 중요한 것들이었다.²⁶⁾

   중세에 이것이 없이는 참회라고 볼 수 없었던 보속(satisfactio)을 수도사는 일생동안 일반 신자보다 훨씬 더 완벽하게 수행했다. 수도사는 금욕, 가난 그리고 기도 이 3가지 종류의 보상행위를 삶의 공로로 삼았다. 수도원 규정에 대한 복종은 그곳에서의 삶이 자

   주었다: quod Deo in probatione [= Noviziat] impendebat ex libito, nunc reddere tenetur ex voto.

24) Ludolf von Sachsen: Vita Christi p 2 c 88 n 7; Hugo Ripelin von Strassburg: Compendium theologicae veritatis lib 7 c 29f.

25) Ludolf von Sachsen a.a.O., p 1 c 20 n 10: Utile est etiam et valde salubre confessionem etiam eorundem peccatorum frequenter iterare et pluribus confiteri, quia confessio iterata, licet ad salutem non sit necessaria, tamen multum est proficua, tum quia nescit homo, an in prima confessione sufficienter contritus fuerit, tum quia maior humilitas et erubescentia meritum causat et acquirit.

26) 수도사에게는 완전치 않은 심한 질책(attritio)이 아니라, 완전한 마음의 통회(contritio)를 기대했다. 마음의 통회와 참된 고백을 위한 전제조건에 대해서는 다음을 보라. Ludolf von Sachsen, a.a.O., p 1 c 20 n 7 und c 41 n 5.

신의 뜻대로 조정되지 않기에 다른 모든 것보다 더 높은 가치를 두었다. 순결서약은 행동을 할 때 낮은 감각적 욕망의 유입을 차단하는데 도움이 되었다. 그러므로 참회의 외적 형식인 수도사 신분의 획득뿐만 아니라, 구걸승려라는 수도사의 전 삶이 참회의 요청 하에 서 있다는 것이 중요했다. 삶의 공로는 곧 참회의 공로였다.[27]

일곱 번의 성무일도(das Gebet der sieben horae canonicae)는 영적인 삶의 뼈대였다. 이를 위해 수도회는 낮과 밤에 규칙적으로 모임을 가졌다.[28] 시편은 성무일도에서 가장 중요했고, 일주일 동안 시편 전체를 기도했다. 물론 여타의 성서도 읽혔고, 교부의 설교 및 기도나 찬송, 더 나아가서 성인의 날에는 전설도 읽혀졌다. 원래 정해진 기도시간 외에도 계속 읽고, 묵상하고, 기도하도록 주의(lectio, meditatio, oratio)를 요구하는 하나의 복잡한 건물과도 같았다. 수도사와 성직자가 모두 참여하는 일과예배(Chordienst)에도 수도원의 정확한 규정이 적용되었고, 그에 대한 무관심은 곧 죄로 간주되었다.[29]

수도원에서 가장 중요한 일인 제단봉사는 사제로 서품받은 수도사에 의해서 수행되었다. 매일같이 대미사가 거행되었고, 공동미사가 부가적으로 드려지는 날도 많아서, 가령 월요일에는 죽은 자를 위한 미사가 거행되었다. 게다가 몇몇 사제 수도사들은 개인미사를 거행해야 했다. 사제는 그 자신의 인격, 사제직의 권한, 자신의 영

---

27) Paltz: Supplementum Coelifodinae, Werke 2, 1983, 116, 12ff; 비교. B. Lohse, 168.
28) 영적인 해석에 대해서. 비교. Biel: Expositio canonis missae, lect 13 B-D. Ders. sent. 3 d 15q un a 2 concl 2 M 116ff; Ludolf von Sachsen: Vita Christi p 2 c 66 n 12.
29) 그 규정에 대해서는 가령 Nikolaus de Plove: Tractatus sacerdotalis de sacramentis deque divinis officiis et eorum administratione (Incipit: Medice cura teipsum).

적인 상태, 외적인 준비, 제단의 성격과 제단기구, 미사에 쓰이는 텍스트와 개별적인 행위 및 특정한 몸짓에 이르기까지 많은 요구사항에 늘 주의해야 했다. 특정 요구를 이성적으로나 또는 의지적으로 수행치 못한 자는 곧 죽음의 죄를 범한 것이다. 희생 혹은 기도 행위인 미사의 객관적인 효력은 사제가 죄책감에 사로잡혀 있는가의 문제와는 별개이다. 그럼에도 불구하고 죄책감에 사로잡혀 있지 않은 사제가 집례하는 미사는 죄책감에 시달리는 사제의 미사보다 훨씬 높은 가치를 부여했다.[30] 죄에 시달리며 미사를 집례하는 사제는 불가피하게 자신의 죄에 또 하나의 이중의 죄를 더하는 것이다. 왜냐하면 그는 자격 없이 서품을 받았고 자격 없이 성찬을 거행했기 때문이다(서품을 받을 사제도 성찬에 참여해야만 했다).[31] 그 자신도 더 이상 구원받지 못할 위험을 가지고 미사를 집례할 수 있다는 두려움과 달리 빌(G. Biel)은 많은 사제들이 죽음의 죄 없이 미사를 집례할 뿐만 아니라, 오히려 더 많은 은총과 공로를 쌓고 있다고 강조했다.[32] 사제서품과 성찬에 참여할 때 새로운 죽음의 죄를 피하기 위해서 사제는 철저한 자기성찰에 그의 양심을 복종시켜야만 한다.[33] 사제가 그 자신을 면밀히 검토했음을 어떻게 확신할 수 있는가 하는 문제가 제기되었다. 추정적인 확신은 가능하고 충분하다고 간주되었고, 사제는 그 자신의 도덕적인 확신에 의존했던 것으로 보인다.[34]

---

30) Franz Rudolf Reichert (Hg.): Die älteste deutsche Gesamtauslegung der Messe; Münster 1967, S.9f.
31) Biel: Expositio canonis missae, lect 7 C 16ff; lect 7 D 20ff; lect 8 A 1 ff: in peccato······ accedens irreverentiam facit Deo, quem suscipit in sacramento, et aeternae damnationis iudicium incidit indigne accedendo.
32) Biel a,a,O., lect 8 E 15f.
33) Biel a,a,O., lect 8 A 1ff.

루터는 수도사 신분이 요구하는 모든 것을 잘 수행했고, 사제로서의 미사집행도 진지하게 행했다. 그는 그만큼 성장했다. 이에 대한 증거는 그 자신이 후에 제시했을 뿐만 아니라, 수도원 동료들 역시 수도원의 중요한 임무를 그에게 맡김으로써 그를 인정했다. 루터는 주저하지 않았다. 그의 양심은 자신의 삶에 주어진 요구를 창피하게 받아들인 일로 불안해하지 않았다. 고해 신부는 작은 일에도 양심의 동요 없이 일을 하도록 그에게 조언했다. 요한 게르송과 중세의 다른 신학자들에게서 양심의 주저함에 대처할 수 있는 권고를 읽었고, 고마워하며 인정했다.[35] 자신이 심판에 설 수 있을지 불확실하다는 그의 영적 시련은 중세 후기에 잘 알려진 현상이었다. 루터가 경험한 예정에 대한 영적 시련도 마찬가지 경우이다. 마지막 심판 때에 그리스도에 의해 선택된 자가 되는지 아니면 버림받은 자가 되는지 하는 문제로 시련을 겪은 사람은 커다란 경건에 힘쓰라는 권고를 받고, 자신이 쌓은 경건을 토대로 자신은 선택된 자에 속한다고 추측한다.[36] 확실한 표지에 의지하여 추정하는 확신 외에는 특별한 계시가 주어지지 않는 한 어느 누구도 자신이 은총의 상태에 있는지, 아니면 최후 심판에서 어떤 판정을 얻을지 알 권리

---

34) Biel a.a.O., lect 8 D 9ff. E 22ff. F 11ff.
35) Wilfrid Werbeck: Voraussetzungen und Wesen der scrupulositas im Spätmittelalter, ZThK 68, 1971, 327-350.
36) 비교. bei Ludolf von Sachsen a.a.O., p 2 c 50 n 16 zu Mt 25, 31ff. 금욕적 삶에 대한 곱절의 노력 때문에 구원받은 자의 수(numerus salvando)에 들어가게 되는 한 수도승에 대한 예화 (poenitentiam quam per ingressum religionis assumpsi, de caetero duplicabo, donec gratiam et misericordiam apud Deum altissimum, qui pius est, inveniam); dazu der Schlußwunsch: Utinam multi animati hoc exemplo······ non desperarent vel deficerent, quia sic agendo et in hoc perseverando Deum sibi propitium utique invenirent!

가 없다. 루터는 자신의 영적 시련에 매장되지 않았다. 그는 수도원에서 상담의 기회를 활용했다. 요한네스 폰 스타우피츠가 상담으로 그를 도왔다(참고 2장 4). 루터의 영적 시련은 그가 그것을 하나님 경험이라고 여기자 극에 달했다. 이것은 그리스도를 통해 계시된 하나님을 성서에서 찾고, 그것을 이해하는 법을 배우도록 부추겼다.

> 참고문헌 : Bernhard Lohse: Mönchtum und Reformation, Luthers Auseinandersetzung mit dem Mönchsideal des Mittelalters; Göttingen 1963. Wolfhart Pannenberg: Der Einfluß der Anfechtungserfahrung auf den Prädestinationsbegriff Luthers; KuD 8, 1962, 81-99. Otto Scheel (참고문헌 B) 2, 182-313. Heinz-Meinolf Stamm: Luthers Stellung zum Ordensleben; Wiesbaden 1980.

3. 학문적인 신학 수업

신부서품을 받은 해에 루터는 수도원장의 지시로 본격적인 신학 수업을 시작했다(아마도 1507년 여름학기로 추측한다). 에어푸르트에는 아우구스티누스 엄수파, 도미니크회, 프랜시스회가 수도원 내에 자체 회원을 위한 일반 수업과정을 운영하고 있었고, 교장은 신학박사이자 동시에 대학의 신학부 교수를 겸임했다. 신학 학위를 얻고자 하는 수도회 회원은 대학에도 등록해야만 했고, 같은 교단 신학자의 지도 하에 우선적으로 공부할 수 있었다. 일정한 학업기간이 지나면 "성서학사"(Baccalaureus biblicus) 학위를 취득했고, 그러한 자격을 가지고 신약과 구약의 몇몇 성서를 대략적으로 설명할 수 있었다. 한 단계 위인 "조직신학사"(Baccalaureus sen-tentiarius)는 페트루스 롬바르두스(Petrus Lombardus, † 1160)의 「명제집」첫 두 권의 본문과 문제를 다룰 수 있는 권한과 의무가 주어졌다. 이러한 의무를 다 이행하면 이제는 롬바르두스의 「명제집」제3권과 4권을 다룰 수 있는 권한과 의무를 가진 "교육학사"(Baccalaureus formatus)가 되었다. 에어푸르트에서 최소한 5년간의 신학 수업을 전제해야 하는 신학박사 학위는 성서를 상세히(ordinarie, magistraliter) 주해할 수 있고, 공식적인 토론을 위해 논제를 제시할 수 있으며, 이러한 토론을 이끌 수 있는 자격을 부여했다. 토론 참여는 모든 학업기간의 의무사항이었다.

   루터는 배우고 또 가르치는 이 모든 단계를 지나 신학박사 학위까지 올라갔다. 그렇지만 에어푸르트에서만 계속해서 한 것은 아니다. 1508년 가을부터 1509년 가을까지 비텐베르크에 있는 같은 교단 회원으로서 그곳 대학에 등록했고(참고 2장 4), 이곳에서 인문석사(Magister artium)로서 도덕철학을 강의했고, 1509년 봄(3월 9일) 성서학사 학위를 취득했다. 언제 그가 "조직신학사"(내지는 "교육학사")를 취득했는지 알려주는 자료는 없다. 우리는 다만 그가 1509년 비텐베르크에서 "조직신학사" 학위를 위해 필요한 토론을 거쳤다는 것만을 알 뿐이며, 다른 한편으로는 그가 「명제집」 강의를 하면서 여백주기를 한 롬바르두스의 저서를 알고 있을 뿐이다.[37] 루터는 다시금 에어푸르트 수도원에 속해 있던 1509년 가을과 1511년 여름 사이의 기간에 조직신학사(Sententiar)로서 가르쳤고 연구했다. 1510년 가을부터 1511년 늦여름에 해당하는 에어푸르트에서의 본격적인 학문적인 신학 수업의 마지막 기간은 로마 여행(참고 2장 4)으로 중단되었다. 1511년 늦여름 완전히 옮기게

---

37) WA 9, (28) 29-94.

된 비텐베르크에서 비로소 그는 1512년 10월 신학박사 학위를 받았다(참고 3장 2).

루터가 공부했던 당시 에어푸르트 아우구스티누스 엄수파 수도원 내의 교양과정 책임자이자 에어푸르트 대학 교수는 아이제나흐 노이키르헨 출신의 요한네스 나딘(†1529)이었다. 그는 1472년 에어푸르트 수도원에 들어왔고, 루터와 비슷하게 바로 얼마 전 에어푸르트에서 인문석사 과정(Magister artium)을 마쳤다.[38] 1483년부터 몇 년간 튀빙겐에서 신학을 공부했고, 한동안 하이델베르크에도 있었으며(1488), 결국은 1493년 에어푸르트에서 신학박사 학위를 받았다. 그는 특별한 신학적 약력이 없다. 페트루스 롬바르두스의 「명제집」을 강의하면서 그는 중세 후기 대학의 관례를 따라 유명한 신학자인 가브리엘 빌의 「명제집 비평」(Sentenzenkommentar)을 기초로 삼았다(참고 2장 1). 가브리엘 빌의 저서에 힘입어 루터도 스콜라 교리를 깊이 연구할 수 있었다.[39]

가브리엘 빌은 교리적 문제를 논할 때 전혀 제한받지 않고 언제나 오캄(†1349)을 따랐다. 가끔은 페트루스 폰 아이(Petrus von Ailly, †1420) 또는 요한네스 둔스 스코투스(†1308)의 의견을 지지하기도 했다. 더 나아가서 전형적인 프랜시스회인 보나벤투라(†1274)를 인용하기도 했다. 전체적으로 볼 때 그는 프랜시스, 특히 후기 프랜시스적이며 오캄적인 학풍을 견지했다. 서로 다른 견

---

38) E. Kleineidam (참고 1장 2) 2, 291. 요한네스 팔츠(Johannes von Paltz) 역시 에어푸르트에서 철학석사 학위를 취득했고(1467), 이어 아우구스티누스 수도원에 가입했다. 박사학위를 포함한 모든 신학에 관련된 학위를 그는 에어푸르트에서 취득했다(참고 2장 1).

39) Gabriel Biel: Collectorium circa quattuor libros Sententiarum, edd. Wilfrid Werbeck, Udo Hofmann; 5 Bde. Tübingen 1973ff. 비교. WA 59, (25) 29-51.

해에 직면하면 그는 토마스 아퀴나스의 말에 비중을 두었다. 루터도 당시 페투르스 폰 아이와 요한네스 둔스 스코투스의 저서를 직접 읽었다. 토마스 아퀴나스의 저서를 읽었는지는 확실치 않다. 추측하기에는 그의 「신학대전」보다는 「명제집 비평」을 읽었을 것으로 본다. 루터는 신학공부를 하면서 당시 이해에 따라 정확히 교회의 신학을 소개받았다.[40]

페트루스 롬바르두스(각주 1)의 「명제집」에 대한 여백주기에서 루터는 많은 점에서 그 자신이 가브리엘 빌의 제자, 즉 후기 프랜시스적인 학풍의 소유자임을 보여주고 있다. 그러나 몇 가지 점에 있어서, 특히 성령에 의해 일어나는 하나님의 사랑(WA 9, 42ff)에 관한 문제에 있어서는 스콜라적인 경향이 약화되며 신학적 사상에 있어서 다시금 교부들, 특히 아우구스티누스와의 관계가 분명하게 드러나고 있다.

스콜라 시대의 교리서와 더불어 루터는 아우구스티누스의 위대한 세 가지 저서: 『삼위일체론』, 『하나님의 도성』[41] 그리고 『고백록』을 연구했다. 『고백록』은 단행본이며 아우구스티누스의 저서가 가지고 있는 다양한 성격들이 종합되어 있다.[42] 루터가 필요한 사항들을 기입해 가면서 연구한 것들이 오늘날까지도 잘 보존되어 있다. 수도승의 것으로 여겨지는 사막에 거하는 형제들에 대한(ad fratres in eremo, PL 40, 1233-1358) 익명의 아우구스티누스 설교들도 루터는 당시 이미(각주 15 참조) 알고 있었다.[43] 더 많은

---

40) 요셉 로르츠(Joseph Lortz)의 의견은 다르다; 비교. 에드윈 이저로(Edwin Iserloh)도 그와 같은 의견이다: Luthers Stellung in der theologischen Tradition; bei Dems.: Kirche-Ereignis ind Institution, Bd. 2, Münster 1985, 14-35.
41) Luthers Randbemerkungen WA 9, (15) 16ff.
42) Luthers Randbemerkungen WA 9, (2) 5ff.

아우구스티누스 설교를 알고 있었을 것으로 추측할 수 있고, 또한 다른 교부들의 몇몇 저서들도 읽었을 것으로 본다.

루터는 이미 1512년 이전에 아레오파기타적이며 가톨릭적인 신비주의와 만났다고 생각해야만 한다.[44] 왜냐하면 1513-1515년까지 한 그의 첫 번째 비텐베르크 강의(참고 3장 2)가 이 두 가지 신비신학의 형태에 관해 알고 있음을 보여주기 때문이다. 루터가 직접 소위 디오니시우스 아레오파기타[45]의 저서를 읽었는지 혹은 다른 신비신학의 대표자를 통해 간접적으로만 소개받았는지는 분명치 않다. 요한네스 게르송(†1429)이 자신의 신비주의적인 저서에서 철저히 아레오파기타를 따르고 있기 때문에, 루터도 그를 통하여 아레오파기타적인 신비주의를 알게 되었을 수도 있다. 게르송에 의해서 몇몇 단행본과 전집이 출판되었다.

게르송은 성 빅톨 휴고(Hugo von St. Viktor)와 보나벤투라를 동시에 인용하여 아레오파기타의 사색적인 신론이 설명할 수 없으며 침묵으로 찬양해야 할 하나님을 감성적이고 인지적으로 부각시키는 것이라고 설명한다.[46] 보나벤투라와 베른하르트 폰 클레르보가 대표인 가톨릭 신비주의의 방법은 인간과 신의 합일을 추구한다. 루터 역시 그 합일을 경험하려고 노력했다.[47] 베른하르트 폰 클레르보에게서 볼 수 있는 신비적 신경험의 목적은 사람이 되어 십자가에 죽은 하나님 아들 사상이 덮고 있다.[48]

---

43) 요한네스 암머바흐(Johannes Amerbach)는 바젤에서 1494/95년 일곱 개의 서로 다른 어거스틴의 설교를 모아 출판했다. 비교. PL 39, 2429ff.
44) Erich Vogelsang: Luther und die Mystik; LuJ 19, 1937, 32-54.
45) 1502년 스트라스부르에서 디오니시우스의 모든 라틴어 전집이 출판되었다.
46) 비교. WA 55 II 1, 138, 6ff (1513/15); WA 3, 372, 13ff(1513/15).
47) TR 1 Nr.644 (1533); 비교. WA 23, 732, 8f (1527); 33, 155, 10ff (1531).
48) WA 3, 640, 40f (1513/15); 비교. TR 1 Nr.872, 3 Nr. 3370 a.b;

루터가 아레오파기타와 가톨릭 신비주의를 연구한 시점을 그의 신학공부 시절이나 혹은 박사학위를 받고 난 첫 해로 제한시킬 수는 없다. 언제부터 이러한 전통이 그에게 영향을 주었는지 정확히 말할 수는 없다. 1515/16년부터 그는 계속해서 신비주의의 전통과는 거리를 두었다. 그럼에도 불구하고 나중에 여전히 베른하르트와 보나벤투라를 인정하고 언급하고 있다면, 그것은 신비주의 때문이 아니며, 경험, 특별히 그들의 그리스도 경험에 높은 가치를 두고 있기 때문이다.

학문적인 신학을 공부하던 시대에 루터는 이미 인문주의에 대해 개방적이었다. 인문주의에서 성서 본문을 더 잘 이해할 수 있는 도움을 얻었다.[49] 에어푸르트에서 롬바르두스의 『명제집』을 가르치던 당시, 그는 이미 1506년에 나온 로이클린의 『히브리어 문법서』(Rudimenta hebraica)가 있었고, 잘 활용했다.[50] 아우구스티누스는 수도사가 아니며, 설교 『사막에 있는 형제들에게』(ad fratres in eremo)의 저자도 아니라는 인문주의자 야콥 빔펠링(Jakob Wimfeling)의 주장과는 달리 루터는 이 설교의 사실성을 금욕적 전통을 따르는 한 추종자의 열정으로 옹호했다.[51]

> 참고문헌 : Hermann Dörries: Augustin als Weggenosse Luthers; bei dems.(참고문헌 C), 84-108. Lief Grane 참고 3장 4. Bengt Hägglund: Theologie und Philosophie

---

WA 43, 581, 11ff (1535/45).
49) 그 점에 대해서는 헬마 융한이 상세하게 다루고 있다(참고 1장 2), 94ff.
50) WA 9, 25,38f 26,13 32,14ff 63, 28ff 66,11ff 67, 30f (비교 65, 39ff). Siegfried Raeder (참고 3장 2), 62f. 184f.
51) WA 9, 12,7ff. 다른 익명의 아우구스티누스 저서에 대한 이와는 다른 문헌비평적인 평가에 대해서는 다음을 보라. WA 9, 10f 14, 23ff.

> bei Luther und in der occamistischen Tradition; Lund 1935. Werner Jetter 참고 3장 2. Bernhard Lohse 참고 3장 4. Ludger Meier: Die Stellung der Ordensleute in der Erfurter theologischen Fakultät; Studien u. Texte z. Geistesgeschichte d. Mittelalter 1, 19, 137-145. Ders.: Contribution à l'historire de la thé-ologie à l'université d'Erfurter; RHE 50, 1955, 454-479. 839-866. Steven E. Ozment 참고 3장 5. Wolfgang Rochler: Luther und die mittelalterlichen Mystiker, ein forschungsgeschichtlicher Überblick von Ullman bis zum Dritten Internationalen Kongreß für Lutherforschung 1966; Diss. theol. Leipzig (masch.) 1973. Artur Rühl: Der Einfluß der Mystik auf Denken und Entwicklung des jungen Luther, Commentateur des Sentences; Paris 1935. Ders.: Sur Luther et Ockham; FS 32, 1950, 21-30. Ders.: Luther, Lecteur de Gabriel Biel; Église et théologie 22, 1959, 33-52. Adolar Zumkeller: Die Augustinertheologen Simon Fidati von Cascia und Hugolin von Orvieto und Martin Luthers Kritik an Aristoteles; ARG 54, 1963, 15-36.

4. 요한네스 폰 스타우피츠, 수도원 총책임자이며 상담가 – 루터의 로마 여행

에어푸르트 아우구스티누스 수도회는 수도원 생활에서 교단 헌법의 엄격한 준수를 가장 중요하게 여기는 독일지부 수도원에 속했다. 엄수파 혹은 독일의 이러한 "개혁" 수도원은 수도원의 교구연합체와 분리되어 있었다. 독일 중부와 북부에서 개혁수도원은 독자적인 회합을 했고, 총대리신부(Generalvikar)를 관리자로 로마에 있는 수도원 총회와 교황청 산하의 교단감찰관 예하에 있었다. 총대리신부는 1503년 이후 작센의 귀족가문 출신인 요한네스 폰 스타우피츠(1468/1469-1524. 12.28)였다. 그는 대학 창립 업무로 1502년 비텐베르크에 왔다.

스타우피츠는 아우구스티누스 엄수파 수도원에 들어오기 전인 1490년 쾰른과 라이프치히에서 공부했고, 철학 석사학위를 취득했다. 늦어도 1497년 이후 그는 수도회 회원이 되었고, 얼마 지나지 않아 튀빙겐의 같은 교단 수도회의 원장이 되었다. 그는 그곳 대학에서 신학을 공부했고, 1500년 신학박사가 되었다. 그의 신학 노선을 결정하기가 무척 어려운 것은 그가 한 학문적 교수활동에 대한 아무런 증거가 없기 때문이다.[52] 스타우피츠는 애기디우스(Ägidius von Rom, †1316)[53]가 대표하는 아우구스티누스 엄수파의 토마스적인 노선도 아니고, 스코투스의 유명론적 노선[54]에도 속하지 않는다.[55] 그는 엄청날 정도로 그리고 철저히 독자적으로 아우구스티누스를 연구했음이 새로이 제기되고 있다.[56] 그 외에도 그레고르, 베른하르트 폰 클레르보 그리고 요한네스 게르송의 분명한 영향을 확인할 수 있고, 이러한 것은 그의 신학의 방향을 보여주는 것이다. 우리가 가진 그의 저서 속에 나타난 스타우피츠는 영적인 삶의 신

---

52) 전집은 현재 제2권까지 나왔다(Bd. 2, Berlin 1979): Libellus de exsecutione aeternae praedestinationis (1517). 좀 더 일찍 나온 단행본: 비교. E. Wolf: Staupitz und Luther, S.10ff 그리고 RGG³ 6, 342f.
53) E. Wolf: Staupitz und Luther.
54) David Curtis Steinmetz: Misericordia Dei. The Theology of Johannes von Staupitz in its late medieval setting; Leiden 1968.
55) 비교. Staupitz: Sämtliche Schriften, Bd. 2, 14f.
56) H.A. Oberman, 97ff.

학자이다. 그는 신앙적인 논문과 설교에서 평신도의 종교성을 금욕적 영성의 전통에서 시작하여 하나님의 구원의 뜻과 고난받는 그리스도의 모습으로 심화시키고 싶어 했다. 그는 팔츠처럼(참고 2장 1) 경건한 헌신이라는 중세 후기의 표현 형태를 더 이상 강조하지 않는다. 루터의 증언에 의하면 수도원 총책임자로서 스타우피츠는 성서강의를 수도원에서 가장 가치 있는 일로 삼았다.[57]

그가 상담으로 루터를 도왔다는 것을 우리는 다만 루터의 후기 회상으로 알고 있다. 언제 루터가 그로부터 그 자신의 신학적 사고에 계속 영향을 준 상세한 "위로들"을 경험했는지는 여전히 미궁 속에 놓여 있다.[58] 몇 번의 짧은 만남과 1508/09년 루터의 첫 비텐베르크 체류와 최종적인 이주(1511년 가을) 후 한 번 더 어느 정도 긴 시간 동안 수도원에서 함께 살았던 기간이 있었다. 스타우피츠의 상담에서 루터가 도움을 받은 것은 아우구스티누스와 베른하르트의 사상으로 보인다. 하나님이 판결한 형벌, 다시 말하면 영원한 저주의 형벌을 두려워하던 루터에게 스타우피츠는 아우구스티누스 사상으로 하나님의 칭의의 뜻을 이해시키려 했고, 그 결과 하나님은 인간에게 있는 죄성만을 형벌하시며, 죄인의 인격은 용납하시고, 인간이 하나님의 이러한 칭의의 뜻을 전심으로 사랑하며 인정할 때 구원을 얻는다고 설명했다. 그럴 경우 인간에게는 형벌의 두려움(timor poenae)이 아닌 의의 사랑(amor iustitiae)이 참회의 동기가 된다. 자신의 의지가 하나님의 칭의의 뜻에 대해 동의할 수 있는 능력이 있는지, 아니면 그 자신에 사로잡혀 있기에 소망이 없이, 그러니까 영원한 지옥으로 저주받은 것인지 의심스러운 문제에

---

57) TR 5 Nr.5374.
58) 중요한 상담적 조언을 1515년 5/6월로 정하는 것은 불확실한 근거를 토대로 하고 있다(TR 1 Nr.137, 2 Nr.2318); 마틴 브레히트(M. Brecht)의 다른 의견(참고문헌 B), 81. 155. 181.

대해 스타우피츠는 베른하르트 폰 클레르보의 사상에서 고난받는 하나님의 아들의 예를 들어 이의를 제기한다. 즉, 여기서 하나님의 칭의는 계명에서 인간과 만나는 것이 아니라, 하나님의 긍휼의 뜻을 배경으로 한 구원자의 고통스러운 순종에서 만나는 것이라고 그는 이해한다.[59] 그리스도를 따르는 그 순종 속에서 하나님의 칭의와 일치됨을 발견할 수 있다면, 이러한 관점에서 인간은 하나님의 구원의 뜻에도 역시 받아들여진 것이다. 스타우피츠의 상담에서도 역시 하나님의 칭의의 뜻은 요구되는 칭의의 심판의 의지로 남아 있다. 스타우피츠는 그의 상담으로 루터의 내적 갈등을 완전히 해결할 수 없었다. 그러나 스타우피츠가 의미한 것을 루터는 아우구스티누스와 베른하르트 강의를 통해 더 잘 이해할 수 있었고, 무엇보다도 그것은 인간을 다루시는 하나님의 뜻과 그리스도 안에서의 그의 현존을 찾기 위해 성서를 자신이 직접 조사하는 계기가 되었다.

교단 정책에 있어서 스타우피츠는 그가 주도한 작센, 독일 중부 및 북부 지역에 이르는 수도원 교구의 연합 계획을 추진했다. 한편으로는 개혁의 확장이었지만, 다른 한편으로는 엄수파 수도원에게는 여태까지 그들이 누린 특별한 지위의 상실을 가져왔고, 일반적인 수도원 총회에 예속되어 엄수파의 약화를 초래할 수도 있었다. 추기경이 가져온 교황의 칙령을 통해 연합 계획은 이미 1507년 12월 15일 금지되었으나, 6월 26일자 수도원장의 서신이 개혁교단의 총대리주교직과 작센지역 수도원장직을 통합하고 9월 8일 올라(Orla)의 노이스타트(Neustadt)에서 개혁교단의 대표자들이 연합체를 승인했을 때인 1510년에 이르기까지 실행이 지연되었다. 결국 일곱 개의 엄수파 수도원에서 반발이 일어났다. 뉘른베르크와

---

59) WA 1, 525(1518); 비교. WA 43, 461, 11ff(1535/45) 그리고 여기에 TR 5 Nr.5658a (S.295, 15ff) mit WA 48, 363f.-Staupitz: De exsecutione aeternae praedestinationis c.20 참고 190ff.

에어푸르트에 있는 두 개의 중요한 수도원이 그 역할을 했다. 다른 다섯의 엄수파 수도원은 스테른베르크/메클렌부르크, 노트하우젠, 장거하우젠, 쿨름바흐, 쾨익스베르크/프랑켄 등이다.

완고한 수도원들의 위임을 받아 루터는 다른 동료 한 사람과 더불어 가장 높은 직위인 교단총회장(Ordensgeneral)에게 반발을 알리기 위해 1510년 가을 로마에 파견되었다. 루터와 동행한 사람이 누구인지는 알 수 없다. 늦가을—11월경—두 사람은 도보로 로마에 갔다. 업무상의 여행은 동시에 라틴 기독교 성지에 대한 순례가 되었다. 둘은 추측컨대 뉘른베르크, 울름, 추르(Chur), 셉티머파쓰(Septimerpaß), 시아벤나(Chiavenna), 마일란트(Mailand)를 통해서 갔고, 돌아올 때는 만투아, 브렌너파쓰(Brennerpaß), 인스부룩, 아우구스부르크를 거쳤다. 좋지도 않은 계절에 두 수도사에게 약 6주간이 소요되었다. 수도원 문제는 아무런 성과를 얻지 못했다. 교단 총회장은 강경했고, 교단법에 따라 교황청에 호소하는 것 역시 금지시켰다. 루터는 4주간의 로마 체류를 순교자의 무덤 방문, 순교자의 성유물 숭배, 일곱 개의 주요 교회에 대한 일일 금식 순례, 화려한 제단에서의 미사 집행 등을 통해 한 번 더 참회를 하고, 가능한 한 많은 은총을 얻는 기회로 이용했다. 그는 로마의 사제가 얼마나 성급하고 경건함이 없이 미사를 거행하는지를 보고 경악했다. 그는 남아도는 잉여의 성직록, 추기경들의 사치 그리고 단순한 제도권 교회에서 위로받지 못하는 가난을 감지했다. 창녀와 남색 같은 비도덕적인 것들도 그에게는 은폐되지 않았다. 사람들은 그것을 숨김없이 말하고 드러냈다. 로마에서 그가 얻은 인상들[60]과

---

60) 그는 후에 다른 사람들이 많든 적든 객관적으로 로마의 상황에 대해서 보도한 것을 더 많이 듣고 썼다. 이것은 자신의 직접적인 경험과 용해되어서 로마의 권위와 논쟁해야 한다는 압박을 받을 때에 계속적인 논쟁의 자극제가 되었다. 비교. H. Böhmer, 155ff.

통행하면서 지방, 도시 그리고 시민에게서 받은 많은 다른 것들은 그의 기억 속에 일생동안 남았다.

교단 문제에 대해서 교단 책임자와 스타우피츠는 1511년에도 완강한 수도원들과 타협점을 찾고자 노력했다. 대다수의 반대파 수도원들은 타협을 거부했다. 에어푸르트 수도원에서는 소수만이 그 점에 동의했다. 비텐베르크 수도원으로 옮긴 루터와 요한네스 랑이 여기에 속했다.[61] 1512년 5월 쾰른에서 열리는 개혁공의회 총회에서 스타우피츠는 교구연합 계획을 최종적으로 백지화했다. 그는 총대리신부로 재선되었다. 루터를 자신의 후임인 비텐베르크 대학 교수로 결정하고, 스타우피츠는 1512년 가을 비텐베르크를 떠났다. 그 후 그는 주로 뉘른베르크, 뮌헨 그리고 잘츠부르크에 머물렀다. 뉘른베르크에서 그는 설교를 통해 자신의 종교적 관점에 동감하는 영향력 있는 시민을 얻을 수 있었고, 확고한 스타우피츠 공동체(Sodalitas Sraupitziana)를 결성했다.

참고문헌 : Heinrich Boehmer: Luthers Romfahrt; Leipzig 1914. Theodor Kolde: Die deutsche Augustiner-Congregation und Johann von Staupitz; Gotha 1879. Franz Lau: Père Reinoud und Luther. Bemerkungen zu Reinhold Weijenborgs Lutherstudien; LuJ 27, 1960, 64-122. Heiko A. Oberman: Werden und Wertung der Reformation; 2. Aufl. Tübingen 1979. Herbert Vossberg: Im Heiligen Rom. Luthers Reiseeindrücke 1510-1511; Berlin (DDR) 1966. Reinhold Weijenborg: Neuentdeckte Dokumente

---

61) 루터가 비텐베르크로 옮긴 정확한 시점은 알 수 없으나, 모든 가능성을 종합해 볼 때 1511년으로 추측한다. 요한네스 랑에 대해서는: 비교. E. Kleinidam (참고 1장 2), 2, 306ff.

im Zusammenhang mit Luthers Romreise; Antonianum 32, 1957, 147-202. Ernst Wolf: Staupitz und Luther; Leipzig 1927. Ders.: Johannes von Staupitz und Die theologischen Anfänge Luthers; LuJ 11, 1929, 43-86.

제 3 장

비텐베르크 교수(1512-1517/18)

1. 비텐베르크

약 2000-2500명의 인구(에어푸르트는 약 20,000명)로 엘베 강 우편에 놓인 작은 도시 비텐베르크는 선제후 프리드리히가 토르가우와 함께 제2의 선제후 거주지로 확장한 곳이다.[1] 이것은 교회에도 영향을 주었다.

14세기 중엽 이후 6명의 참사원과 한 명의 수석 신부로 구성된 만성절참사회는 아스카니어(Askanier) 성에 있었다. 창립 이후부터 그것은 감독의 교구관할에서 벗어나 직접 교황청 산하에 소속되었다. 그곳에 있는 대신 성주와 지역 귀족들은 성직자 추천권을 가

---

1) 15세기 전반부 아스카니어(옛 독일의 왕족 – 역주)가 전멸하기까지 비텐베르크는 성을 가진 수도였다.

졌다. 교황 보니파키우스 9세는 1398년 만성절참사회에 일년에 이틀간만 아시시의 프랜시스회의 포르티운클라 성당에서 유래해(8월 1-2일) 중세 후기에 아직은 보편화되지 않은 소위 일괄 면죄부(Plenarablaß, 참고 4장 1)인 포르티운클라 면죄부(Portiuncula-Ablaß)를 팔도록 허용했다. 아스카니언 왕족은 교회에 성유물을 모으고, 교황의 면죄부를 이미 발행하기 시작했었다. 프리드리히 현제는 성의 부속건물(1489ff)과 아스카니언 건물자리에 성유물을 관리하는 교회(1496ff)를 짓도록 허용했을 뿐만 아니라, 1522년에 이르기까지 성유물 수집을 계속해서 강화했다. 1509년 5005가지가 그리고 1520년에는 19,013가지의 성유품이 수집되었다.[2] 모든 수집품은 매년 주의 자비(Misericordias Domini)의 날(월요일)과 만성절에 공개되었다. 성유물을 선물한 사람은 그 유품에 적합한 "한시적인"(zeitlichen) 면죄부를 얻었다. 따라서 그것은 수천 년간의 면죄부에 해당하는 분량이었다.[3]

시사제교회(Stadtpfarrkirche), 마리아교회(Marienkirche)의 경우, 14세기 말 그 권리를 만성절참사회에 넘겨 통합되기까지 지역 영주가 교회의 보호권을 가지고 있었다. 시민 계급, 시민 개개인 혹은 특정한 시민단체들은 중세 후기에 성직자들의 생활에 필요한 돈과 함께 약간의 제단을 시교회에 기부했고, 이 제단에서 성직자는 미사를 집례했다. 시민들의 커다란 기부를 통해 시교회와 함께

---

2) Bernd Moeller: Eine Reliquie Luthers; Jb. d. Akad. d. Wiss. in Göttingen, 1982, 33-55. I. Ludolphy, 355ff.
3) 성유물에 대한 완전한 개관은 1509년 루카스 크라나흐가 나무 조각을 가지고 묘사한 구원서(Heiltumsbuch)에 있다; Faksimile-Ausgabe München 1883 ("Wittenberger Heiligthumsbuch") und Unterschneidheim 1969; Johannes Jahn (Hg.): Lucas Cranach d. Ä. Das gesamte graphische Werk; München 1972, 460-543.

성체성당 등 독자적 건축도 이루어졌다. 부인회, 성 안나회, 성 세바스티안회, 직물공회와 같은 많은 교회적 단체들도 존재했다.[4)]

프랜시스회 수도원은 1261년부터 도시에 있었다. 안토니 교단은 1460년 비텐베르크와 토르가우 사이에 있는 수도원 리히텐부르크에서 작은 도시안착에 성공했다.[5)] 단 하나밖에 없었던 비텐베르크 병원은-성령교회와 함께-시 동쪽에 있는 엘스터 문 근처에 있었다.

선제후 프리드리히 현제는 1502년 비텐베르크에 대학을 세웠을 때, 도시 안에 프랜시스회 외에 또 다른 구걸승단, 즉 아우구스티누스 엄수파 수도원이 정착하도록 배려했다. 이들은 엘스터 문 근처에 여태까지 병원이 있던 곳을 확보했고, 반면에 병원은 시의 다른 곳으로 옮겨갔다. 그 땅에 아우구스티누스 엄수파는 새로운 수도원 건물을 지었다. 여태까지 병원에 함께 있던 성령교회는 이들의 교회가 되었고, 이전의 예배와 관련된 모든 것들을 그대로 인수했다.

비텐베르크 대학은 선제후가 튀빙겐 대학의 선례를 따라 설립했다. 그곳으로 온 요한네스 폰 스타우피츠는 문화 정치적으로 중요한 이 계획을 실행함에 있어서 두 명의 수석고문 가운데 한 명이었다.[6)] 다른 한 명은 라이프치히의 의학교수인 마틴 폴리히 폰 멜러슈타트였다. 이 두 사람은 젊은 대학을 처음부터 인문주의에 개방하는데 기여했다. 이러한 정신으로 게오르크 스팔라틴(1484-1545)은 대학 도서관의 확장을 추진했고, 이 일을 위해 선제후는 1512년 자신의 성 도서관을 내놓았다. 에어푸르트에서 공부하는 동안 인문주의를 알게 되었고, 1508년 이후로 궁정목사요 왕자의 개인교사

---

4) N. Müller (참고 8장 1), 5ff (Nr.1).
5) H. Junghans, 43. Herbert Vossberg: Luther rät Reißenbusch zur Heirat. Aufstieg und Untergang der Antoniter in Deutschland; Berlin 1968, 53-61.
6) 비교. H. A. Oberman (참고 3장 4, 각주 6), pass.

로서 선제후에게 헌신하고 있던 스팔라틴은 대학과 제후측 사이에서 가장 중요한 중간자 역할을 했다.[7] 대학 교수들은 다른 중세 대학 창립의 경우처럼 12명 정도로 이루어진 성당참사회원의 인정으로 가능했다. 그 외에도 두 개의 비텐베르크 구걸승단은 각각 한 명의 교수를 배속받았다. 아우구스티누스 엄수파는 특별히 인문학부에서 도덕철학을 가르칠 강사 한 명을 더 파송했다.[8] 스타우피츠가 아우구스티누스 수도원에도 동시에 일반수업 과정을 개설한 것은 대학도시에서 사실 당연한 것이었다.

> 참고문헌 : Atlas des mittleren Saale-und Elbegebietes; Leipzig 1959 (Bl. 18: Territorien um 1500). Fritz Bellmann (u.a.Hgg.): Die Denkmale der Lutherstadt Wittenberg; Weimar 1979. Fritz Bünger, Gottfried Wentz: Das Bistum Brandenburg, Tl.2 (Germania sacra 1, 3,2); Berlin 1941. Georg Dehio: Handbuch der deutschen Kunstdenkmalpflege; 2. Aufl. Berlin (DDR) 1978. Carl Eduard Förstemann (Hg.): Liber Decanorum Facultatis Theologicae Academiae Vitergensis; Leipzig 1838. Walter Friedensburg: Geschichte der Universität Wittenberg; Halle/S. 1917. Ders. (Hg.).: Urkundenbuch der Universit?t Wittenberg; Tl. 1(1502-1611); Magdeburg 1926. Maria Grossmann: Wittenberg Drucke 1502 bis 1517, ein bibliographischer Beitrag zur Geschichte des Humanismus in Deutschland; Wien 1971.

---

7) Irmgard Höss: Georg Spalatin. Ein Leben in der Zeit des Humanismus und der Reformation; Weimar 1956.
8) 이러한 강사 임무를 루터는 1508/09년 비텐베르크에 처음 체류할 때에 수행했다.

> Dies.: Humanismus in Wittenberg 1485-1517; Nieuwkoop 1975. Johannes Haussleiter: Die Universität Wittenberg vor dem Eintritt Luthers; Leipzig 1903. Gerd Heinrich: Frankfurt und Wittenberg. Zwei Universitätsgründungen im Vorfeld der Reformation; bei Peter Baumgart, Notker Hammerstein (Hgg.): Beiträge zu Problemen deutscher Universitätsgründungen der fr?hen Neuzeit; Nendeln 1978, 111-129. Helmar Junghans: Wittenberg alssss Lutherstadt; Berlin (DDR) 1979. Ingetraut Ludolphy: Friedrich der Weise, Kurfürst von Sachsen 1463-1525; Göttingen 1984. Edgar C. Reinke (Hg.): The Dialogus of Andreas Meinhardi. A Utopian Description of Wittenberg and its University, 1508; Ann Arbor, Mich. 1976. Heinz Scheible: Gründung und Ausbau der Universität Wittenberg; s.o. G. Heinrich, ebd. 131-147. Walter Schlesinger: Sachsen; Stuttgart 1965.

2. 신학박사 - 성서신학의 길로

루터가 비텐베르크 수도원으로 오자(참고 2장 4) 요한네스 폰 스타우피츠는 루터에게 신학박사 과정을 권했다. 수도원 설교직도 스타우피츠가 당시 루터에게 위임한 것으로 보인다. 루터는 후에 수도원 정원에 있는 배나무 아래서 수도원장과 자신이 중요한 대화를 했음을 회상했다.[9] 스타우피츠는 루터가 자신의 비텐베르크 대

---

9) TR 1 Nr.885; 2 Nr.2255a.b; 3 Nr.3134a.b; 5 Nr.5371, 6422. 박사

학 교수직을 넘겨받을 최고의 자질을 갖고 있다고 보았다.

루터는 1512년 10월 18/19일 비텐베르크 대학에서 평범한 축하 속에 박사학위를 받았다. 50굴덴에 해당하는 모든 경비는 선제후가 지불해 주었다.[10] 신학박사 학위란 교수로서 독자적인 신학 연구를 할 수 있는 자격을 주는 것이다. 교회가 결정한 교리의 틀 안에서 신학논쟁에 대해 자신의 판단을 피력할 수도 있다. 루터는 중세의 명망 있는 신학자 — 알베르투스 마그누스, 토마스 아퀴나스, 요한네스 둔스 스코투스 등 — 들이 가졌던 것과 동일한 권한을 가졌다. 그는 학위수여식에서 성서를 "신실하고 정확하게 설교하고 가르칠 것"을 맹세했다.[11]

루터는 스타우피츠의 후임으로 중세 대학의 일반적 관례에 따라 성서강사(Lectura in Biblia)로 정의된 신학부 교수가 되었다. 이제부터 그는 학자로서 특히 구약성서에 대한 성서주해 강의를 했다. 1513년 봄 혹은 가을에 그는 첫 강의로서 시편주해를 시작했다.[12] 시편은 모든 성서 중에서 전통적으로 가장 자주 논의되었고, 성직자도 성무일도를 통해 가장 친숙했다(참고 2장 2).

과정 의향은 1512년 5월 쾰른에서 열린 개혁수도원 총회에서 승인되었다. 직접 이 총회에 참석한 루터는 비텐베르크 수도원의 부원장으로 선출되었고(원장은 Wenzeslaus Linck) 비텐베르크 수도원 수업의 차기 총책임자로 결정되었다. 비교. O. Scheel (참고문헌 B) 2, 549f.

10) WAB 12, 402ff; 비교. WA 5, 20, 27f (=AWA 2, 7, 11f). 루터는 에어푸르트의 수도원장과 동료들을 학위수여식에 초대했다. WAB 1, 18f.

11) WA 56, 480,5ff(1515/16): authoritate Apostolica officio docendi fungor. Meum est dicere, quaecunque videro non recta fieri, etiam in sublimioribus. WA 30 III, 386, 30ff (1531). 신학박사 맹세의 내용전체에 대해서는 다음을 참고하라. Theodor Muther (Hg.): Die Wittenberger Universität-und Fakultätsstatuten vom Jahre 1508; Halle 1867, 20 c.7 (비교. WA 30 III, 437, 18f RN).

12) 강의 개시의 문제에 관해서는: 비교. M. Brecht (참고문헌 B), 128.

강의를 위해 루터는 비텐베르크 인쇄소에 라틴어 시편을 줄 간격을 넓혀 인쇄하도록 요청했고, 그와 수강생 모두가 어구에 대한 설명(Glossen)을 줄 사이와 여백에 기입할 수가 있었다. 그 외에도 루터는 시편의 각 구절에 대한 상세한 해석을 했다. 그의 행간주기와 여백주기(Zeilen-und Randglossen)가 기입된 시편과 본문주해(Scholien) 원본이 오늘날에도 남아 있다(Dresden).[13] 이 강의를 받아 적은 학생의 필기는 전해지는 것이 없다. 시편강의에 이어 한 로마서 강의(1515/16)는 루터의 필사본이 자구해석과 본문주해 형태로 남아 있을 뿐만 아니라, 학생의 필기도 남아 있어서 우리는 그것을 통해 자구해석은 완벽하게 받아 적었으나, 본문주해는 부분적으로 적을 수 있었다는 사실을 확인할 수 있다. 강의용 시편 인쇄를 의뢰하면서 루터는 라틴어 시편 제목을 가능한 원문에 충실하게 고쳤고, 내용 요약을 각기 시편에 첨부했다. 서문에서 그는 자신의 주해 원칙을 간략히 피력했다.[14]

성서주해 강의를 준비하고 수행하면서 루터는 인문주의자들이 쓴 세 가지 신간 참고도서를 사용했다. 이것들은 그에게 히브리어 지식을 쌓게 해주었고, 전통적으로 내려온 교회의 시편 본문에 좀 더 근접케 해주었다. 1. 요한네스 로이클린의 히브리어 문법서와 사전(De rudimentis linguae hebraicae, Pforzheim 1506); 2. 역시 요한네스 로이클린의 히브리어 원문을 기초로 한 일곱 개의 참회시편 주해(In septem Psalmos poenitentiales, Tübingen 1512); 3. 프랑스의 인문주의자 야콥 파버 스타플렌시스(혹은 르페브르 데따블)의 시편주석. 저자는 여기서 다섯 종류의 서로 다른 라틴어역 시편을 대조시키고 있으며, 그중 히브리어 원문을 직접 번

---

13) WA 3-4에는 자구설명(glossen)과 본문주해(scholien)가 뒤섞여 있으나, 새로 편집된 WA 55는 두 개의 필사본을 분리시켜 편찬했다.

14) 비교. G. Ebeling: Psàlterdruck.

역한 히에로니무스의 것이 언어학적으로 가장 유용했다.[15] 루터는 히브리어 시편과 교회에서 통용되는 시편 사이에 차이점이 있음을 계속 알았음에도 불구하고 교회에서 쓰던 시편이 더 깊이 있고 영적인 내용이 풍부하다고 여겼다. 강의에서 그는 라틴어로 쓰인 다음과 같은 중요한 주석들을 다루었다: 히에로니무스, 아우구스티누스, 카시오도르, 글로싸 인터리네아리스와 오르디나리아(Glossa interlinearis und ordinaria), 휴고 키르디날스(✝1264), 파울루스 폰 부르고스(✝1435)의 주해를 함께 첨부하여 인쇄한 니콜라우스 폰 리라(✝1377)의 주해, 루돌프 폰 작센, 야콥 파버 스타풀랜시스의 5개역 대조시편(Quincuplex Psalterium).[16] 다른 저서들을 통해 루터가 이미 알고 있었던(참고 2장 3) 아우구스티누스는 시편주해를 통해 의심의 여지없이 루터에게 가장 강력한 영향을 주었다. 특별히 시편은 한편으로는 그리스도가 자신을 위해 한 기도요, 다른 한편으로는 영적인 몸, 교회 또는 그의 지체, 즉 개개인의 신자를 대표하여 한 기도라는 루터의 기본 이해 속에 이미 아우구스티누스의 시편주해에 들어 있는 신학이 강하게 각인되어 있다.

학계에서 지금까지 가장 철저히 연구된 주제들은—그리스도론(Vogelsang), 해석학(Ebeling, Preus), 교회론(Vercruysse, Hendrix)—루터의 시편강의를 재현한다는 점에서 하나의 통일성을 이루고 있다. 루터는 해석학의 도움으로 시편 본문에서 교회와

---

15) Psalterium quincuplex, Gallicanum, Romanum, Hebraicum, Vetus, Conciliatum; Paris 1509; Faksimileausgabe der 2.Auflage (Paris 1513) Genf 1979.
16) 아마도 그는 자신의 스페인 수도원 동료인 야콥 페레츠 폰 발렌시아(✝1490)의 시편주석도 사용했을 것이다. 비교. Wilfrid Werbeck: Jacobus Perez von Valencia. Untersuchungen zu seinem Psalmenkommentar; Tübingen 1959.

수도사인 자신의 현실을 영적으로 이해할 수 있었다. 아우구스티누스의 시편주해에서도 중요한 기능을 했던 그리스도의 몸에 대한 바울의 사상을 루터는 성서의 사중적 의미라는 전통적인 틀에 접목시켰다. 이로 인해 해석의 틀은 그리스도 및 교회론과도 연관되었다. 시편의 문자적 의미(sensus litteralis)는 예언적으로 그것이 그리스도의 말씀이라는 점에 본질이 있다. 그러나 교회의 머리이신 그리스도가 문자적 의미에서 그 자신의 인격에 관하여 증언하는 것은 영적인 의미에서는 영적 몸인 교회(sensus allegoricus) 혹은 영적인 몸을 구성하는 개별적인 성도를 뜻하기도 한다(sensus tropologicus). 네 번째인 신비적 의미(sensus anagogicus)는 하나님이 그리스도, 교회 그리고 신자를 통해 지향하는 목표이다.[17]

시편과 성서의 계시에 대한 해석에는 대립되는 많은 갈등이 있다. 이러한 대립은 그리스도와 교회와 개개 신자에게도 항상 있다. 그리스도를 지양치 않는 시편 해석은 바리새적인 유대인들이 예수에게 보여준 태도에서 찾을 수 있는 영적인 대적임을 반영하는 것이다. 이것은 그리스도를 십자가로 내몬 갈등이었다. 그리스도의 교회는 역사 속에서 늘 대립을 경험했다. 초기에는 박해를 통해, 교부시대에는 이단을 통해 그리고 마지막으로 안정된 시대 — 여기에는 루터가 살던 시대도 포함시켰다 — 가 왔지만, 잘못되고 외식적인 그리스도인을 통해 이러한 대립은 또 일어났다. 모든 신자 역시 영적 인간(homo spiritualis/homo interior)과 육적 인간(homo carnalis/homo exterior) 사이에서 갈등을 겪으면서 자신 속에 동일한 대립을 경험하고 있다.[18] 그리스도에게서 연유한 노력과 그리스

---

17) 예를 들어, WA 3, 464, 10ff 466, 25ff. 그리스도 안에 있는 하나님의 행동은 하나님의 창조사역과 그리스도 앞에 있는 이스라엘 백성에 대한 그의 일하심과 연관되고 있다; WA 3, 369, 1ff 531, 31ff.
18) 루터는 베른하르트 폰 클레르보가 (Ps 90 serm 6 참고 2장 3; In Cant

도와는 모순되는 노력 사이에서 일어나는 대립이 모든 신자에게 있다. 루터가 설명하는 여타의 갈등도, 즉 그것이 참되고 올바른 자기 심판과 외식적인 자기인정 사이에서 오는 갈등인지 아니면 자기를 낮추는 겸손(Demut, humilitas)과 자기를 높이는 교만(Hochmut, superbia) 사이에서 온 갈등인지 이러한 관점에서 고찰해야만 한다. 그리스도에게서 출발하는 신앙인의 모든 행동은 그리스도와의 동일성을 추구한다. 개개 신앙인에게는 행동의 모순이 존재하기 때문에, 교회에도 역시 참된 신앙인과 거짓된 신앙인 사이에 대립이 있다. 그것이 교회와 이단의 경계임에도 불구하고 그 경계선은 제도적으로 인식되지 않는다. 루터는 이러한 갈등을 수도사인 자신의 삶에서 체험했다.[19] 수도사와 교회의 삶에서 가장 위험한 것은 스스로 이만하면 족하다는 자기만족 부여이다. 자기비판이 포함되지 않은 교회와 수도사에 대한 비판도 마찬가지로 위험하다.

　교회의 현실을 루터는 주로 수도사가 된 자신의 모습 속에서 숙고하고 있다. 수도사들이 있는 수도원을 그는 영적인 그리스도의 몸이라고 본다. 여기서는 그리스도를 대변(vicarius Christi)하는 선임자(수도원장)가 심판하고 치리하는 그리스도의 말씀을 전해야만 한다. 시편에 직접 주신 그리스도의 말씀에 대한 경험이 시편주해에 유입되어 있다. 해석학, 그리스도, 교회 그리고 인간적 상호작용은 시편을 주해하면서 자신이 처해 있는 삶의 현실을 깊이 숙고하도록 도와주었다.

　일차 시편강의에서 보여준 신학은 성서신학의 필치를 가지고 있다. 그의 모든 시편 해석이 성서적인 하나님 경험을 보여주고 있기

---

　　　serm 33 참고 14ff에서) 그에게 전해준 교회사의 틀을 사용한다. 비교. WA 55 I 1, 8, 8ff; WA 3, 416, 5ff.
19) 그는 수도원 내에서 규율에 대한 논쟁을 위해 나름대로의 해석의 잣대를 찾았다. 비교. U. Mauser, 91-105.

때문이다. 루터는 스콜라 신학의 노선에서 행동하지 않는다. 특히 하나님에 관한 아리스토텔레스의 "수다"는 그로 하여금 스콜라 신학을 의심하게 했다.[20] 루터는 전해진 주석들과 더 정확히 분석되어야만 수도사 영성의 요소들을 연구했다.[21] 수도사 영성에 일조를 한 아우구스티누스는 누구보다도 먼저 고려되어야만 한다. 루터는 교회의 모든 전승에서 그를 가장 중요하게 취급했다.

> 참고문헌 : Albert Brandenburg: Gericht und Evangelium. Zur Worttheologie in Luthers erster Psalmenvorlesung; Paderborn 1960. Gerhard Ebeling: Die Anfänge von Luthers Hermeneutik; bei dems. (참고문헌 C), 1-68; zuerst ZThK 48, 1951, 172-230. Ders.: Luthers Psalterdruck von Jahre 1513; bei dems. (참고문헌 C), 69-131; zuerst ZThK 50, 1953, 43-99. Ders.: Luthers Auslegung des 14.(15.) Psalms in der ersten Psalmenvorlesung im Vergleich mit der exege-tischen Tradition; bei dems. (참고문헌 C), 132-195; zuerst ZThK 50, 1953, 280-339. Ders.: Luthers Auslegung des 44.(45.) Psalms; bei dems. (참고문헌 C), 196-220; zuerst IKLF 1, 1958, 32-48. Adolf Hamel: Der junge Luther und Augustin, ihre Beziehungen in der Rechtfertigungslehre nach Luthers ersten Vorlesungen 1509-1518 untersucht; 2 Bde. Gütersloh 1934. 1935, Nachdruck Hildesheim 1980. Scott H. Hendrix: Ecclesia in Via. Ecclesiological Developments in the Medival

---

20) WA 3, 382, 19ff zu Ps 65/66, 17.
21) 루터는 믿음(fides)이라는 개념과 그리스도의 믿음(fides Christi), 믿음의 의(iustitia fidei), 그리스도의 의(iustitia Christi)라는 개념을 결합하여 자주 사용하고 있다.

Psalms Exegesis and the Dictata super Psalterium of Martin Luther; Leiden 1974. Werner Jetter: Die Taufe beim jungen Luther; Tübingen 1954. Helmar Junghans: Das Wort Gottes bei Luther während seiner ersten Psalmenvorlesung; bei dems. (참고 1장 2), 274-287; zuerst ThLZ 100, 1975, 161-174. Ulrich Mauser: Der junge Luther und die Häresie; Gütersloh 1968. Günther. Metzger : Gelebter Glaube. Die Formierung reformatorischen Denkens in Luthers erster Psalmenvorlesung, dargestellt am Begriff des Affekts; Göttingen 1964. Gerhard Müller: Ekklesiologie und Kirchenkritik beim jungen Luther; NZSTh 7, 1965, 100-128. Regin Prenter: Der barmherzige Richter. Iustitia die passiva in Luthers Dictata super Psalterium 1513-1515; Aarhus 1961. James Samuel Preus: From shadow to promise. Old Testament inter-pretation from Augustin to the young Luther; Cambridge, Mass. 1969. Siegfried Raeder: Das Hebräische bei Luther, untersucht bis zum Ende der ersten Psalmenvorlesung; Tübingen 1961. Eleanor Roach, Reinhard Schwarz (Hgg.): Martin Luther, Wolfenbütteler Psalter; 2 Bde., Frankfurt/ M. 1983. Siegfried Frhr. von Scheurl: Martin Luthers Doktoreid; ZBKG 32, 1963, 46-52. Reinhard Schwarz: Vorgeschichte der reforma-torischen Bußtheologie; Berlin 1968. Hermann Steinlein: Luthers Doktorat; Leipzig 1912 (auch NKZ 23, 1912, S.757-843). Joseph Vercruysse: Fidelis Populus; Wiesbaden 1968. Erich Vogelsang: Die Anfänge von Luthers Christologie nach der ersten Psalmenvorlesung, insbesondere in ihren exegetischen und systematischen Zusammenhängen mit

> Augustin und der Scholastik dargestellt; Berlin 1929.

3. "하나님의 의"라는 성서적 표현의 참된 의미

루터는 후에—1545년(3월 5일) 라틴어 전집[22] 제1권 서문에서—늘 기도하면서 하나님 앞에 들고 나아갔던 성서에 나오는 하나님의 의(iustitia Dei)라는 말이 한때는 엄청날 정도로 자신을 불안하게 했다고 언급했다. 이유는 그 말에서 마지막 심판 날 어떤 죄인도 예외없이 가혹하게 심판하시는 하나님의 의를 생각했기 때문이다. '하나님의 의'라는 성서적 표현이 그에게 준 고통은 로마서 1장 17절에서 절정에 달했다. 그것은 바울이 여기서 하나님의 의의 계시를 복음의 내용으로 설명하기 때문이다. 루터는 '하나님의 의'라는 말의 참된 의미를 성서에서 인식했을 때 결국 고통의 매듭이 풀렸다고 썼다.

루터가 그렇게 말하는 바를 전기에 포함시키는 것은 연구에 상당한 어려움을 안겨다 준다.[23] 1545년 라틴어 전집 서문에 있는 자서전적인 회고는 연대기적으로 볼 때 정확하지 않다. 같은 결과를 설명하는 다른 자료에서도 루터는 연도에 대해 어떤 구체적 암시도 하지 않는다. (1) 루터의 언급은 한 가지 새로운 인식이라는 어떤 특별한 사건을 다루고 있다는 점에서는 일치한다. 그 때문에 루터는 원래 오랜 성장과정을 거쳐 만들어진 새로운 신학을 말년에 회고하면서 특정한 한 사건으로 요약하려 했다는 의견이 나오게 만들었다.

---

22) Vorrede 1545. WA 54, (176) 179-187.
23) 새로운 토론에 대하여: 비교. O. H. Pesch와 그의 책 (참고문헌 D), 80ff.

새로운 신학은 공개적인 종교개혁 활동에 대한 전제조건이었다.

(2) 루터는 그 해답이 자신에게 매우 중요했을지라도 본인이 씨름한 문제를 비교적 좁게 제한했다. 그는 그 문제를 성서 특히 로마서 1장 17절에 있는 하나님의 의 이해의 문제라고 정확히 칭하고 있다. 그 때문에 방법론적인 이유에서, 그의 신학에서 종교개혁적인 발견, 종교개혁적인 체험 혹은 종교개혁적인 전환을 말하는 것은 바람직하지 않다. 인식에 이르기까지의 불분명한 과정이 정확히 파악될 때에야 비로소 그것이 루터 신학의 시작에 주는 의미가 무엇인지 논의될 수 있다.

(3) 사안에 대해 정확히 고찰한다면 인식의 전과정을 연대기적으로 쉽게 이해할 수 있다. 루터의 종교개혁 인식이 일차 시편강의 이전에 있었다는 의견은 매우 드물게 제기되는 의견이다(Prenter). 1519년 혹은 1520년이라는 연도 설정도 더 이상 진지하게 논의되지 않는다. 가장 뜨겁게 논의된 대안은 1514/15년이거나 혹은 1518년(봄) 중에 하나이다. 전자의 경우(전기설) 루터는 일차 시편강의 동안, 즉 로마서 강의 이전에 하나님의 의에 대한 새로운 이해에 도달했다. 후자의 경우(후기설) 얼마 전 비처(E. Bizer) 이후로 몇몇 지지자가 생겼다. 이들 대부분은 종교개혁적인 발견에 대하여 종교개혁이 시작된 직접적이며 결정적인 계기는 인식과정에 있다고 말하고 있다.

1545년에 나온 루터의 라틴어 전집 서문에서 롤프 쉐퍼(Rolf Schäfer)는 루터가 '하나님의 의'라는 개념으로 자신의 고통을 말하고 있는(WA 54, 185, 12-186, 29) 문맥의 기능적 목적을 증명했다. 그것은 루터의 초기 강의가 가진 관심사이지만, 그러나 루터는 독자의 이해를 돕기 위해 그가 여기 인쇄된 1517년부터 1519년까지의 라틴어 저작 외에도 주석연구 분야에서 고통과 영적 시련 가운데서 중요한 인식을 얻었고, 공허한 상황에서 가장 높은 곳에

도달한 것은 아니며 단 한번에 성서 전체의 사상을 깨우치지도 않았다고 부연하고 있다(WA 54, 186,27ff). 이러한 상황에서 루터는 결코 하나님의 의를 인식한 정확한 날짜를 주지 않는다. 그에게는 하나님의 의에 대한 성서적 표현의 참된 의미를 깨닫고 난 후 로마서 강의를 감행했다고 시사하는 것으로 충분했다. 중요한 것은 서문의 이 부분은 그가 얼마나 많은 고통 가운데서 중요한 해석학적인 인식을 얻었는지를 언급하고 있다는 점이다.

루터가 하나님의 의에 관한 이해를 하면서 그 매듭을 푼 장소는 강의 준비를 위해 제공된 수도원 내 탑 안에 있는 자신의 따뜻한 공부방이었다. 후에 이 탑은 비텐베르크 성의 부대시설을 확장하면서 없어졌다.[24]

루터는 하나님의 의(iustitia dei)라는 표현을 우선 분배적 의라는 철학 개념에서 해석했다. 그러한 의는 상급과 벌에 대한 올바른 평가에서 나타난다. 중세 스콜라철학에 의하면 "하나님(내지, 하나님의 뜻)은 옳다, 즉 의(Gerechtigkeit)는 그에게 합당하다"라는 '하나님의 의' 개념의 형식적 이해가 중요한 문제였다. 이러한 개념이 최후 심판에 대한 사상에도 적용되었다. 왜냐하면 그리스도는 심판 때에 그의 신적인 본질에 의거하여 하나님처럼 본질상 그와 동일한 순수한 의로 심판하시기 때문이다. 이러한 의는 집행될 때에 죄인에게는 벌, 게다가 영원한 저주의 형벌을 가져올 수 있다. 인간이 반드시 그 앞에 서야 할 신적인 권능을 가진 심판자인 그리스도에 대한 중세적 사고에 분배적 의라는 철학적 개념이 적절하게

---

24) H.G. Voigt: Luthers Wittenberger Turm; Ztschr. d. Ver. f. Kirchengesch. d. Prov. Sachsen u. d. Freistaates Anhalt 26, 1930, 1-12. Germania Sacra Abt. 1 Bd. 3, 458.-비교. TR 2 Nr.2540a.b; von TR 3 Nr. 3232a und c aus sind TR 3 Nr.3232b und 2 Nr.1681 zurechtzurücken.

더해졌다.[25] – "주의 의로 나를 구하소서"(in iustitia tua libera me)라는 하나님을 향한 시편 30/31:2(시편 70/71:2)과 로마서 1:17절의 간구는 루터의 양심에는 견딜 수 없는 것이었다. 로마서 1:17절에 대한 전통적인 해석들도 그와 같아서 하나님의 심판하시는 의에 대한 생각을 근본적으로 고칠 수 없었다. 게다가 이러한 사고가 하나님의 의라는 개념을 가진 시편 본문에 대한 중세적 해석을 지배했다. 그 시대의 종교성의 영향으로 보아 로마서 1:17절에 대한 루터의 이해에도 벌하시는 하나님의 의가 지배적이었음에 틀림없다.

(1545년의 서문에서만이 아닌) 루터의 후기 언급에 따르면 (1) 17절 후반부에 나오는 "의인은 믿음으로"(iustus ex fide)라는 형용사적 표현으로부터 17절 전반부에 나오는 "하나님의 의"라는 명사를 이해하는 법을 그가 배웠을 때 그 문제는 풀렸다. 17절 전반부는 하나님의 선물로서 신앙으로 인간을 의롭게 하고 영생을 수여하는 칭의를 의미한다. – (2) 형식적인 하나님의 의 대신에 하나님이 자신의 긍휼로 인간을 의롭게 하는 실질적인 의(effektive Gerechtigkeit)가 등장한다.[26] – (3) 루터는 소유격이 지닌 실질적

---

25) WA 54, 185, 18ff (1545): Oderam enim vocabulum istud "Iustitia Dei", quod usu et consuetudine omnium doctorum doctus eram philosophice intelligere de iustitia, ut vocant, formali seu activa, qua Deus est iustus, et peccatores iniustosque punit. formaliter seu intrinsice-extrinsice et effective의 구별에 대해서는 WA 57 I, 219, 8ff. 참고.
26) 루터는 후에 – 예를 들어 1545년 라틴어 전집 서문에서 – 하나님의 의를 한편으로는 형식적 이해인 하나님의 능동적 의(iustitia Dei activa)로 다른 한편으로는 실질적인 이해인 하나님의 수동적 의(iustitia Dei passiva)로 기술했다. 이러한 용어를 사용하여 루터는 두 종류의 소유격 용례를 구분하고 있으며, 이 중 "수동적"이라는 것은 히브리어 어법이다. WA 18, 768f (1525); 40 I, 185 (1531); 44, 486 (1535/45). 비교.

인 의미를 증명하기 위해 하나님의 일(opus Dei - 하나님이 우리 안에 역사하는 일), 하나님의 힘(virtus Dei - 우리를 강하게 하는 하나님의 힘), 하나님의 지혜(sapientia Dei - 우리를 지혜롭게 하는 하나님의 지혜)와 같은 성서적 표현들을 찾아내어 나란히 배열하고 있다. -(4) 하나님 의라는 표현의 진정한 의미를 깨달은 후 루터는 아우구스티누스의 반펠라기우스 저서인 『영과 문자』(De spiritu et littera)를 읽었고 그곳에서 자신의 이해를 확인했다.[27]

루터가 후에 하나님의 의에 대한 자신의 새로운 이해에 대해 말한 것을 그대로 수용한다면, 일차 시편강의, 특히 시편 71:2절 본문주해[28]에서 이러한 성서적 개념의 참된 뜻을 알고자 얼마나 진지하게 몰두했는지를 찾아볼 수 있다. 시편 71:2절 본문주해에 아직은 "새로 발견된 하나님의 의에 대한 완성되고 완숙한 신학적 성찰"[29]이 제시되지 않았다고 할지라도, 그것은 직접 인식을 얻었다고 완전히 파악할 수 있는 해석학적인 사상을 담고 있다. 그 후 로마서 강의에서 루터는 1:17절을 새롭게 이해한 뜻으로 해석하고 있다. 그는 이미 아우구스티누스의 저서인 『영과 문자』에서 자신의 인식이 옳음을 확인했다.[30]

새로운 인식은 그가 하나님(혹은 그리스도)의 의라는 성서적 표현에서, 특별히 매일 행한 시편 기도에서 더 이상 그것을 하나님 혹

E. Hirsch, 13-18; S. Raeder (참고 3장 2), 36ff.

27) WA 54, 186, 16ff. 비교. Augustin: De spiritu et littera c 9 참고 4장 2; WA 56, 172, 7f (1515; 로마서 1,17절 본문주해(Schol).

28) WA 3, 461, 20ff (BoA 5, 151, 10-157, 10); 해석에 대하여는 다음을 비교하라. R. Schwarz (참고 3장 2), 167ff. 주의하여 살펴보아야 한 관련된 본문: 시편 103, 1절 본문주해(WA 4, 172, 25ff)와 시편 110, 3절 본문주해(WA 4, 241, 8ff.).

29) E. Hirsch 35 각주 1.

30) WA 56, 171, 26ff; 비교. 169, 23ff 10, 2ff.

은 그리스도의 심판적인 특성으로 생각하지 않았으며, 심판은 종말에 그리스도께서 그에 대한 마지막 판단을 하실 것이라는 점에 그 본질이 있다. 대신에 그는 그리스도를 믿는 신앙에, 왜냐하면 하나님이 인간이 되신 그리스도 안에서 자신의 지혜와 진리를 신자들에게 알려 그를 지혜롭게 하며 참되게 하는 것처럼, 하나님은 그리스도를 믿는 신앙과 연관해서 인간을 의롭게 하기 때문에 그리스도 안에서 그에게 하나님의 의가 주어질 것이라는 사실을 전개할 수 있었다. 성서에 있는 하나님의 술어들(진리, 지혜, 힘, 구원, 하나님의 의, 하나님의 심판, 하나님의 일, 하나님의 길)은 모두가 그리스도 안에서 일어나는 일들을 인간에게 고지하는 것을 목적으로 삼고 있다.

하나님의 의에 관한 성서적 표현의 참된 통찰의 파급 효과는 점차적으로 드러났다. 루터는 1545년 라틴어 전집 서문에서 로마서 1:17절은 천국으로 인도하는 문이 되었다고 썼다.[31] 루터의 신학은 1515년부터 1521년까지의 기간에 율법과 복음 및 말씀과 신앙의 관계, 성례전 이해, 교회와 직임 또는 그리스도인의 권한과 교회의 사명을 이해하는데 있어서 더 중요한 변화를 경험했고, 더 섬세하게 다듬어졌다. 루터 신학의 이러한 계속적 발전은 종교적 경험 안에서 일어났고, 그 때문에 단순히 하나님의 의에 관한 새로운 이해라는 차원에서만 논의될 수는 없다. 루터 연구는 오히려 어떤 조건 속에서 그리고 어떤 자극에 의해 루터가 자신의 신학적 인식을 매년 계속해서 키워 나갔는지를 물어야만 한다. 면죄부에 대한 신학

---

31) WA 54, 186, 14ff. 루터의 인식이 해석학적인 연관성을 가졌고 계속적인 신학 연구와 경험에서 얻어졌다는 사실은 하인리히 수소(Heinrich Seuse)가 성 아그네스의 날(Sant Agnesen Tag; 1월 21일)에 수도원 내 교회에서 경험했던 신비적인 무아체험과는 엄격히 구분된다. Deutsche Schriften, hg. von Karl Bihlmyer, Stuttgart 1907, 10f, 비교. 74f.

적 논쟁은—바울서신 주해와 아우구스티누스의 반펠라기우스 강의에서 루터가 얻은 중요한 인식에 의하면—그의 신학에 특별히 많은 변화를 불러일으켰다. 종교개혁적 발견이 1518년에 이루어졌다는 추측에도 타당성은 있다.[32]

> 참고문헌 : Kurt Aland: Der Weg zur Reformation. Zeitpunkt und Charakter des reformatorischen Erlebnisses Martin Luthers; München 1965. Oswald Bayer: Promissio. Geschichte der reformatorischen Wende in Luthers Theologie; Göttingen 1971. Ernst Bizer: Fides ex auditu. Eine Untersuchung über die Entdeckung der Gerechtigkeit Gottes durch Martin Luther; 3. Aufl. Neukirchen 1966. Heinrich Bornkamm: Luthers Bericht über seine Entdeckung der iustitia dei; ARG 37, 1940, 117-128. Ders.: Iustitia dei in der Scholastik und bei Luther; bei dems. a.a.O. (참고문헌 C), 95-129. zuerst ARG 39, 1942, 1-46. Martin Brecht: Iustitia Christi. Die Entdeckung Martin Luthers; ZThK 74, 1977, 179-223. Heinrich Denifle: Die abendländischen Schriftausleger bis Luther über Justitia Dei (Rom 1,17) und Justificatio; Mainz 1905. August Franzen (Hg.): Um Reform und Reformation. Zur Frage nach dem Wesen des "Reformatorischen" bei Martin Luther; Münster 1968. Emanuel Hirsch: Initium theologiae Lutheri; bei dems. (참고문헌 C) 2, 9-35. Karl Holl: Die iustitia dei in der vorlutherischen Bibelauslegung des Abendlandes; bei dem. (참고문헌 C), 171-188. Beate Köster: Bemerkungen zum zeitlichen Ansatz

---

[32] 페쉬(O. H. Pesch)는 "종교개혁 관철"에 있어서 면죄부 논쟁이 갖는 중요성을 강조한다(참고문헌 D), 96ff.

des reformatorischen Durchbruchs bei Martin Luther; ZKG 86, 1975, 208-214. Bernhard Lohse (Hg.): Der Durchbruch der reformatorischen Erkenntnis bei Luther; (Wege der Forschung 123) Darmstadt 1958. Alister E. McGrath: Mira et nova diffinitio iustitiae; Luther and Scholastic Doctrines of Justification; ARG 74, 1983, 37-60. Ole Modalsli: Luthers Turmerlebnis 1515; Studia Theologica Lundensia 22, 1968, 51-91. Heiko A. Oberman: "Iustitia Christi" and "Iustitia Dei". Luther and the Scholastic Doctrines of Justification; HThR 59, 1966, 1-26; deusch bei B. Lohse (s.o). Otto Hermann Pesch: Zur Frage nach Luthers reformatorischer Wende. Ergebnisse und Probleme der Diskussion um Ernst Bizer, Fides ex auditu; Catholica 20, 1966, 216-243. 264-280; abgedr. bei B. Lohse (s.o.). Ders.: Neuere Beiträge zur Frage nach Luthers "reformatorischer Wende"; Catholica 37, 1983, 259-287; 38, 1984, 66-133. Albrecht Peters: Luthers Turmerlebnis; NZSTh 3, 1961, 203-236; abgedr. bei B. Lohse (s.o.). Unras Saarnivaara: Luther discovers the Gospel, new light upon Luther's way from medival catholicism to evangelical faith; Saint Louis, Mo. 1951. Rolf Schäfer: Zur Datierung von Luthers reformatorischen Erkenntnis; ZThK 66, 1969, 151-170. Reinhard Schinzer: Die doppelte Verdienstlehre des Spätmittelalters und Luthers reformatorischen Entdeckung; München 1971. Ernst Stracke: Luthers großes Selbstzeugnis 1545 über seine Entwicklung zummm Reformator historisch-kritisch untersucht; Leipzig 1926.

4. 바울과 아우구스티누스로 스콜라 신학을 반박

일차 시편강의에 이어 루터는 바울 해석에 힘을 기울였다. 1515/16년 로마서, 1516/17년 갈라디아서 그리고 1517/18년에는 당시 바울의 것이라 여긴 히브리서를 강의했다.[33] 세 가지 강의에는 동일한 주해 방법이 적용되었다. 루터는 강의를 위해 라틴어 성서 본문을 따로 인쇄했고, 본문주해(Scholienexegese)뿐만 아니라 자구해석(Glossenexegese)도 했다.[34]

루터는 아우구스티누스의 반펠라기우스 저서에서 바울서신 해석에 방향등과 같은 도움을 발견했다. 이 시기에 루터의 신학은 두 가지 중요한 정황을 통해 형성되었다. 첫째는 바울서신, 그중 로마서와 갈라디아서를 주해했다는 것이며, 둘째는 펠라기우스를 반대한 아우구스티누스가 천재적인 바울 해석의 주요 증인이 되었다는 것이다. 후에 루터는 종교개혁 신학의 진위를 밝히기 위해 아우구스티누스를 교회의 증인으로 계속 인용했으며, 이것은 아우구스티누스의 반펠라기우스 사상 때문이었다. 바울서신 해석 당시 아우구스티누스의 반펠라기우스 저서는 한때 강의(참고 2장 3과 3장 2)를 통해 알고 있던 루터의 아우구스티누스 이해를 더 심화시켜 주었다. 루터는 요한네스 암머바흐가 1506년 바젤에서 출판한 교부전

---

33) 연도문제에 대하여는 M. Brecht(참고문헌 B), 129f를 보라.
34) 로마서 강의에 관한 한,—20세기 시작 이후로—루터의 필사본이 알려졌다. 루터의 강의 필사본은 WA 56에 그리고 학생들의 필기본은 WA 57 I에 편집되었다. 다른 강의들은 이와는 달리 학생들의 필기본만이 전해지고 있다(WA 57 II와 59, 359ff: Gal; WA 57 III: Hebr). 갈라디아서 강의를 기초로 루터는 1518/19년 갈라디아서 주석을 썼다(WA 2, 346ff). 이것에 대해서는 다음을 참고하라. Karin Bornkamm: Luthers Ausle-gungen des Galaterbriefs von 1519 und 1531, ein Vergleich; Berlin 1963.

집(총 11권) 중에 있는 아우구스티누스의 반펠라기우스 저서를 사용했다. 아우구스티누스의 저서 중 가장 큰 도움을 준 것은 『영과 문자』(참고 3장 3), 『공로와 죄 용서』(De peccatorum meritis et remi-ssione), 『율리안 반박』(Contra Julianum) 그리고 『결혼과 욕망』(De nuptiis et concupiscentia)의 순이다.[35] 아우구스티누스의 반펠라기우스 신학은 루터에게 낯선 것은 아니었다. 루터는 페트루스 롬바르두스(참고 2장 3)의 책에서 그가 발췌하여 인용한 아우구스티누스의 글을 이미 읽었다. 그 외에도 아우구스티누스의 시편주해는 바로 펠라기우스와 논쟁하던 시기에 쓰인 것이며, 그에 상응하는 신학 내용을 담고 있다.[36] 루터는 이제 반펠라기우스적인 아우구스티누스를 그 자신의 독창적인 바울 해석으로 수정하고 보완할 정도로 발전했다.[37]

루터 연구는 오래전부터 어떻게 그가 아우구스티누스 노선에 서게 되었는지, 그가 들어간 수도원의 전통 때문인지 아니면 중세 후기의 스콜라 때문인지를 다루어 왔다.[38] 이 문제는 여러 가지 요인으로 한계에 부딪히고 있다. 1. 아우구스티누스는 이미 수도사의 아버지로서 루터에게는 교회의 가르침에 대한 가장 중요한 대변자

---

35) 이 네 권의 글 중 첫 두 권을 루터는 암버바흐 전집 6권과 8권에서 찾았다.
36) 루터는 자신이 이미 알고 있던 아우구스티누스의 설교를 그의 시편주해 만큼이나 중요하게 여겼다. - 로제(B. Lohse)는 루터가 비록 새로운 강의에서 하나님의 의에 관한 이해를 확인했지만, 일차 시편강의 당시 이미 직접적인 강의를 통해 『영과 문자』를 알고 있었다고 추측하고 있다(참고 3장 3). 122ff.
37) 비교. L. Grane: Modus Loquendi Theologicus.
38) 오버만(H. A. Oberman)은 새로이 중세 후기 아우구스티누스주의와 전통과의 연관성이 형성되었다는 의견을 제기하고 있다(참고 2장 4). 82ff. 비교. B. Lohse, 116ff.

였고 경건한 삶의 표본이었다.[39] 스타우피츠 역시 아우구스티누스를 강의하도록 개인적으로 그를 격려했을 것이다. 중세 후기의 종교성은 새로운 경건(Devotio moderna)과 인문주의 영역에서 오래전부터 네 명의 교부들, 즉 암브로시우스, 히에로니무스, 아우구스티누스 그리고 대 그레고리를 집중 탐구해 왔으며, 특히 북아프리카인에게 주목했다.[40] 아우구스티누스가 이제 갓 창립된 비텐베르크 대학의 수호자가 된 것은 이러한 틀에서 보아야만 한다. — 2. 루터는 처음부터 아우구스티누스 강의를 통해 시간이 흐를수록 이 교부를 더 깊이 알게 되었고, 일차 시편강의를 하면서 자신의 신학적 사고와 접목시키기 시작했다. — 3. 루터의 반펠라기우스적인 아우구스티누스 연구는 아우구스티누스 엄수파 수도원의 그레고르 폰 리미니(†1357)에게 귀결될 수 있다. 그레고르는 문장론 비평을 하면서(Sentenzenkommentar, libb. 1.2)[41] 반펠라기우스적인 아우구스티누스 저서를 상세히 인용했고, 그것으로 오캄의 은총론을 비평했기 때문이다. 그러나 이러한 추측과는 달리 루터는 1519년에 처음으로 그레고르 폰 리미니를 언급한다.[42] 루터가 그 이전에 아우구스티누스와 같은 입장에서 후기 프랜시스회의 은총론을 반박

---

39) Pierre Courcelle: Luther interprète des Confessions de Saint Augustin; RHPhR 39, 1959, 235-250.
40) 인문주의 그룹에서는 아우구스티누스와 히에로니무스의 특별한 장점들이 서로 비교되었다. 비교. H. A. Oberman (각주 6), 94f. – 1515년 루터의 수도원 동료인 요한네스 랑은 비텐베르크에서 인문주의자 프란체스코 필렐포의 『히에로니무스와 아우구스티누스에 대한 서신』(Epistola de Hieronymo et Augustino)을 편집했다.
41) Lectura super primum et secundum sententiarum, edd. A. Dama년 Trapp OSA, Venicio Marcolino; Berlin 1979ff. Heiko A. Oberman (Hg.): Gregor von Rimini. Werk und Wirkung bis zur Reformation; Berlin 1981.
42) Leif Grane 참고 5장 2.

했다고 할지라도 그에 관한 것은 아무것도 시사되지 않고 있다. 중요한 것은 루터가 아우구스티누스의 반펠라기우스 저서를 직접 연구했으며, 바울 해석에 사용했다는 점이다.

루터는 아우구스티누스를 인용하여 바울 해석을 하면서 후기 프랜시스회(오캄)의 죄론 및 은총론과 싸운다. 이것은 스콜라 내부의 노선싸움과 비슷하게 보였지만, 사실은 아리스토텔레스가 확고히 뿌리를 내린 스콜라 신학의 사상 체계를 반박하는 전면전이었다. 그것은 곧 신학의 토대를 개혁하고자 하는 싸움이었다.

루터는 후기 프랜시스회 신학자들을 펠라기우스주의라고 비판했다. 그들은 인간의 이성과 자유의지에 대해 긍정적으로 사유했기 때문이다. 만약 인간이 이성적이며 본래적인 하나님 사유를 할 경우, 자유의지로 악을 멀리하고 선을 행할 수 있으며, 이러한 행위로 지고의 선인 하나님을 다른 모든 피조물보다 더 사랑할 수 있다고 그들은 가르쳤다. 그러한 이성과 의지의 능력은 성례전을 통해 주는 은총을 받을 자세를 준비시키고 내재해 있는 은총을 실현하는데 이용되었다.[43]

이에 반대하여 바울 신학에 의하면 인간의 자유의지는 없으며, 인간은 선과 악 사이에서 자유롭게 선택할 수 있는 것이 아니라, 왜곡된 의지에 "사로잡혀" 있다고 루터는 주장한다.[44] 그는 욕망(concupiscentia)을 충동에 반응하여 죄를 짓는 이성적 의지 아래

---

43) WA 56, 274, 11ff: mera deliria sunt, quae dicuntur, quod homo ex viribus suis possit Deum diligere super omnia et facere opera praecepti secundum substantiam facti, sed non ad intentionem praecipientis, quia non in gratia. O Stulti, o sawtheologen! 비교. 335, 3ff 359, 12ff; WA 1, 224, 17f. 23ff. 28f 225, 3f.
44) WA 56, 182, 9f 385, 15ff. 비교. WA 1, 224, 15f.

있는 하급 충동으로 이해하지 않는다. 욕망은 오히려 인간의 의지이며, 그 속에서 인간은 스스로에게 사로잡혀 있고, 하나님의 은총이 개입하지 않는다면, 이타적인 삶을 전혀 살 수 없다.[45]

그 때문에 루터는 한편으로는 스콜라 신학의 일반적 원죄 개념과, 다른 한편으로는 내재적인 은총 이해(das habituale Gnadenverständnis)를 비판한다. 본래적 의의 결핍(carentia iustitiae orginalis)이라는 스콜라의 원죄 정의를 반대하며 높은 능력에 상응하는 질적 초자연적 장치는 인간에게 없다고 이의를 제기한다. 인간은 항상 선을 싫어하고 악을 좋아하도록 되어 있다. 이것은 근원적인 죄(peccatum radicale)이다. 루터는 그 점에 대해 아우구스티누스를 인용할 수 있다고 생각한다.[46] 루터는 원죄를 결핍상태라고 이해하지 않으며, 의롭게 하는 은총은 초자연적인 질이고, 이의 순수한 현존이 원죄의 상태를 제거한다고 이해한다. 질의 현존 혹은 결여에 대해 아리스토텔레스가 말하는 것은 인간과 하나님의 관계에 대한 바른 이해가 아니다.[47] 은총은 하나님의 '정반대의 행동'으로 일어난다. 하나님은 긍휼하시기에 벌 대신 은총을 주시며 왜곡된 삶을 추구하는 죄를 인간에게 전가하지 않는다. 루터는 아우구스티누스의 반펠라기우스 저서인 『결혼과 욕망』(De nuptiis et concupiscentia, 1 c 25. 참고 7장 3)에서 한 문장을 인용한다[48]:

---

45) WA 56, 356, 2ff; 비교. 304, 25ff 325, 1ff 361, 1ff; WA 1, 146, 14ff 224, 13f. 19ff. 28ff.
46) WA 56, 312, 1ff; 비교. 277, 5ff 283, 12ff 290, 1ff.
47) WA 56, 273, 3ff.
48) WA 56, 273, 10f; 비교. WA 2, 414, 38f 731, 23f; 4, 691, 5f 344, 11f; 8, 93, 7f; 17 II, 285, 16f; 39 I, 95, 23f 111, 11f; WADB 7, 19, 21f; WATR 1 Nr.347; 5 Nr.5945. 페트루스 롬바르두스도 아우구스티누스의 이 문장을 인용하고 있다(sent 2 dist 32); 여기에 대한 루터의 스콜라적인 해석은 다음을 보라. WA 9, 75, 35ff.

세례에서 죄는 용서받으나, 없어지는 것이 아니라, 간주되지 않는 것이다(Peccatum in baptismo remittitur, non ut non sit, sed ut non imputetur). 하나님의 은혜에 감동된 신자는 인간이 되신 그리스도 안에서 만나게 되는 하나님의 긍휼을 중요하게 여긴다. 루터는 은혜로 감동받은 새 삶의 시작을 하나님 사랑의 시작이요, 하나님의 긍휼의 약속을 믿는 신앙의 시작이라고 설명한다. 칭의 신앙이 하나님 사랑의 이유가 되었다는 점에서 루터의 신앙관에 어떤 잠재적 능력이 흐르고 있는지를 알 수 있다.

루터는 죄와 의롭게 하는 믿음을 이해한 후, 로마서 7장을 인용하여 신자의 삶을 "죄인이며 동시에 의인"(simul iustus et peccator)이라고 이중적으로 규명한다.[49] 그는 바울에게서 형이상학이나 도덕적 표현으로 탈색해서는 안 되는 하나님 앞에서 인간의 정체성을 표현하는 천재적인 신학적 방식을 발견했다.[50] 원죄와 자범죄, 죽음의 죄와 용서 가능한 죄라는 전통적인 개념은 죄에 관한 새로운 설명 앞에서 점차로 사라지고, 이전의 은총 개념도 재형성되었다. 교회의 신앙생활도 새롭게 통찰되었다. 우선 스콜라 신학이 비판을 받았다. 아리스토텔레스의 질적 형상[51] 개념의 거부는 곧 그 당시 지배적인 스콜라 교리에 대한 반대였다. 질적 형상인 은총과 사랑은 하비투스(habitus)로서 칭의의 과정에서 인간에게 의롭다는 성향을 부여해 주었다. 흰 벽면은 흰색이라는 질(Qualität)을 갖고 있듯이, 영혼도 초자연적 은총을 받으면, 하나님 앞에서 의롭게 되는 칭의의 질을 갖게 된다. 물론 이것은 죽음의 죄를 범하여 은총의 질을 파괴하지 않을 때 가능하다.

---

49) WA 56, 269, 21ff 282, 8ff 343, 8ff 347, 1ff.
50) WA 56, 334, 14ff 341, 27ff 349, 23ff 351, 23ff 371, 2ff; 1, 43, 5ff = 4, 665, 15ff.
51) WA 56, 337, 18ff 335, 10ff 354, 22ff.

루터는 이러한 스콜라의 칭의에 대해 이의를 제기한다. 칭의는 그리스도를 믿는 신앙에 의하여 우리 밖에서(extra nos) 일어나며, 그리스도의 칭의만이 우리가 "의롭다"고 할 수 있는 근거가 된다.[52]

오캄과 후기 프랜시스회의 죄론 및 은총론 비판은 스콜라 신학의 아리스토텔레스적인 모든 사고체계에 대한 비판으로 확대되었다.[53] 루터의 스콜라 비판에서 토마스 아퀴나스(Thomas von Aquin)를 배제하려는 시도는 새로운 것이다.[54] 토마스 해석의 몇 가지 문제점은 제쳐두고라도 루터 당시 교회와 신학적 상황은 스콜라의 아리스토텔레스적 요소와 토마스의 체계를 다르게 보지 않았다(특히 죄론, 은총론 그리고 하비투스와 형상 개념). 게다가 스콜라 신학의 죄론과 은총론은 교회의 공식적인 가르침이었다.[55]

루터는 아우구스티누스와 바울 신학으로 신학 교육을 개혁했다.

---

52) WA 56, 158, 5ff; 비교. 231, 8f 252, 31f 287, 16ff 그리고 츠어 뮐렌 (K.-H. zur Mühlen) (참고문헌 D), 93ff.
53) "의로운 행위를 통해 의인이 된다"(iusta operando iusti efficimur)(비교. 니코메디우스 윤리학 2 c 1, 1103a 30ff와 c 3, 1105 a 16. b 9)는 아리스토텔레스적 문구의 신학적 사용에 대한 논박은 후기 프랜시스회 신학에만 해당한다. (비교. Biel sent 3 dist 23 q 1 a 1 not 4 G 35f); WA 56, 172, 8ff 255, 18f 364, 17f; WA 1, 84, 19f 119, 31f 226, 8; WAB 1, 70, 29; 비교. WA 4, 3, 32f 19, 22f.
54) Otto H. Pesch: Theologie der Rechtfertigung(참고문헌 D). Ulrich Kühn, Otto H. Pesch: Rechtfertigung im Gespräch zwischen Thomas und Luther; Berlin (DDR) 1967.
55) 빈 공의회(Das Konzil von Vienne)는 1312년 다음과 같이 판결했었다 (Constitutio Fidei catholicae; DS 904): quod et culpa iisdem [sc. tam parvulis tam adultis]in baptismo remittitur, et virtutes ac informans gratia infundantur quoad habitum, etsi non pro illo tempore quoad usum. 이렇게 결정된 교리는 가톨릭 교회법 (Corpus Iuris Canonici)에 수용되었다(Clement. 1 tit 1 c 1; R-F 2, 1134).

그 결과 스콜라의 아리스토텔레스주의를 탈피했고, 신학을 페트루스 롬바르두스의 교의학(Sentenzenwerk)과 연관지어 논하지 않았다. 신학 교육개혁을 위해 1517년 초 한때 에어푸르트 대학시절 스승이던 투르트페터와 우징겐을 설득하고자 시도했으나(WAB 1, 88f) 성공하지 못했다. 루터는 1517년 5월 생각이 같았던 수도원 동료 요한네스 랑에게 비텐베르크에서 아리스토텔레스 수업과 페트루스 롬바르두스의 수업이 현격히 줄었다고 알렸다. 무엇보다도 성서와 교부, 특히 아우구스티누스 공부에 더 관심을 가졌기 때문이다(WAB 1, 99). 이것은 그 시대의 인문주의적 경향과도 일치했다.

희랍어 실력이 향상된 루터는 바울서신을 주해하면서 (1505년 에라스무스가 출판한) 로렌조 발라의 『라틴어 신약성서추기』(die Adnotationes in latinam Novi Testamenti interpretationem), 야콥 파버 스타플랜시스의 『바울서신 비평』, 1516년 2월/3월 출판 후 곧 개정한 에라스무스의 『희랍어 신약성서』 그리고 자신의 라틴어 번역과 비평 등 인문주의 저서를 활용했다.[56] 히브리어와 희랍어 연구가 필수적이지만, 이 두 가지 성서 언어를 안다고 해서 그를 참되고 올바른 그리스도인이라고 여기지는 않았다. 루터는 에라스무스와는 달리 히에로니무스가 비록 5개의 언어를 구사했지만, 외국어를 전혀 알지 못했던 아우구스티누스보다 그를 높이지 않았다(WAB 1, 90). 루터는 에라스무스가 반펠라기우스적인 아우구스티누스와 바울을 이해하지 못하고 있다고 비판한다. 그는 이것을 명성의 확장에만 관심을 둔 이 위대한 인문주의자에게 전해달라는 요청과 함께 1516년(10월 19일) 가을 스팔라틴(Spalatin)에게 써 보냈다. 그리고 로마서 강의를 하면서 인용한 아우구스티누스의

---

[56] Novum Instrumentum omne diligenter ab Erasmo Roterodamo recognitum et emendatum…… cum Annotationibus; 2 Bde. Basel, Februar, März 1516.

반펠라기우스 저서에 대해 정확한 강의를 추천했다.[57]

"바울과 아우구스티누스로 스콜라 신학 대적"이라는 신학적 계획은 이의가 없지는 않았으나, 비텐베르크에서 많은 동조자를 얻을 수 있었다. 학문적인 토론은 이러한 계획을 진지하게 논할 기회를 제공했고, 토론자에게 새로운 사고방식을 연습할 기회를 주었다.[58] 당시 두 개의 토론에서 진행된 논제가 남아 있다. 1516년 9월 25일 교의학사 자격시험을 위해 펠트키르히 출신의 바톨로매우스 베른하르디(Bartholomäus Bernhardi)는 루터의 로마서 강의에서 직접 논제와 증거자료들을 모았다.[59] 일년 후인 1517년 9월 4일 루터는 주임교수로서 노트하우젠 출신 프란츠 귄터(Franz Günther)의 성서학사 학위시험에서 토론할 97개 논제를 작성했다. 루터는 이 논제를 에어푸르트 이외의 다른 지역에도 알려달라는 요청과 함께 얼마 전 비텐베르크에서 자신을 방문했던(WAB 1, 102f) 뉘른베르크 변호사 크리스토프 세울(Christoph Scheurl)[60]과 신학수업의 새로운 전환을 기대하고 있던 다른 사람들에게도 보냈다.[61] 과거 에어푸르트 스승이 자신의 새로운 신학 노선에 동의하지

---

57) 에라스무스를 비판하게 된 신학적 주요 포인트는 바울이 사용한 율법의 의(iustitia legis)라는 개념을 의식적이며 법적으로 에라스무스가 이해했기 때문이다. 1517년 3월 1일 요한네스 랑에게 보내는 서신(WAB 1, 90, 25f)에서 루터는 자유의지(liberum arbitrium)에 대한 다양한 평가를 언급하고 있다.
58) 비교. WAB 1, 100, 26ff (요한네스 랑에게 보낸 1517년 7월 16일자 서신): 6 혹은 7명의 학생들이 그들의 석사시험을 준비하고 있다, non nisi ad ignominiam Aristotelis, cuius vellem hostes cito quam plurimos fieri.
59) WA 1, 142ff; 비교. WAB 1, 65f.
60) WA 1, 221ff; 비교. WAB 1, 103f 105f 107 116. Martin von Katte: Martin Luthers Thesen gegen die scholastische Theologie nach dem Erstdruck; Wolfenbütteler Beiträge 8, 1987 (im Satz).

않을 것임을 알고 루터는 자신이 직접 에어푸르트로 와서 그곳 대학이나 혹은 아우구스티누스 수도원에서 공개적으로 반스콜라 신학 토론을 제안했다. 그 제안은 수용되지 않았다.

1516/17년 루터의 반스콜라 계획에 동조한 같은 나이의 비텐베르크 대학 동료 2명이 있다. 하나는 지금까지 스코투스의 노선을 대표했던 니콜라우스 폰 암스도르프(1483-1565)이며[62], 다른 하나는 출신지명에 따라 칼슈타트라고 칭한 안드레아스 보덴스타인으로 그는 토마스주의자였다. 루터의 영향으로 그들은 아우구스티누스의 반펠라기우스 저서를 읽었다. 칼슈타트는 1516년 가을에 열린 베른하르디의 토론에서는 여전히 적대적이었다. 1517년 봄 아우구스티누스의 반펠라기우스 저서 강의는 새로운 많은 것을 알게 해주었다. 그는 1517년 봄 아우구스티누스 저서에서 새롭게 발견한 151개의 논제를 토론을 목적으로 제시했고, 여름에는 아우구스티누스의 『영과 문자』를 강의했다. 그 외에도 그는 비평집을 출판했다.[63] 비텐베르크 대학 신학이 비로소 새롭게 형성되었다.[64]

---

61) Franz Frhr. von Soden, J. K. F. Knaake (Hgg.): Christoph Scheurl's Briefbuch; Nachdr. Aalen 1962, Bd.2, S.23 (1517년 9월 30일 요도쿠스 투르트페터에게 보낸 서신): Persuasus sum secuturam quandoque mutationem grandem studiorum theologicorum, ut etiam quis Christianus theologus evadere possit absque Aristotele et Platone…… Quantum ad id laboret Martinus Luder, ex disputatione sua intelligere potes.
62) 비교. M. Brecht (참고문헌 B), 166 und TRE 2, 1978, 487-497.
63) Ernst Kähler (Hg.): Karlstadt und Augustin. Der Kommentar des Andreas Bodenstein von Karlstadt zu Augustins Schrift De spiritu et littera; Halle (Saale) 1952. 쾰러는 서론 8*-37*에서 151개 논제를 분석하고 있다. 비교. WAB 1, 94, 15ff.
64) Karl Bauer 참고 4장 4.

참고문헌 : Dorothea Demmer: Lutherus interpres. Der theologische Neuansatz in seiner Römerbriefexegese unter besonderer Berücksichtigung Augustins; Witten 1968. Helmut Feld: Martin Luthers und Wendelin Steinbachs Vorlesungen über den Hebräerbrief; Wiesbaden 1971. Lief Grane: Contra Gabrielem: Luthers Auseinandersetzung mit Gabriel Biel in der Disputatio contra scholasticam theologiam 1517; Kopenhagen 1962. Ders.: Modus loquendi theologicus. Luthers Kamp um die Erneuerung der Theologie (1515-1518); Leiden 1975. Kenneth Hagen: A Theology of testament in the Young Luther. The Lectures on Hebrews; Leiden 1974. Hans Hübner: Rechtfertigung und Heiligung und Gesetz. Studien zur Entwicklung der Rechtfertigungslehre beim jungen Luther; Göttingen 1968. Marc Lienhard: Christologie et humilité dans la Theologia crucis du Commentaire de l'epítre aux Romains de Luther; RHPhR 42, 1962, 304-315. Wilhelm Link: Das Ringen Luthers um die Freiheit der Theologie von der Philosophie; 2. Aufl. München 1955. Bernhard Lohse: Die Bedeutung Augustins für den jungen Luther; KuD 11, 1965, 116-135. Joseph Lortz: Luthers Römerbriefvorlesung, Grundanliegen; TThZ 71, 1962, 129-153. 216-247. Siegfried Raeder: Die Benutzung des masoretischen Textes bei Luther in der Zeit zwischen der ersten und zweiten Psalmenvorlesung (1515-1518); Tübingen 1967. Reinhard Schwarz: Fides, spes und caritas beim jungen Luther, unter besonderer Berücksichtigung der mittelalterlichen Tradition; Berlin 1962.

> Dorothea Vorländer: Deus incarnatus. Die Zweinaturenchristologie Luthers bis 1521; Witten 1974.

5. 수도원과 교회에 대한 책임

중세 기독교 도시문화는 두 개의 인상적 기관인 구걸승단과 대학의 산물이다. 이 둘 모두 도시에서는 자체적인 법을 가진 공동체였고, 그 결과 시민 및 시교회와의 관계에 전혀 문제가 없는 것은 아니었다. 교육과 종교의 조정문제는 종종 법적인 문제가 되기도 했다. 대학과 수도원의 전통적인 언어는 라틴어였고, 도시민의 언어는 독일어였다. 그 때문에 설교는 독일어로 했다. 구걸승단도 독일어로 하는 대중설교에 적극적으로 동참했다. 라틴어를 구사하는 학식 있는 시민의 숫자도 더욱 증가했다. 인문주의가 이러한 발전을 촉진시켰으며, 동시에 전통적인 문화유산을 풍성케 했다. 그 결과 전통적인 문화에 대한 각양의 입장 사이에 긴장도 나타났다.[65]

루터는 구걸승단과 대학이라는 두 기관과 매우 친근했다. 신학적 발전이 진행되던 중요한 해에 그는 수도원에서 가르치는 과제는 물론 자신이 속한 비텐베르크 수도원을 총괄해야 하는 책임을 맡았다. 그 외에도 바울과 아우구스티누스를 인용하여 스콜라를 공격하던 해에 비텐베르크 시교회의 설교자가 되었다. 비텐베르크 교회에 대한 책임은 그의 삶에서 가장 중요한 부분이 되었다. 그리고 그것

---

[65] 로이클린(1455-1522)이 유대인이 소유한 히브리어 필사본의 소각을 반대했을 때(1510), 그에 대한 교회소송이 진행되었고, 그 소송은 결국 1520년 로마에 의한 판결로 끝이 났다.

은 비텐베르크를 뛰어넘어 전체 교회 신자에 대한 책임으로 확대되었다. 독일어로 인쇄된 설교를 통해 그는 대중의 종교적 확신을 대변하고자 했기 때문이다.

아우구스티누스 엄수파 수도원 총회는 정관(c.32)에 따라 3년마다 열렸다. 루터는 1512년 쾰른 총회(참고 10)처럼 1515년 5월 초 열린 고타총회에도 참석했다. 이곳에서 그는 5월 1일 중상의 악습(contra vitium detractionis)을 반대하는 진솔한 설교를 했다. 이러한 악습은 수도원의 벽 뒤에서도 역시 행해져 에어푸르트 수도원과의 관계에서 개인적으로 그를 고심하게 했다.[66] 총회는 루터를 3년 임기의 지역 대표자로 선출했다. 그는 이 직책으로 10개 그리고 1516년 이후로는 11개가 넘는 수도원을 감독해야만 했다: 비텐베르크, 헤르츠베르크(토르가우 북동쪽), 드레스덴, 노이스타트(Neustadt a.d. Orla), 에어푸르트, 고타, 잘차(Salza = Bad Langensalza), 노트하우젠, 장거하우젠, 아이스레벤(1516년 이후), 마그데부르크. 1516년 봄에는 여러 주에 걸쳐(위에 언급한 순서에 따라) 수도원 시찰을 했다.[67] 수도원과 관련된 문제로 많은 서신을 기록했다. 그 가운데 일부는 지금도 남아 있다. 대부분은 요한네스 랑이 수신자이다. 그는 신학적으로 루터와 긴밀히 협력했고, 루터가 시찰로 출타하는 경우, 에어푸르트 수도원 책임을 대행했다. 루터는 인사문제도 다루었다. 그는 서면으로 노이스타트(Neustadt a.d. Orla)의 책임자를 직위해제 했다. 책임을 맡은 수도원의 평화와 일치를 소홀히 했기 때문이다(WAB 1, 57f). 경제적인 문제들도 담당했다(WAB 1, 41f). 수도원 규율의 문제도 답변했음에 틀림없

---

66) WA 1, 44ff = 4, 675ff. 끼친 영향에 대해서는 다음을 비교하라. WAB 1, 40f 각주 2. 일년 후 루터는 주변에 있는 사람들에게 직접 자신의 설교 원고를 퍼뜨렸다. WAB 1, 51f.
67) WAB 1 Nr.13-15; 참고 S.52, 14ff.

다. 루터가 상당한 지면을 할애한 목회상담적인 기록들은 자신의 경험과 신학적 숙고가 얼마나 중요했는지를 잘 보여준다(WAB 1 Nr. 11,12,17).

루터는 1516년 가을(10월 26일) 많은 직무 가운데서도 주임 설교자(parochialis praedicator)[68]로서의 활동에 대해 요한네스 랑에게 언급하고 있다. 언제 그리고 어떤 조건으로 루터가 비텐베르크 시교회의 설교자가 되었는지는 알 수 없으나, 자신의 증언에 의하면 비텐베르크 시의회의 부름을 받았다.[69] 그 시기는 1513년 혹은 1514년으로 추정된다. 설교직에 대한 적법한 소명은 일생동안 수행한 엄청난 활동의 전제였다. 대학에서는 라틴어로, 비텐베르크 시교회의 설교단에서는 독일어로 한 말 혹은 설교를 통한 루터의 영향은, 그 자신의 평가에 따르면, 글을 통한 영향보다 더 강력했다.

강단과 설교단에서 그가 말한 것 가운데 많은 부분을 우리는 잘 알고 있다. 설교와 강의 필사본이 기록되고, 많은 동역자와 학생들이 그 필사본을 연구했기 때문이다. 다만 초기의 것은 그가 직접 기록한 것과 인쇄용 수정본(Druckbearbeitung)이 남아 있을 뿐이다. 2000개가 넘는 설교에서 우리는 엄청난 양의 내용을 접할 수 있다. 대부분의 설교는 루터가 비텐베르크 시교회에서 행한 것이다. 초기에 행한 루터의 설교는 많이 남아 있지 않으며, 1516년 이후에야 비로소 조금 좋아지다가,[70] 1522년부터는 거의 모두가 남아 있

---

68) WAB 1, 72, 7.
69) WA 10 III, 10, 12f(1522); 비교. 33,551, 15ff. 35ff(1531); 41, 210, 2f 241, 25(1535). Helmar Junghans: Wittenberg und Luther-Luther und Wittenberg, Freiburger Ztschr. f. Phil. u. Theol. 25, 1978, 104-119.
70) Erich Vogelsang: Zur Datierung der frühesten Lutherpredigten; ZKG 50, 1931, 112-145. 저자는 1521년까지 이루어진 설교를 정리해 주고 있다.

다. 루터는 해당 날짜에 정해진 서신보다는 복음서를 설교 본문으로 택하는 관례에 충실했다. 본문에서 어떤 한 가지 관점을 끌어내어 제목으로 삼고 논지를 전개하는 중세 후기의 방식을 루터는 버렸다.[71] 그는 연속 설교로 공동체에 교리를 가르치는 것을 과제로 삼았다. 1516년 여름부터 1517년 2월 말까지는 십계명 연속 설교를 했다. 그리고 1518년 라틴어로 출판했다.[72] 1517년 십계명 설교에 이어 주기도문에 대한 연속 설교가 이루어졌다.[73]

대중을 위해 출판된 첫 작품은 1517년 봄 독일어로 쓰인 7편의 참회시편 주해였다.[74] 글을 마무리하면서 루터는 두 가지 점을 강조한다. 그리스도께서 영으로 임재하셔서 하나님의 은총, 자비 그리고 의롭게 하는 칭의를 우리에게 주신다는 사실과 신자는 만일 그의 죄를 정죄하지 않고, 칭의의 은총이 필요한지의 여부를 그가 범한 죽음의 죄와 용서받을 죄의 구분으로 결정하지 않는다면, 그것을 하나님의 긍휼로 여겨야 한다는 것이다. 바로 여기에 아우구스티누스와 바울에 기초한 교회의 참회론 비평의 신학적 본질이 있다.

루터 주변의 다른 사람들도 신앙서적을 독일어로 출판하는 것이 꼭 필요하다고 여겼다. 요한네스 폰 스타우피츠는 1515년 첫 논문 『그리스도의 죽음을 본받아』를 독일어로 출판했다. 뉘른베르크 귀족 크리스토프 세울의 번역판이 1월에 나온 후, 1517년 2월에는

---

71) 에벨링은 복음서, 특히 주일 설교에서 복음서에 대한 루터의 해석학을 연구했다: Evangelische Evangelienauslegung; München 1942, 2.Aufl. Darmstadt 1962.
72) WA 1, (394) 398-521. 1518년 루터는 독일어와 라틴어로 된 간략한 십계명 주해를 출판했다; WA 1, (247) 250-256 그리고 (257) 258-265.
73) 요한네스 아그리콜라는 1518년 독일어 판을 출판했다. WA 9, (122) 123-159. 루터는 1519년 자신의 주기도문 설교 인쇄를 허락했다. WA 2, (74) 80-130.
74) WA 1, (154) 158-220.

『영원한 예정의 실행』(de exsecutione aeternae praedestinationis)이 출간되었다.[75] 게오르크 스팔라틴은 1516년 말 독일어로 번역하게 책을 추천해 달라고 루터에게 요청했다. 그러자 루터는 대중을 위해 유익한 것은 오직 그리스도와 복음뿐이며, 늘 소수만이 알고 있다고 답변했다. 고대교회 신학과 매우 근접해 있고 순수하고 견실한 신학이 들어 있는 독일어 작품으로 루터는 타울러(✝1361)의 설교들을 추천했다.[76]

그는 로마서 강의 당시―수도원 동료 요한네스 랑을 통해―이미 출판된(Leipzig, 1498과 Augsburg, 1508) 타울러의 설교를 알게 되었다. 타울러 설교집(Augsburg, 1508)의 몇몇 설교에는 얼마나 큰 감명을 받았는지 알 수 있는 소견도 기입해 넣었다.[77] 그러나 이 시기에 루터는 바울서신과 아우구스티누스의 반펠라기우스 저서를 통해 중요한 신학적 진보를 경험했기 때문에 루터에게 미친 독일 신비주의의 영향을 과대평가해서는 안 된다. 물론 스콜라 신학과 지나치게 형식적인 교회의 헌신을 비판하는데 도움을 받고자 한다면 언제나 환영했다.

1516년 독일 신비주의 정신이 담긴 익명의 한 논문을 입수하자, 루터는 그것을 타울러 신학의 요약이라고 평가했고, 비텐베르크에서 출판하도록 허용해 주었다.[78] 루터는 그 논문에서 "무엇이 옛 사

---

75) 독일어판에 대한 루터의 호의적인 평가는 다음을 보라. WAB 1, 96, 3ff; 비교. 93, 4ff 106, 28ff 126, 36ff.

76) WAB 1, 78, 39ff; 비교. 96, 21ff.

77) WA 9, (95) 97-104. Johannes Ficker: Zu den Bemerkungen Luthers in Taulers Sermones (Augsburg 1508), ThStKr 107, 1936, 46-64.

78) WA 1, (152) 153; 비교. WAB 1, 79, 61ff. 1518년 루터는 동일한 논문에 대한 방대한 원고를 출판했다; WA 1, (375) 378f. 인쇄된 여백주기 WA 59, (1) 3-21.

람이며 새사람인지…… 아담이 어떻게 우리 안에서 죽어야 하고 그리스도는 살아나야 하는가"라는 글을 보고 바울적인 제목을 식별할 수 있었다. 1518년에 나온 두 개의 출판물 중 하나는 『독일신학』 (Ein deutsch Theologia bzw. Theologia Deutsch)이라는 제목을 가진 논문이었다. 이 논문도 타울러의 설교처럼 당시 성행하던 교회의 경건을 하나님에 대한 진정한 두려움이나 그리스도에 대한 진정한 믿음이 없다고 논박하는 경향을 띠고 있다. 그 안에는 덕과 부도덕에 대한 상세한 가르침도 없고, 기적과 같은 전설도 없으며, 하나님의 역사인 새 생명이 영적 시련 속에서도 영혼 저 깊은 곳에서 싹틀 수 있도록 복종과 고난받을 준비에 대한 단순한 요청만이 있다. 이 논문은 한편으로는 자아에 매달리는 인간의 몰입을, 다른 한편으로는 "체념"한 인간이 직접 하나님을 경험할 수 있는 가능성에 대해 논하고 있다.

1518년 이후 여러 번에 걸쳐 루터는 자신의 글에서 타울러에 대한 완전한 인정을 언급했고, 두 번이나 그의 신비주의적 논문 『독일신학』을 출판하여 독일에서 타울러 붐(Tauler-Begeisterung)을 일으켰다. 증보된 타울러 저서는 1521년과 1522년 바젤에서 계속 인쇄되었다. 독일신학과 타울러의 영향은 루터의 몇몇 동료, 그 가운데서도 특히 급진주의적 성령운동에 기울어진 사람들에게서—왜냐하면 이들에게 역사적인 구원의 중개는 회의적이었기 때문에—확인할 수 있다[79]: 칼슈타트, 뮌처, 요한네스 뎅크, 세바스티안 프랑

---

79) 루터 추종자들이 써넣은 내용은 가진 두 권의 타울러 책에 대해서는 다음을 보라. 비교. A. L. Corin (Hg.): Sermons de Tauler et autres écrites mystiques, Bd. 1, Paris 1924, XVII f und Bd. 2, Paris 1929, XVIIIff. – 독일신학의 영향에 대해서는 다음을 보라. 비교. Georg Baring: Bibliographie der Ausgaben der "Theologia Deutsch" (1516-1961). Ein Beitrag zur Lutherbibliographie; Baden-Baden 1963.

크, 그 다음 세대인 발레틴 바이겔. 루터교에서 타울러의 중요성은 이후 요한 아른트(†1621)를 거쳐 필립 야콥 스페너(†1705)까지 계속되며, 이 둘 역시 타울러의 설교를 새로이 간행했다.

루터의 집중적인 독일어 사용을 관찰하고자 하는 사람은 허버트 볼프(참고문헌 B)가 설명한 다양한 관점에 직면할 것이다. 루터를 매료시킨 독일어의 힘과 섬세한 느낌은 1517년 진리로 대중을 위해 일하고 이웃에게 마음과 양심으로 호소하고자 마음먹었을 때 공급되었다.

> 참고문헌 : Erwin Arndt: Luthers deutsches Sprachschaffen; Berlin (DDR) 1962.—Heinrich Bach: Laut— und Formenlehre der Sprache Luthers; Kopenhagen 1974. Ders.: Handbuch der Luthersprache. Laut- und Formenlehre in Luthers Wittenberger Drucken bis 1545; Bd. 1: Vokalismus; Kopenhagen 1974. Heinrich Bornkamm: Luther als Schriftsteller; bei dems. (참고문헌 C), 39-64; zuerst SAH 1965, 1. Abh. Heinz Otto Burger: Luther als Ereignis der Literaturgeschichte; LuJ 24, 1957, 86-101. Heinz Dannenbauer: Luther als religiöser Volksschriftsteller 1517-1520. Ein Beitrag zur Frage nach den Ursachen der Reformation; Tübingen 1930. Johannes Erben: Grundzüge einer Syntax der Sprache Luthers; Berlin (DDR) 1954. Otto Mann: Luthers Anteil an der Gestaltung der neuhochdeutschen Schriftsprache und Literatur; Luther 34, 1963, 8-19. Bernd Moeller: Tauler und Luther; La Mystique Rhénane 1963, 157-168. Steven E. Ozment: Homo spiritualis. A comparative Study of the Anthropology of Johannes Tauler, Jean Gerson

and Martin Luther; Leiden 1969. Joachim Schildt: Die Sprache Luthers—Ihre Bedeutung für die Entwicklung der deutschen Schriftsprache; bei G. Vogler (참고문헌 C), 307-324. Birgit Stolt: Germanistische Hilfsmittel zum Lutherstudium; LuJ 46, 1979, 120-135.

제4장
1518년까지의 면죄부 논쟁

1. 베드로 면죄부

중세 교회론에 의하면 참회의 성례전에서 죄책의 용서와 더불어 영원한 저주의 형벌은 용서받으나, 이 세상에서 범한 죄의 벌(die zeitliche Sündenstrafe)은 완전히 용서받지 못한다. 신자는 이 세상에서 얻은 형벌로 인해 하나님의 의에 합당한 공적을 쌓아야 한다는 사실을 잘 알고 있다. 가령 병, 전쟁 그리고 기아 등은 이 세상에서 얻은 형벌이라고 여겼다. 죽은 후에는 연옥에 가야만 했다. 이 세상에서 얻은 용서받을 수 없는 형벌은 교회에서 부여하는 참회의 형벌을 실천하여 제거하기도 했다. 신자는 고해시에 사제가 준 경건의 행위인 참회로 이 세상에서 얻은 죄의 형벌을 줄일 수 있다고 생각했다.

교회는 면죄부로 교회가 부여하는 참회 형벌의 경감뿐만 아니라,

하나님이 결정한 이 세상에서의 형벌의 경감을 보장했다. 면죄부에 대한 전권은 감독과 교황이 가지고 있으나, 일괄 면죄부(Plenarablässe)는 오로지 교황만이 허용할 수 있었다. 교회는 면죄부를 위해 그리스도와 성자의 넘치는 공로의 보화, 그리고 교회의 보고 (thesaurus ecclesiae)를 그 근거로 삼았다.[1] 자신을 위해 효력을 발생하는 면죄부를 받고자 하는 신자는 은혜의 상태에 있어야 했고, 사제에게 고해해야 했으며, 그에 의하여 용서를 받아야만 했다. 이러한 전제 하에서 신자에게 이 세상에서 얻은 죄를 용서받는 대체물로서 특정한 면죄 행위가 요구되는 면죄부가 수여되었다. 일괄 면죄부의 경우 이 세상에서 얻은 모든 형벌의 용서를 얻는 것이고, 부분 면죄부의 경우는 특정한 기간의 형벌에만 해당되었다. 매번마다 면죄부를 사야만 했던 것은 새로운 죄가 새로운 형벌을 벌기 때문이다.

교회가 발부한 특별 면죄부는 연옥에서 고통받는 죽은 신자들의 영혼을 위한 면죄부였다. 그것은 죽은 영혼을 위해 드리는 미사와 같은 역할을 했으며, 죽은 사람을 위해 신자가 미사를 드리듯이, 죽은 특정인에게 교회의 면죄 언약을 적용하고자 면죄부를 사기도 했다.[2]

중세에는 특별 용도의 면죄부들이 발행되었다. 특정 기도용, 십자군 참여용, 후에는 특정한 십자군을 위한 자금후원용, 그리고 1300

---

1) Bulle Unigenitus Dei filius Clemens VI, 1343 (DS 1025-1027; CorpIC R-F 2, 1304f).
2) Bulle Salvator noster von Sixtus IV, 1476 (DS 1398). "중보기도(소청)의 방식을 통해"(per modum suffragii)라는 표현을 식스투스 4세(Sixtus IV)는 1477년 「Enzyklika Romani Pontificis provida」(DS 1405-1407)에서 설명했다; 비교. Gabriel Biel, Can. missae expos., lect. 57 H-R. 이와 함께 면죄부는 교회가 가진 사법적 권한에 근거하여 죽은 신자들에게 사용될 수 있다는 의견도 개진되었다.

년 이후 판매된 소위 로마의 건국을 기념하는 기념해(Jubeljahr)에 로마에 가야하는 순례용 기념 면죄부, 그리고 특정한 교회건축을 위한 자금후원용 면죄부가 있었다. 1506년 베드로성당의 신축을 시작한 교황 율리우스 2세(1503-1513)는 일괄 면죄부를 발행했다. 면죄부 발행은 시기적으로 그리고 지역적으로 제한되었다. 레오 10세(1513-1521)는 이러한 면죄부 발행을 여러 번 갱신했고, 1515년에는 두 개의 독일 교회 영지인 마그데부르크와 마인츠에서 8년 간 팔도록 허용했다.[3] 면죄부 판매책임자는 위 두 교구의 대주교인 브란덴부르크의 알브레히트(1490-1545)였다.[4]

알브레히트는 면죄부 판매 승인을 받을 때에 교황청과 재정문제에 대해 모종의 약속을 했다: 1509년 이후 마인츠 참사원이던 그는 1513년 마그데부르크의 대주교인 동시에 할버슈타트 감독구의 행정감독이 되고자 교회법적으로 적정 연령이 되지 못했음에도 불구하고 사제가 되었다. 게다가 1514년 마인츠의 대주교로 선출되었다. 대주교가 될 때에 마인츠 총회에서 직임의 대가로 14,000두카텐에 해당하는 상납금(Servitien)과 예복 비용(Palliengelder)을 교황청에 지불하겠다고 약속했다. 여기에 교회법을 어기고 조기감독으로 임명된 데 대한 사면 비용으로 10,000두카텐을 교황청에 약조했다.[5] 이 비용과 황제에게 내야 할 2143두카텐을 지불하기 위하여 그는 푸거 가문에서 29,000굴덴을 차용했다. 족히 50,000

---

3) Bulle Sacrosanctis salvatoris et redemptoris vom 31. 3. 1515; bei W. Köhler, 83-93.
4) 마인츠의 프랜시스회 수도원 원장이 총책임자로 임명받았다는 것은 교회법의 형식을 맞추기 위한 것이었다.
5) 10,000 두카텐이라는 액수는 7000을 제시한 알브레히트와 12,000을 요구하는 교황청과의 타협으로 이루어졌다. 이 숫자를 사람들은 "영적으로" 해석했다: 10은 십계명, 7은 주요부담자, 12는 사도.

두카텐 정도 되는 면죄부 수입금을 푸거 가문이 넘겨받기로 교황청과 약속을 했다. 그중의 절반은 알브레히트의 대출금을 상환하는 양이요, 다른 절반은 면죄부 발행 대가로 로마로 보내야 했다. 루터는 면죄부 논쟁 당시 이러한 계약을 알지 못했었다.

중세 후기의 법률은 베드로 면죄부를 설교할 경우 그 지역의 세속 통치자에게 동의를 받을 것을 요구했다. 세속 통치자는 승인의 대가로 수입의 일부를 차지했다.[6] 이것은 적어도 알브레히트와 교황 사이에 모종의 금전적 협약이 있었음을 역사적으로 설명하는 것이다. 그도 그럴 것이 면죄부 설교는 그의 지역과 브란덴부르크 선제후인 동생의 지역에서 처음부터 안전하게 시행되었기 때문이다. 이에 비하여 선제후 프리드리히 현제와 작센 영주 게오르크는 그들 지역에서 면죄부 설교를 허용치 않았다.

알브레히트는 자신의 두 교회령에서 면죄부를 팔고자 면죄부 설교로 유명한 두 명의 특별 판매인을 임명했다. 그중 한 명은 마그데부르크 교구 도미니크회 소속 요한네스 텟첼(ca. 1465-1519)이었다. 그는 경험이 많은 능숙한 면죄부 설교자였다. 면죄부 설교는 이들 판매자들에 의해 시에서 시로 옮겨지며 커다란 붐을 조성했다. 베드로 면죄부는 너무 많은 것들을 제공해 주어 그 자체가 곧 교황의 완전한 죄 사함을 뜻했다. 면죄부 판매자는 그것을 설교한 도시에서 특별한 의식을 도입했다. 여타의 모든 설교는 면죄부 설교 이후에 행해야 한다는 독특한 예배 규정을 자신이 머무는 동안에 적용했다. 시에서는 일곱 교회―로마의 일곱 교회에 비유하여―가 지정되었고, 그중 제일 큰 교회에는 커다란 십자가와 교황의 문장을 가진 두 개의 깃발이 세워졌다.[7] 독일어와 라틴어로 쓰인 현수막이

---

6) 비교. E. Iserloh, HKG(J) 4, 1967, 46.
7) 비교. Hans Volz: Die Liturgie bei der Ablaßverkündung, JLH 11, 1966, 114-125.

면죄부 판매에 대한 주의를 끌었다.

　면죄부 설교시 고해신부들은 교황의 사면을 필요로 하는 극히 몇 가지 경우만을 제외하고는 소위 "예외적 사안"까지도 사면할 수 있는 전적인 권한을 지녔다. 본래 이런 죄의 사면은 감독 혹은 교황만이 갖고 있던 것이다. 면죄부 가격은 여섯 단계로 산정되었다. 왕, 대주교, 그리고 감독들에게는 최고로 높은 단계로 라인지역 통화 최소 23 금 굴덴, 가장 낮은 단계는 어린이를 위한 것으로 절반의 굴덴으로 확정되었다. 하층민에게는 면죄부 판매자가 경우에 따라서 약화된 등급을 허용했다. 교회건축이 목적이었기에 많은 수입을 염두에 두어야 했고, 참회자에게 높은 기부금을 내도록 유도했다. 그들은 어떤 참회자도 "은총" 없이 버림받지 않도록 해야 했다. 돈이 없는 사람은 기도와 금식을 수행해야 했다.[8] 즉시 효력을 발생하는 면죄부 은총 외에 사람들은 두 번째 "은총"인 참회증서(Beichtbrief)를 금 굴덴 1/4을 주고 면죄부 판매자에게서 구매할 수 있었고, 차후에 살아가면서 혹은 죽음의 순간에 다시금 완전한 (예외적 사안까지도 해당하는) 용서와 완전한 면죄를 얻기 위해 본인 앞에 있는 임의의 고해신부에게 제시하라고 만든 것이다. 세 번째 "은총"은 죽은 신자, 특히 부모와 친구들을 위한 면죄부였다. 이것을 구입할 때도 본래 면죄부를 구입할 때 드는 동일한 비용을 지불해야 했다. 그렇지만 면죄부 판매자는 경우에 따라서 면죄부 가격을 1/4까지 줄일 수 있다고 약속했다. 네 번째 "은총"은 면죄부를 구입한 모든 산 자와 죽은 자들은 교회의 영적 축복, 즉 교회에서 일반적으로 수행하는 기도, 적선, 금식, 미사, 순례 그리고 무엇

---

[8] 마그데부르크 대주교구를 위한 면죄부 지침서(Instructio summaria)에 따른 것이다. 참고 7장 1. 마인츠 대주교구를 위한 고백규정(Instructiones confessorum)은 면죄부 액수를 책정하는데 다른 기준을 갖고 있다. 참고 3장 4.

보다도 은총에 영원한 참여가 허락되었다는 사실에 그 본질이 있
다. 면죄부 판매자의 또 다른 특전은 그들이 간단한 몇몇 서원을 풀
어주거나 혹은 금식기간에 버터를 즐길 수 있는 승인서를 내어 주
는 것이다. 이같은 경우에도 물론 비용은 필수적이다.

　면죄부에 대한 모든 지시사항은 두 개의 교구인 마그데부르크와
마인츠에서 알브레히트의 권위로 특별 출판되었다.[9] 1516년 말 베
드로 면죄부에 대한 설교가 이 두 지역에서 시작되었다. 이것은 로
마 가톨릭 교회의 마지막 면죄부 선전이었다. 그것은 계획된 지역
내에서 완전히 실행되지 않았다. 왜냐하면 비텐베르크 교수인 루터
가 잠재되었던 불쾌감을 깨우고, 중세 가톨릭의 신경을 건드린 신
학적 문제를 제기했을 때, 면죄부에 대한 비판의 물결이 밀려들었
기 때문이다.

> 참고문헌 : Gustav Adolf Benrath: Ablaß; TRE 1, 1977, 347-
> 364. Ders.: Albrecht von Mainz; TRE 2, 1978, 184-
> 187. Walther Köhler (Hg.): Dokumente zum
> Ablaßstreit von 1517; 2. Aufl. Tübingen 1934.
> Nokolaus Paulus: Geschichte des Ablasses im
> Mittelalter; 3 Bde. Paderborn 1922. 1923. Götz
> Frhr. von Pölnitz: Jakob Fugger. Kaiser, Kirche
> und Kapital in der oberdeutschen Renaissance; 2
> Bde. Tübingen 1949. 1951. Ders.: Die Fugger; 3.

---

9). 발췌된 마그데부르크 교구를 위한 지침서는 W. Köhler, 104-124를 보
라. 마인츠의 고백규정(Instructiones confessorum)과 이 둘의 상호연
관성 문제에 대해서는 다음을 보라. 비교. Hans Volz: Eine unbe-
kannte Ablaßinstruktion von 1516 für die Mainzer Kirchen-
provinz, in: Vierhundertfünfzig Jahre lutherische Reformation;
(참고문헌 C), 395-415.

> Aufl. Frankfurt/M. 1970. Hans Volz: Erzbischof Albrecht von Mainz und Martin Luthers 95 Thesen; Jb. d. Hess. Kirchengeschichtl. Vereinigung 13, 1962, 187-228. Ders.: Der St. Peters-Ablaß und das deutsche Druckgewerbe; Guterberg-Jb. 1966, 156-172. Herbert Vorgrimler: Buße und Krankensalbung; Freiburg i.Br. 1978.

2. 루터의 면죄부 비판

루터의 면죄부 비판은 1517년 마그데부르크에서 판매한 베드로 면죄부 때문에 점화되었다. 넓게 조성된 그 시대 경건의 한 현상인 면죄부에 대해 루터는 일차 시편강의[10], 로마서 강의[11] 그리고 설교[12]를 통해 이미 비판했었다. 처음에는 순례하는 교회에서 많은 면죄부들이 탁자 위에 올려져 있는 것을 단순히 보고 말았지만, 1517년에는 비텐베르크 시민들이 어떻게 면죄부를 구입하는지 알고 비로소 크게 염려하게 되었다. 더 놀란 것은 대주교 알브레히트가 면죄부 판매를 위해 마그데부르크에서 인쇄한 44쪽 분량[13]의 작은 소

---

10) WA 3, 416, 21f, 424, 36ff.
11) WA 56, 417, 23-32. 418, 24f.
12) WA 1, 424, 1ff. 32ff 509, 35f 130, 27ff (4, 636, 25ff) 141, 22ff; 9, 144, 5ff 152, 30ff 159, 2ff; 1, 98, 14ff(4, 674, 5ff). 비교. Norbert Flörken: Ein Beitrag zur Datierung von Luthers Sermo de indulgentiis pridie Dedicationis, ZKG 83, 1971, 344-350 그리고 M. Brecht (참고문헌 B), 478, 각주 12.
13) 참고 14. 각주 11. 비교. WAB 1, 111, 47f; 2, 406, 10ff; WA 1, 589, 24ff. 590, 9ff; 51, 539, 32ff.

책자인 『면죄부 지침서』(Instructio summaria)를 읽고, 면죄부 설교가 상세한 내용에 이르기까지 얼마나 큰 감독의 권위로 도배되어 있는지를 보았을 때였다. 여태까지 그는 시민과 면죄부 설교자가 면죄부에 대해 갖고 있는 생각만 비판했으며, 교황의 면죄부 발행에는 올바르고 진리에 부합한 어떤 의도가 있을 것이라고 전제했었다.[14]

언제 루터가 대주교의 『면죄부 지침서』를 입수했으며, 강의와 설교에서 한 기존의 면죄부 비판 단계를 뛰어넘기로 결심했는지 우리는 알 수 없다. 잘 보존된 원자료는 루터가 1517년 10월 30일 대주교 알브레히트에게 개인적인 편지를 썼다고 증언하고 있다(WAB 1, 108ff). 그는 알브레히트에게 감독의 책임은 성도의 구원이라고 질책했다. 그의 권위로 진행된 면죄부 설교가 그를 따르는 영혼을 잘못된 구원이해로 미혹했다는 것이다.

루터는 잘못된 구원의 확신을 초래할 4가지를 지적한다. 면죄부는 구원과 영생에 관해 아무런 유익이 없으며, 한때 교회법에 의해 교회가 부여한 외적인 형벌을 풀어줄 수 있을 뿐이라고 설득력 있게 주장한다. 첫째이자 유일한 감독의 의무는 백성에게 복음과 그리스도의 사랑을 전하는 것이다. 그리스도는 복음을 전하라고 했지, 결코 면죄부를 설교하라 명하지 않았기 때문이다. 면죄부 설교를 즉시 그만두고, 면죄부 설교자에게 다른 설교 지침을 하달하라는 루터의 긴급한 요청은 이러한 배경에서 나온 것이다. 이와 함께 루터는 서신 마지막에 면죄부 설교자들이 가장 확실하다고 떠들면서 외치는 면죄부에 대한 견해(opinio)가 얼마나 허무맹랑한 것인지 알브레히트가 판단하도록 자신의 95개조 면죄부 논제를 첨부했다.

---

14) WA 1, 98, 19f (WA 4, 674, 11f): protestor, quod intentio Papae est recta et vera, saltem ea quae iacet in literis, syllabis.

루터는 신학박사로서 서명했고, 그것은 교회의 교리로서 확고한 구속력이 없는 모든 것은 단순히 의견일 뿐이라고 문제를 제기할 수 있는 그의 권리를 상기시켜 주었다. 그는 95개 논제(WA 1, 229ff) 외에 서신에서 전혀 언급하지 않은(WAB 12, 2ff) 면죄부 소논문을 동봉했다. 이 논문에서 그는 나름대로 면죄부를 해석하여 『면죄부 지침서』에 제시된 기존 면죄부 사상을 해체시킬 가교를 세웠다. 그 외에도 루터는 같은 날, 지금은 남아 있지 않은 한 통의 편지를 비텐베르크가 소속된 브란덴부르크 감독에게 썼으며, 마그데부르크 교구의 다른 감독에게도 보냈을 것으로 추측한다.

알브레히트에게 보낸 루터의 편지와 95개 논제는 그 역사적 중요성에 있어서 서로 정반대로 작용될 수 있다. 이 두 가지는 마치 루터가 95개 논제를 토론하기 위해 우선 감독의 답변을 기다리거나 한 것처럼 인과론적으로 서로 연결시킬 수 없다(Iserloh). 그는 논제를 부차적으로 언급했고, 박사라고 서명하여 토론할 수 있는 권리를 갖고 있음을 시사하고 있을 뿐이다. 루터 연구에서 두 가지 문제에 대한 열띤 토론이 있었다. 하나는 루터의 95개 논제가 10월 31일인가 아니면 11월 1일인가 하는 문제이며, 또 다른 하나는 정말로 그것이 게시되었는지에 관한 것이다.[15] 논제를 게시했는지에 대한 직접적인 증거는 없다. 멜란히톤이 처음 이것을 언급했고, 게다가 그는 1517년 가을 비텐베르크에 있지 않았으며, 루터가 사망한 이후에 이 사실, 즉 루터가 만성절 전날인 10월 31일 면죄부를 반박하는 논제를 비텐베르크 성교회이자 대학교회 문에 붙였다고 말했기 때문이다.[16] 면죄부 논쟁[17]의 시작에 대한 그 이전에 나온

---

15) 첫 번째 문제에 대한 토론은 1959년 한스 폴츠를 통해, 그리고 두 번째 문제는 1961년 에르윈 이저로를 통해 일어났다. Erwin Iserloh, Luthers Thesenanschlag, Tatsache oder Legende? TThZ 70, 1961, S.303-312.

두 가지 증거에 의하면 루터가 감독에게 쓴 편지와 논제 발표 사이에 얼마간의 시간적 간격을 주장할 수는 있으나, 그것을 가지고 루터는 감독의 답변이 오기까지 논제 발표를 기다리고자 했다고 주장할 수는 없다. 1517년 11월 11일 그곳에 있는 신학자들에게 알려달라며 에어푸르트에 있는 수도원 동료 요한네스 랑에게 95개 논제를 보냈을 때(WAB 1, 121f), 루터는 감독에게 편지를 보냈다거나 혹은 그 반응을 지금 기다리고 있다는 등의 언급은 전혀 하지 않았다. 요한네스 랑에게 보낸 이 편지는, 어려운 추정이지만, 루터가 감독의 공적인 답변을 기다렸을 것이라는 시점에 자신의 논제를 지식층에게도 알렸다는 간접 증거이다. 아무리 늦어도 바로 이날까지는 루터가 대학의 관례에 따라 그것을 대학교회 문에 공개했다는 것은 거의 확실하다.

루터는, 시기는 아직 정하지 않았지만, 학문적 토론을 원했다. 이 논제는 일반대중이 이해하기 쉽게 작성된 것은 아니다(WAB 1, 152, 7ff). 보편적이고 평이한 가르침이 아니라, 날카롭게 지적하여 신학적인 토론을 요구한 것이다. 루터는 이미 면죄부에 대해 충분히 숙고한 자신의 신학적 의견을 토론에서 말하고자 했다. 토론은 성사되지 않았다. 논제는 루터의 의도와는 달리 많은 지역으로 신속히 확산되었다. 1517년 말에는 라이프치히, 뉘른베르크 그리고 바젤에서 출판되었다.[18] 뉘른베르크에서는 독일어 번역판이 완성되

---

16) CR 6, (155-170) 161f.
17) 1518년 5월 레오 10세에게, WA 1, 528, 18ff; 1518년 11월 21일 프리드리히 선제후에게, WAB 1, 245, 358ff. 1518년 2월 루터는 브란덴부르크 감독에게 지식층에 이 논제를 알렸다고 말했다. WAB 1, 138, 17ff.
18) 라이프치히와 뉘른베르크에서 발행한 것은 포스터 형식이며, 바젤의 것은 책의 형식이다. 라틴어로 쓰인 이 세 가지는 현재 남아있으나, 루터가—필사했거나 아니면 인쇄했거나—10월 31일 몇몇 감독에게 그리고 그 후 지식층에게 전한 그 원본은 현재 없다. 크리스토프 셔울이 뉘른베르크에서

없다고 하지만, 아직 그것을 증빙할 인쇄물은 없다.[19]

　루터는 면죄부에 대한 자신의 의견을 명백히 전달하기 위해 1518년 두 가지를 저술했다: 1. 『95개조 면죄부 논제 해설』은 라틴어로 작성했으며, 그 해 2월 브란덴부르크 감독에게 필사본을 보냈다.[20] 2. 3월에 쓴 설교 『면죄부와 은총』이다. 여기서 그는 20여 개 요점을 나열하여 사람들에게 면죄부 비판의 핵심을 이해시켰다.[21] 이 작은 책자는 1518년에만 무려 16번이 인쇄되었으며, 게다가 비텐베르크, 라이프치히, 뉘른베르크, 아우구스부르크 그리고 바젤과 같은 중요한 지역에서 였다. 책 상인들은 행상으로 새로운 책들을 짧은 기간 내에 이 도시에서 좋은 수입이 기대되는 또 다른 도시로 가져갔고, 저작권에 방해받지 않고 복사를 했다. 비텐베르크는 이제 루터의 글을 통해 사람들이 가장 원하는 문헌 제작의 근원지가 되었고, 그와 동시에 대학 정원도 현저하게 늘어났다.[22]

　루터의 면죄부 비판은 참회 이해에서 온 것이며, 당시 교회 면죄부 정책의 근간이었던 종교적 의식을 향한 것이다. 예수의 회개 요구(마 4:17)는 루터에 의하면 고해와 보속과 같은 참회 행위로 조정되는 성례전적이며 교회적인 회개가 아니다. 참회란 복음의 의미

　　남다른 열정으로 이 논제를 배포했고, 아우구스부르크의 포이팅어와 잉골스타트의 에크에게 보내주었다. WAB 1, 152. 각주 3.
19) WAB 1, 152. 각주 3.
20) Resolutiones disputationum de indulgentiarum virtute; WA 1, (522) 530-628; WAB 1,135ff. 감독은 약 한달 후, 내용이 가톨릭적이라고 생각되나 이 설명서가 출판되기를 바라지 않는다고 알려왔다(WAB 1, 162, 20).
21) WA 1, (239) 243-246; 비교. WAB 1, 152, 20ff 162, 15 170, 44. 비교. Akat. Martin Luther (참고문헌 C), Nr.207.
22) Franz Eulenburg: Die Frequenz der deutschen Universitäten; Leipzig 1904.

에서 볼 때 교회의 규정과는 상관이 없으며, 신자의 전 생애를 포괄하는 것이다. 참회는 신앙 안에서 내적인 삶과 외적인 삶이 일치하는 가운데 이루어지는 자기부인이기 때문이다(논제 1-4). 루터가 볼 때, 교황이 '자신의 권한으로 하기를 원하고 또 할 수 있다고 말하는 것은 예수께서 요구한 참회의 의미와는 정반대되었다(논제 5-8): 교황은 오직 그의 판단과 고대교회의 정경이 정한 바에 따라 교회가 부과한 형벌만을 사해 줄 수 있다. 교회가 부과한 이러한 형벌은 신자가 살아 있는 동안에만 적용되는 것이며, 죽음으로 모든 것이 해소된다. 죄의 용서는 오직 하나님만이 하신다. 죄 용서와 교회가 요구한 참회 이행과는 아무런 관련이 없다. 교회의 형벌은 인간을 교회 공동체의 규율에서 벗어나지 못하게 하는 것이다. 루터는 이것으로 교회가 부과한 참회 형벌과 하나님이 직접 요구한 한시적인 죄 형벌 사이의 연결고리를 부수고 있다.[23]

그리스도에 대한 믿음 외에도 루터는 죄 형벌의 경험이 있다. 달리 표현하자면, 하나님의 분노 혹은 칭의의 경험이 있다. 신앙과 그리스도의 복음에 기초한 참회는 칭의를 위해 한시적인 보속을 해야 한다는 생각과는 아무런 관련이 없다. 신앙의 참회는 세상에서 죄를 범해 받을 형벌의 속죄와는 무관하다. 전통적으로 참회라고 알려진 것은—기도, 금식, 적선—, 사실 신자의 삶의 표현이어야 한다. 면죄부로 이것을 피하는 것은 신앙의 실현을 제한시키는 것이다. 면죄부를 살 돈이 있다면 극도의 고통 속에서 아무것도 할 수 없는 가난한 이웃에게 주는 것이 낫다.[24] 신앙 역시 면죄부를 고통

---

23) 이러한 결과는 『면죄부 논제 해설』과 『면죄부와 은총』이라는 설교에서 온 것이다.
24) 사랑을 베푸는 동기와 원인에 대한 근본적 문제에 대해 루터는 1516년 10월 중순에 이미 다루었다. WAB 1, 66, 36ff; WA 56, 482, 20ff (483, 21ff!) WA1, 149, 20ff 그리고 245, 35ff. 387, 19ff.

해소의 대안으로 보지 않는다. 왜냐하면 복음은 그리스도의 십자가로 인간을 죄 때문에 한시적인 형벌을 반드시 받아야 한다는 생각에서 풀어주기 때문이다. 그리스도를 믿는 신자의 하나님 경험은 자신의 고난과 관련하여 어떤 보속(satisfactio)이든 반드시 실행해야만 하나님의 의를 얻을 수 있다는 생각에서 자유롭게 해준다. 이것으로 루터는 면죄부의 종교적인 근거를 제거시켰다. 왜냐하면 복음은 — 이것이 교회의 참된 보화이다 — 하나님의 의를 확신하는 신앙을 제한하지 않고, 그 결과 신앙은 이제까지 제시된 면죄부에 대한 부담을 떨쳐버리기 때문이다.

면죄부 비판이 예기치 않게 폭발적인 반응을 일으킨 것은 루터가 보기에는 당시 성행하던 면죄부에 대해 일반대중의 불쾌감이 팽배해 있었기 때문이다. 루터는 이미 전에 면죄부를 반대한 여러 가지 비판과 요한네스 팔츠(참고 2장 1)와 같은 사람들이 폐지하려고 시도했던 비판에 관심을 가졌다.[25] 루터의 비판은 이들보다 매우 포괄적이었다. 왜냐하면 그것은 베드로 면죄부에만 국한된 것이 아니라, 면죄부가 조장한 경건의 사회적 측면까지 파헤친 것이며, 다른 한편 종교적 확신의 토대가 되는 최고로 까다로운 신학적 논제를 제시했기 때문이다. 다만 토론이 깊은 확신의 차원까지 오르기를 원했는지가 의문이다.

1517년 10월 31일 알브레히트에게 보낸 편지에서 루터는 가족이름을 서명할 때에 원래 그리고 여태까지 사용한 것은 '루더'(Luder)였지만 '루터'(Luther)라는 새로운 형태를 사용했다. 인문주의 방식에 따라 당시 그는 자신의 이름에 희랍-라틴적 형태인 "엘로이테리우스"(Eleutherius), 즉 '자유자'(der Freie)를 덧붙

---

[25] 루터 신학의 시작에 대한 역사적 분석은 과거에 많은 사람들이 — 존 위클리프, 얀 후스, 요한네스 루크라스 폰 베젤 또는 베젤 강스포트 — 면죄부를 비판했지만 그로부터 루터가 어떤 영향을 받았음을 입증하지는 못했다.

였다. 그러나 1519년 초 이러한 형태의 이름을 다시 떼어버렸다. 1517년 엘로이테리우스와 의미상 연관된 '루터'(Luther)를 일생 동안 사용했다. 그는 에어푸르트 수도원 동료 요한네스 랑에게 보낸 11월 11일자 편지 서명에서 시사했듯이(WAB 1, 121f) 면죄부를 신학적으로 비판했던 이 시기에 자유를 확신했고, 게다가 그리스도 및 그의 진리와의 하나됨에서 오는 자유를 가졌었다.[26]

> 참고문헌 : Remigius Bäumer: Die Diskussion um Luthers Thesenanschlag. Forschungsergebnisse und Forschungsaufgaben; bei A. Franzen (참고 3장 3), 53-95. Heinrich Bornkamm: Thesen und Thesenanschlag Luthers. Geschehen und Bedeutung; Berlin 1967. Klemens Honselmann: Urfassung und Drucke der Ablaßthesen Martin Luther und ihre Veröffentli-chung; Paderborn 1966. Erwin Iserloh: Luther Thesenanschlag. Tatsache oder Legende? Wiesba-den 1962; abgedr. bei dems. (참고문헌 C), 48-69. Erweiterte Fassung: Luther zwischen Reform und Reformation. Der Thesenanschlag fand nicht statt; 3. Aufl. Münster 1968. Ernst Kähler: Die 95 Thesen. Inhalt und Bedeutung; Luther 38, 1967, 114-124. Franz Lau: Die gegenwärtige Diskussion um Luther Thesenanschlag. Sachstandsbericht und Versuch einer Weiterführung durch Neuinterpretation von Dokumenten; LuJ 34, 1967, 11-59. Hans-Christoph Rublack: Neuere Forschungen zum

---

26) Bernd Moeller, Karl Stackmann: Luder-Luther-Eleutherius. Erwägungen zu Luthers Namen; NAG 1981, 7; Göttingen 1981; H.A.Oberman bei G. Hammer, K.-H. zur Mühlen (참고문헌 C), 34 각주 129.

> Thesenanschlag; HJG 90, 1970, 329-342. Hans Volz; Martin Luther Thesenanschlag und dessen Vorgeschichte; Weimar 1959. Ders.: Die Urfassung von Luther 95 Thesen; ZGK 78, 1967, 67-93.

3. 루터의 면죄부 비판에 대한 첫 반박

대주교 알브레히트가 1517년 11월 말 아샤펜부르크에서 10월 31일자 루터의 편지와 첨부된 글을 받았을 때, 그는 우선 마인츠 대학에 그 평가를 의뢰하는 일로 직무적인 반응을 보이기 시작했다.[27] 마인츠 대학의 신학자들과 법률가들이 12월 17일 그 평가서를 제출하기 전에[28] 알브레히트는 아샤펜부르크 자문위원들의 충고를 듣고 「교황의 거룩함이 바라건데, 신속히 이 문제를 파악하고 그러한 오류를 필요할 경우 제때에 반박하게 될 것이다. 왜냐하면 비텐베르크의 오만한 수도사의 '반항적인 행동'을 통해 거룩한 면죄부 사업 및 우리의 임무 그리고 '불쌍하며 무지한 백성'이 잘못 인도되게 될 것이기 때문에」라는 글을 썼다. 알브레히트는 12월 13일 마그데부르크 교구[29]와는 별도로 마인츠 교구가 준비한 금지재

---

[27] Am 1. Dez. 1517 (F. Herrmann: Miszellen zur Reformationsgeschichte, ZKG 23, 1902, 265f), am 11. Dez. angemahnt (ebd. 266).

[28] F. Herrmann (각주 1), 266f. 평가서는 루터가 개진한 관점을 비판하지 않았고, 루터가 교황의 권한을 있는 그대로 인정하지 않고 있기에 이 문제를 교황에게 넘기라고 추천했다.

[29] Ferdinand Körner: 면죄부 설교가인 테첼(Tezel) (Frankenberg i.S. 1880, 148)이 알브레히트보다 먼저 로마에 보낸 서신은 알려지지 않았다.

판(processus inhibitorius)을 열어 루터에게 대응할 것이라고 말했다. 이것은 대주교의 위임을 받은 테첼이 루터에게 장차 면죄부에 대한 모든 비판을 자제하기를 요구할 것이라는 뜻이다.[30] 금지재판으로 루터를 대처하는 일은 당시 일어나지 못했다.

루터 자신은 알브레히트의 직무상의 대응을 겪지 못했다. 그가 원한 면죄부 설교의 신학적 개선도 역시 고려되지 않았다. 마그데부르크 교구에 보낸 편지에서 알브레히트는 다만 면죄부 사업이 "지나친 비용과 사치로 많은 사람"에게 과도한 부담이 되어서는 안 되며, 면죄부 설교자는 그들의 설교와 행동으로 좋은 관계를 해쳐서는 안 된다고 전했다.[31] 브란덴부르크 감독은 소극적으로 반응했다.[32] 메르제부르크 감독은 베드로 면죄부가 — 확실히 이 사람만이 — 루터의 반박논제로 중지될 것을 환영했다.[33] 중요한 동기는 물론 로마의 금전주의에 대한 불쾌감이었다. 이것은 작센 영주인 게오르크에게서도 볼 수 있다. 독일에서 고위성직자의 대응은 극도로 미미했지만, 로마의 공지로 알브레히트를 통해 이미 중요한 소송이 거론되었다.

마그데부르크 지역에서 베드로 면죄부 설교 총 책임자로 위촉된 요한네스 테첼은 흥분하여 루터의 논제에 신속하게 반응했다. 1517/18년 겨울, 그는 즉시 자신의 도미니크회 동료이자, 오더의 프랑크푸르트 대학 신학교수인 콘라트 빔피나에게 프랑크푸르트 대

---

30) F. Körner (각주 3), 148. 교황의 면죄부 교서(Ablaßbulle)가 이러한 요구에 대한 법적 근거를 제공했을 것이다.
31) F. Körner (각주 3), 148f.
32) 루터의 후기 언급(WA 51, 540, 19ff; TR 6 Nr.6861)에 따르면 브란덴부르크의 감독은 1517년 10월 31일자(참고 4장 2) 편지에서 그에게 교회의 직무상의 권한을 공격하지 말라고 권고했다.
33) Felician Gess (참고 5장 2), 1, 28f(Cäsar Pflug an Hg. Georg von Sachsen, 27. Nov. 1517).

학에서 개최된 토론에서 그가 방어할 논제를 제출케 했다.[34] 이 논제는 인쇄되어 배포되었다.[35] 1518년 5월 중순경 한 판매자가 판매 목적으로 논제를 가지고 비텐베르크에 왔을 때, 학생들이 그에게서 몇 개를 구매했고, 대부분을 찢어버렸으며, 사전에 어떤 심의도 그리고 또한 루터에게도 알리지 않고, 약 800개를 시장에서 공개적으로 소각시켰다.[36] 루터는 설교(3월 19일)에서 학생들의 행동을 정당하게 보지 않았다.[37]

빔피나-테첼의 논제는 루터의 관점을 오류라고 규정했고, 무미건조한 교회의 실증주의(Positivismus)를 변호했다: 즉 예수는 회개를 외침(마 4:17)으로 참회의 성례전 수행을 요구했다는 것이다. 연옥 면죄부(Fegefeuerablaß)는 이렇게 판매되었다: "돈이 금고에 소리를 내며 떨어질 때, 영혼도 천국으로 뛰어 오를 것이다." 영혼은 공간과 시간에 구애받지 않기에 돈이 금고에 떨어질 때 걸리는 시간보다 더 빨리 연옥에서 해방될 것이다. 죽은 자를 위해 연옥의 면죄부를 사는 사람은 은총의 상태에 있을 필요가 없다.[38] 교회가 부과하는 교회법적인 벌과 한시적인 죄의 형벌의 연결이 확고히 주장되고 있고, 한시적인 형벌 때문에 하나님의 의는 보속을 요구

---

34) 자료에 의하면 이 토론은 1518년 1월 20일 열렸다. 그것은 박사학위를 위한 토론은 아니었다. 그것은 또한 도미니크회 지역총회와도 아무런 관련이 없다. 비교. M. Brecht (참고문헌 B), 202.
35) 콘라트 빔피나는 논제를 후에 자신의 Anacephalaeosis sectarum etc 에 편집했다(Frankfurt/O. 1528, I 40v-43r). Neuerer Abdruck der Thesen bei Nikolaus Paulus: Johann Tetzel der Ablaßprediger, Mainz 1899, 171-180; unvollständig in: EA var 1, (294) 296-305 und bei W. Köhler, (참고 4장 1), 128ff.
36) Luthers Bericht an Joh. Lang, 21.3.1518 WAB 1, 155, 24-41; 비교. 170, 59ff.
37) WA 1, 277, 19f.
38) EA var 1, 296(Nr.1-4) 300(Nr.55f) 301(Nr.64).

하는 것이다.[39]

　루터의 설교『면죄부와 은총』에 대해 테첼은 즉시『반박서』를 출판했다.[40] 보속의 행위를 요구하는 한시적인 죄 형벌에 대한 루터의 비판에서 그는 이미 이단으로 정죄를 받은 위클리프 및 후스의 관점과 유사한 것을 보았다.[41] 그는 면죄부를 로마 교회가 하는 것이기에 신성한 것으로 여겼다. 교황의 무오류성은 곧 면죄부에도 적용된다. 교황직의 수행은 동시에 이것을 인정하는 것이다.[42] 테첼은 교황의 권한과 이단 승인의 입장을 1518년 초 오더의 프랑크푸르트(Frankfurt/O)[43]에서 나온 일련의 논제에서도 역시 옹호했다. 이러한 기본 생각은 ─ 여기서는 결론에서 경고했다 ─ 참회와 면죄부 문제에 있어서 허락되지 않은 관점을 말과 글로 대변하고 있음을 알게 해주고 있다.

　테첼은 루터가 제기한 문제의 공개적인 토론을 이단이라는 진부한 수단으로 억압하고자 했다. 면죄부와 은총에 관한 설교를 반박한 테첼의 반박문에 대한 답변에서 루터는 (1518년 7월 초)[44] 구체적으로 그 이름을 지목하지 않은 채, 그가 주요 논지에서 어떤 성서적 근거도 제시하지 않았으며, 성서를 파괴하고 있다고 꾸짖었다. 그는 조잡한 이단 혐의를 분명히 거부했다. "우리는 견디기 힘든 터키를 백번이나 겪었고, 그들은 성지와 모든 것을 거룩케 하는 하나님의 말씀을 모독하며 파괴하고 있다."[45] 1518년 여름 루터가 불

---

39) EA var 1, 296(Nr.5) 297(Nr.6.9.13) 301(Nr.63.68).
40) V.E.Löscher: Reformations Acta, Leipzig 1720, Bd.1, 484-503 (nach dem Originaldruck); im Auszug bei W. Köhler (참고 4장 1), 146ff.
41) Vorlegung zu 참고 2장 2 und 3장 5.
42) Vorlegung zu 참고 4장 5.
43) EA var 1, 306-312.
44) WA 1, (380) 383-393.

러 일으킨 공개적인 토론 국면은 이렇게 진행되었다.

강단에서 선포되는 설교는 공개적인 여론을 조성한다. 2월에 루터는 대적자의 설교에서 자신이 이단으로 낙인찍히고, 그 자신 때문에 비텐베르크 대학이 먹칠을 당했다고 언급했다. 그를 가장 참지 못하게 했던 것은 그가 마그데부르크 대주교의 미움을 받아 자기 지역 영주를 방패삼아 면죄부를 비판했다는 적들의 주장이다. 선제후는 만일 자유로운 통행이 보장된다면, 어떤 토론이나 혹은 어떤 재판도 열 각오가 되어 있음을 밝혔다.[46] 이미 그는 로이클린에 대한 재판을 목전에 두고 있었다.[47]

잉골스타트 대학의 요한네스 에크가 루터의 면죄부 논제를 정죄했을 당시만 해도 여론은 아직 잠잠했었다. 그는 루터의 논제를 뉘른베르크의 크리스토프 세울로부터 받았고, 그의 판결에 관심을 보인 아이크슈태트 감독에게 손으로 직접 쓴 비평을—그는 그것을 오벨리스키(Obelisci)라고 칭했다—보냈다. 그 복사본은 에크도 모르는 사이 루터에게 들어갔으며, 루터는 친구의 강권으로 반대 논제—아스테리스키(Asterisci)—를 집필했고, 1518년 5월 중순경 사적으로 에크에게 보냈다.[48] 루터의 논제에 대한 에크의 평가는 신학적인 설명이 없이 "건방지고", "파렴치하며", "불안, 폭동, 교회의 분열을 일으키기에 적합하며", "교회의 계층구조적인 질서를 쉽게 혼란케 하며", 보헤미아의 독(얀 후스적인 이단)이라는 언급 방

---

45) WA 1, 387, 23ff; vgl.393, 1ff.
46) WAB 1, 146, 69ff (an Spalatin, 15.2.1518); vgl. 118, 9 (dazu 13, 11; an dens.), 154, 11ff (an Johannes Lang, 21.3.1518). 1518년 2월 22일 스팔라틴(Spalatin, WAB 1, 149, 4ff)에게 보내는 편지에서 루터는 브란덴부르크 선제후의 적의를 걱정하고 있다.
47) WAB 1, 146, 86ff (스팔라틴에게 보내는 1518년 2월 15일자 편지).
48) 둘 다 WA 1, (278) 281-314, 또한 9, 770-779; vgl. WAB 1, 156ff (각주 4. 두 가지 개념의 설명) 175ff. 177ff.

식으로 가득했다. 루터는 그가 여태까지 에크를 진지한 신학자라고 여기고 1517년 크리스토프 세울이 그 둘 사이에 서신을 통해 의견을 조율하고자 노력한 것을 환영했을 때보다 에크의 입장을 더 신중하게 대했다.[49]

교황청은 우선 수도원 책임자를 통해 루터를 진정시키고자 했던 것처럼 보인다. 당시 수도원 책임자인 가브리엘 베네투스에게 보낸 1518년 2월 3일자 레오 10세의 서신에서 이것을 알 수 있다.[50] 이 서신의 사실성 여부는 의심을 받았다.[51] 참이라고 가정해도 스타우피츠가 1518년 4월 말 하이델베르크에서 열린 수도원 총회에서 토론을 통해 자신의 신학을 방어하도록 동기를 부여했고, 거기서 "귀환 후 즉시 수도원 총 대리신부를 통해 교황에게 편지를 쓰고, 면죄부 논제에 대한 상세한 설명을 하여 자신을 정당화 할 것"[52]을 약속했다는 것은 단지 추측[53]일 뿐이다. 비록 스타우피츠가 루터의 면죄부 비판을 제지하라는 요청을 로마로부터 받지는 않았다고 해도 테첼과 그의 동료들이 공개적으로 그를 이단시한 방법과 방식은 루터에게 한편으로는 로마에서도 역시 루터를 비방하고 있을 것이라고 추측할 수 있는 충분한 근거가 되었고, 다른 한편 교황에게 글로

---

49) 비교. WAB 1, 91 152, 29, 157, 10ff. 178, 5f.
50) P. Kalkoff. 44. R. Bäumer, 23f.
51) R. Bäumer, 25 각주 22.
52) P. Kalkoff. 47.
53) 비교. P. Kalkoff. 45ff. Kalkoff의 추측의 빌미를 제공하는 중요한 단서가 1518년 3월 31일자 루터의 편지이다. WAB 1, 159ff. 하지만 수신자인 스타우피츠에게서는 증명하기가 어렵다. - 루터는 지역 대표 사제로서 하이델베르크 총회에 참여해야 할 의무가 있었고, 반드시 새로운 그의 교설 때문만은 아니었다. 그 외에도 총회에서 토론을 개최하는 것은 흔히 있는 일이었다. 루터는 이미 독일 출신 동료들 사이에 그의 아우구스티누스적 바울 사상과 비텐베르크에서 시작한 신학부 개혁을 통해서 잘 알려져 있었다.

써 자신의 생각을 설명하고 싶은 충분한 근거를 제공했다. 1517년 10월 31일 이후 전개된 모든 일들이 하이델베르크 총회에서 언급된 것은 당연한 것임에 틀림없다.

스타우피츠를 통해 루터는 1518년 5월 30일 편지와 함께 당시 아직은 인쇄되지 않은 95개 논제에 대한 설명서(참고 15) 사본을 레오 10세에게 보냈다. 그는 이 편지와 스타우피츠에게 보낸 서신을 설명서와 함께 인쇄하도록 시켰다.[54] 그는 교황에게 면죄부 설교가 어떻게 진행되고 있으며, 인쇄하여 배포된 마그데부르크 대주교의 면죄부 요강이 어떻게 그에게 몇몇 감독과 그 외에도 다른 신학자들에게 면죄부에 대한 토론을 요구한 동기를 부여했는지를 설명하고 있다. 그는 자신이 학문적으로 토론할 권리가 있음을 강조하고 있다(ius in publica schola disputandi). 소위 교회의 죄 용서의 권세와 특별히 교황의 죄 용서의 권세를 침해했다는 이유로 그를 비방한 적들과 맞서, 그는 이제 선한 양심으로 자신의 생각을 교황의 이름으로 보호받고 싶어 했다. 왜냐하면 교회의 완전한 권세가 그에게 중요했기 때문이다. 그는 영주와 대학 동료들의 신앙적 권리를 언급했다. 이들은 자신에 대해서 전혀 문제 삼지 않았고, 그로 인해 마찬가지로 비방을 받게 되었다. 루터는 교황의 입에서 그리스도의 판단을 듣게 되기를 기대했다.[55] 이미 신학적인 대적자에게 했듯이, 그가 끝까지 교황에게 진리의 척도로서 성서를 그렇게 힘주어 강조하고자 했는지는 해결되지 않은 문제이다.[56]

---

54) WA 1, 525-529; 527ff. 비교 WA 9, 171ff. 레오 10세에게 보낸 서신 초고의 일부.
55) WA 1, 529, 22ff. 비교 527, 2ff.
56) 면죄부 논제 해설서 앞에(WA 1, 529, 30ff) 제시한 서문에서 루터는 토론의 근거를 성서, 교부 그리고 교회법 및 교황이 발부한 교령의 순서에 따라 설명했다. 유명한 스콜라 학자들 — 토마스 아퀴나스, 보나벤투라 등

참고문헌 : Remigius Bäumer: Der Lutherprozeß; bei dems. (Hg.); Lutherprozeß und Lutherbann; Münster 1972, 18-48. Heinrich Bornkamm: Luther und sein Landesherr Kurfürst Friedrich der Weise(1463-1525); bei dems. (참고문헌 C), 33-38; zuerst ARG 64, 1973, 79-85. Wilhelm Borth: Die Luthersache (Causa Lutheri) 1517-1524. Die Anfänge der Reformation als Frage von Politik und Recht; Lübeck 1970. Paul Kalkoff: Forschungen zu Luthers römischem Prozeß; Rom 1905. Ingetraut Ludolphy: Friedrch der Weise, Kurfürst von Sachsen 1463-1525; Göttingen 1984. Daniel Olivier: Der Fall Luther. Geschichte einer Verurteilung 1517-1521; Stuttgart 1972. Kurt-Victor Selge: Das Autoritätengefüge der westlichen Christenheit im Lutherkonflikt 1517-1521; HZ. 223, 1976, 591-617.

4. 하이델베르크 논쟁과 비텐베르크 교과개혁

1518년 루터는 동료들과 함께 신학교육의 개혁(참고 3장 4)을 지속적으로 단행했다. 종교개혁 신학에 있어서 이것은 신학적 논지의 확장을 의미했다. 왜냐하면 이제 성서 본문을 언어학적으로 다룰 뿐만 아니라, 교회제도의 역사적 고찰에도 힘을 기울여야 했기 때문이다. 그 외에도 비텐베르크 대학에는 특히 멜란히톤의 영입을

등—의 의견에 대해 그들이 성서에 의존하지 않고, 이성의 판단과 경험을 존중하는 증명에 의지할 경우, 그는 이러한 의견을 반박할 수 있는 그리스도인의 자유가 자신에게 있음을 강조한다. 비교. WAB 1, 139, 1ff.

통해 신학·연구를 위한 인적자원이 더 좋아졌고, 비텐베르크 신학을 따르는 새로운 추종자도 얻게 되었다.

루터는 예기치 않게도 1518년 4월 하이델베르크 수도원에서 열린 아우구스티누스 엄수파 수도원 개혁총회에서 자신의 신학을 따르는 새로운 추종자를 얻었다(참고 3장 5). 루터 역시 지역을 대표하여 참여해야 했으며, 자신이 제시한 논제에 대해 토론을 이끌어야 했다(참고 4장 3). 그곳으로 가기까지 안전대책도 강구되었다. 면죄부 설교자들이 공개적으로 그를 이단시하였기에 추적을 염려해야 했다. 그러나 요청하지 않았음에도 선제후는 이미 하이델베르크로의 루터의 여행과 상관없이 비텐베르크 대학의 가장 탁월한 두 명의 신학자인 루터와 칼슈타트의 보호를 약속했다. 그는 루터가 로마로 끌려가는 것을 원치 않았다.[57] 선제후는 통행증과 여러 장의 추천서를 루터에게 주었다.[58]

뷔르츠부르크까지는 비텐베르크 수도원 동료인 레온하르트 베이어와 선제후가 배려한 또 한 명의 동행과 함께 도보로 갔다. 베이어는 토론에서 답변자 역할을 해야 했다. 호위병을 제안한 뷔르츠부

---

57) WAB 1, 154, 11ff. 로마로의 강제 연행은 곧 더 이상 간여할 수 없는 재판에 루터가 회부됨을 의미했다. 성직자의 일원인 그를 이단이라는 죄목으로 평생 수도원에 감금할 수도 있다. 이단 파문이 공개적으로 이미 시작된 상황에서 교활한 공격과 로마로의 강제 연행과 이 근거 없는 염려만은 아니었다.

58) 뷔르츠부르크 감독과 그의 사무장(WAB 1, 168, 3ff), 하이델베르크에 거주하고 있던 팔츠 선제후의 형제인 팔츠의 백작 볼프강에게 보낸 추천서를 우리는 알고 있다. 볼프강은 1518년 5월 1일 작센 선제후에게 추천서를 받았음을 확인해 주었고(비교, WAB 1, 173, 12ff), 토론에서 그가 받은 감명을 써 주었다; V.E.Löscher: Reformations-Acta, Bd. 2, 60 (W^2 15,423f). 루터의 영주는 스타우피츠에게 루터가 가능한 한 빨리 비텐베르크로 다시 돌아와야 하며, 지체치 않도록 해달라고 서신을 보냈다; Th.Kolde (참고 2장 4), 314. 각주 1.

르크 감독이 또 한 장의 통행권을 발부해 주어 거기서부터는 다른 수도원 동료들과 함께 마차로 이동했다.[59] 토론은 4월 26일 하이델베르크 대학(철학부 건물)에서 열렸다. 대학에서 열린 토론은 축제와 같은 성격을 띠었고, 모든 신학부 졸업생들도 참여하여 질문을 할 수 있었다.[60]

40개 논제 — 28개의 신학적 논제와 12개의 철학적 논제 — 외에도 루터가 논지의 토대를 (자신과 답변자인 레온하르트 베이어를 위해) 준비하면서 직접 기록한 모든 자료들이 "증거"로서 남아 있다.[61] 이 글은 그가 아우구스티누스와 바울에 근거하고 있다는 또 하나의 증거 자료들이다. 루터는 다시금 하나님의 선한 법뿐만 아니라, 하나님 앞에서 의롭게 되는 칭의를 얻음에 있어서 도움이 되지 않는 이성의 무능력을 다루고 있다. 그리스도가 없이는 인간은 여전히 죄인이며, 인간의 모든 활동도 죄일 뿐이다. 죄에 대한 인간의 경향성 때문에 자유롭고 이성적인 인간의 의지적 결정에 대해 말하는 것은 공허한 말장난일 뿐이다.[62] 인간은 본래 주어진 인식방법으로(롬 1:20) 하나님의 능력, 지혜 그리고 의를 인식하고자 시도하지만, 실제로는 우둔하게 되는(롬 1:22) 현실은 율법 아래 있는 인간의 행위에 상응하는 것이다. 그렇지만 그리스도 안에 토대를 둔 현실은

---

59) 루터의 여행에 대해서 비교. WAB 1, 166f, 168f.
60) 비교. H. Scheible, 320ff. 분명히 이 토론은 그로부터 일년 반 후에 비텐베르크에서 그곳의 프랜시스회가 개최한 토론과 같은 형태로 진행되었다; 비교. Gerhard Hammer: Militia Franciscana seu militia Christi, ARG 70, 1979, 97f.
61) WA 1,(350) 353-374와 59, (405) 409-426; 비교. WA 9, 170. 아직은 논제의 형식을 갖추지 못한 자신의 생각을 준비하면서 서술한 표현 역시 이러한 본문에 속한다(WA 1, 365, 22-374, 31).
62) Concl. 13: Liberum arbitrium post peccatum res est de solo titulo, et dum facit quod in se est, peccat mortaliter.

그와 전혀 다르다. 여기서 인간은 십자가에 달리신 그리스도의 무능, 어리석음 그리고 치욕 가운데 숨어 계신 하나님을 통해서 진정한 하나님을 알게 된다. 하나님을 아는 두 가지 인식방법이 있다. 하나는 영광의 신학(Theologia gloriae)이요, 다른 하나는 이와 반대되는 십자가의 신학(Theologia crucis)이다.[63] 그리스도의 십자가에서 사랑이 필요한 이들에 대한 헌신이 싹트고 있다.[64]

당시 토론을 직접 체험했던 젊은 하이델베르크 학자 중 한 명은 마틴 부처(1491-1551)였다. 그는 당시 도미니크 회원이었고, 인문주의에도 개입했다. 그는 루터의 등장에 깊은 감명을 받았고, 엘자스의 인문주의자인 베아투스 레나누스에게 루터가 강연한 사상에 대한 장문의 논평을 썼다.[65] 당시 하이델베르크에서 공부했던 젊은 학자들이 이후 곧 종교개혁 진영에 가담한 것은 몇 가지 추측을 가지고 추정해 보면, 마틴 부처처럼 루터가 자신의 논제를 방어한 일과 전혀 무관하지는 않다. 이들은 요한네스 브렌츠(1499-1570), 테오발트 빌리카누스(1490-1554), 프란치스쿠스 이레니쿠스(1495-1559/1565), 에르하르트 쉬네프(1495-1558), 마틴 프레히트(1494-1556)이며, 아마도 파울 파기우스(1504-1549), 요한네스 이젠만(1495-1574), 세바스티안 프랑크(1499-1542) 역시 여기에 속할 것이다.

---

63) Concl. 21, WA 1, 362, 21f; 비교. 362, 15ff. WA 57 III, 79, 20ff.
64) Concl. 28, WA 1, 365, 2f. 13ff. 17f.
65) WA 9, (160) 161-169; Martin Bucer: Correspondance 1, Leiden 1979, 58-72. 부처는 루터를 높이 평했다. (WA 1, 162, 2ff): Mira in respondendo suavitas, in audiendo incomparabilis longanimitas; in dissolvendo Pauli agnovisses acumen, non Scoti, adeo brevibus, adeo scitis aeque divinarum scripturarum penu depromptis responsis in sui admirationem facile cunctos adduxit.

수도원 총회가 루터의 면죄부 공격을 어떻게 판단했는지 우리는 알지 못한다(참고 4장 3). 논제에서 루터는 면죄부 문제를 전혀 건드리지 않았다. 신학의 전체적인 방향을 다루었기 때문이다. 수도원 선임자들의 요청으로 루터는 같은 수도원 동료들과 함께 마차로 뷔르츠부르크, 뉘른베르크, 에어푸르트 그리고 아이스레벤을 거치는 귀로에 올랐다. 귀환 도중에 그는 자신의 옛 스승인 우징겐(1512년부터 아우구스티누스 엄수파, 1514년 이후 신학박사)과 에어푸르트에 있는 투르트페터(참고 1장 2)를 방문하여 아우구스티누스와 바울에 근거를 둔 자신의 신학을 지지해 줄 것을 요청하지만, 아무런 성과를 얻지 못했다. 루터는 이러한 반스콜라 신학을 신세대는 잘 받아들이나, 기성세대는 이해하지 못한다는 인상을 얻었다.[66]

그는 비텐베르크로 돌아온 후 곧바로 스팔라틴과 함께 대학의 개혁과 확장에 계속 힘을 쏟았다. 봄에 이미 선제후에게 희랍어와 히브리어 강의, 수사학, 플리니우스의 자연과학 그리고 수학을 담당할 정규 교수를 영입해 줄 것을 제안했다.[67] 희랍어와 히브리어 교수 임명과 영입을 통해 비텐베르크 대학은 세 개의 고전어 연구(trilingue)라는 인문주의자들의 요구를 완전히 충족시켰다.

선제후 측과 가까웠던 로이클린의 추천으로 그의 조카인 필립 멜란히톤(1497-1560)이 1518년 여름 희랍어 교수로 튀빙겐에서 비텐베르크로 옮겨왔다.[68] 그는 하이델베르크에서 문학사 학위(1511

---

66) WAB 1, 174, 43ff. 1518년 5월 18일자 스팔라틴에게 보낸 서신.
67) WAB 1, 155, 41ff (1518년 3월 21일); 비교. 153f (1518년 3월 11일). 인문주의자 요한네스 라기우스 애스티캄피아누스는 1517년 가을 비텐베르크로 왔다. 그는 히에로니무스를 강의했고, 개인적으로 플리니우스를 연구했다; WAB 1, 122f. 각주 7. 131 407, 7f. 플리니우스의 자연과학적 지식은 성서해석에도 역시 이용되었다고 한다.
68) 그의 임명과 관련된 편지: Suppl. Mel. 6 I, Nr.25, 27 (zu CR 1 Nr.14), 28, 30 (zu CR 1 Nr. 15), 31 (zu CR 1 Nr. 16), 32.-Kurt

년 6월)를 그리고 튀빙겐에서 문학석사 학위(1514년 1월)를 취득했다. 그는 특별히 테렌츠 전집(1516년)과 1518년 봄에 출판된 『희랍어 문법서』를 통해 고전어 학자로 알려졌다. 이 젊은 학자는 비텐베르크 대학에 엄청난 유익이 되었다. 그는 비텐베르크 종교개혁사에서 루터와 더불어 두 번째로 중요한 인물이 되었다. 그는 1518년 8월 25일에 비텐베르크에 와서 8월 29일에 "젊은이들의 학업개혁"(De corrigendis adolescentiae studiis)이라는 의미 있는 임용연설을 했다.[69]

그는 비텐베르크인들의 학업개혁을 환영했고, 철학과 더불어 고대의 시(詩)도 교육의 진정한 근원이라고 강조했다. 수사학, 역사, 자연과학 그리고 수학 교육은 없어서는 안 되며, 교회가 오래전 참된 경건을 인간적인 전통으로 대체했으나, 이제 신학은 다시 히브리 성서와 희랍어 성서를 되찾아야 한다고 외쳤다. 루터는 감동을 받았고, 선제후가 적은 액수의 월급을 주고자 했기에 혹여 그를 라이프치히 대학에 빼앗기지나 않을까 염려했다(WAB 1, 192). 멜란히톤은 빠르게 비텐베르크 대학에서 신임을 얻었다. 그는 놀라운 인문주의 교육으로 예기치 않게 비텐베르크인들의 지식을 넓혀 주었다. 루터는 그에게서 희랍어와 히브리어를 배웠고, 역사 강의를 하도록 자극받았다. 멜란히톤도 루터의 강의를 들었고, 종교개혁적인 바울 신학에 깊이 빠져들었다. 1519년 가을, 그는 성서학사 학위(Baccalaureus biblicus)[70]를 취득했으며, 일생동안 신학강의를

    Hannemann: Reuchlin und die Berufung Melanchthons nach Wittenberg; FS Johannes Reuchlin, hg. von M. Krebs, Pforzheim 1955, 108-138.
69) CR 11, 15-25 (= StA 3, 29-42) 그리고 1 Nr, 26 (MBW 1, 30).
70) 그가 신학박사 학위를 얻고자 노력하지 않은 이유에 대해서는 다음을 비교하라. Heinz Scheible: Philipp Melanchthon, in: Gestalten der

했다.

히브리어 교수의 첫 재임기간은 오래 걸리지 않았다. 그로 인해 (1519년 1월부터 7월까지) 멜란히톤이 부수적으로 이 직임을 넘겨받았다. 1521년 6월에야 비로소 마태우스 아우로갈루스(1543년 사망)[71]가 장기간 히브리어 교수직에 임명될 수 있었다.

루터는 1518년 (여름 혹은 겨울학기에) 2차 시편강의를 시작했다. 그는 이 중 주해 형식인 자구해석과 본문해석이라는 해석학의 틀을 더 이상 사용하지 않았고, 각각의 구절을 언어학적이고 신학적으로 상세히 해석했으며, 보름스 제국회의 참여 때문에 강의를 중단해야만 했던 1521년 봄에 시편 21/22편까지 진도를 나갈 수 있었다. 그의 구약성서 주해는 이제 "마소라 본문을 토대로 한 조직신학적인 연구"가 그 특징이 되었다.[72] 성서 본문에 대한 루터의 언어학적 연구는 인문주의가 요구하는 성서 원문 연구에 충실했음을 보여주고 있으며, 이러한 주해를 통해 루터는 자신의 신학을 더 깊이 전개할 수 있었다. 강의는 종교개혁의 신학적 색채가 뚜렷해져, 아우구스티누스와 바울을 기초로 새로운 복음적 바울 사상의 형태가 이루어지는 신학의 발전과정을 잘 반영해주고 있다. 루터는 이제 몇몇 성서 본문을 해석학적이며 조직신학적인 사고로 점철된 보다 더 큰 신학적 연구의 토대로 삼았다. 루터는 이 강의들을 출판할 목적으로 직접 교정했고, 1519년 이후 부분적으로 출판했다. 인

Kirchengeschichte, hg. von M. Greschat; Bd. 6, Stuttgart 1981, 87.

71) 비교. Gustav Bauch: Die Einführung des Hebräischen in Wittenberg; MGWJ, NF 12, 1904, 22-32. 77-86. 145-160. 214-223. 283-299. 328-340. WADB 9 I, XIII-XXIV.

72) Siegfried Raeder: Grammatica Theologica. Studien zu Luthers Operationes in Psalmos; Tübingen 1977, 4.

쇄되어 출판된 것만이 현재 남아 있다.[73)]

비텐베르크 대학은 이 해에 그 시대 독일 대학 가운데 가장 활기를 띤 대학이 되었다. 이 도시는 2500여 명의 주민 중 600명이 학생이었다.

1518년 10월 바젤의 인문주의자 볼프강 카피토는 인문주의 인쇄업자인 요한 프로벤에게서 루터의 첫 라틴어 전집을 출판했다. 이 전집은 많은 부수를 찍어 국제적으로 판매되었다.[74)]

> 참고문헌 : Karl Bauer: Die Wittenberger Universitätstheologie und die Anfänge der deutschen Reformation; Tübingen 1928. Heinrich Bornkamm: Die theologischen Thesen Luthers bei der Heidelberger Disputation 1518 und seine theologia crucis; bei dems. (참고문헌 C), 130-146; zuerst (gekürzt) FS Robert Stupperich, Witten 1969, 58-66. Walter Von Loewenich: Luthers Theologia crucis; 5. Aufl. Witten 1967. Wilhelm Maurer: Der junge Melanchthon zwischen Humanismus und Reformation; 2 Bde. Göttingen 1967. 1969. Karl-Heinz zur Mühlen: Luthers Kritik am scholastischen Aristotelismus in der 25. These der "Heidelberger Disputation" von 1518; LuJ 48, 1981, 54-79. Heinz Scheible: Die Universität Heidelberg und Luthers Disputation; Zs. f. d. Gesch. d. Oberrheins 131, 1983, 309-329. Rune Söderlund: Der meritum-Begriff der "Heidelberger Disputation" im Verhältnis zur mit-

---

73) WA 5. 시편 1편-10편(불가타)까지의 주해는 새로 편집되었다. hg. von Gerhard Hammer und Manfred Biersack; AWA 2, Köln 1981. 1권은 발행인의 서론이 그리고 3권은 강의의 절반이 편집되어 있다.

74) WA 60, 431ff; WAB 1, 331, 335.

> telalterlichen und zur späteren reformatorischen Theologie; LuJ 48, 1981, 44-53. Edgar Thaidigsmann: Kreuz und Wirklichkeit. Zur Aneignung der "Heidelberger Disputation" Luthers; LuJ 48, 1981, 80-96. Jos E. Vercruysse: Gesetz und Liebe. Die Struktur der "Heidelberger Disputation" Luthers (1518); LuJ 48, 1981, 7-43.

5. 로마의 소송 시작; 카예탄의 심문 – 루터의 첫 호소

로마 교황청에서는 정확히는 알 수 없으나, 1518년 5월 혹은 6월에 법률적인 사전심사로 루터에 대한 소송이 시작되었다. 어떤 고소가 소송의 서두를 장식했는지는 알 수 없다(알브레히트의 고소 또는 테첼과 빔피나가 있던 지역 내 독일 도미니크 회원들의 고소, 라이프치히 신학교수와 1518년 5월 총회에 참석차 로마에 와 있던 도미니크 수도회 원장 헤르만 랍의 고소?).[75] 교황청 주교인 히에로니무스 지누치가 교황측 판사로서 사전심사를 담당했다. 교황의 신학 고문이자, 도미니크 회원인 프리에리오 출신(그 때문에 프리에리아스라고 부름, 약 1456-1523)의 실베스터 마초리니는 논쟁서인 『교황의 권력에 대한 대화』(De potestate papae dialogus)와 동일한 입장을 지닌 신학적 심의서를 작성했다.[76]

프리에리아스는 루터의 95개 논제를 면밀히 검토한 후(단지 몇

---

75) 비교. WAB 1, 415, 각주 4f.
76) EA var 1, 344-377. 이 글은 늦어도 1518년 6월 이태리에서 인쇄되었음에 틀림없다. 루터는 8월 8일 이 책 한 권을 입수했다(WAB 1, 188, 21).

개의 조항만 그대로 두었다), 중요한 사항들이 이단적이라고 설명했다. 그는 성서보다는 토마스 아퀴나스로 자신의 논지를 전개했다. 그는 반론에서 4가지의 교회론적 기본 입장을 먼저 제시했다. 그 가운데 하나는 제한받지 않는 교황주의이며, 로마 교회와 교황의 가르침에 의존하지 않는 사람은 이단이라고 했다. 왜냐하면 교황의 가르침은 오류가 없는 신앙의 척도이며, 성서도 지지와 권위를 부여하기 때문이라는 것이다. 로마 교회의 전통 역시 신앙과 도덕에 대한 가르침만큼이나 구속력이 있기에 로마 교회가 발행한 면죄부에 대한 반박은 이단이라고 당연히 추론할 수 있다는 것이다. 이성적인 근거를 들어 로마의 교리와 전통에 대해 찬반 논쟁을 하는 것은 처음부터 가능치 않는 일이다.[77]

프리에리아스의 글은 루터의 논제에 대한 로마의 공식적 답변이었다. 1518년 8월에 루터가 지체없이 작성하여 출판한[78] 반박서는 바로 프리에리아스를 향한 것이다. 계속되는 과정에서 보여주듯이 루터는 로마의 최고 주무 기관이 그들의 교리와 전통을 근거를 가지고, 무엇보다도 성서적 근거를 가지고 설명해 줄 것을 끝까지 희망했었다. 그 때문에 그는 자신이 가지고 있는 "기독교인의 자유"(christiana libertas)를 근거로 프리에리아스의 추론에 순종하려 하지 않았다.

처음으로 루터[79]는 교황뿐만 아니라 공의회도 오류를 범할 수 있

---

77) EA var 1, 347; 비교. 논제 47에 대해서는 364 그리고 논제 86과 90에 대해서는 376을 보라.
78) Ad dialogum Silvestri Prieratis de potestate papae responsio; WA 1, (644) 647-686. 그 외에도 루터는 프리에리아스의 글을 복사시켰고, 1518년 11월 작성된 프리에리아스의 답변 역시 1519년 1월 독일에서 복사하게 했다. WA 2, (48) 50-56. 독일 대중에게도 자신의 적을 공개하고자 했던 것이다.
79) WA 1, 656, 32f 프리에리아스 반대, EA var 1, 347; 그 얼마 후 1518

다는 파노르미타누스(1386-1445)[80]라고 부른 유명한 성서학자 니콜라우스 데 투데스치스의 견해를 인용한다. 이것은 모든 신앙인은 신앙적인 문제에 있어서 만약 성서라는 더 합당한 토대를 자신이 가지고 있을 경우, 공의회에도 그리고 교황에게도 복종할 필요가 없다는 것을 의미했다. "나는 그리스도 안에 있는 교회만을 안다"고 루터가 말할 경우, 그에게 있어서 공의회가 절대적으로 교회를 대변하는 것은 아니다.[81]

프리에리아스에 대한 답변과 동시에 그는 『파문의 효용성』(Sermo de virtute excommunicationis)이라는 설교를 출판했다.[82] 이것은 민감한 교회에 관한 사상을 다룬 것이다. 신앙공동체 안에서 구원에 참여하는 것은 영적인 성질의 것이며, 하나님만이 사람에게—복음을 통해서—신앙, 희망 그리고 하나님께 대한 사랑을 베푸시며 직접 일으킬 수 있는 것이다. 구원의 공동체에서의 배제는 교회의 사법적인 행위를 통해서 이루어지는 것이 아니며, 자신 안에 있는 믿음, 희망 그리고 하나님께 대한 사랑을 파괴하는 죄로 인해서 일어난다. 루터는 육적인, 즉 제도적으로 이해된 교회공동체도 꼭 필요하다고 설명한다. 물론 여기에는 명확하게 설명해야

년 10월 14일, 카예탄을 반대하여, WA 2, 10, 19ff.

80) Nicolaus de Tudeschis: Lectura super 5 libb. Decretalium, zu c. 4 (Significasti) X de elect. I 6. 비교. Knuth Wolfgang Nörr: Kirche und Konzil bei Nicolaus de Tudeschis (Panormitanus); Köln 1964, 133. Remigius Bäumer: Luther Ansichten über die Irrtumsfähigkeit des Konzils und ihre theologiegeschichtlichen Grundlagen; FS Michael Schmaus, Paderborn 1967, Bd. 2, 987-1003.

81) "Ego ecclesiam virtualiter non scio nisi in Christo, repraesentative non nisi in concilio" WA 1, 656, 36f (비교. 657, 10ff), 프리에리아스 반박, EA var 1, 346.

82) WA 1, (634) 638-643; 비교. WAB 1, 191, 4ff.

할 한 가지 사항이 있다. 고난 사상과 공동체 의식은 침묵해서는 안 될 파문의 남용을 견디고 교회를 유지하는데 꼭 필요하다. 그렇지만 구원의 확신을 더 이상 제도 교회의 소속 여부에 직접 연관시키지 않음으로 교회의 법적 남용을 근원적으로 개혁하고자 하는 출발점이 되었다. 그렇지만 고난받고자 하는 자세가 칭의와 진리를 요구할 권리를 억눌러서는 안 된다(WA 1, 643, 2ff).

루터 문제에 대한 로마의 사전심사는 그의 로마 소환으로 이어졌다. 이단성과 교회 직권에 대한 반항이 그 이유였다. 통지를 받은 후 60일 이내에 응해야 하는 그 소환장을 루터는 1518년 8월 7일에 받았다(WA 2, 25, 36). 루터는 즉시 자신의 영주에게 황제와 공동으로 교황에게 알려 그의 문제가 독일에서 처리되도록 요청했다. 그것은 비텐베르크 대학의 명예가 걸린 문제였다(WAB 1, 188, 4ff). 15세기 이후로 유럽의 세속권력은 교회의 송사문제(교리적인 소송이라는 드문 경우에 있어서도)가 자신의 지역과 통치 속에서 이루어지기를 원했다. 로마 교회 내에서 소송이 진행될 경우 법적인 척도가 손상될 염려는 가장 컸다. 루터 소송 사건에 있어서도 파당성의 혐의가 있었다. 아우구스티누스 엄수파[83] 소속의 한 신학자에 대한 도미니크회의 음모와 간계가 각 지역의 영주가 개입된 여러 대학의 경쟁과 서로 뒤엉켜 있었다(비텐베르크와 브란덴부르크 선제후국 대학은 오더의 프랑크푸르트와 라이프치히 대학과 그리고 작센 공작령은 작센 선제후국과 서로 경쟁관계였다). 1518년 초에 알려진 이후(참고 4장 4) 이제부터 결정적 역할을 하게 되

---

[83] 수도회 사이의 긴장이 신학적 교리 분야에서도 발생했음은 마리아의 무흠 수태 문제로 도미니크회와 프랜시스회가 벌인 논쟁에서 알 수 있다. 그에 대한 대표적 경우가 1501년 독일에서 일어난 "하이델베르크 논쟁"(Heidelberger Streit)이었다. 비교. Gerhard Hammer: Militia Franciscana seu militia Christi; ARG 70, 1979, 98.

는 작센 선제후의 루터 보호책은 — 이것은 후에 형성된 지역 영주의 교회정부와 관련해서도 주목해야 한다 — 교황의 사법적 권한의 통제와 억제를 목적한 전 유럽의 세속권력의 노력이라는 커다란 정황 속에서 이루어졌다.[84]

선제후 프리드리히 현제는 당시 스팔라틴과 다른 선제후국 시의원들과 함께 제국회의가 열리고 있는 아우구스부르크에 있었고, 그곳에서 황제와 교황청 대사와 직접 접촉을 할 수 있는 기회가 있었다. 선제후의 루터 보호정책은 곧 제국정치 문제와 연결되었다. 이러한 관점에서 볼 때 로마가 원하여 아우구스부르크에서 다루어진 대(對)터키 전쟁 자금조달 목적의 제국 세금 문제는 중요한 것이 아니었다. 선제후의 외교에 있어서 더 중요한 것은 황제 막시밀리안의 소원이었고, 황제의 소원은 제국의회 의원들이 자신의 조카인 스페인의 칼 5세를 로마의 왕으로 즉, 차기 황제로 선출해 달라는 것이었다. 제국의회에서 이것을 반대하는 가장 강력한 사람은 작센 선제후였다. 따라서 프리드리히 현제는 교황청에 중요했다. 만약 합스부르크 가문이 현재의 불군디 - 네덜란드와 스페인 - 이태리 남부지역에다 이탈리아 북부지역으로 그 통치권이 확대될 경우, 교회국가인 로마가 위험한 고립에 처할 것을 두려워했기 때문이다.

루터의 법적 보호를 위해 황제 막시밀리안을 이긴다는 것은 어려운 것이었다. 8월 5일 루터가 확산시킨 면죄부에 대한 이단적 사상에 반대하여 레오 10세에게 보낸 한 편지에서 그는 교회의 파문을 언급했고, 잘못된 새로운 교리를 대처해 나가는 일을 지원하겠다고 교황에게 약속했다.[85] 선제후 측도 아우구스부르크에서 황제에게 로마로의 루터 소환을 중지시키고 독일인 조사위원이 임명되도록

---

84) 비교. W. Borth; 여기에 H. Lutz (참고 7장 3), 48ff.
85) EA var 2, 349f.

힘써줄 것을 청원했다. 이 조사를 위해 뷔르츠부르크 감독(참고 4장 4)과 프라이징(나움부르크 감독의 행정관) 그리고 혐의가 없는 독일 대학들(에어푸르트, 라이프치히, 오더의 프랑크푸르트 대학은 이 일에 적합지 않았다)이 제안되었다.[86]

당시 아우구스부르크에 있던 교황청 대사인 개타 출신의 토마스 데 비오(그 때문에 카예타누스/Cajetanus, 1469-1534라고 불렀다)가 교황의 관심(무엇보다도 대(對)터키 전쟁자금 조달을 위한 세금문제에 있어서)을 대변했다. 그는 도미니크 회원이었고, 그 시대의 뛰어난 학자요, 확고한 토마스적 노선에 있는 신학자였고, 수도회 내에선 고위직에 있었다. 1517년 이후 그는 추기경이었다.[87] 그는 8월 23일자 교황의 교서(Postquam ad aures nostras)[88]를 통해 루터를 로마로 소환하라는 교황청의 강력한 지시를 받았다. 로마에서는 루터의 95개 논제 외에 또 다른 루터의 생각을 알게 되었고, 그 때문에 그를 이제는 완고한 이단(WA 2, 23, 19), 법적으로 '공인된 이단'(haereticus declaratus, WA 2, 23, 30)으로 보았다. 그 때문에 대사는 지체없이, 경우에 따라서는 세속 정부당국의 협조를 얻어, 이단자를 사로잡을 임무가 부여되었다. 만일 루터가 자원하여 교황 대사 앞에 나타나, 참회하고 관용을 베풀어 줄 것을 요청할 경우, 대사는 그를 다시금 교회공동체에 받아 줄 전권을 가지고 있었다. 그러나 루터가 이와 상이하게 행동한다면, 대사는 그와 그의 추종자를 제국 전체에서 공개적으로 영원히 추방할 전권을 갖고 있었다. 루터가 보호받는 지역 밖에서 그는 파문을 판결해야 했다. 작센 선제후는 친절한 어조로 루터를 교황의 "폭력과 심판"에서 놓

---

86) W 215, Sp. 550.
87) Erwin Iserloh, Barbara Hallensleben: Cajetan de Vio; TRE 7, 1981, 538-546.
88) WA 2, 23-25.

아줄 것을 요구했고, 더 자세한 조사를 약속했다.[89] 카예탄은 8월 23일자 교황의 교서를 비밀에 붙였다. 상황을 좀 더 잘 활용하고, 작센 선제후에게 대등한 위치에서 한 걸음 더 나아가기 위해 그는 9월 초 로마에서 루터를 심문하고, 만일 루터가 철회하지 않을 경우, 법적으로 그가 이단임을 확정할 전권(Breve Dum nuper, vom 11. Sept.)을 얻어냈다.[90] 교황 대사는 선제후에게 루터가 자신에게 나타날 경우, 판사가 아닌 아버지와 같은 태도로 그를 심문하고 이 사안을 원만하게 해결할 방안을 찾겠다고 약속했다.[91]

9월 말(추측하기로는 26일) 루터는 수도원 동료인 레온하르트 베이어가 동행한 가운데 아우구스부르크로 출발했다. 제국회의는 어느덧 끝이 났지만, 교황 대사는 그를 기다리고 있었다. 10월 7일 루터는 아우구스부르크에 도착했고 갈멜 수도원에서 머물렀다. 성직자와 일반 귀족 등 아우구스부르크의 많은 사람들이 다음날 그들의 관심을 드러냈고, 인문주의자요, 시(市)의 서기인 콘라드 포이팅어(1465-1547) 역시 루터에게 자신의 관심을 보여주었다. 카예탄은 제국회의가 끝난 후(9월 중순) 루터의 글, 특히 바로 얼마 전 출판된 라틴어로 쓰인 『면죄부 논제 해설』을 집중적으로 연구했고, 몇 가지 문제에 대한 자신의 이해를 집필하기 시작했다.[92] 그럼에도 불구하고 그는 루터와 신학적 논쟁을 하고자 마음먹은 것은 아니었다.

10월 12일 화요일 루터가 푸거 집안의 숙소에 있는 카예탄 앞에 처음 나타났을 때[93], 교황 대사는 친절한 어조로 교황의 이름을 빌

---

89) EA var 2, 352-354.
90) 비교. P. Kalkoff. 56-59; WAB 1, 200, 5ff; WA 54, 181, 4ff.
91) 비교. WAB 1, 214, 10f 233, 12ff. 38ff. 42f 237, 46f. 250, 9f; WA 2, 7, 22.
92) 이 논문은 그의 저서 『Opuscula』에 들어 있다.
93) 이에 대한 주요 자료는 루터의 『Acta Augustana』이다. WA 2, (1) 6-

어 루터에게 세 가지를 요구했다. 1. 자신의 오류를 취소해야 한다. 2. 앞으로 잘못된 교리를 더 이상 대변하지 않겠다고 약속해야 한다. 3. 아무도 그를 주목하지 않기에 교회를 혼란케 할 수 있는 모든 것을 단념해야 한다. 카예탄은 그에게 이전에 연구했던 두 가지 사항을 언급했다. 1. 루터의 58번째 논제는 중세 후기에 면죄부의 토대가 되는 교회의 보고(thesaurus ecclesiae, 참고 4장 1)에 대해서 논하는 클레멘스 4세(Clemens VI, 1343)의 칙령을 반대하는 것이다.[94] 2. 그는 만약 신자가 확신을 가지고 하나님의 은총의 언약을 믿을 때에 그에게 하나님의 칭의의 은총(참회의 성례전시 용서의 단계에서 베풀어지는)이 주어지게 된다는 일곱 번째 면죄부 논제에 대한 루터의 설명을 반박했다. 추기경은 하나님의 은총의 말씀을 직접 믿는 신앙의 이러한 확신을 당시 교회의 성례전 가르침과 조화되지 않는다고 여겼다.[95] 그에 의하면 신자는 교회의 매개를 통해서만 구원을 확신할 수 있었다. 루터와 카예탄 사이에 끊임없는 설전이 오고 갔고, 루터가 생각할 시간을 요청함으로 끝이 났다.

10월 13일 수요일에 이루어진 두 번째 만남에서 루터는 네 명의 황제 측근, 공증인 그리고 증인들 - 그 가운데 특히 어느새 아우구스부르크에 도착한 스타우피츠 - 을 대동하고 나타나, 거룩한 로마 교회를 항상 존경하는 자신의 뜻과 이제까지 자신의 말에서 한 번도 성서, 교부, 교황의 교령 그리고 이성에 어긋난 적이 없다는 확

26과 WAB 1 Nr.99.100. 102-104. 110.

94) 이 칙령은 「Corpus Juris Canonici」에 들어 있다(Extravagantes communes V 9, 2; R-F 2, 1304ff).

95) 루터가 가르친 신앙의 확신은 카예탄에게는 교회를 분리시킬 정도의 비중 있는 중요한 문제였다. 원고에 그는 그 점에 대해 적고 있다(Opuscula, Lyon 1562, Bl. 111a): 이것은 곧 새로운 교회를 세우는 것이다(Hoc enim est novam ecclesiam construere).

신에 관한 성명서(반박, WA 2, 8, 27-9, 10)를 크게 낭독했다. 교황 대사가 요구한 철회를 그는 이행할 수 없다는 것이다. 그는 교회의 적법한 교리 결정과 더 좋은 의견이 담긴 모든 것에 기꺼이 순종하고자 준비되어 있으며, 공개적으로 자신의 의견을 변호하거나 혹은 교황 대사에게 글로써 자신의 이의에 대해 답변하기를 원한다는 것이다. 그에 따라 바젤, 프라이부르크, 뢰벤 혹은 파리대학 교수들의 교리적인 반대 심의도 나올 수 있다는 것이다.

스타우피츠의 중재로 추기경은 언급한 두 가지 차이점에 대해 글로 답변하여 제출하라고 루터에게 허락했다. 다음날인 10월 14일 세 번째이자 마지막 만남에서 선제후의 측근들이 배석한 가운데 루터는 자신의 글(WA 2, 9, 16-16, 21)을 교황 대사에게 넘겨주었다. 이 글은 우선 교회 공문서 해석에 대한 기본적인 주의와 함께 위에 언급한 교황 칙령에 대한 날카로운 해석을 담고 있다. 둘째로 여기서 루터는 성서에 근거한 오직 믿음을 통한 칭의론을 개진하고 있다. 이 믿음은 그리스도의 말씀에 대한 직접적인 믿음이요, 그 때문에 구원의 확신이며, 이러한 확신 안에서만 거룩한 삶이 이루어질 수 있다는 것이다. – 대사는 끝까지 철회하라는 자신의 요구를 고집했다. 그는 루터와 그의 추종자들을 파문하겠다고 위협했다. 그렇게 판결할 권한을 그는 갖고 있었다. 그 후 대략 다음과 같은 말을 남기고 그 자리를 떠났다: "가라! 철회하라 그렇지 않을 경우 다시는 내 앞에 나타나지 말라!"(WAB 1, 241, 221f).

다음날 스타우피츠는 루터를 수도원의 복종, 즉 수도사는 선임자에게 절대 순종해야 한다는 규정에서 벗어나게 해주었다[96](수도원 규칙이나 수도사 서원에서가 아니다). 그 결과 루터 문제로 인해 스타우피츠가 로마로부터 받은 명령은 구속력을 잃었고, 루터도 수도

---

96) TR 1 Nr. 884; 2 Nr. 2250.

원이라는 이유로 그러한 명령에 따를 필요가 없게 되었다. 수도원 선임자에 대한 복종의 의무와 함께 선임자를 통한 법적인 보호도 사라졌다.

아우구스부르크에서 루터는(10월 16일 갈멜수도원에서) 항소장을 작성했다.[97] 교황 대사와의 만남이 아무런 결과 없이 끝났기 때문에, 교황의 파문 결정에 대해서 명확히 파악해야만 했다. 좀 더 잘 알도록 교황(WA 2, 32, 36ff)에게 낸 항소라는 법적 수단은 논란이 되고 있는 교리 문제를 정식으로 설명하고자 하는 법적 형식을 띤 시도였다. 항소장은 아우구스부르크 성당에서 공개되었고, 루터가 10월 20일 밤 친구들의 도움으로 ─ 사람들은 루터의 체포를 걱정했다 ─ 비밀리에 아우구스부르크를 떠난 이후 교황 대사에게 전달되었다.

카예탄은 자신이 생각하기에 프리드리히 현제에게 그가 한, 즉 루터를 아버지와 같이 인자하게 대하고 재판관처럼 심문하지 않을 것이라는 약속을 지켰다. 그렇지만 이제 그는 1518년 10월 25일자 편지에서 선제후에게 루터를 로마로 이송하거나 혹은 그의 지역에서 넘겨줄 것을 요청했다. 이유로서 그는 루터가 그의 글에서 토론이 아닌 확고히 주장하듯이 의견을 표명했고, 이것은 한편으로는 사도적 권좌(베드로의 후계인 교황좌 ─ 옮긴이)를 반대하는 것이요, 다른 한편으로는 정죄당하기에 충분한 것임을 언급했다(WAB 1,233ff).

그 결과 루터는 매우 인상 깊은 장문의 편지에서 선제후에게 단지 권위에 의존하여 그에게 취소할 것을 요구했던 교황 대사와의 아우구스부르크 만남의 과정을 설명했다. 확실한 근거를 들어 자신의 오류를 증명하고, 그가 취소하지 않을 경우, 선제후는 그를 즉시 추방해도 좋고, 비텐베르크 동료들이 자신을 포기해도 좋으며, 그리

---

97) WA 2, (27) 28-33.

스도께서 직접 자신을 없애도 좋다는 것이다. 구속력이 없는 교리적 주장이 중요한 것이 아니라, 그 이유에 대한 확고한 지식이 그에게 중요하다는 것이다. 루터 개인이 아닌 진리를 보호하기 위해 선제후는 교회와 교황을 신뢰하면서 교황이 근거를 가지고 확신의 근원인 이성과 권위(rationes et autoritates)로 자신의 오류를 증명하도록 요구해야 한다는 것이다. 납득할 수 있는 근거 없이 그를 정죄하는 것은 선제후에게도, 교황에게도, 교회와 교황 대사에게도 명예스럽지 않다는 것이다. 그러므로 그는 영주에게 루터의 개인적인 권리가 아니라, 진리를 보호하는 것이 중요함을 분명히 주장했다. 선제후에게 누를 끼치지 않을까 하여 그는 그 지역을 떠나고자 했다. – 루터가 초안한 선제후에게 쓴 한 편지에서 대학도 근거 있는 반박을 해달라는 루터의 요구를 지지했다(WAB 12, 16f).

선제후는 12월 7일자[98] 교황 대사에게 보낸 답변에서 루터가 원하듯 안전한 장소에서 진행되는 토론에 몇몇 대학들도 의견을 제시해야만 한다고 제안을 했다. 적어도 그에게 글로 그의 오류가 증명되어야 한다는 것이다. 선제후는 교황청 대사에게도 역시 이 문제는 비텐베르크 대학과도 관련됨을 설명했다.

이제 교황에 의한 파문이 기정사실처럼 예견되었기에 루터는 11월 28일 만일을 대비하여 교황에 관해 공의회에 항소를 제기해 두었다. 루터에게는, 비록 그러한 항소가 피우스 2세에 의해 1460년(Bulle Exsecrabilis) 금지되었을지라도, 소르본 대학이 1518년 봄 프랑스 교회의 특별법에 관한 논쟁에서 교황에 관하여 공의회에 항소했던 사례가 좋은 전례였다. 루터의 이러한 항소는[99] 이미 당시

---

98) WAB 1,250f; 루터의 편지(WAB 1, 236ff)와 대학의 편지를 그는 첨부했다.
99) WA 2, (34) 36-40; 이것은 오늘날 시교회 옆에 성체예배당에 새겨져 있다. 비교. WA 2, 8, 15; WAB 1, 224, 10ff.

본인의 뜻과는 상관없이 인쇄되어 배포되었다. 『아우구스부르크 행적』(Acta Augustana)에서 그는 교황 대사와 벌인 아우구스부르크 면대에 대해 대중에게 알려 주었다. 서론에서 그는 여러 가지 출판물을 통해 대중에는 마찬가지로 잘 알려진 로이클린 소송을 시사했다. 그와 동일하게 이러한 출판물도 그를 도울 수 있었다.

> 참고문헌 : Remigius Bäumer (Hg.): Lutherprozeß und Lutherbann. Vorgechichte, Ergebnis, Nachwirkung; Münster 1972. Wilhelm Borth (참고 4장 3). Gerhard Henning: Cajetan und Luther. Ein historischer Beitrag zur Begegnung von Thomismus und Reformation; Stuttgart 1966. Paul Kalkoff (참고 4장 3). Ders.: Zu Luthers römischem Prozeß. Der Prozeß des Jahres 1518; Gotha 1912. Ders.: Luther und die Entscheidungsjahre der Reformation; ZRGG 19, 1967, 1-32. Karl Müller: Luthers römischer Prozeß; ZKG 24, 1903, 46-85. Otto Hermann Pesch: "Das heißt eine neue Kirche bauen" Luther und Cajetan in Augsburg; bei Max Seckler (Hg): Begegnung, Festschrift Heinrich Fries; Graz 1972, 645-661. Kurt-Victor Selge: Die Augsburger Begegnung von Luther und Kardinal Cajetan im Oktober 1518. Ein erster Wendepunkt auf dem Weg zur Reformation; Jb. d. Hess. Kirchengesch. Vereinigung 20, 1969, 37-54. Jared Wicks: Cajetan und die Anfänge der Reformation; Münster 1983.

제5장

루터 문제의 확산(1519/20)

1. 밀티츠의 외교와 레오 10세의 면죄부 교령

교황청이 1518년 8월 23일자 카예탄에게 보낸 레오 10세의 교령과 작센 선제후에게 보낸 카예탄의 편지가 보여준(참고 4장 5) 방법을 사용하여 루터를 "사전심문"에서 이단으로 확인하고 파문한 것은 1518년 말경이었다. 교황청은 루터 문제에 관해 조용한 방식으로 처리할 수 있다는 희망을 아직 가지고 있어, 작센 선제후와 우호적인 협조를 했다. 카예탄 역시 그 때문에 루터를 대할 때 '아버지와 같이' 그리고 '판사 같지 않게' 보이고자 행동했다. 작센 선제후는 제국에서 합스부르크 왕가에 맞설 수 있는 가장 강한 상대였기에 교황청에서도 중요한 인물이었다.

교황 레오 10세는 매년 부활절 전 셋째 주일에 덕망 있는 최고의 인물이라는 표시[1]로 드리는 황금장미(Die Goldene Rose) 혹은 덕장미(Tugendrose)를 1518년 선제후 프리드리히에게 주고자 생각했었다. 작센 귀족 가문 출신으로 교황청 장관인 칼 폰 밀티츠가 이 황금장미를 선제후에게 전하는 임무를 맡았다(1518년 9월 10일). 그는 선제후에게 루터에 대한 대책을 강구하도록 자극도 주어야만 했다.[2] 밀티츠는 교황이 허락한 몇 가지 권한을 루터 문제를 부드럽게 해결하려는 자신의 임무에 이용했다.

　1519년 1월 5일과 6일에 밀티츠는 알텐부르크에서 루터를 심문했고, 스팔라틴과 선제후의 고문이 함께 참관했다. 여기서 루터는 만약 상대가 면죄부 때문에 더 이상 자신을 공격하지 않는다면, 면죄부에 대해 더 이상 쓰지 않겠다고 했다. 더 나아가서 루터는 작은 팸플릿을 통해 로마 교회에 순종하도록 대중에게 호소하고자 했다. 그것은 자신의 견해 역시 "모독이 아닌, 거룩한 로마 교회의 영광에" 도움이 되어야 했으며, 그가 "진리를 조급하고 적절치 못한 시기에 노출시켰음"을 고백하고자 했다. 물론 모든 사람이 "면죄부와 선행의 차이"를 확실히 알아야만 했다. 결국 루터는 레오 10세에게 보내는 글에서 로마 교회에 대한 자신의 복종을 알리고자 했다.[3]

　루터는 이 글로 면죄부에 대한 자신의 견해를 철회하고자 한 것이 아니다. 오히려 베드로 면죄부 설교로 알려진 면죄부론을 교황과 로마 교회가 직접 포기하게끔 했던 것이다. 밀티츠에게 한 루터의 제안은 1518년 5월 30일자 레오 10세에게 보낸 편지에서처럼

---

1) 비교. Art. Rose, Goldene, RGG³ 5, 1183.
2) Leo X an Friedrich den Weisen, 24. 10. 1518; V.E.Löscher, Reformations-Acta 2, 556ff = Tentzel-Cyprian 2, 71ff(75ff).
3) WAB 1, 290, 7ff-33. 루터는 당시 레오 10세에게 보낼 편지를 작성했으나(WAB 1, 292f), 보내지는 않았다. 루터가 시민들에게 배부할 생각이던 팸플릿은 『우상숭배자들이 자신에게 부과한 몇 가지 조항에 대한 강의』라는 글로 1519년 2월 중엽 출판되었다. WA2, (66), 69-73. O. Clemen, BoA 1, 148.

이 문제를 근원적으로 해결하는 것이었으며, 카예탄이 아우구스부르크에서 했듯이, 루터의 의견을 이단적인 오류로 여기지 않음을 전제조건으로 삼았다. 루터의 제안은 실제로 자신에 대한 소송 무효와 면죄부에 대한 새 가치 부여 포기, 그리고 하나님이 명령한 선행 및 교회의 여러 가지 경건 행위의 포기를 목적으로 한 것이다(WA 2, 71f).

루터에 대한 소송이 계속될 경우를 위해서 스팔라틴은 소송이 진행된 그의 알텐부르크 참사원 숙소에서 조사를 독일 법정에 넘겨야 한다고 새롭게 제안했다. 그는 이 일에 잘츠부르크 대주교를 지명했다. 루터는 트리어 대주교 또는 프라이싱의 감독이자 나움부르크 감독관을 '공정한 판사'(unverdächtigen Richter)로서 인정했다.[4]

열띤 토론에서 이제 침묵하고자 했음은 루터가 알텐부르크 심문 후 곧 발간된 프리에리아스의 새로운 글에 대해 아무런 논박서를 출판하지 않았고, 표지에 강의용으로 그 책을 추천했으며, 그와 같은 신학자를 동정해줄 것을 독자에게 요청하면서 그 글을 다만 인쇄하게 했을 때 입증되었다(WA 2, 50, 6-10). 그러나 얼마 후 에크가 루터를 반대하는(참고 5장 2) 12개 논제를 출판했을 때, 침묵은 더 이상 가능치가 않았다(WAB 1, 356f).

교황 레오 10세는 1518년 11월 9일에 면죄부 교령을 발부했다.[5] 그것은 카예탄이 계획했고, 교황 대사로서 계속 독일에 체류한

---

4) WAB 1, 307, 16ff. 알텐부르크 소송의 최종 결과로서 루터는 선제후에게 두 가지를 지적했다. 첫째, 면죄부를 더 이상 공개적으로 다루지 말아야 할 양측에 부여된 의무. 둘째, 루터 문제를 조사하고 그에게 그가 오류를 범하고 있으며, 그래서 취소해야 할 사항을 지적해야 할 교황이 밀티츠에게 부여한 제국내 '학식 있는 감독'에게 주는 전권. 이것은 오류를 성서를 근거로 상세히 그에게 증명해야 한다는 것을 내포한 것이다.

5) W. Köhler (참고 4장 1), 158ff. DS 1447ff.

그에게 보내는 하나의 서신형식으로 작성되었다. 내용은 로마의 감독은 죄를 용서할 수 있는 권한이 있기에 참회를 하는 신자들에게 자범죄의 죄책(culpa)을 용서할 수 있으며, 그리스도와 성인 공로의 도움으로 하나님의 의가 판결한 한시적인 죄의 형벌을 면죄부로 전체나 혹은 일부분 사할 수 있다는 것이다. 이제 누구도 로마의 면죄부론을 모른다고 변명할 수 없다. 면죄부에 대해 잘못 가르치는 자는 명백한 거짓임(de notorio mendacio…… convinci)을 증명할 수 있고, 확실히 정죄받는다. 교황의 교령은 면죄부론에 대한 자세한 신학적 설명을 하지 않고 있다. 그것이 면죄부에 대한 일방적 소송에서 루터가 오류임을 증명하는 토대였다. 교회의 책임자들이 면죄부 이론을 인정했다면, 루터는 더 이상 토론의 여지가 있는 사안이라고 주장할 수 없다.

이제까지 적에게 자신의 오류를 이단시하는 논박 대신에 성서를 통해서 입증해 달라고 요구했듯이, 루터는 이제 특별히 교황의 교령이 성서, 교부 그리고 교회법적인 논지나 또는 그 안에 연관된 설명이 없다고 비판한다. 베드로의 말(벧전 3:15)에 의하면, 교회는 그들의 가르침에 근거를 제시할 책임이 있다. 바울도(살전 5:21) "적절치 않는 한 아무것도 취해서는 안 된다"고 요구한다. 루터는 본문의 두 곳을 지적하며 루터는 "그러한 교령이 거룩한 교회에 합당하며 적절한 가르침이라고 인정할 수 없다"고 말한다. 왜냐하면 "하나님의 명령과 계명에 더 순종해야 하기 때문이다." 이것을 그는 교령을 알고 난 직후인 1월 중순경에 자신의 선제후에게 썼다.[6] 루터는 인문주의가 가져온 그 시대의 비판적인 진리의 확신과 스스로 일치하고 있다고 느꼈다.[7] 그는 로마 교회의 권위보다 우위에

---

6) WAB 1, 307, 37ff. 비교. 300, 17ff.
7) WAB 1, 308, 54ff: 비교. WA 2, 449, 5ff.

있는 하나님의 말씀으로 자신의 오류를 구체적으로 증명하는 경우에만 취소할 수 있다는 뜻을 굽히지 않았다(WAB 1, 306, 6ff). 선제후도 루터 문제를 중재하면서 자신의 요구도 루터의 요구와 동일하다고 여겼다. 문제의 본질은 소송의 입증 여부였고, 선제후는 당연히 비텐베르크 교수에 대한 일방적인 소송을 거부했다.

루터는 교황의 면죄부 교령을 자신의 글에서 공개적으로 비판했다(비교. WAB 1, 308, 52f). 1519년 라틴어로 쓴 갈라디아서 주석 서문에서 학자들에게 교령이 교황청의 권력의 도구라고 썼다.[8] 그는 여기서 로마 교황청과 로마 교회를 날카롭게 구분한다. 이 구분으로 독일 제후들은 1518년 아우크스부르크 제국회의에서 터키와의 전쟁에 필요한 금전요구를 거부할 수 있었다. 루터는 로마 교회에 그리스도의 침실, 교회의 어머니, 세상의 통치자, 그리스도의 신부(thalamus Christi, mater ecclesiarum, domina mundi, sponsa Christi etc. WA 2, 448, 23ff) 등과 같은 모든 숭고한 말들을 인정한다. 이러한 개념들은 루터에게 순수한 영적인 어휘들이며, 법적이며 통치적인 개념으로 왜곡할 수 있는 것이 아니다. 로마 교회는 복음을 통해(WA 2, 448, 16) 그리고 사도 베드로와 바울을 통해 입증된다. 루터는 이 교회에 최고의 신뢰와 가장 정결한 사랑을 드리고자 했다.[9] 그러나 교황청으로 인해 무거운 억압에 시달리고 있으며, 이것은 터키에 의한 것보다 더 심각하다. 왕과 제후들, 그리고 가능한 사람이라면 더 큰 경건으로 터키가 아닌 교황청

---

8) WA 2, 447, 35ff; 비교. WAB 1, 323f.
9) WA 2, 448, 37f 449, 3ff. "로마 교회에 관하여"(WA 2, 72, 30ff)라는 단락 역시 이러한 의미로 이해해야만 하며, 밀티츠와의 협상에서 로마 교회에 충성하겠다는 루터의 약속 역시 이러한 의미에서 이해해야 한다. 교황 그 자체가 교황청의 모습인지 혹은 로마 교회를 영적인 것으로 인정했는지는 루터에게 여전히 해결되지 않은 문제이다.

에 대항해야만 한다.[10] 이것은 일년 후에 나온 『독일 귀족에게 보내는 글』이 호소하는 내용과 정확히 일치한다.

밀티츠와 선제후 사이에 1519년 계속된 논쟁에서 쟁점은 트리어의 대주교 리챠드 폰 그라이펜클라우가 제국의 판사로서 이 문제를 조사하고 루터에게 요점을 하나하나 지적하여 자신의 오류를 취소하도록 하는 것이었다. 밀티츠는 교황 대사 카예탄과 합의하여 이 계획을 추진했다. 면죄부 교령이 배후에 있어서 로마의 교리적 권위는 논의의 여지없이 관철될 수 있는 것처럼 생각했다. 1519년 5월 트리어 대주교 앞에서 그 문제를 다루기 위해 밀티츠가 코블렌츠로 출두하라는 명을 루터에게 내리자,[11] 그는 거부했다(17.5.1519, WAB 1, 402f). 그는 무엇보다도 트리어 대주교가 아직도 공식적으로 로마로부터 재판에 대한 전권을 넘겨받지 못했다고 항의했고, 비록 전권을 가지고 있다고 해도 루터는 아우구스부르크의 경험에 의해 밀티츠가 그에게 알려준 교황 대사의 참석을 수용하지는 않았을 것이다. 그 외에도 추기경이 아우구스부르크에서 거절했던 공식적인 토론(solennis disputatio)이 라이프치히에서 곧 열렸다. 그곳에서는 날카로운 토론이 벌어졌고, 몇몇 학자들은 대주교나 추기경보다 그의 문제를 더 사심 없이 독립적으로 검토해 주었다.

새로운 황제를 선출하고자 선제후들이 모였을 때(1519년 7월 4일 프랑크푸르트 황제선출), 작센 선제후는 트리어 대주교이자 선제후와 함께 뵐데에서 개최될 차기 제국회의에서 트리어 대주교 앞에 루터를 부르기로 합의했다.[12] 이것은 교황의 전권이 없는 두 명

---

10) WA 2, 448, 27ff 449, 1f (zu 448, 29 비교. WA 6, 498, 5f).
11) WAB 1, 374ff: 루터, 스팔라틴 그리고 선제후에게 쓴 5월 3일자 전령의 세 편지.
12) 비교. WAB 1, 526, 20ff 529, 11 535, 15ff. 22ff; Tentzel-Cyprian 2, 151 (=Löscher 3, 842) 1,411 2,142. 1519년 10월 9일 리벤베르다

의 선제후 사이의 약속이었다. 국회는 일반적으로 의심을 사고 있는 교황청의 법집행과는 달리 공정하고 정당하게 루터 문제를 다루고자 계획했다. 이러한 합의는 1519년 7월 3일로 확정된 새 황제 선거에서 추가로 보완되었다. 루터 문제와 상관없이 황제는 제국의 원들에게 어느 누구도 제국의원들의 조사 없이 제국회의가 판결할 수 없다고 약속했다.[13]

> 참고문헌 : Paul Kalkoff. Die Miltiziade; Leipzig 1911. Ders.: Die von Cajetan verfaßte Ablaßdekretale; ARG 9, 1911/12, 142-171. Hans-Günther Leder: Ausgleich mit dem Papst? Luthers Haltung in den Verhandlungen mit Miltitz 1520; Berlin (DDR) 1969 (Stuttgart 1969). Nikolaus Paulus: Die Ablaßdekretale Leos X vom Jahre 1518; ZkTh 37, 1913, 394-400.

2. 에크와의 라이프치히 논쟁

루터의 면죄부 논제(참고 4장 3)를 반박한 에크의 "오벨리스키"(Obelisci)는 비텐베르크 대학에도 알려졌다. 루터와의 연대를 나타내기 위해 당시 신학부 학장이던 칼슈타트는 1518년 5월 루터가

(Liebenwerda)에서의 밀티츠와의 새로운 만남에서 루터는 한 번 더 트리어 대주교를 "판사"로서 인정하고자 한다는 자신의 알텐부르크 동의를 확인했다. WAB 1, 525, 6f 526, 10. 527, 14f. 529, 13f. 535, 14f.

13) RTA 1, 873, 9ff. 이러한 선언으로 파문의 경우 이단혐의 때문이라기보다는 제국법 저촉 때문이라고 생각했다.

하이델베르크(참고 4장 4)에 가 있는 동안 그에게 알리지 않고 여름학기에 비텐베르크에서 토론해야 할 여러 개의 논제를 발간했다. 112개나 담고 있는 한 뭉치는 참회와 교회의 참회 형벌에 대한 루터의 견해를 반박한 에크의 오벨리스키를 향한 것이다.[14] 그로 인해 에크는 1518년 8월 111개의 반대논제를 출판했고, 그의 비텐베르크 상대에게 교황청이나 대학(로마, 파리 혹은 쾰른)에서 공개 혹은 비공개 토론을 개최하여 교리적인 차이점을 논하자고 제안했으며, 그 결정을 칼슈타트에게 넘겼다.[15] 칼슈타트는 즉시 반박서를 출판해 에크의 논제를 하나하나 반박했고, 제안된 토론에 대해서도 기꺼이 설명했다.[16] 루터는 아우구스부르크에 체류하면서(1518년 10월) 이 토론 계획에 대해 에크와 협상했고, 라이프치히나 혹은 에어푸르트를 토론장소로 삼자는 칼슈타트의 의견에 동의해 결국 토론장소는 라이프치히로 결정되었다(WAB 1, 131). 1518년 12월 4일에 에크는 라이프치히 대학과 신학부에 토론 승인과 의견이 분분한 진리의 문제에 대해 결정을 해달라고 요청했다.[17]

라이프치히에서 승낙을 얻기 전 에크는 1518년 12월 29일에 12논제를 출판했다. 이것으로 그는 라이프치히에서 새로운 교리를 방

---

14) V.E.Löscher: Reformations-Acta 2, 78-104 논제 전체, 66-77 에크를 반박한 112개 논제. 비교. Johannes Eck: Defensio contra amarulentas D.Andreae Bodenstein Carolstatini invectiones (1518), hg. von J. Greving; Münster 1919, 9-31.
15) Ecks Defensio 각주 1을 보라. 칼슈타트-에크의 논쟁이 공개되기 전 1518년 5월/6월 이 둘 사이에 서신 교환이 있었다.
16) Defensio adversus eximii D.Johannis Eckii monomachiam (Widmungsbrief vom 28.8.; Nachwort vom 14.9.1518); abgedruckt bei V.E.Löscher: Reformations-Acta 2, 108ff.
17) J.C.Seidemann, 111; das entsprechende Gesuch Ecks an den Landesherrn, Herzog Georg von Sachsen, bei Gess 1, Nr.62.

어하고자 했다.[18] 모든 논제는 내용으로 볼 때 루터의 사상을 염두에 둔 것이다. 1519년 초 밀티츠(참고 5장 1)와 알텐부르크에서 협상을 벌인 후 곧 이 논제를 알게 된 루터는 에크의 행동에 무척 화가 났다.[19] 그는 지체하지 않고 12개의 반대논제[20]로 자신에 대한 공격을 반박했다. 잉골스타트의 신학 동료 에크에 대한 공적인 그의 첫 반박서였다. 이것으로 에크는 대중에게 알려졌다. 사안을 약간 정리하고자 그는 자신의 논제를 두 번째 출판했고, 게다가 칼슈타트를 공격하는 논제 한 개(Nr.7)를 더 추가했다. 그는 동봉한 공개서신[21]에서 1518년 말 처음 논제를 출판할 때 너무 급했던 나머지 이 새로운 논제를 잊었다고 주장했다. 에크가 추가한 7번째 논제에 대해 루터도 자신의 논제를 13개로 확대했다.[22] 칼슈타트는 4월 말 17개의 논제와 에크에게 보내는 편지를 가지고 이 논쟁에 개입했다.[23]

라이프치히 신학부와 게오르크 공작은 외부에서 알려온 토론계획에 대해 상반된 반응을 보였다. 신학부는 에크와 칼슈타트의 논쟁에서 심판자로 개입되기를 원치 않았다. 이와는 달리 게오르크 공작은 이 토론이 자신의 라이프치히 대학에 큰 영예를 가져올 것이라고 생각했다. 제기된 주장에 대한 판결이 불가피할 경우, 그것은 라이프치히 교수들의 일이 아니라, 교회를 담당하는 기관의 일이었다.[24] 책임자인 메르제부르크 감독 역시 루터가 시작한 면죄부

---

18) 전단(Plakatdruck)은 잘츠부르크 대주교 마태우스 랑(Matthäus Lang)에게 보내는 공개서신을 담고 있다.
19) WAB 1, 314, 33ff 315, 7ff 348, 13. 1519년 2월 19일에서야 비로소 에크는 자신의 12개 논제를 루터에게 보냈다. WAB 1, 343.
20) WAB 1, 315ff; 비교. WA 2, 153ff.
21) WAB 1, 319ff; Text der Thesen EA var 3, 9ff (표지에서 에크는 루터를 자신의 첫 번째 적으로 언급하고 있다).
22) WA 2, (153) 158-161; 비교. WAB 1, 399, 10.
23) V.E.Löscher: Reformations-Acta 3, 284-291.

논쟁이 교황의 뜻과 대치되고 있다는 이유로 그것을 금지했다. 그러나 라이프치히 대학 전체는 메르제부르크 감독의 생각에 큰 의미를 부여하지 않았고, 지역 군주에게 그 결정을 위임했다.[25] 메르제부르크 감독과는 달리 전적으로 토론을 환영한 그는 1월 19일 토론 승인을 에크에게 통보하라고 대학에 명했다.[26] 에크는 1519년 2월 19일 라이프치히 대학의 토론 승인에 대해 감사하면서 그 시작을 6월 27일로 제안했다. 그는 더 나아가서 라이프치히 신학자들이 최종 판결을 해줄 것을 소망했다.[27]

루터가 2월 초 에크를 반대하는 자신의 12개 논제를 가지고 나타나 라이프치히에 사전 승인요청도 없이 본인이 토론자로 나서겠다고 발언권을 신청했을 때 라이프치히 대학은 내켜 하지 않았다.[28] 그러자 루터는 즉시 게오르크 공작과 라이프치히 대학에 에크와의 토론을 허락해 줄 것을 요청했다.[29] 게오르크 공작은 토론하기 전 루터는 먼저 에크와 토론에 대해 합의해야 한다고 통보했다. 대학은 군주와는 달리 루터의 토론 참여에 대해서는 아무런 이의도 표명하지 않았다.[30] 루터는 에크에게 군주가 듣기를 원한 설명을 요청했다. 그러나 너무 오랫동안 답변이 없었기에 여전히 관여하고 있

---

24) Gess 1, Nr.63; 65; 66 (alle noch Dez. 1518); 67; 68. 비교. WAB 1, 295, 3-8.
25) Gess 1, Nr.69; 70.
26) Gess 1, Nr. 74; 75; 77; 82. 감독은 계속 반대했다; Nr.78; 81; 85; 86; 87.
27) Gess 1, Nr.93 (비교. Nr. 100); WAB 1, 342f(1519년 2월 19일 루터에게 보낸 에크의 서신).
28) WAB 1, 338f; Gess 1, Nr.89.
29) WAB 1, 341; vgl. 340 (1519년 2월 18일자 에크에게 보내는 서신). 라이프치히 대학에 보낸 루터의 편지에 대한 증명: Gess 1, Nr.99.
30) WAB 1, 355; Gess 1, Nr.99; 103.

던 군주에게 한 번 더 청원했다.[31] 루터는 게오르크 공작이 불편하게 여기고 있다는 느낌을 받았고, 그 이유에 대한 설명을 해줄 것을 요청했다. 군주는 루터의 요구를 언급하지 않은 채, 루터에 대한 불편한 심기도 없다고 부인했다.[32] 루터가 1519년 6월 24일 라이프치히로 떠났을 때, 이러한 문제는 여전히 해결되지 않았다. 그는 칼슈타트와 함께 떠났다. "그가 동행하게 될" 사람들에 대해서만 1519년 6월 10일자 작센 영주의 호위장이 교부되었기 때문이다.[33]

토론자들은 서로 상대편에 도전하는[34] 크고 작은 글들로 일반대중의 지원을 유도하려 애썼다. "축복에 이르는 차와 지옥에 이르는 차"라는 이중 제목으로 칼슈타트가 루카스 크라나흐에게 의뢰하여 만든 커다란 합판(높이 30센티, 폭 40.7센티)은 라이프치히 논쟁의 전(前)역사에 속하는 것이다. 이 합판은 라틴어와 독일어로 쓰였다. 칼슈타트는 여기에 이성과 자유의지를 신뢰하는 스콜라적 교리에 반대하고 그리스도의 십자가 안에서 일하시는 하나님을 통해 구원을 찾을 수 있는 인간 타락에 대한 가르침을 실었다.[35]

---

31) WAB 1,366, 373, 380.
32) WAB 1, 400f(1519년 5월 16일), 406(1519년 5월 23일).
33) Gess 1, Nr.113. 루터는 라이프치히에서 군주에게 토론 승인과 안전약속을 받았다; WA 54, 183, 2-11.
34) 크고 작은 대부분의 글들은 즉시 인쇄되었다. 라이프치히 토론과 관련된 모든 인쇄물에 대한 참고도서는 없다.
35) Erwin Mülhaupt: Karlstadts "Fuhrwagen". Eine frühreformatorische "Bildzeitung" von 1519; Luther 50, 1979, 60-76. Ulrich Bubenheimer: Andreas Rudolff Bodenstein von Karlstadt; in: Wolfgang Merklein (Hg.): Andreas Bodenstein von Karlstadt 1480-1541. Festschrift der Stadt Karlstadt zum Jubiläumsjahr 1980, Karlstadt 1980, (5-58) 19-28. 칼슈타트는 1519년 초 이 교리에 대한 해설서를 출판했다. 거기서 그는 라이프치히 논쟁 후 작센 선제후에게 "차"(Fuhrwagen)에 대하여 불평한 에크의 이름 역시 언급하고 있다:

펠라기우스를 반대한 아우구스티누스와 일치하고 있는 이러한 교리적 이견은 참회와 면죄부에 대한 이견과 함께 토론을 위해 제시된 논제의 핵심을 이루고 있다. 서로 상반되는 에크와 루터의 논제는 면죄부 논제 해설에서 루터가 표명한 의견과 관련해 에크가 쓴 마지막(12 혹은 13) 문장이 센세이션을 일으켰다.[36] 그로 인해 루터는 지상의 모든 교회에 대한 교황의 통치권은 지난 400년간의 "가공할 만한" 교황의 교령으로만 입증할 수 있다는 논제를 제시했다. 성서, 공인된 1100년간의 교회문서 그리고 제1차 니케아 공의회(325)의 교령은 그와 상반된 증거를 보여준다.[37] 쾰른의 종교 재판관인 야콥 폰 호크스트라텐은 1519년 봄 루터의 논제가 심각한 위기를 초래하고 있음을 레오 10세에게 공식적으로 알렸다. 그는 루터를 로이클린의 추종자로 여겼다.[38] 루터는 라이프치히 논쟁에서 13(12)번째 논제가 지니고 있는 선동적인 성격 때문에 잘 알려졌다. 루터는 논제를 변호하고자 교회법과 역사적 자료들을 직접 연구했고, 논쟁이 시작될 때 이미 인쇄하여 제출한 논제 해설에 본인이 이해한 것을 요약해서 서술했다. 그는 논쟁 후에 이 책을 증보

WAB 1, 461, 76ff 466, 46ff; 참고. 369, 63ff.

36) WA 1, 571, 16ff (로마 교회는 그레고리 1세, 590-604 때에 아직은 다른 교회에 대한 통치권을 갖고 있지 않았다. 적어도 그리스 지역에 대한 통치권은 없었다. 그 결과—현재까지도—교황의 사법적 권한은 다만 그리스도인에게만 해당한 것이다). Eck (WA 2, 185, 3ff): Romanam ecclesiam non fuisse superiorem aliis ecclesiis ante tempora Sylvestri〔314-335〕negamus; sed eum qui sedem beatissimi Petri habuit et fidem, successorem Petri et vicarium Christi generalem semper agnovimus.

37) WA 2, 185, 8ff (참고. 161, 35ff 432, 17ff). 니케아 공의회의 교회법적인 결정에 대한 루터의 원자료는 루핀(Rufin)의 Historia ecclesiastica, lib. 10 c. 6 (WA 2, 238, 3ff)이다.

38) WA 2, 384f. Ebd. 386 루터의 답변.

하여 제2판을 출판했다.[39]

서기는 토론의 진행과정을 꼼꼼히 기록했다.[40] 토론 외에 벌어진 일과 토론자들이 끼친 감명에 대하여는 토론에 참여했던 사람들과 몇몇 증인들의 보도와 서신을 통해 알 수 있다.[41] 비텐베르크에서는 칼슈타트와 루터 외에도 멜란히톤, 니콜라우스 폰 암스도르프, 요한네스 아그리콜라 그리고 대학총장인 영주 바님 폰 폼메른이 라이프치히에 왔으며, 그 외에도 소수의 학생들이 참여했다. 루터는 인쇄업자 멜키오르 로테르 집에서 묵었다. 관심 있는 사람들과 양편의 추종자들이 다른 도시, 특히 에어푸르트에서 몰려왔다. 비텐베르크 측의 법률적인 조언은 선제후의 고문인 한스 폰 플라니츠가 맡았다. 게오르크 공작은 자신의 고문인 케사르 플룩에게 토론의 순조로운 진행을 위해 모든 책임을 위임했다. 시의회는 병력을 동원해 안전과 질서를 유지시켰다. 군주도 직접 토론에 참여했다. 그는 라틴어를 잘 구사했다. 현재 새 시청 건물이 들어서 있는 라이프치히 플라이센부르크에 영주는 토론을 위해 커다란 방을 홀(Hofstube)로 만들라고 했다. 왜냐하면 대학에는 토론에 적합한 공간이 없었기 때문이다. 에크와 칼슈타트는 6월 27일 월요일 토론을 시작하기 전에 찬반논지는—소위 독일적인 토론방식을 따라—천천히 말하고, 네 명의 공증인이 확인해야만 한다고 최종적으로 합의했다. 그것을 기초로 보고서가 작성되어야 했고, 그 사본은 최종판결을 위해 양쪽의 당사자와 배심기관에게 송부되어야만 했다. 보고서의 출판은 배심원의 교리적 판결이 선결된 후에 비로소 허용되었다. 7월

---

39) WA 2, (180) 183-240; 참고. WA 2, 259, 36ff.
40) WA 2, (250) 254-383 ist uberholt durch WA 59, (427) 433-605.
41) WA 15, 1340ff (W 15, 1130ff)은 비평없이 대부분의 기록을 요약해서 전해주고 있다. 하인리히 뵈머(228ff)와 마틴 브레히트(1B, 295ff)의 저술도 이것을 언급하고 있다.

4일 월요일, 토론이 시작되었을 때 루터는 몇 가지 요구를 추가 제시했다. 토론에 대한 배심원의 최종 결정이 자신을 정죄한 로마의 소송에 대해 그가 호소할 권한을 차단해서는 안 되며, 그 외에도 교황청에는 어떤 토론 문서도 넘겨주어서는 안 된다는 것이다. 토론이 끝날 무렵인 7월 14일 에크와 루터의 토론에 대해서는 파리 대학과 에어푸르트 대학이 배심을 맡고, 에크와 칼슈타트의 토론에 대해서는 에어푸르트 대학이 판결하기로 합의했다. 아우구스티누스 엄수파와 도미니크회 회원들은 배심위원에서 제외되었다. 대학에서도, 에크가 원한 신학박사들과 교회법 학자들이 판결해야 하는지 아니면 대학 전체가 결정해야 하는지는 아직 해결되지 않았다. 루터는 후자를 원했다. 평신도의 판단이 그에게는 중요했다. 물론 그는 인문학부의 젊은 석사들도 고려했다.[42] 게오르크 공작에게 이 문제에 대한 결정이 위임되었고, 그는 에크의 제안을 받아들였다.[43]

토론은 6월 27일 월요일부터 7월 15일 금요일까지 3주에 걸쳐 진행되었다. 휴일을 제외하고 15일간 꼬박 토론을 벌였다. 심지어 오전 7시부터 9시까지 그리고 오후에는 14시부터 17시까지 토론을 했다. 에크와 칼슈타트가 첫 주에 4일간 토론했고, 그 후 3주째 마지막 이틀간 한 차례 더 토론했다. 루터와 에크의 토론에 대부분의 시간(7월 4-14일)이 할애되었고, 그 결과 보고서의 3/4이 신학적 문제로 토론한 이 부분을 담고 있다.

첫 날(6월 27일) 오전에 대학 측을 대표해 법률가인 시몬 피스토리스가 대학건물 앞에서 인사를 한 후, 축하 미사를 위해 토마스 교회에 모였고, 페트루스 모젤라누스(참고 4장 5)가 인문주의적인 문체로 개회사를 한 플라이센부르크로 들어왔다.[44]

---

42) WAB 1, 428ff와 430f. 루터는 본래 토론의 보고서가 즉시 출판되고, 그 결과가 대중에게 알려지기를 원했다(비교. WAB 1, 421, 19ff).
43) Gess 1, Nr.125.

에크와 칼슈타트의 아우구스티누스-바울의 죄론과 은총론에 대한 논쟁 그리고 에크와 루터의 참회, 면죄부 그리고 연옥에 대한 토론이 서로 접근할 수 없는 몇 가지 한계와 서로의 입장에 다가서는 것을 불가능하게 했으며,[45] 에크와 루터 사이에 벌어진 토론에서 가장 중요한 핵심은 교황의 수위권 문제로[46] 다른 주제보다 이 문제에 더 많은 시간을 소요했다. 루터는 서두에 에크의 13번 논제로 인해 이 문제에 대한 토론이 불가피해졌음을 강조했다. 토론에서 루터는 교황의 수위권이 변하지 않는 하나님의 법에 근거하고 있다는 것을 부정했다. 그 때문에 교황에 대한 복종 역시 구원의 조건이 될 수는 없다. 사실 수백 년 동안 동방에 있는 신자에게는 그들의 구원을 위해서 로마 감독이 기독교 내에서 최고의 힘을 가진 자임을 인정해야 한다는 요구가 없었다. 교황제도는 그에 상응하는 복종으로 인정받기를 원하는 인위적 제도라고 루터는 힘주어 강조한다. 이것은 가령 금식규정과 같은 교회의 계명은 그에게 더 이상 신율적인 성격을 가질 수 없다는 결론을 가져왔다. 루터는 주교단의 계층구조적인 특별한 지위가 하나님의 법에 의한 것이라는 주장을 반대했으며, 대신에 히에로니무스가 밝힌 초기 기독교에서 장로와 감독의 개념은 동일한 권한이 부여된 직임이라는 앞으로 이어질 종교개혁사에 중요한 언급을 주고 있다.[47] 에크는 위클리프와 후스가

---

44) 7월 16일 라이프치히 대학 총장인 뢰벤베르크/쉴레지언의 요한네스 랑이 폐회사를 했다. 두 개의 인사문은 출판되었다.
45) 은총의 이해도 유사한 문제점이 있다. 그것은 비텐베르크 신학자들은 더 이상 예비적인 은총과 칭의의 은총이라는 전통적인 구분을 말하지 않고, 하나님과의 직접 만남이라는 일치된 은총의 개념에서 출발했다는 것을 충분히 고려하지 않았기 때문이다.
46) K.V. Selge, ZKG 86, 1975, 26-40.
47) Hieronymus zu Tit 1, 5f, MPL 26, 562, 특별히 K.V.Selge, ZKG 86, 1975, 26-40.

교황의 수위권을 부인하고 로마 감독의 수위권을 황제의 교회 정책, 즉 역사내적인 원인에 귀착시키는 많은 문장을 언급했다. 이러한 언급들은 1415년 콘스탄츠 공의회에서 정죄되었다.[48] 이렇게 하여 에크는 루터를 교회 분열과 "교회 적대적인" 보헤미안의 옹호자라고 비방했다(WA 2, 275, 26ff). 루터는 정죄당한 후스와 교회 분열적인 태도를 옹호한다는 에크의 비난을 반박했다. 그는 명확한 근거를 가지고 위클리프와 후스가 표명한 관점을 설명하고자 했다. 루터가 보기에 위클리프와 후스는 개혁공의회에서 정죄할 수 없을 정도로 기독교적이고 복음적이었다(WA 2, 279, 5ff). 많은 동시대인들처럼 에크는 공의회, 즉 콘스탄츠 공의회의 권위를 확신했다. 때문에 공의회가 이미 정죄한 사항에 대한 공개토론은 그에게 더 이상 의문의 여지가 없었다. 루터가 보기에 에크는 토론 합의를 위반했다. 그것에 의하면 다른 것을 논할 때 누가 혹은 무엇이 진리 편에 있는지를 먼저 판단해야 한다. 하지만 에크는 교회의 권위를 동원해 그것이 부적절하다고 했기 때문이다(WA 2, 285, 6ff). 공의회의 권위 문제는 더 이상 토론에서 배제될 수 없었다. 에크는 합법적인 공의회는 오류를 범할 수 없으며, 공의회의 권위가 곧 하나님의 법이라는 주장으로 일관했다(WA 2, 311, 18f). 루터는 공의회의 신적인 권한을 부인했다.[49] 그에 의하면 콘스탄츠 공의회는 오류를 범했으며, 복음적인 것들을 부당하게 정죄했다. 또한 어떤 교회기관도 성서에 근거하고 있지 않는 것을 구원에 절대적이라고 신앙인에게 강요할 수는 없다.[50]

---

48) WA 2, 275, 8ff; 비교. DS 1191, 1207, 1208, 1209, 1227.
49) WA 2, 308, 30ff. 313, 7f.
50) WA 2, 279, 21ff. 303, 16ff. 성서와 공동체 의식에 의한 사랑이 그리스도 안에 토대를 둔 구원의 신앙을 타당케 한다. 그 때문에 루터는 교회 분열적인 태도를 정죄한다(WA 2, 275, 27ff).

라이프치히 토론은 교회 권위를 이해하는 데 있어서 깊은 균열을 가져왔다. 그 때문에 교황의 수위권에 대해 논란이 된 성서(무엇보다도 마 16:18ff)와 교부문헌에 대한 합의도 가능치 않았다. 루터는 교회제도(교황, 주교, 공의회)의 권위와 함께 그들의 모든 교리와 법, 아울러 모든 교회 전통을 역사적으로 상대화시켰다. 루터는 그것을 무작정 버리는 것이 아니라 비판할 수 있다고 설명했다. 그에 의하면 교회에서 하나님의 말과 사람의 말은 하나님의 법과 사람의 법처럼 분명하게 구분된다.

토론 기간 중 루터는 베드로와 바울 축일에 비텐베르크 대학 총장의 요청으로 라이프치히 성에서 정해진 복음서에 따라 마태복음 16:13-19를 설교했다. 그는 종교개혁 신학의 두 가지 기본 뼈대를 제시했다. 첫째, 자유를 주신 하나님의 은총은 인간의 모든 행동과 뜻에 앞선다는 것이요, 둘째, 사람을 통해 전해지는 은총의 말씀(당신의 죄가 사해졌으며, 당신은 은총의 하나님을 입었다. WA 2, 249, 17)은 시련을 겪고 있는 신자의 양심에 하나님과 화해라는 완전한 구원을 준다는 것이다.[51] 루터는 이 설교를 직접 출판했다. 첫 판의 표지에는 처음으로 루터의 사진이 실렸다. 물론 초상화는 아니며 예술적으로도 중요한 것은 아니다. 그 다음 해부터 루터의 글에는 동일한 사진들이 낱장으로 실렸다. 그것들은 주로 루카스 크라나흐의 동판에서 찍어낸 것이다.[52]

라이프치히 논쟁은 다양한 소책자들을 내놓았다. 에크와 그의 추종자들은 루터를 위클리프와 후스의 추종자로 여겼고, 교회제도가

---

51) WA 2, (241) 244-249.
52) Johannes Ficker: Älteste Bildnisse Luthers; Zs. d. Vereins f. Kirchengeschichte d. Prov. Sachsen 17, 1920, 1-50. Akat. Martin Luther (참고문헌 C), Nr.214/215. Ernst Ullmann: Die Luther-Bildnisse Lukas Cranachs d.Ä.; bei G. Volger (참고문헌 C), 45-52.

지니고 있는 신적인 권위를 경멸한 자로 여겼으며, 선동적인 영향을 줄 수 있다고 주장했다.[53] 다른 한편 루터와 그의 동료들은 에크가 성서적 논지를 우선적으로 사용하는 환경에서 성장한 것이 아니고, 비역사적인 교회 전통을 의지한 나머지 상대를 이단으로 내몰고 있다는 확고한 인상을 갖게 되었다.[54] 에크는 루터의 추종자들이 아우구스부르크 참사원의 지원을 받는 것을 보고 그들을 "무식한 사람들"이라고 경멸하자, 공격을 당한 아우구스부르크 사람들도 루터를 옹호하며 그에게 항변했다.[55] 그 후 얼마 지나지 않아 에크는 뉘른베르크에서 풍자적 대화인 『잘린 에크』(Eccius dedolatus)를 써서 이들의 항변을 조소했다.[56]

교회 정치적으로 볼 때 이 토론은 작센 공작 게오르크를 이제부터 루터와 비텐베르크 종교개혁 진영에 적이 되게 했다. 물론 이것은 궁정신학자인 히에로니무스 엠저와 라이프치히 대학 신학자들의

---

53) 이와 관련해서 출판된 에크의 글: Johannes Metzler (Hg.): Tres orationes funebres in exequiis Ioannis Eckii habitae; Münster 1930, LXXXI ff Nr.26-30, 32-33, 37; 비교. WAB 1, 439ff 459ff. 히에로니무스 엠저도 두 개의 저서를 가지고 논쟁에 개입했다(hg. von Franz Xaver Thurnhofer; Münster 1921).

54) WA 2, 621ff. 655ff. 698ff. 그리고 WAB 1, 465ff(칼슈타트와 함께). 멜란히톤은 처음으로 ─ 에크와 글을 교환할 때 ─ 루터의 추종자로서 등장했다(CR 1, 87-96, 97-103, 108-118; StA 1, 3-11, 12-22).

55) Canonici indocti Lutherani; 익명의 책의 저자는 요한네스 외콜람파드였다(EA var 4, 59-70); 독일어 번역본도 나왔다; 비교. Ernst Staehelin (Hg.): Briefe und Akten zum Leben Ökolampads, Bd.1, Leipzig 1927, 108f und ders.: Das theologische Lebenswerk Ökolampads; Leipzig 1939, (106) 108ff.

56) Willibald Pirckheimer: Eckius dedolatus. Der enteckte Eck; übers. u. hg. von Niklas Holzberg; Stuttgart 1983 (Reclam 7993). Thomas W. Best: Eccius Dedolatus. A Reformation Satire; Lexington, ky. 1971.

영향 때문이다. 브란덴부르크 감독과 선제후 역시 에크 편에 서서 루터에게 대항했다.

참고문헌 : Felician Gess (Hg.): Akten und Briefe zur Kirchenpokitik Herzog Georgs von Sachsen; 2Bde. (1517-1524, 1525-1527); Leipzig 1905. 1917. Leif Grane: Gregor von Rimini und Luthers Leipziger Disputation; Studia Theologica Lundensia 22, 1968, 29-49. Erwin Iserloh: Johannes Eck(1486-1543). Scholastiker, Humanist, Kontroverstheologe; Münster 1981. Helmar Junghans: Der Laie als Richter im Glaubensstreit der Reformationszeit; LuJ 39, 1972, 31-54. Ernst Kähler: Beobachtungen zum Problem von Schrift und Tradition in der Leipziger Disputation von 1519; bei H. Gollwitzer(Hg.): Hören und Handeln, Festschrift Ernst Wolf; München 1962, 214-229. Heiko A. Oberman: Wittenberge Zweifrontenkrieg gegen Prierias und Eck. Hintergrund und Entscheidungen des Jahres 1518; ZKG 80, 1969, 331-358. Johann Carl Seidemann: Die Leipziger Disputation im Jahre 1519; Dresden 1843. Kurt-Victor Selge: Der Weg zur Leipziger Disputation zwischen Luther und Eck im Jahr 1519; bei Bernd Moeller, Gerhard Ruhbach (Hgg.): Bleibendes im Wandel der Kirchenge-schichte, FS Hans Frhr. von Campenhausen; Tübingen 1973, 169-210. Ders.: Die Leipziger Disputation zwischen Luther und Eck; ZKG 86, 1975, 26-40.

3. 대중적인 글에 나타난 새로운 주제들: 공식적인 첫 번째 정죄, 인문주의자들의 동정

1519년 가을, 루터 서적의 출판이 급격히 증가되었다. 신학적인 몇몇 논쟁서적들은 잠시 주춤했지만, 전에 비텐베르크에서 설교했던 그리스도인의 삶의 문제를 다룬 책들은 출판이 더 증가했다. 루터는 이 책에서 다양한 그의 관점을 대중에게 알렸다. 1519년 봄에 이미 이러한 일은 시작되었고, 『주기도해 강해』(WA 2, 74ff)와 『그리스도의 고난』을 깊이 음미한 안내서가 수난절(WA 2, 131ff)에 출판되었다. 또한 『결혼에 대한 설교』(WA 2, 162ff)와 『기도』에 대한 사상도 나왔다. 이 책은 그리스도의 승천을 앞두고 3일간의 소위 십자가주간에 십자가를 지고 광야를 행진하며 들판에 하나님의 축복을 연도(連禱, WA 1, 172ff)하는 관습에 대한 것이다. 가을에 루터는 죽음을 바르게 준비하라는 소위 『죽음의 예술』(Sterbekunst)을 썼다(WA 2, 680ff). 이것은 중세 후기에 흔히 다루어지던 주제였다. 이어서 『세 가지 성례전』에 대한 설교도 나왔다. 그는 이 세 가지만을 성례전으로 인정했다: 『참회, 세례 그리고 "그리스도의 거룩하고 참된 몸의 성례전』.[57] 고리대금이라는 사회윤리적인 주제도 다루었다.[58] 파문의 문제는 교회를 이해하는 데 있어서 중요했다. 1518년에 한 파문의 효용성 설교(Sermo de virtute excommunicationis)를 기초로 1520년 파문에 대해 과감하게 독일어로 논했다(WA 6, 61ff). 방대한 논문인 「선행론」(WA 6, 196ff; 1520년 초)은 십계명 주해 형식으로 신앙과 선행의 근본적 관계를 다룬 것이다(참고 6장 4). 그러는 사이 미사의

---

57) WA 2, 709ff. 724ff. 738ff; 참고. WAB 1, 594, 19ff.
58) WA 6, 1ff. 1520년에 이 글은 증보되었다. WA 6, 33ff.

복음적 의미에 대해 좀 더 명쾌한 이해에 도달했고, 곧(1520년 봄) 같은 주제를 다룬 『설교』를 출판했다.⁵⁹⁾

루터는 자신의 글을 통해 의연하게 당시 교회의 관례에 맞섰고, 그의 언급 가운데 많은 것들은 새로운 충돌을 불러 일으켰다. 그를 보헤미아의 이단(참고 5장 2)과 결부시킨 것은 루터가 1519년 성만찬과 관련하여 교회를 공의회에 예속시키고, 사제에게 하듯이 모든 사람에게 양종성찬을 주어야 한다고 말했기 때문이다. 그렇지만 그는 그것을 무조건 요구한 것은 아니며, ― 이것이 그가 후스파와 다른 점이다 ― "만일 성찬의 형태 혹은 표지들이 전부 주어질 때" 그것이 "합당하고 유익한 것"이라고 설명한다.⁶⁰⁾ 그럼에도 불구하고 게오르크 공작과 그의 신학자들에게 루터는 후스와 매우 유사했다. 게오르크는 루터가 막 시작하려는 해악에 대해 자신의 사촌인 프리드리히 현제에게 경고했고, 이 둘을 그 지역 책임자인 마이센과 메르제부르크의 감독에게 통보했다.⁶¹⁾

마이센의 감독만이 대책을 세웠다. 스톨펜이라는 작은 도시에 있던 그의 공관의 한 관리가 주교구의 성직자들에게(1520년 1월 24일) 루터의 모든 성찬 설교문을 조심스럽게 압류하고, 설교를 통해 신자들을 교회에 더 견고히 복종시키라고 명령했다. 그리고 교회는 평신도에게 ― 더 정확히는 축성하는 사제를 제외한 모든 성찬 참여자에게 ― 떡만을 주어야 한다는 공의회의 결정⁶²⁾을 확정했다. 교회의 결정사항이기에 양종성찬(sub utraque specie)을 시행하는 것

---

59) WA 6, 349ff; 참고. WA 6, 230f.
60) WA 6, 742, 24ff.
61) Gess (참고 5장 2) 1, Nr.146과 147 (1519년 12월 27일).
62) 1415년 6월 15일자 콘스탄츠 공의회의 결정; DS 1198f. ― 그 외에도 관리는 서두에 루터의 성찬설교가 5차 라테란 공의회의 조치를 위반하고 감독의 검열 없이 출판되었다고 언급하고 있다.

은 불법이다. 그것은 영원한 정죄를 받으나, 반면 교회에 복종하는 것은 영생의 공로를 더하는 일이다.[63] 「스톨펜 관청에서 나온 쪽지에 대한 답변」이라는 짧지만 격한 글에서 루터는 단순히 교회에 복종하라는 요구를 경고하면서, 성서적 근거나 혹은 교회의 뜻에 대한 다른 이유를 대지 말라고 경고했다. 보헤미안은 복음에 복종하도록 부름받았기 때문이다. 복음에는 성찬이 그리스도에 의해 양종성찬의 방식으로 제시되어 있다. 책임자인 감독은 그의 관리가 하듯이, 그렇게 졸렬하게 행동해서는 안 된다고 루터는 항변했다.[64]

보헤미아 인접 지역에서 사람들이 루터를 보헤미아의 후스와 유사하다고 본 많은 이유가 바로 여기에 있다. 평신도 양종성찬을 논의하기 위해 공의회를 개최해야 한다고 하여 후스파로 몰리자 루터는 마이센의 감독이 명령을 내리기도 전에 후스에 대한 자신의 의견을 분명히 표명했다.[65] 양종성찬의 문제로 로마 교회와 갈라선 양종성찬론자들은 그가 보기에 다만 분리주의자일 뿐 이단은 아니었다. 양종성찬론자들의 주장은 복음에 근거하고 있지만 교회의 일치를 더 높이 여겨야만 한다. 로마 교회 또한 더 많은 신자와 더 큰 힘을 가지고 있지만, 양종성찬을 요구하는 보헤미아인을 사랑으로 대해야 할 의무가 있다. 교회공동체에 대한 이러한 기본사상을 가지고 루터는 로마 교회가 보헤미아인들을 이해해 줄 것을 희망했다. 그것이 그 자신에게 너무나 중요했기에 그는 일반 공의회가 평신도 잔배종을 허용해 줄 것을 기대했고, 독단적인 대응에 호소하지 않았다. 후스에 대한 루터의 생각은 그가 1520년 초 후스의 『교

---

63) WA 6, (151, 29-153, 8) 152, 20f(몰수), 29ff(평신도 성찬).
64) WA 6, (135) 137-141. 루터는 라틴어로 쓴 반박서도 내놓았다. WA 6, (142) 144-153. 독일어로 쓴 답변을 루터는 당시 소극적이었던 선제후와 상의없이 출판했다.
65) WA 6, (76) 78-83.

회론』을 읽고서 더욱 긍정하게 되었다. 루터는 1519년 가을 양종성찬을 주장하는 프라하 출신의 성직자 두 사람의 편지와 함께 이 글을 입수했다.[66] 그는—스타우피츠와 아우구스티누스적인 바울 사상을 가진 비텐베르크 신학자들 역시—여태까지는 몰랐지만 후스와 사상적으로 일치하고 있다고 확신했음에 틀림없다.[67]

루터의 성찬 설교에 대한 마이센 감독의 반응은 대중에게 끼친 루터의 영향에 대한 교회의 공식적인 첫 대응이었다. 쾰른과 뢰벤 대학의 신학자들도 거의 동시에 루터의 교리를 정죄하는 글을 냈고, 이것은 비텐베르크 신학자에 대한 공식적인 첫 교리검열로 이어졌다.[68] 추기경 아드리안—처음에 뢰벤 대학의 교수였으나, 당시 스페인의 토르토사 감독이었고, 나중에 교황 하드리아누스 6세가 된 인물이다—이 뢰벤 신학자들의 교리검열에 전적으로 동감을 표명한 1519년 12월 4일자 서신을 동봉했다. 두 개의 교리 평가 중 어느 것도 라이프치히 토론과 연관이 없다.

쾰른 대학이 먼저 1519년 8월 30일 뢰벤 신학자들의 요청으로 바젤에서 모은 라틴어로 쓰인 루터의 글을 토대로 그들의 최종 평가서를 제출했다. 그 후 뢰벤의 신학자들이 쾰른에서 나온 논조에 상응하여 1519년 11월 7일 비난받을 만한 요점들을 정확히 논했다(고해, 참회, 회개, 보속, 면죄부, 연옥, 신앙 그리고 선행에 대한 루터의 언급들). 두 대학은 개별적인 교리에 대해 상세한 설명은 하지 않았으나, 인용한 루터의 글들을 완전히 이단시했다. 그들은 이 글들이 소각되어야 하며, 공개적으로 취소하도록 루터를 압박하라

---

66) WAB 1, 416ff. 514, 27ff. 보헤미아인들은 라이프치히 토론 당시에 이미 루터에 대해 공감했다. 비교. WAB 1, 416.
67) WAB 2, 42, 22ff. 비교. Walter Delius: Luther und Huß; LuJ 38, 1971, 9-25.
68) WA 6, (170) 174-180. 루터의 응답이 이어서 나오고 있다. 181-195.

고 요구했다.[69]

다른 경우에서처럼 루터는 자신의 교리서 비난을 복사하여 출판했고, 또한 자신의 날카로운 답변을 첨부했다. 특히 쾰른과 뢰벤의 신학자들은 유명한 인문주의자인 로이클린에 대한 그들의 처사로 이미 악평을 받고 있던 터라, 루터는 이 점을 이용했다.[70] 그는 중세 후기 대학들의 교리적 판단이 얼마나 회의적인지를 보여주었다. 그들이 평가한 학자나 혹은 교리들은 어느덧 폭넓게 인정을 받았기 때문이다.

루터는 빌헬름 폰 오캄과 요한네스 루흐라트 폰 베젤(†1479) 외에도 인문주의자 로렌티우스 발라(1407-1457)와 요한네스 피쿠스 델라 미란돌라(1463-1494)를 언급했다.[71] 그는 파버 스타플랜시스와 에라스무스가 초래한 난제도 회상했다. 콘스탄츠 공의회에 의한 후스와 히에로니무스 폰 프라하의 정죄 자체도 쾰른과 뢰벤 대학의 방식에 따른 독단적인 종교재판과 심판에 그 원인이 있다.[72] 그들은 이제 자신의 문제 역시 일방적으로 비방하고 이단시했으며, 자연법이 요구하는 사랑의 방식도 쓰지 않고, 그를 고소하기 전에 개인적으로 변호할 수 있는 기회도 공식적으로 주지 않았으며, 마태복음 18:15절 이하에 명시되어 있는 기독교적인 소송 방식도 적용하지 않았다.[73] 그는 특히 아리스토텔레스 외에는 아는 것이 없다며 철학자들을 경멸했다는 비난에 대해 날카롭게 반박했다.[74] 비텐

---

69) 루터의 글은 쾰른과 뢰벤에서 1520년 말에야 소각되었다.
70) WA 6, 181, 11, 183, 37ff. 186, 26, 188, 4, 192, 33, 194, 24; 비교. WA 6, 141, 9.
71) WA 6, 181, 3ff. 184, 24f; 비교. WA 1, 574, 21ff (WA 6, 192, 34 에서 언급한 법률가 페트루스 라벤나스. 비교. ADB 25, 529ff).
72) WA 6, 184, 30ff.
73) WA 6, 185, 25ff.
74) WA 6, 187, 25ff.

베르크에서 수사학을 가르치던 참사원 요하네스 될쉬(✝1523)는 쾰른과 뢰벤의 신학자들을 반박하는 부가적인 반박글로 루터를 지지했다.[75]

인문주의자들도 루터의 답변을 기뻐했던 것만큼이나 쾰른과 뢰벤 대학의 교리적 평가에 대해서 조소했다. 에라스무스의 제자인 빌헬름 네젠(1493-1524)은 뢰벤에서 직접 루터를 정죄한 뢰벤의 당사자들을 조소하는 편지를 썼고, 그것을 츠빙글리에게 보냈다.[76] 뢰벤에서 스콜라 학자들에 대해 좋지 않은 경험을 한 에라스무스는 쾰른과 뢰벤의 신학자에게 보낸 루터의 편지가 얼마나 자신의 마음에 들었는지를 그곳에서 멜란히톤에게 편지로 알려왔다.[77] 다른 인문주의자도 루터에게 찬사를 보냈다(참고 1장 2). 크로투스 루베아누스 ― 그는 로이클린이 쾰른과 뢰벤 대학을 상대로 논쟁하기 몇 년 전 「어두운 남성들의 편지」라는 글의 주요 집필자 중의 한 명이었다 ― 는 자신이 받은 감명을 적은 장문의 편지를 루터에게 보내왔다(WAB 2, 87ff).

1520년 점점 더 많은 인문주의자들이 루터에 대한 그들의 동감을 편지로 알려왔다. 비텐베르크 신학자들은 1520년 이전에 이미 인문주의자들과 대화망을 구축하는 것을 중요하게 여겼고, 그 일을 위해 멜란히톤이 중요한 중간 역할을 했다. 이들은 스콜라 신학과 미신적인 형식의 경건과 싸우기 위해서 서로 연합해야 한다는 의식

---

75) 비교. WA 6, 171. 그는 같은 해에 알벨드트에 반대하는 라틴어 논쟁서를 썼다(참고 6장 1). 에크는 1520년 그에게 파문교서를 발부했다.
76) Z 7 (CR 94), 378-401; 비교. Paul Kalkoff: Erasmus und seine Schüler W. Nesen und Nicolaus von Herzogenbusch im Kampfe mit den Löwener Theologen, ebd. 402-420.
77) Allen 4 Nr. 1113, 33ff = CR 1, 206 (MBW 1 Nr. 97). 비교. den Brief des Erasmianers Hermann Humpius an Luther, 14 März 1520; WAB 2, 62f.

이 있었다. 비텐베르크 신학자들은 그들의 관점이 인문주의자들 상호간의 활발한 서신교환으로 더 확대되기를 희망했다. 선제후 측도 인문주의자들과 접촉을 시도했다. 1519년 초 에어푸르트 인문주의자들이(특히 유스투스 요나스) 에라스무스를 보고자 뢰벤에 갔을 때, 그들은 환영하는 인문주의자들에게 1519년 3월 28일자 루터의 편지와 작센 선제후의 서신을[78] 건넸다(WAB 1, 36ff). 에라스무스는 답장에서 루터에게 네덜란드와 영국에서 루터의 글들이 많은 동의를 얻고 있다고 썼다. 하지만 그 자신의 판단은 유보했다. 그는 자신과 루터를 대적하는 적의 태도를 정죄하여 어느 정도의 연대감을 그대로 유지했다.[79]

1519년 말 아우구스부르크에서는 독일어로 쓰인 익명의 "보호문"(Schutzrede)이 등장했다. 이 글에서 성서의 하나님의 진리를 사랑하는 한 정직한 애호가는 공개적인 고소를 반박했고, 그 자신은

---

78) 그 편지는 분실되었고, 그 후 곧 프리드리히 선제후가 스팔라틴의 손을 빌어 에라스무스에게 편지를 썼다. 1519년 5월 14일. Allen 3 Nr.963, 12ff: Non damnari ab eruditis causam Lutheranam, et Doctoris Martini lucubrationes ab optimis quibusque istic cupidissime legi, laetamur; eoque magis quod plerique bonorum et eruditorum in nostris quoque regionibus et principatibus, nedum externis, hominis tam vitam et mores quam eruditionem miro consensu laudant.

79) WAB 1, 412ff(1519년 5월 30일) = Allen 3 Nr. 605. 이 편지가 1519년 여름 루터의 의지와는 상관없이 출판되자, 에라스무스가 매우 불쾌해했다. 에라스무스가 프리드리히 선제후에게 쓴 1519년 4월 14일자 편지도 주목해야만 한다(Allen 3 Nr. 939). 이 편지는 같은 해인 1519년 출판되었다(비교. WA 2, 157). 이 편지는 선제후 프리드리히로 하여금 루터 보호를 더 강화하게 만들었다. 대주교 알브레히트 폰 마인츠에게 보낸 1519년 10월 19일자(Allen 4 Nr. 1033; 비교. WAB 1, 411f, 619, 14ff) 서신에서 에라스무스는 루터와의 개인적인 거리감뿐만 아니라, 사람들이 그를 비방하고 성급하게 이단시함과 관련해 그와의 연대감을 표명했다.

루터의 가르침과 설교에 더 동의한다고 밝혔다. 이 평신도는 신중하게 논지를 펴 루터의 교리와 설교는 그리스도 중심적이고 양심을 위험한 의혹에서 자유하게 해주어 이제까지 어느 누구도 반박하지 않았다는 변증을 전개했다. 자신이 루터의 추종자임을 공개적으로 밝힌 저자는 정치적 영향력이 상당히 있는 뉘른베르크 의회 서기관인 라차루스 스펭글러(1479-1534)였다. 루터는 즉시 비텐베르크에서 이 변증문을 다시 인쇄하려고 했다.[80] 루터에 대한 관심은 1519년과 1520년 인문주의자들에게 점점 더 확산되었고, 비논쟁서를 포함한 그의 글의 영향력은 더욱 확연해졌다. 하이델베르크 논쟁(참고 4장 4)을 계기로 라인 상류지역의 인문주의자들과 긴밀한 접촉을 해온 마틴 부처는 1520년 초 첫 편지를 루터에게 보내 자신을 소개했다. 그도 역시 루터의 갈라디아서 주석에 깊은 영향을 받았기 때문이다. 바젤에서는 볼프강 카피토가 인문주의에 영향을 받은 가장 적극적인 루터의 추종자가 되었다.[81] 그는 1520년 초 대주교 알브레히트의 성당 설교자로서 마인츠로 갔고, 그곳에서 루터 문제에 대해 중재적인 역할을 하고자 하는 사이, 바젤에서는 당시 루터에게 큰 감명을 받은 카스파르 헤디오가 그의 뒤를 이었다.[82]

울리히 폰 후텐이 1520년 루터 진영에 들어와 그와 교제를 갖게

---

80) WAB 1, 613 각주 1 und 2, 49 각주 4. 토마스 무르너는 1520년 「마틴 루터 박사의 교리와 설교에 관하여」라는 반박서를 냈다(Deutsche Schriften, Bd.6, Berlin 1927. 88ff). 스펭글러는 루터를 동조했다는 이유로 에크에 의해 1520년 파문교서에 그 이름이 기입되었다.
81) WAB 1, 614ff. 바젤의 프랜시스 회원인 콘라트 펠리칸도 중요한 인물이며, 루터와는 1520년 3월 16일 직접적인 서신교환으로 맺어졌다. WAB 2, 64ff.
82) WAB 2, 70f. 1520년 3월 17일자 카피토가 루터에게 보낸 서신; 93ff 1520년 4월 30일자 루터의 답장; 128f. 1520년 6월 23일자 루터에게 보낸 헤디오의 서신.

된 것은 의미 있는 일이었다. 「어두운 남성들의 편지」의 집필자 중의 한 사람이었던 그는 크로투스 루베아누스와 함께 밤베르크에 체류했고, 그곳에서 쾰른과 뢰벤의 정죄에 대한 루터의 항변을 알게 되었다. 그는 카피토와 계속 접촉했고, 한때는 마인츠의 알브레히트를 돕기도 했지만, 결국 동료 귀족들과 함께 루터를 위한 제국기사가 되었다.[83] 1520년 초 멜란히톤에게 정치성을 띤 루터의 추종자라고 자신을 알린 후,[84] 1520년 6월 4일 교황의 굴레에서 해방되고 그리스도의 가르침을 회복하기 위해 그와 함께 투쟁하고자 한다는 단호한 결심이 담긴 편지를 루터에게 보냈다. 그것은 동시에 그에게는 조국을 위한 싸움이었다. "우리는 함께 자유를 위해 싸울 것이며, 오랫동안 압제받아 온 조국을 해방할 것이다. 하나님이 우리를 위하시는데 누가 우리를 대적하겠는가?"[85]

> 참고문헌 : František M. Bartoš: Das Auftreten Luthers und die Unität der Böhmischen Brüder; ARG 31, 1934, 103-120. Karel Blockx: De Veroordeling van Maarten Luther door de theologische faculteit te Leuven in 1519; VVAW. L31, Brüssel 1958. Ders.: The Faculty of Theology in conflict with Erasmus and Luther; Louvain 1975, 353-363. Scott H. Hendrix: "We are

---

83) 후텐에 의하면 루터에게 개인적으로 서신을 보낸 실베스터 폰 샤움베르크가 첫 제국기사였다. WAB 2, 121f. 비교. 103, 19ff.
84) CR 1, 131f, 147f; MBW 1 Nr.72, 74.
85) WAB 2, 117, 29ff. 이 편지는 당시 비텐베르크와 라이프치히에서 일부 분씩 인쇄되었다. 비교. 멜란히톤에게 보낸 후텐의 편지(1520년 6월 21일전쯤) MBW 1 Nr.98. 1520년 5월 초, 지금은 남아있지 않으나, 루터와 멜란히톤의 편지가 후텐, 카피토, 펠리칸 그리고 에라스무스에게 갔고 (WAB 2, 98, 5f; 비교. 94, 30ff); 루터는 5월 말 다시금 후텐과 프란츠 폰 지킹겐에게 서신을 보냈다(WAB 2, 111, 4f).

all Hussites"?; ARG 65, 1974, 134-161. Bernhard Lohse: Luther und Huß; Luther 36, 1965, 108-122. Amadeo Molnar: Luthers Beziehungen zu den Brüdern; bei H. Junghans (참고문헌 C), 627-639. Rudolf Řičan: Tschechische Übersetzungen von Luthers Schriften bis zum Schmalkaldischen Krieg; in: Vierhundertfünfzig Jahre lutherische Reformation, FS Franz Lau; Berlin (DDR) 1967, 282-301. S. Harrison Thomson: Luther and Bohemia; ARG 44, 1953, 160-181.

제 6 장 종교개혁 신학의 윤곽

1. 기독교의 일치와 전권

　루터의 면죄부 논제는 교회론에 대한 토론을 촉발시켰다. 이것은 하나님의 이름으로 약속된 죄책과 형벌을 용서할 수 있는 권한에 대한 문제였다. 체제상 계층구조적인 특징을 가진 중세 교회였기에 루터가 제기한 문제는 전권의 본질이 아닌 교황이 지닌 무제한의 권한과 연관해서 토론되는 결과를 가져왔다. 그러나 결국 이 두 가지는 서로 나누어 생각할 수 없는 것이었고, 교회의 일치에 관한 문제도 함께 제기되었다. 이 문제는 토론이 진행되면서 더욱 가열되었다. 왜냐하면 적들이 보기에 루터가 교회의 일치를 보증하는 제도적인 교회에 대한 복종을 사라지게 했기 때문이다. 루터는 라이프치히 토론에서 교황권을 인간이 세운 법적인 제도로서 하나님의 법으로 세워진 제도라고 볼 수는 없지만, 그 안에 교회의 일치가 자리하고 있다고 강조했었다.

　라이프치히 토론에서 다루어진 주요 논제는 1520년 4월 라이프치히 프랜시스 회원인 아우구스틴 폰 알벨드트가 또 다시 문제 삼았다.[1] 루터는 두 명의 다른 비텐베르크 동료들에게 답변을 위임했다. 그러나 그 후 알벨드트가 독일어로 책을 내 독자에게 자신의 생각을 명백히 제시하자, 루터는 직접 1520년 6월「라이프치히의 유명한 교황주의자를 반박하며 로마 교황에 관하여」라는 논문을 썼다.[2] 알벨드트는 교황은 인간의 법이 아닌 하나님의 법에 따라 기독교 전체의 머리임을 교부신학과 교회법이 아닌 성서적인 논지로 증명하고자 했다. 이것을 부인하는 사람은 — 희랍인, 위클리프파 그리고 중세후기의 몇몇 단체에서 보듯이 — 이단이 된다. 이것이 교황의 수위권은 하나님의 법으로 되었음을 증명하는 결과이다.

　루터는 반박에서 교회의 개념과 기독교의 일치를 설명했고, 교회의 교제(communio)와 파문으로 인한 출교(excommunicatio)에 대해서는 1518년 이후 얻은 사상으로 개진했다. 루터의 교회 개념은 공동체 사상에 기초하고 있다. 그 때문에 그는 기독교의 본질적인 일치를 문제 삼는다. 신약성서와 신앙고백 제3조항에 따르면 기독교의 본질적인 일치는 믿음, 소망, 사랑의 공동체라는 데 있다. 그것은 영적이며 숨겨진 공동체요, 그리스도의 나라와 동일한 성격을 가졌고, 외적인 질서로는 증명할 수 없는 것이다(WA 6, 292,

---

1) Heribert Smolinsky: Augustin von Alveldt und Hieronymus Emser. Eine Untersuchung zur Kontroverstheologie der frühen Reformationszeit im Herzogtum Sachsen; Münster 1984. 라이프치히 신학자인 옥센푸르트의 히에로니무스 둥거스하임 역시 1519/1520년 루터와의 서신교환에서 교황의 수위권 문제를 주로 교부신학적이고 교회법적인 논지로 다루었다. WAB 1 Nr.203, 230, 235, 255; 2 Nr. 244, 245, 292, 293, 294, 301; 비교. EA 54, 168-179.

2) WA 6, (277) 285-324.

37ff). 그러나 기독교에는 육적이며 외적인 교회도 있다. 예배를 드리기 위해 혹은 목사 및 감독을 중심으로 한 교인들의 모임이 그것이다. 육적인 교회에 참여했다고 해서 그것이 곧 참된 기독교인이 되었음을 의미하는 것은 아니며, 참된 교인으로 만드는 것도 아니다(WA 6, 296, 16ff). 두 개의 교회, 곧 '영적이고 내적인 교회' 와 '육적이고 외적인 교회' 는 분명히 구분되어야 하지만, 그렇다고 서로 나뉘어서는 안 된다. 그것은 인간을 영적이고 육적인 인간으로 구분하기가 쉽지 않은 이치와 같다(WA 6, 296, 37ff). 루터는 후에 교회론에서 이 두 가지의 교회 형태가 서로 어떻게 관련되어 있는지를 좀 더 분명히 했으나, 이 시기에는 우선 교회의 영적인 측면을 강조했다. 그것만이 확실히 침해할 수 없는 하나님의 법이다. 이에 비하여 육적인 교회 형태는 인간이 만든 법과 같은 형식들이다.[3]

토마스 무어너는 1520년 루터가 마치 플라톤이 그의 이상국가를 생각하듯 말하고 있다고 비난했다.[4] 그러나 루터의 구원론과 육적인 교회와 영적인 교회 사이의 기능적인 연관성을 고려하여 좀 더 정확히 해석해 보면, 루터의 교회론에는 그 반대자들의 교회론 보다 플라톤주의가 훨씬 적음을 발견할 수 있다.

루터는 그의 공동체 사상에서 교회를 거룩한 장소로만 보는 획일성을 피하고 있다. 당시에는 교회가 지닌 성례전적 토대 때문에 교회의 근거와 토대 그리고 교회가 제공하는 여러 가지 일이 '영적인 일' 이 되고, 신적인 법은 그 아래 놓여 있었다(WA 6, 297, 22ff.).

---

3) WA 6, 296, 30 이하는 그렇게 이해해야만 한다. 만약 루터가 WA 6, 296, 36 297, 10.34 이하에서 '영적인 법' 을(인간적인 법과 개념적인 연관성에서) 언급하고 있다면, 전통적인 용어에 의해 볼 때 그것은 교회법과 동일한 것이며, 그는 거기에 신적인 위엄을 부여하지 않는다.

4) Thomas Murner: Eine christliche und brüderliche Ermahnung; Deutsche Schriften Bd.6, Berlin 1927, 74.

영적 공동체인 교회는 그리스도만을 머리로 가질 수 있다. 그는 그리스도인들에게 참된 삶, 신앙, 희망 그리고 사랑을 선사한다(WA 6, 297, 36ff). 자신의 정체성을 사람들에게 알리기 위해 그리스도는 자신이 보낸 사자들을 돕지만, 그를 대변하는 대표자나 혹은 통치자를 돕는 것은 아니다(WA 6, 298, 27ff. 299, 31ff). 그는 복음을 통해서 자신을 알린다. 에베소서 4:5절('주도 하나, 믿음도 하나, 세례도 하나') 해석에서 보듯이 '주님'을 '복음'을 통해 해석하는 것이 루터 해석의 특징이다.[5] 복음, 세례 그리고 성찬의 성례전을 통해서 그리스도는 외적인 삶의 지평으로 그 자신을 나눈다. 그 때문에 이 세 가지 — 복음 설교, 세례 그리고 성찬의 성례전 — 는 '세상 속에 있는' 참된 교회인 영적인 공동체가 어디에 있는지를 외적으로 알게 하는 표지들이다. 역사적으로 볼 때 외적인 기독교는 단지 한 사람의 우두머리 하에서만 지속적으로 존재할 수 있기에 그들의 일치를 위해 육적인 머리가 있어야 한다는 주장은 옳지 않다고 루터는 말한다. 루터는 군주적 원리를 가진 이러한 주장을 스위스의 예(WA 6, 292, 9ff.)를 포함하여 역사적으로 그 반대의 예를 들어 무력화시켰다. 또한 모든 인간에 대한 그리스도의 주 되심을 오로지 '경건하고 신실한 그리스도인들만'의 머리로 혼동해서는 안 된다(WA 6, 301, 11ff). 죄를 사해 주는 영적 권세는 사법적인 교회정부의 권한이 아니다. 묶고 푸는 권세에 대한 예수의 말씀은 예수의 이름으로 죄의 용서가 선포될 때 하나님의 은혜를 신뢰하는 양심을 견고하게 하는 것이다. 그리스도는 죄의 용서와 양심의 자유를 선포할 수 있는 권한을 교회에 위임했다. 교황의 수위권을 입증하기 위해 인용된 마태복음 16:18절 이하는 마태복음 18:18절과 요한복음 20:22절 이하의 말씀으로 해석되어야만 하

---

5) WA 6, 293, 5ff. 비교. 301,4, 407, 17 412, 21.

며, 그것이 전도되어서는 안 된다. 그에 따르면 베드로는 마태복음 16:18절 이하에서 기독교 전체를 위해서 죄를 용서하는 권세를 부여받았으며, 결코 그 자신이나 개인적인 후계자 차원에서 그것을 보장받은 것이 아니다.[6]

복음 설교가 지닌 영적인 권한이 사법적이고 정치적인 중세 교황권의 전권요구로 인해 억눌려 있다는 관점에 도달하면 할수록 루터는 더욱 단호하게 교황을 적그리스도와 동일하게 여겼다. 교회법 연구와 교황주의적인 교회론을 펼치는 적들과의 논쟁은 한편으로는 이와 연관된 루터의 사상을 더욱 발전시켰고, 다른 한편으로는 자신의 생각을 성서해석으로 분명하게 밝히는 계기가 되었다. 그 결과 단순히 중세기의 여러 적그리스도에 관한 사상 중의 하나에서 이끌어 낼 수 없는 적그리스도 사상이 그에게서 나왔다.[7]

루터는 카예탄에게 심문을 받은 후, 비공개적인 편지에서 적그리스도(살전 2:4)가 로마 교황청을 통치하고 있다고 추정했다. 로마 교황청은 터키보다 더 악하다.[8] 라이프치히 논쟁 이후 루터는 이러한 문제를 공론화했다.[9] 루터는 1520년 초 울리히 폰 후텐이 발행

---

6) WA 6, 309, 18ff. 311, 31ff. 루터의 이해에 의하면 마태복음 16:18의 '음부의 권세'가 능히 이길 수 없는 '반석'은 '그 어떤 것도 감히 그것에 대적할 수 없는 오직 그리스도와 신앙'을 의미한다. WA 6, 314, 27f. 비교. 315, 8ff. 루터는 이러한 해석을 라이프치히에서 에크와 논쟁할 때 이미 주장했다. 그는 자신의 주장을 위해 교부들의 해석을 인용했다. Folkert Rickers: Das Petrusbild Luthers. Ein Beitrag zu seiner Auseinandersetzung mi dem Papsttum; Diss.theol. Heidelberg 1967.

7) O. Böcher, G.-A.Benrath, G.Seebass: Antichrist, II/III/IV, TRE 3, 1978, 21-43.

8) WAB 1, 270, 9ff. 351, 15ff. 359, 28ff.

9) WA 2, 205, 12f. 430, 2ff. 675, 33f; WA 5, 231, 35ff. 330, 7ff (AWA 1, 415, 2ff. 576, 5ff).

한 콘스탄티누스 황제의 증여문서가 위서라는 내용을 담고 있는 로렌티우스 발라의 글을 강의했고, 이 강의는 교황청 안에 적그리스도가 권세를 잡고 있다는 루터의 생각을 더 강화시켜 주었다.[10] 알벨드트의 글과 프리에리아스[11]의 새 글을 통해 교황의 수위권 토론이 더 뜨겁게 진행되었을 때, 루터는 교황이 적그리스도일 것이라는 막연한 가정이 점점 확신으로 바뀌고 있다고 말했다. 로마 교황청이 파문교서를 발부해 루터를 이단으로 공식화하자, 루터는 더 이상 주저할 것이 없었다(참고 7장 1).

루터는 역사가 진행되면서 점차 전권을 요구하게 된 교황제도를 적그리스도라고 규정했다.[12] 반로마적 적그리스도 사상이 확실한 윤곽을 갖추었을 때, 결정적인 요인으로 작용한 것은 — 교황주의자들이 아무런 성서적 근거 없이 1520년 여름에 발부한 교서에 의하면 — 교황이 성서해석을 결정하면 그것을 비판할 수 없다고 요구한 점이었다.[13] 교회정부의 계층구조적인 수위권과 아무런 성서적 근

---

10) WAB 2, 48, 20ff. 1520년 2월 24일자 스팔라틴에게 보낸 편지.
11) WA 6, 322, 10ff. 프리에리아스의 글은 교황의 수위권에 관한 방대한 글이었고, 루터는 이 글을 입수한 후 곧 1520년 6월 가장 강렬한 반로마적 정서를 담은 자구설명, 서문 그리고 추기(Nachwort)를 덧붙여 자신에 대한 실베스터 프리에리아스의 답변 초록을 인쇄하게 했다. WA 6, (325) 328-348. 아마도 추기(追記)는 멜란히톤이 했을 가능성이 크다. 비교. M. Brecht (참고문헌 B), 331.
12) 적그리스도의 표지 중 어느 것을 중요하게 여기느냐에 따라 적그리스도가 교황청에서 역사적으로 활동한 시점 규명은 다소 유동적이다. 비교. TRE 3, 30, 30ff.
13) 그것으로 데살로니가후서 2:4절이 성취되었다. 더 중요한 관련 구절은 단 9:27, 12:11(내지는 마 24:15) 그리고 (1521년 이후로) 단 8:23ff. 루터는 다니엘 8:23절 이하 주해에서 적그리스도라는 개념과 동시에 1521년 봄 교회 이해에 도달했다: Ad Librum······ Ambrosii Catharini······ responsio; WA 7, (698) 705-778 (1524년 번역되어 출판되었다). 루

거 없이 인간의 구원과 관련시킨 모든 교회법은 적그리스도의 영적인 독재의 일환이다. 결국 정치적인 통치 요구와 중세 후기 교황청의 금전주의 역시 루터에게는 교황이 적그리스도라는 표지였다. 루터의 적그리스도 개념은 반그리스도적이거나 혹은 적그리스도적인 특정한 역사적 출현 형태와 연관되지만, 그럼에도 불구하고 그의 적그리스도 사상은 묵시적인 특징을 갖고 있다. 왜냐하면 그에게 적그리스도는 세계사의 마지막 기간 혹은 마지막 때의 한 현상이기 때문이다. 루터는 적그리스도가 교회 밖이 아니라 교회 내에서 그의 세력을 키우고 있다는 사실이 성서적 진술과 부합하는 결정적인 특징이라고 보았다. 그 때문에 적그리스도에 대한 논쟁은 그리스도를 성서적으로 올바로 이해하고 교회가 지닌 올바른 권한을 지키기 위한 싸움이었다.

참고문헌 : Jan Aarts: Die Lehre Martin Luthers über das Amt in der Kirche. Eine genetisch-systematische Untersuchung seiner Schriften von 1512 bis 1525; Helsinki 1972. Carl Axel Aurelius: Verborgene Kirche. Luthers Kirchenverständnis in Streitschriften und Exegese 1519-1521; Hannover 1983. Remigius Bäumer: Martin Luther und der Papst; 2. Aufl. Münster 1971. Ernst Bizer: Luther und der Papst; München 1958. Heinz Brunotte: Das Amt der Verkündigung und Priestertum aller Gläubigen

터로부터 영감을 얻어 루카스 크라나흐는 1521년 봄 고난받는 그리스도의 모습과 적그리스도의 모습을 그렸다. WA 9, (677), 701-715. 비교. Robert W. Scribner: For the sake of simple folk. Popular Propaganda for the German Reformation; Cambridge 1981, 148-189.

; Berlin 1962. Johannes Heckel: "Die zwo Kirchen". Eine juristische Betrachtung über Luthers Schrift "Von dem Papsttum zu Rome"; bei dems.: Das blinde, undeutliche Wort "Kirche"; Köln 1964, S.111-131; zuerst ELKZ 10, 1956, 221-226; erweierte Fassung bei dems: Im Irrgarten der Zwei-Reiche-Lehre, München 1957, 40-66. Gerhard Heintze: Allgemeines Priestertum und besonderes Amt; EvTh 23, 1963, 617-646. Scott H. Hendrix: Luther and the Papacy. Stages in a Reformation Conflict; Philadelphia, Pa. 1981. Regine Prenter: Die göttliche Einsetzng des Predigtamtes und das allgemeine Priestertum bei Luther; ThLZ 86, 1961, 321-332. Hans Preuss: Die Vorstellungen vom Antichrist im späteren Mittelalter, bei Luther und in der konfessionellen Polemik; Leipzig 1906. Johannes Schlageter: Die Autorität des kirchlichen Amtes und die evangelische Freiheit. Zur Problematisierung des päpstlichen Herrschaftsanspruches bei Wilhelm von Ockham und Martin Luther; FS 59, 1977, 183-213. Wolfgang Stein(참고 8장 4). Wilhelm Wagner: Die Kirche als Corpus Christi mysticum beim jungen Luther; ZkTh 61, 1937, 29-98.

2. 교회개혁의 호소 -『독일 그리스도인 귀족들에게』

1520년 6월에 쓴 『독일 그리스도인 귀족들에게』(An den christlichen Adel deutscher Nation von des christlichen

Standes Besserung)는 교회개혁을 학문적 영역인 신학과정에만 제한하고 싶지 않았던 루터의 개혁의지와 특정한 형식의 삶을 교회에 초래한 스콜라 신학에 그 뿌리가 있다.

이 책에 등장하는 개혁 요구는 『독일 민족의 불만들』과 일치한다. 15세기 후반 이후 제국의 고위 귀족들은 이 글을 통해 시정을 바라는 요구사항들을 교황청에 계속 제출해 왔다. 황제 막시밀리안 1세의 통치 때에도 역시 이 글은 1510년과 1518년의 아우구스부르크 제국회의에서 논의되고 인쇄되어 배포되었다.[14] 독일 귀족들은 세 가지 불만을 분명히 지적했다. 첫째는 교황청이 제국 내의 교회 고위직을 점점 독식하여 의심스러운 사안을 로마에 유익하게 결정한다는 점이요, 둘째는 여러 가지 이유를 들어 교황청에 점차 더 많은 돈을 지불하게 하고, 셋째는 교회의 송사 문제를 로마로 이첩하여 그곳에서 납득할 수 없는 방식으로 해결한다는 점이다. 서유럽의 스페인, 프랑스 그리고 영국이 왕권을 중심으로 국가교회적인 발전을 거듭해 간 반면, 독일제국은 15세기에 성직 임명, 재경 그리고 사법의 영역에서 교황권에 밀려 단 한번도 국가적 이득을 확보하지 못했다. 독일 민족의 명예와 관심은 교황청에 의해 늘 무시당했다.

루터의 이 책은 독일 민족의 요구와 불만족스러운 민족감정을 다루고 있지만, 그 시대의 종교성에 나타난 '영적인 병'도 함께 언급하여 폭넓은 개혁 요구를 담고 있다. 이 책은 그 외에도 국가교회적인 개혁만을 다룬 것은 아니다. 루터는 범기독교 개혁이라는 목적으로 황제와 독일 귀족들이 먼저 시작해 줄 것을 요구했다. 이 책이 갖고 있는 기독교에 대한 개혁 요구는 인문주의, 특히 순례, 하위성

---

14) L. Hatzfeld: Gravamina nationis germanicae, RGG³ 2, 1958, 1832. Heinz Scheible: Die Gravamina, Luther und der Wormser Reichstag 1521; Blätter für Pfälzische Kirchengeschichte und Religiöse Volkskunde, 39, 1972, 58-72.

직자들의 독신, 갖가지 미사, 구걸승단 그리고 미신적인 성인숭배를 폐지해야 한다는 에라스무스의 요구와 일치하고 있다. 루터는 이 책의 서론에서 그에 대한 상세한 설명을 덧붙여 인문주의자들이 제기하는 요구의 급진성을 잘 극복하고 있다.

1520년에 쓴 글에서 루터는 "왕, 선제후 그리고 귀족들은 교회개혁의 차원에서 로마라는 악동에 대항해야 한다. 왜냐하면 고위성직자들은 이 문제와 관련해 어떤 행동도 하지 않을 것으로 보이기 때문이다"라는 의견을 피력했다.[15] 『독일 그리스도인 귀족들에게』를 쓰도록 루터를 독려한 것은 그의 절친한 친구들이었다.[16] 그중 하나는 비텐베르크 동료인 니콜라우스 폰 암스도르프였으며, 루터는 이 책을 그에게 헌사했다. 루터는 필사본을 인쇄하기 직전 당시에 들은 교황에 대한 구두정보를 근거로 내용을 더 보완했다.[17]

루터는 10월에 아켄에서 황제즉위식을 거행할 예정이던 스페인 출신의 칼 5세와 그리스도인이면서 세속적 직위를 가진 권력자들에게 종교개혁을 호소했다. 루터의 견해에 의하면 '로마주의자들'은 부당하게 세 개의 벽을 쌓고 그 뒤에 숨어 종교개혁을 방해하고 있기 때문에 그들만이 적극적으로 기독교의 개혁을 추진할 수 있는 힘을 지녔다는 것이다. 첫 번째 장벽은 성직자 신분과 평신도를 구분하여 영적 권한을 지닌 사제계급이 일방적으로 우위에 있다는 것이다. 이에 반대하여 루터는 바울이 그리스도의 몸이라고 묘사했듯이(고전 12:12ff), 세례, 복음 그리고 신앙(엡 4:5)이 모든 그리스도인들을 동일하고 참된 영적 신분을 가진 자로 만든다고 말한다. 베드로전서 2:9절과 사도행전 1:5절 그리고 5:9절 이하에 의하면

---

15) WA 6, 258, 5ff; 322, 23ff; 347, 17ff.
16) CR 1, 211 (MBW 1 Nr.105).
17) WA 6, 418, 14-427, 29에 있는 엑스쿠어스(Exkurs)는 로마에서 온 얀 반 데어 빅(Jan van der Wyck)의 정보에 근거해서 작성한 것이다.

그리스도의 몸을 이루는 모든 지체는 제사장 같은 전권을 가지고 있다. 교회의 직임은 모두가 가지고 있는 이러한 전권을 공적으로 수행할 수 있도록 위임한 것이다. 루터는 세례받은 모든 사람들의 만인사제직에 기초해, 만일 교회의 최고 책임자가 교회의 오류를 바로잡지 못할 경우, 세속 권력의 소유자 역시 세례받은 그리스도 인으로서 교회적 오류를 시정할 권한과 의무가 있다는 결론을 이끌어 내고 있다. 루터는 '그리스도의 몸' 혹은 '기독교의 몸'에 관해 언급하며, 이제 개혁이 불가피하다고 말한다. 그는 권력의 소유자가 그리스도인인 기독교 사회를 눈앞에 그리고 있지만, 더 이상 기존의 의미로 영적 신분과 세속적 신분, 성직자와 평신도를 구분하지 않음으로 이제까지의 기독교 공동체에 중요한 변화를 가하고 있다. 그는 주어진 상황에서 그리스도인인 세속권력자에게 개혁적인 조처를 호소했다. 그것은 공적인 대책이 합법적인 방법으로 수행되어야 했기 때문이다. 만일 최고 권력의 소유자인 황제가 그러한 대책을 추진할 경우, 교황도 그것을 취소하게 해서는 안 된다.

두 번째 장벽은 교황이 참된 성서해석을 최종적으로 결정할 수 있다는 교리 결정권이다. 이에 대하여 루터는 모든 그리스도인은 성령을 통해 교황도 모를 수 있는 성서를 올바로 이해할 수 있다고 말한다(요 6:45). 모든 그리스도인들은 기독교의 영적인 질병을 판단하고 긴급한 개혁을 수행하기 위한 성서적 척도를 알 수 있다. 이것은 하나님 말씀을 통해 성령의 가르침을 받기 때문이다.[18]

---

18) 후에 종교개혁이 진행되면서 이 문제가 논쟁에 개입했고, 루터가 이미 라이프치히 논쟁 당시부터 평신도가 결정에 참여하기를 원했듯이 공적 직임을 갖고 있는 평신도가 성서의 진리를 개혁자들이 가지고 있는지 아니면 미신적인 설교자가 가지고 있는지를 판단했다. Bernd Moeller: Zwinglis Disputationen, Studien zu den Anfängen der Kirchenbildung und des Synodalwesen im Protestantismus;

세 번째 장벽은 오직 그 혼자만이 공의회를 소집할 수 있고, 공의회의 결정은 자신의 확인을 통해서만 효력을 발생한다는 교황의 요구이다. 루터는 교황의 수위권이 공의회에 의한 교황청의 개혁을 방해했다고 마태복음 18:15절 이하를 인용하여 비판하고 있다. 그에 의하면 모든 그리스도인은 만일 다른 그리스도인, 특히 교회의 직위를 가진 그리스도인이 부당한 행동으로 기독교에 위해(危害)를 가져올 경우 그를 권고해야 한다는 것이다. 그렇다면 그 문제는 평신도에게도 공개되어야 한다. 그러므로 그리스도인인 세속권력자는 그가 지닌 대표성을 통해 교황청을 포함하여 기독교의 개혁을 수행하기 위해 필요할 경우 공의회를 소집할 권한을 가지고 있다.
　루터는 개혁해야 할 점들을 다루면서 우선 교황청 개혁을 통해 제거해야 할 세 가지 불쾌한 것에 대해 언급한다. 그것은 교황의 세속적 권력과 사치, 제후 대접을 해야 하는 수많은 추기경 그리고 지나치게 많은 직원을 둔 거대한 교황청이다. 엑스쿠어스(WA 6, 418, 14-427, 29)는 로마 교회의 법의 남용, 특히 날조된 교회법의 남용을 다루고 있다. 루터는 25개 내지 26개의 영적인 범죄목록을 다루면서 로마의 직위독점, 사법, 금전주의, 교회의 정치욕 그리고 로마와 교황에 대한 종교적 숭배와 관련하여 개혁사항을 12가지로 기록하고 있다. 그는 13번째부터 기독교의 개선해야 할 결함에 대해 적고 있다.[19] 그는 수많은 걸식수도원과 사제의 목회에 장애가 되는 걸식교단의 개입(13), 사제의 독신(14), 죽은 영혼을 위한 과도한 미사(16), 수많은 성인축제(18), 순례와 기적에 집착하는 미신(20), 수도사와 순례자들의 걸식원리(21), 사제의 기도와 미사 희생을 위해서만 모아지는 성직록 기금(22), 그리고 한편으로는 특

ZSavRG 87 Kan 56, 1970, 275-324 und 91 Kan 60, 213-364.
19) WA 6, 438, 14ff; 복원하는 과정에서 이곳에 있는 숫자들이 삭제되었다.

별한 의무를 가진 종교적 형제관계와 다른 한편 서원했기에 반드시 지켜야 하는 의무에 대한 교황의 사면(23)을 비판한다. 그는 일반적인 목회와는 달리 특권화 되어 있는 감독의 용서권의 남용(15), 교회적인 파문의 남용과 금지된 형벌의 적용(17), 마지막으로 혼인의 권리에 대한 지나친 간섭과 다른 제반 영역에 대한 교황의 사면(19)을 비판한다. 그러나 비판은 언제나 잘못된 교회제도와 경건을 갱신하고자 하는 긍정적이고 성서적인 근거를 가진 제안과 연결되어 있다. 마지막 부분에서 그는 보헤미아인들의 이단 정죄는 다시 해명되어야 한다고 말하고 있다(24). 그는 신학 수업뿐만이 아니라, 대학 수업의 개혁을 위한 제안도 하고 있다(25). 두 번째 판에서는 기존의 25가지 사항에 한 가지가 더 추가되어 있다(26). 거기서 그는 독일 민족과 황제의 관계를 설명하는 교황청의 논지에 반대하여 황제의 제국통치권은 교황을 통해 독일 민족에게 부여된 것이 아니라고 주장한다. 결언에서 그는 제거해야 할 몇 가지 세속적인 오류도 언급했다. 그것은 의복과 음식의 사치, 푸거가(家)와 같은 자본사회의 고리대금에 의한 폭리, 탐식, 알코올 중독 그리고 매음굴과 아동학대 등이다.

    1520년 8월 4천부를 찍은 이 책의 비텐베르크 초판은 불과 며칠 지나지 않아 다 팔려나갔다. 루터는 제2판을 준비해야 했다. 이 책은 독일 타도시에서도 인쇄되어 같은 해에 가장 많이 판매되고 결정적인 영향을 끼친 책이 되었다.

    곧이어 스트라스부르의 토마스 무르너[20]와 히에로니무스 엠저가 루터의 이 책에 대한 반박서를 썼다. 엠저는 게오르크 공작의 신학 고문으로서 드레스덴과 라이프치히에 당분간 머물고 있었다. 몇 개

---

20) 『가장 권위 있고 존엄한 독일의 귀족들에게』(1520), Deutsche Schriften 7, Berlin 1928, 59-117. 147-174.

월 동안 엠저의 '염소'와 '비텐베르크 황소' 사이에 격렬한 논쟁서가 오고갔다.[21] 여기서 성서와 전통, 성경의 문자와 영, 성직의 기독교적 이해에 관해 토론했다. 이 둘은 얼마만큼 그들이 수사적인 말싸움에 능한지를 잘 보여주었다.[22]

> 참고문헌 : Max L. Baeumer: Die Menschenrechte in Martin Luthers Schrift an den Adel; Zeitschr. f. Sozialreform 7, 1961, 1-7. 65-76. Karl Bauer: Luthers Aufruf an den Adel, die Kirche zu reformieren; ARG 32, 1935, 167-217. Walther Köhler: Luthers Schrift an den christlichen Adel im Spiegel der Kultur-und Zeitgeschichte; Halle/S. 1895. Ders.: Zu Luthers Schrift "an den christlichen Adel deutscher Nation"; ZSavRG 45 Kan 14, 1925, 1-38 u. 47 Kan 16, 1927, 486-493. Ernst Kohlmeyer: Die Entstehung der Schrift Luthers an den christlichen Adel; Gütersloh 1922. Ders.: Zu Luthers Anschauung vom Antichrist und von weltlicher Obrigkeit; ARG 24, 1927, 142-150. Herbert Zschelletzschky: "Die Zeit zu reden ist gekommen……" -Luthers Gravamina im Spiegel zeitgenössischer Graphik; bei G. Vogler (참고문헌 C), 121-146.

---

21) Ludwig Enders (Hg.): Luther und Emser. Ihre Streitschriften aus dem Jahre 1521; 2 Bde. Halle 1889. 1891. 루터는 엠저에게 반박하는 세 번째 글 끝에서 'Murnarr'에게도 역시 답변했다. WA 7, 681-688. 비교. H. Smolinsky(참고 6장 1. Anm.1).
22) Birgit Stolt: Wortkampf. Frühneuhochdeutsche Beispiele zur rhetorischen Praxis; Frankfurt/M. 1974, 83-119.

3. 새로운 성례전 근거

루터는 신학을 가르치고 논쟁하는 글을 쓰면서 성례전에 대한 자신의 이해를 계속 발전시켰다.[23] 1520년 늦여름에는 『교회의 바벨론 포로』(De captivitate Babylonica)를 쓸 수 있을 정도로 성례전 이해가 성숙했다.[24] 그는 성례전에 대해 새롭게 설명하면서 중세교회의 7성례전을 비판했다. 그는 전통적인 성례전 이해를 '바벨론 포로'로 규정했고, 그 상태에서 해방시켜야 한다는 강렬한 충동에 논적인 라이프치히의 아우구스티누스 폰 알벨드트의 글을 처음부터 언급했다. 알벨드트는 루터에 반대하여 가톨릭의 기존 단종성찬을 옹호했다(참고 5장 3).

루터는 그의 책에서 성례전과 관련하여 세 가지 감옥을 언급한다. 첫 번째 감옥은 성찬식에서 평신도에게 잔 분배를 하지 않는 것이다. 성서는 그에 대해 아무런 근거도 주지 않음에도, 교회는 엄격히 잔 배종을 거부하고 있다. 루터는 성서적 율법성을 가지고 평신도들에게 잔이 무조건 제공되어야 한다고 요구한 것은 아니다. 왜냐하면 구원은 그것과 상관이 없기 때문이다. 그러나 성서는 양종성찬을 지지하기에 교회가 강압으로 이것을 막아서는 안 된다.

두 번째 감옥은 화체설을 통해 만들어진다. 이것은 성서적인 성만찬 이해를 방해하는 것이다. 루터가 보기에 화체설은 본체(substantia)와 원인(accidens)의 범주를 가지고 설명하는 아리스토텔레스적이고-토마스적인 사고의 산물이다. 12세기 초에 나온 교회의 문서들이 화체에 대하여 언급하고 있다(DS 782, 802)는 것을 루터는 알고 있다. 화체설에 대한 위클리프의 비판이 콘스탄

---

23) 중요한 발전국면은 1519년 말 성례전 설교로 이루어졌다. 참고 5장 3.
24) WA 6, (484) 497-573.

츠 공의회에서 정죄되었다는 것도 그는 잘 알고 있다(DS 1151ff). 루터는 이것을 잔 박탈의 문제와 동일하게 보았다. 그에 대한 종교적 사상은 이 문제가 교회법과 교의적으로 제도화되기 훨씬 이전에 이미 교회 안에서 확정된 것이다. 루터는 이제 새로운 비텐베르크 신학이 갖고 있는 반아리스토텔레스적이고 반토마스적인 열정으로 화체설의 개념이 비성서적이라고 비판한다. 그의 비판은 단순한 용어에 집착한 것이 아니며, 제정의 말씀을 통해 요소에 일어나는 변화에 대한 종교적 사상을 표현하고 있다. 여기에는 성경에 있는 분명한 의미를 붙드는 단순한 신앙만 있으면 된다. 그와 동시에 예수 그리스도의 몸과 피가 제정의 말씀에 힘입어 현존하게 된다. 루터는 화체설을 공제설로 대체하고자 하는 것은 아니다. 그는 인성이 그리스도 안에서 변하지 않는 기독론을 비유로 들어 설명한다. 신성과 인성은 그리스도 안에서 공제적으로 결합되어 있지 않다. 성찬의 말씀은 '이 사람이 하나님이다' 혹은 '이 하나님이 사람이다'라는 기독론적 표현처럼 정언적인 말로 이해해서는 안 된다.[25] 루터는 이것으로 아리스토텔레스적인 언어논리를 배격했고, 그와 같은 성질의 문장을 설명하고자 하지 않았다. 그 언어논리를 신앙과 연관시키는 것은 루터에게 성찬식이 '그리스도 – 말씀'이라는 신앙경험을 사람들에게 경험시키는 하나의 상황임을 의미했다.

성찬의 성례전을 상황과 연관시킨 것은 그것이 미사와 선행이 됨으로써 빠져든 세 번째요 가장 나쁜 감옥이다. 신약성서에 의하면 성찬은 고유한 특징을 가진 유언의 행위이다. 그리스도는 죽음을 직면하고 죄의 용서라는 유언의 약속을 준다. 그는 그것을 모든 구원의 상속자인 신자에게 주고 있다.[26] 유언한 구원의 약속은 사람이

---

[25] WA 6, 511, 34ff und 510, 25ff; 비교. Reinhard Schwarz: Gott ist Mensch. Zur Lehre von der Person Christi bei den Ockhamisten und bei Luther; ZThK 63, 1966, (289-351) 313-345.

자신에게 준 언약을 전적으로 믿는 신앙으로만 받을 수 있으므로 그리스도의 성찬 제정의 말씀은 이 성례전의 핵심이다. 제정의 말씀은 신앙으로 응답하며 참여한 사람들에게 선포되는 것이다. 그 때문에 제정의 말씀을 크게 그리고 참여자가 이해할 수 있는 언어로 낭독하지 않고, 소리 없이 그리고 라틴어로 수행하는 것은 성례전을 왜곡하는 것이다.[27] 그 외에도 올바른 성례전이 되도록 용서의 말씀이 요구하는 신앙 외에 다른 것을 요구하는 것은 옳지 않다. 성찬을 시행하기 전에 제단의 성례전을 바르게 먹고자 참회의 성례전으로 사제의 용서를 통해 먼저 의롭게 하는 은총이 전달되어야 한다는 요구는 이제 루터와는 상관없는 일이다. 중세의 이해에 의하면 제단의 성례전이 성찬에 참여하는 신자에게 의롭게 하는 은총을 주는 것이 아니며, 먼저 신자가 성찬에 참여하기 전에 의롭게 하는 은총을 소유해야 한다는 것이 전제였다. 그러나 루터에 의하면 성찬의 언약이 신자에게 의롭다는 은총을 약속한다. 죄의식으로 신음하는 신앙인은 그리스도를 신뢰하는 가운데 하나님의 구원하시는 말씀을 경험한다(WA 6, 519, 9ff). 그리스도는 기념의 표지로서 빵과 포도주라는 형식으로 자신의 육체와 피를 성서의 언약에 덧붙였다(WA 6, 517, 38ff). 루터는 유언의 언약이 훨씬 중요하기에 빵과 포도주라는 성례전적 표지에 대해서는 간단히 언급하고 만다.

루터의 미사 희생 비판은 식탁에서의 일을 하나의 유언으로 제자들에게 설명한 성찬 본문 말씀에 근거하고 있으며, 그 일은 결코 자신을 하나님께 희생으로 드리는 행위가 아니다. 그 때문에 루터의

---

26) WA 6, 515, 6: apertis verbis vita et salus gratuito promittuntur. 생명과 구원이 명료한 말로 약속되었으며, 그 약속을 믿는 자들에게 실제로 주어졌다.
27) 성찬 제정의 말씀이 언약의 성격을 잃어버린 것은 미신적인 태도로 대하기 때문이다. WA 6, 516, 17ff.

미사 희생 비판은 사제가 미사를 집례할 때 그리스도가 직접 행하신다는 중세 사상으로는 반박할 수 없다. 루터는 모든 강조점을 언약의 말씀을 가진 유언에 두고 있다. 그것은 복음의 존폐만큼이나 그에게는 중요했다(WA 6, 523, 16ff). 희생 사상을 담고 있는 미사 정경 본문은 루터의 제안에 의하면 다르게 해석되어야만 한다. 성경 본문의 말씀이 중요하기 때문이다. 루터는 교회공동체에 대한 의무를 의식한 나머지 미사 정경 자체를 부인하고자 하지는 않았다. 그것은 당시 정황에서 단종성찬을 즉시 폐지하고자 하지 않은 것과 같다.

미사에서 사제는 미사의 희생물을 하나님께 바치는 임무를 수행했고, 이러한 희생의 열매로 특정한 소원을 성취할 수 있었지만, 루터의 새로운 미사 이해는 미사를 드려 공적을 쌓는다는 것을 더 이상 허락하지 않았다. 그리스도인은 예수 그리스도의 유언을 다만 은사로서 얻을 수 있다. 그리스도의 유언을 구체적으로 믿으면서 참여하는 사람에게만 성찬은 구원을 매개한다(WA 6, 520, 37ff). 성례전 예배의 기도들은 그 근거를 그리스도의 구원의 언약을 믿는 신앙에 두고 있다.[28] 루터는 이러한 성례전 이해가 사제 계급과 수도사에게 결정적인 결과를 가져올 것이고, 당시 깊이 뿌리내린 교회의 제도를 흔들어 놓을 것임을 잘 알고 있었다. 그렇다고 해도 그는 인식한 진리에서 벗어나고자 하지 않았다. 진리는 모든 것보다 강하기 때문이다(Fortior omnium est veritas).[29]

하나님의 언약과 그것을 믿는 신앙이 세례의 성례전을 이루고 있다. 마가복음 16:16절의 언약은 신앙인에게 구원을 약속하며, 동시에 불신앙을 정죄의 유일한 원인이라고 칭하고 있다.[30] 하나님이 그

---

28) WA 6, 522, 14ff.; WA 6, 525, 13ff.
29) WA 6, 521, 34ff. 525, 20ff.
30) WA 6, 527, 33ff. 529, 35ff.

를 믿는 신앙인에게 구원을 베풀겠다는 세례에서 한번 언급된 약속은 죽을 때까지 유효하다. 하나님의 약속을 믿는 신앙만이 언제나 일깨워져야 하고, 견고해져야 한다. 단 한번 시행되는 세례의 언약은 신앙을 위해 항상 되새겨야 하며, 전 생애와 관련된 성격이 퇴색하지 않고 유지되어야 한다. 루터의 판단에 의하면 유아세례의 시행이 중세기에 인간적 제도에 의한 왜곡에서 성례전을 지켜주었지만(WA 6, 526, 35ff), 다른 한편 참된 세례의 관례는 새로 범한 죄에서 구출해주는 그래서 '파선후의 구원의 널빤지'(히에로니무스)라고 칭한 참회와 종교적 서원, 특히 수도사 서원으로 크게 피해를 입었다(WA 6, 527, 9ff). 참된 참회는 우리가 죄로 포기했던 변함없는 세례언약과 세례신앙으로 돌아섬에서 일어난다(WA 6, 528, 13ff). 이스라엘이 회개할 때 이집트에서의 해방을 상기한 것과 같이 그리스도인들도 참회를 세례회상에 결부시켜야 한다. 세례를 받은 자는 모든 죄의 기초가 되는 불신앙으로 인해서만 구원을 상실한다. 참회의 신앙은 세례신앙을 새롭게 하는 것이다.[31]

하나님은 세례의 제정자이시다. 외적이고 내적인 세례를 일으키는 것은 하나님이며, 세례의 완성을 위해 사람이라는 도구를 사용한다. 하나님이 직접 사람을 통해 세례를 주고, 언약의 말씀을 했다는 것을 아는 것이 신앙을 더 굳게 해준다.[32] 루터는 유아세례와 관련하여 세례받도록 아이를 데려온 사람의 신앙(부모나 대부의 낯선 신앙)이 세례받는 유아에게 도움이 된다고 말한다. 세례받을 때의 공동체의 기도가 어린 수세자에게 신앙을 일깨울 수 있기 때문이다(WA 6, 538, 4ff).

루터는 성례전의 표지에 대하여 언급하면서 은총의 확실한 표지

---

31) WA 6, 529, 11ff.
32) WA 6, 530, 19, 531, 9.

(signum efficax gratiae)라는 중세의 성례전 정의를 비판한다.[33] 그는 은총과 감각적인 표지라는 성격의 토마스와 스코투스적인 후기 프랜시스회의 성례전 이해와도 거리를 두었다. 이것은 세례에도 적용되었다.[34] 성례전의 효력은 그에 의하면, 감각적인 표지와 초자연적인 은총이 아닌 언약의 말씀과 그에 대한 믿음에 달려 있다. 이것은 세례에서도 마찬가지이다. 하나님이 구약에서 자신의 언약을 표지에 연관시켰을 때, 가령 아브라함에게 할례를 통해서처럼, 거기서도 성례전은 신약에서처럼 의롭게 하는 신앙의 성례전이었다. 왜냐하면 그들의 효력은 신앙에 달려 있었고, 하나님의 언약을 통해 그 목적을 이루었기 때문이다. 언약의 말씀을 자체에 지니고 있지 않은 모세 율법의 의식은 신앙의 성례전과 엄격히 구분해야만 한다.[35]

본래 물속에 들어갔다가 다시 나오는 세례는 세례언약과 세례신앙이 그것을 통해서 입증하고자 하는 지평이 무엇인지를 보여준다. 즉, 그것은 죽기까지의 인간의 삶과 그의 부활을 의미하는 것이다. 왜냐하면 신앙을 통해서 인간의 삶에서 죄가 죽고, 하나님께로부터 난 새로운 삶이 시작되며, 이것은 먼저 죽음과 부활에서 완성되기 때문이다(WA 6, 534, 3ff). 사람이 전인으로서 새로운 피조물로 다시 태어나기 위해서는 먼저 전인이 죽음에 내맡겨져야 한다. 그

---

33) WA 6, 531, 28ff. Vgl. Conc. Florentinum, Decretum pro Armenis, 22.Nov.1439 (DS 1310): Novae Legis······ sacramenta. multum a sacramentis differunt Antiquae Legis. Illa enim non causabant gratiam, sed eam solum per passionem Christi dandam esse figurabant; haec vero nostra et continent gratiam, et ipsam digne suscipientibus conferunt.
34) WA 6, 531, 31-34; 또한 슈말칼덴 신조(1537)를 참고하라. WA 50, 241, 12ff(BLSK 450, 1ff).
35) WA 6, 532, 3-534, 2.

때에야 그는 비로소 그리스도의 죽음과 부활에 상응하는 것이다. 그 때문에 세례를 다만 하나의 죄 씻음으로 해석하는 것은 불충분하다(WA 6, 534, 24ff).

그리스도인의 자유는 세례에 대한 해석과 세례신앙을 삶에 직접 연관시키는 데 있다. 그리스도인들은 구원에 꼭 필요한 듯 보이는 교회규정이 신자들에게 부과되었을 때(WA 6, 535, 24ff), 또는 그리스도인의 온전한 삶을 살라는 요구를 수도사나 혹은 사제가 되는 것에 종속시켰을 때, 혹은 서원을 하여 경건한 행위에 가장 큰 가치를 부여하기를 원했을 때 이 자유를 강탈당했다.[36] 루터는 세례에서 선물된 그리스도인의 자유(libertas christiana)를 찬양한다. 그에 비하여 교회가 제시한 계명들과 성직자의 계급에 따른 의무들은 바벨론과 진정한 적그리스도의 나라이다(WA 6, 537, 12ff). 세례는 그리스도인의 삶을 오직 하나님의 뜻에 맡기는 것이다. 그리스도인은 하나님의 법 외에 어느 법에도 예속되지 않는다(WA 6, 540, 3f). 세례신앙이 주는 하나님에 대한 확신이 하나님의 뜻에 따라 살도록 삶에 자유를 선사해준다. 이것이 소위 루터의 직업윤리의 원칙이다(WA 6, 541, 1ff).

95개 논제를 제시한 이후로 루터는 전통적인 참회론을 아주 상세히 반박했다. 그는 이제 그 결과를 간결하게 정리했다. 복음은 용서의 말씀을 통해 죄를 용서한다는 하나님의 언약을 담고 있다. 이

---

[36] WA 6, 538, 26ff. 루터는 일반적인 종교적 서원(순례 서원, 기도 서원, 금식 서원 등)과 평생동안 지켜야 하는 엄숙한 수도사 서원에 대해 비판한다. 그는 다만 사적이고, 은밀한 서원에 대해서는 아직은 어느 정도 인정을 한다(WA 6, 539, 33ff). 그는 수도사 서약 중 특히 독신 서약에서 다시 벗어날 수 있는지를 묻는 질문에 대해서는 아직은 분명하게 답을 하지 않는다(WA 6, 542, 13ff). 비교. 참고 8장 1. 서원을 하는 것이 정말로 하나님의 법이라면, 교황의 사면은 불필요하다(WA 6, 541, 18ff). B. Lohse (참고 2장 2), 350-355.

용서의 말씀이 신앙을 불러일으킨다(WA 6, 543, 14ff). 참회론도 물론 언약의 말씀과 신앙의 본질적인 관계에서 시작되지만, 여기에는 그리스도가 제정한 특별한 표지가 없다. 그 때문에 루터는 그것이 성례전이라고 말할 수 있는지 망설인다.[37)]

루터는 참회의 성례전이 지닌 세 가지 구성요소—마음의 회개, 고백 그리고 보속—에 대해서 그것이 어느 정도로 참된 참회신앙과 연관되어 있는지를 검토한다. 참된 참회신앙은 양심이 직접적인 하나님의 엄격한 요구를 경험하고, 용서의 말씀을 통해 친절한 약속을 경험하게 한다. 이러한 신앙이 참된 회개를 가져오는 것이다.[38)] 이 신앙이 회개할 목적으로 스스로를 파헤치는 힘든 고뇌에서 자유하게 한다. 당시는 회개가 신앙을 이끌어준다고 생각했다(WA 6, 545, 9ff). 참된 신앙이 하나님 앞에서 책임감과 죄책감을 알게 해 준다면, 원죄에 대한 고백을 안 할 수는 없다. 교회의 참회서는 부패한 것이다. 성경이 가르치는 바와 같이 형제가 차라리 다른 형제에게 기꺼이 죄를 고백하는 것이 오히려 복음과 일치한다(마 18:15ff).[39)] 교회의 보속 지시는 참된 신앙이 삶의 갱신(innovatio vitae)에서 확인되고 옛 사람에게 그리스도의 십자가가 부과될 때 무의미해진다(WA 6, 548, 18ff).

여타의 나머지 전통적인 교회의 성례전들은 그리스도를 통해 보증된 하나님의 언약에 근거하고 있지 않으며, 그리스도가 제정한 특별한 표지도 없다. 그것들은 본질적인 신앙적 중요성이 없는 기껏해야 의식적 행위에 불과하다. 견진성사에서 손을 얹는 행위를 반대할 근본적인 것은 없다. 그러나 아무런 근거 없이 감독의 고유 업무라고 여기는 견진성사는 힘든 일은 기피하면서도 아무런 일도

---

37) 비교. WA 6, 501, 33ff. 그리고 572, 10ff.
38) WA 6, 545, 1ff.
39) WA 6, 545, 38-548, 17.

하지 않고 교회에 있을 수 없는 감독들이 교회 권한의 수행권을 왜곡한 데서 온 것이다(WA 6, 549, 20ff).

혼배성사는 에베소서 5:31절을 성례전으로 잘못 해석한 데서 왔다. 그것은 사실 사람 모두에게 해당하는 것이며, 결코 그리스도인에게만 해당하는 삶의 행위가 아니다(WA 6, 550, 21ff). 루터는 교회가 부당한 규정으로 만든 혼인 불가 사항들을 비판한다. 교황도 혼인 허용 권한을 자기의 고유 직임처럼 부당하게 월권했다(WA 6, 553, 22ff). 루터는 오직 성서적 근거(레 18:6ff)가 있는 혼인 불가 사항만을 인정한다.[40] 이혼에 대해서는 교회의 원칙보다 더 엄격한 척도가 있다. 그는 마태복음 5:32절에 따라 간음만을 이혼 사유로 인정하고 싶어 했다. 그는 죄가 없는 배우자에게-당시의 교회법과는 달리-다시 재혼을 허락했다(WA 6, 559, 20ff).

모든 그리스도인들은 세례에 의해-영적인 의미에서-사제와 같은 전권을 소유하기에 특별히 구별하는 신품성사는 그리스도인의 형제 됨(fraternitas Christiana)을 파괴하는 것이다.[41] 그리스도가 남긴 말들은 성찬식(고전 11:24)이나 선교명령(마 28:19)이나 더욱이 기도를 권면(마 26:41)하는 장면에서도 특별한 교회 내 영적인 신분에 대해 아무런 근거를 주지 않는다(WA 6, 563, 10f). 그러나 다만 교회가 설교직을 수행하도록 선출하고 의장에 의해 이 직임에 취임한 사람은 공적으로 만인사제직을 수행할 수 있다.[42] 그러므로 기존의 신품성사 의식은 공적인 설교직의 위촉이라는 의식으로서의 의미만을 가질 수 있다.[43] 사제의 독신은 빈약한 성서적

---

40) WA 6, 555, 19ff. 종교가 다르다는 것도 결혼을 못할 사유는 아니다. WA 6, 556, 9ff.
41) WA 6, 563, 31ff; 566, 26ff.
42) WA 6, 564, 6ff. 15f; 566, 26ff.
43) WA 6, 564, 16f; 566, 30ff.

근거와 당시 만연된 심각한 도덕적 결과 때문에 이미 『독일 그리스도인 귀족들에게』에서 신랄하게 비판된 것이다(WA 6, 568, 20ff).

일곱 번째 성례전인 종부성사에서 루터는 이 성례전의 근거(약 5:14f)를 가져온 야고보서의 사도적 성격을 의심한다.[44] 이 본문이 사도적이라고 해도, 자신의 권위로 성례전을 시행할 사도는 없을듯 하다. 왜냐하면 성례전은 예수 그리스도만이 제정할 권한이 있기 때문이다(WA 6, 568, 11ff). 루터는 더 나아가서 이 성례전의 교회적 의미와 성례전의 일반적 개념 내지는 야고보서 5:14절 본문이 지닌 의미 사이의 모순을 지적한다(WA 6, 568, 20ff).

새로운 성례전 근거에 의하면 세례와 성만찬만을 성례전이라고 할 수 있다. 이 두 가지 성례전에만 본래 그리스도께서 남긴 말씀에 근거하여 신앙을 불러일으키는 하나님의 언약의 말씀과 표지가 있다. 하나님은 언약의 말씀 안에서 제한받지 않은 은총을 지닌 그리스도를 통해 직접 사람에게 향하시며, 그를 예수 그리스도의 아버지로 믿는 사람에게 완전한 구원을 베푸신다. 그 때문에 두 개의 성례전만이 의롭게 하는 은총의 성례전이다. 인간은 이 두 가지 성례전에서 믿음을 통해 죄인의 칭의를 경험한다. 표지는 초자연적 성질을 가진 상징으로서 그 자체의 집례로 효력을 발생하는 것이 아니며, 오히려 그리스도의 제정의 뜻에 기초하여 언약 말씀과 신앙이 삶 속에서 서로 연관되도록 견고하게 해주는 것이다.

루터는 『교회의 바벨론 포로』라는 글로 교회의 전통적인 구원 이해의 토대를 뒤흔들어 놓았다. 이 글에서의 루터의 호소는 많은 공감을 불러일으켰다.[45] 습관화된 성례전 체계에 대한 루터의 비판은

---

[44] WA 6, 568, 9ff. 비교. WA 2, 428, 11ff(1519): stilus epistolae illius longae est infra Apostolicam maiestatem nec cum Paulino ullo modo comparandus.

[45] WA 6, 495f.

특히 황제의 고해신부와 교황청 사신을 놀라게 했다.[46] 에라스무스는 이 책을 계기로 가톨릭이 루터 문제를 결코 용납하지 않으리라고 보았다.[47] 파리 대학교 신학부는 1521년 초, 이 책은 그 오류성에 있어서 코란에 비교할 수 있다며 루터의 교리를 정죄하는 의견을 제시했다.[48] 영국의 헨리 8세는 1521년 여름, 루터에 대한 반박서를 출판했고, 루터 역시 다시금 이에 대한 반박서를 내놓았다. 헨리 8세는 이로 인해 교황으로부터 '평화의 옹호자'(Defensor fidei)라는 최고의 칭호를 얻었다.[49]

> 참고문헌 : Ernst Bizer: Römisch-katholische Messe und evangelisches Abendmahl; bei Wilhelm Schneemelcher (Hg.): Ecclesia semper reformanda, Festschrift Ernst Wolf; München 1952, 17-40. Ders.: Die Entdeckung des Sakraments durch Luther: Ev 17, 1957, 64-90. Joseph Lortz: Sakramentales Denken beim jungen Luther: LuJ 36, 1969, 9-40. Frido Mann: Das Abendmahl beim jungen Luther; München 1971. Karl-Heinz zur Mühlen: Zur Rezeption der Augustinischen Sakramentsformel "Accedit verbum ad elementum, et fit sacramentum" in der Theologie Luthers; ZThK 70, 1973, 50-76. Wilhelm Niesel: Literarkritischer Vergleich von Luthers Sermon vom Neuen Testament mit dem über die Messe handelnden Abschnitt aus De captivitate babylonica ecclesiae; NKZ 35, 1924,

---

46) WA 6, 493.
47) 1521년(6월?) 뢰벤 신학자에게 보내는 글; Allen 4 Nr. 1217, 38f.
48) CR 1, 370.
49) WA 6, 494f. 원저자는 로체스터의 감독인 존 피셔이다.

> 478-481. Wolfgang Schwab: Entwicklung und Gestalt der Sakramententheologie bei Martin Luther; Frankfurt/M. 1977. Ursula Stock: Die Bedeutung der Sakramente in Luthers Sermonen von 1519; Leiden 1982.

4. 그리스도인의 자유와 선행

   루터는 교수로서 가르치면서 바울의 칭의론을 계속 숙고했고, 그것은 1518년 가을 시편주해를 다시 시작한 이후에도 계속되었다. 1519/1520년 비텐베르크 대학에서 토론을 위해 루터가 제시한 일련의 논제들 역시 주로 믿음에 의한 칭의와 그에 상응하는 성례전 이해 문제를 다루었다.[50] 루터는 인간의 죄와 칭의에 대한 학문적인 숙고와 동시에 그 해에 출판된 비텐베르크에서 행한 설교[51]와 논문에 자신의 새로운 이해를 첨부했다. 죄와 칭의가 주제인 루터의 첫 논문은 1518년 말 『세 가지 종류의 의에 관한 설교』(Sermo de triplici iustitia)로 출판되었다.[52] 이어 1519년 봄에 『두 가지 종류의 의에 관한 설교』(Sermo de duplici iustitia)[53]가 나왔으며, 스팔라틴이 번역본을 완성했다. 루터는 '신앙에 의한 칭의'를 1520년 초 『선행론』에서 다시 다루었다.[54] 십계명을 해석하면서 루터는

---

50) WA 6, 23; 28-32; 84-98; 379f; 470-473; 574f; WA 9, 310-313.
51) Erich Vogelsang: Zur Datierung der frühesten Lutherpredigten; ZKG 50, 1931, 112-145.
52) WA 2, (41) 43-47.
53) WA 2, (143) 145-152.
54) WA 6, (196) 202-276. 라틴어 번역본은 1521년에 나왔다.

신앙만이 1계명의 요구를 성취하며, 그 때문에 신앙만이 사람이 행하는 여타의 모든 것을 선하게 만드는 유일한 근원이라고 설명한다. 그는 1520년 가을 『그리스도인의 자유』(Von der Freiheit eines Christenmenschen)라는 논문에서 동일한 문제를 다른 음조로 독일어와 동시에 라틴어로 다루었다.[55] 1521년 초에 나온 『세 가지 선한 삶에 관한 설교』는 앞 글의 연속이라고 할 수 있다.[56] 『선행론』과 『그리스도인의 자유』는 이 중 가장 중요한 책들이며, 2차 시편강의와도 밀접한 연관이 있다.[57]

인간의 행위는 그것이 신앙에서 비롯될 경우에만 선하다. 신앙은 모든 삶의 영역에서 다른 모든 일이나 중요한 삶의 행위보다 우선적이며 반드시 필요한 '일'(요 6:28f)이다. 그것은 곧 모든 일 속에서 그리고 어떤 고난 가운데서도 하나님을 확신하고 신뢰하는 것이다. "인간은 그 본질상 어떤 것을 행하거나 행하지 않거나, 어떤 것을 견디거나 피하지 않고는 한순간도 존재할 수 없다(왜냐하면 우리가 본 바와 같이 삶은 결코 조용히 머물지 않기 때문이다). 그러므로 경건하게 되고(루터에게 이것은 하나님 앞에서의 의를 말한다) 많은 선을 쌓기 원하거든 이제 시작하되, 모든 생활과 행동에 있어서 언제나 믿음을 붙들고자 힘쓰라. 모든 일을 행하건 행하지 않건 신앙 안에서 부단히 배우라."[58] 루터의 신앙 이해는 의지가 뒷받침되어 간주하는 인식적 행위로 신앙을 이해하는 것과는 거리가

---

55) WA 7, (12) 20-38(독일어판), 49-73(라틴어판). 이 글의 형성 배경에 대해서는 26을 참고하라. Birgit Stolt는 독일어판과 라틴어판을 비교하여 라틴어판이 독일어판을 토대로 했다는 결론을 얻었다. 독일어로 먼저 쓴 후 라틴어로 집필했다.
56) WA 7, (792) 795-802. 비교. WA 21, 147과 192.
57) W. Maurer, 8-79.
58) WA 6, 212, 34ff. 비교. 206, 18ff.

멀다. 왜냐하면 의지는 순수한 지식의 명확성이 없기 때문이다. 신앙은 하나님께 대한 근본적인 신뢰로서 인간의 삶에 확신과 자유를 준다. 하나님을 신뢰한다는 확신이 없기에 인간은 특정한 행위로, 그러한 방식으로는 그 확신에 이를 수 없는 오만과 의심에 사로잡혀 교회와 사회에 유해함에도 불구하고, 확신을 가공하고자 하는 것이다. 루터는 당시의 교회와 사회에서 이것을 경험했다.[59] 이와는 달리 신앙은 인간의 삶에 요구한 모든 것을 하나님이 기뻐하신다는 확신을 준다. 여기에는 세상적이라거나, 더 고상하다거나, 혹은 영적인 행위라거나 하는 구별은 없다(WA 6, 205, 14ff). 신앙은 인간의 죄와 그 책임에 베푸신 하나님의 자비를 신뢰하는 것이다(WA 6, 216, 26ff). 신앙은 그리스도 안에 있는 하나님의 긍휼의 계명을 신뢰하는 것이다. 신앙은 이러한 신뢰로 하나님의 진노를 견디어 낸다. 하나님이 기뻐하신다는 확신에서 신앙은 하나님의 계명을 긍정한다. 그러므로 인간 행위의 순수한 동기는 명예를 추구하거나 혹은 악을 두려워하는 대신에 하나님을 신뢰하고 경외하는 신앙에서 비로소 나온다.[60] 십계명의 모든 계명처럼, 비록 그중 상당수가 금지를 포함하고 있을지라도 계명으로서 인정한다면, 1계명은 하나님의 '은총, 총애, 호의 그리고 자비'에 대한 신뢰를 인간에게 요구한다(WA 6, 215, 34). 이것이 가능한 이유는 신앙이 그리스도를

---

[59] WA 6, 205,1ff: 기도하고, 금식하고, 기부하고, 이일 저일 행하여 사람들 앞에서 선한 삶을 사는 이들을 우리는 많이 알고 있다. 그러나 그들이 행하는 것이 하나님을 기쁘시게 한다고 확신하고 있는지 어떤지 물으면 그들은 '아니다'라고 한다. 그들은 알지 못하거나 그렇지 않으면 의아하게 여기고 있다. 더 나아가서 사람들을 잘못 지도하여 이런 것을 확신할 필요가 없다고 말하는 몇몇 대 학자들도 있다. 그러면서도 바로 이들은 선행을 가르치는 일 외에는 아무것도 하지 않는다.

[60] WA 6, 221, 1ff. 비교. Luthers Erklärung des 1. Gebots im Kleinen Katechismus.

통해 보여준 하나님 사랑의 계시에 근거를 두고 있기 때문이다(WA 6, 216, 12ff). 신앙이 첫 계명의 성취라면, 다른 모든 계명의 성취는 바로 이 첫 계명의 성취 여부에 달려 있다(WA 6, 210, 10ff). 피할 수 없는 하나님의 요구를 이행하기 위해 사람이 행하는 모든 일은, 만일 믿음으로 행하지 않을 경우, 로마서 14:23절에 따라 죄가 된다(WA 6, 206, 8ff). 각기 다른 계명은 신앙은 물론이고 특정한 삶 속에서 하나님을 신뢰하고 있음을 구체적으로 나타낼 수 있는 기회이다. 루터가 행한 여타의 십계명 해석도 그가 이 계명들을 얼마만큼 낙관적인 요구로 보고 있으며, 산상수훈을 기준삼아 해석하고 있는지를 주목해야 한다.

『그리스도인의 자유』에서 루터는 '무엇이 사람을 자유하고 의롭게 하는가' 라는 문제에 답하고 있으며, 자유자만이 타인을 도울 수 있다고 말한다.[61] '경건' (라틴어: 의/iustitia)이란 하나님께 인정받은 삶을 포괄적으로 표현하는 개념이다. 다시 말하면 삶의 이유와 목적을 잘 아는 사람을 위한 개념이다. 외적인 삶의 조건이 사람을 의롭게 하거나 자유케 하는 것이 아니다(WA 7, 21, 20ff). 선하고 경건한 행위가 의와 자유를 가져온다고 하지만, 그것은 위선자를 만들 뿐이며, 거짓된 의와 자유만을 만들 뿐이다(WA 7, 21, 28ff). 의와 자유는 하나님이 인간을 자유하다고 인정할 때만이 사람에게 주어지는 어휘이며, 이것은 복음으로 일어난다(WA 7, 22, 3ff). 하나님의 말씀은 율법과 약속의 형태로 사람에게 주어졌다. 율법은 모든 선한 행위의 주체로서 의롭고 자유로운 인간을 요구한다(WA 7, 23, 31ff). 이와는 달리 하나님의 복음의 언약은 의와 자유를 가져다주며, 이것은 하나님의 율법이 요구하는 바를 성취했다고 해서

---

61) 영과 육의 구분은 한편으로는 인격과 양심, 다른 한편으로는 인격과 행위를 구분하는 출발점이다.

결코 얻을 수는 없는 것이다. 하나님은 그리스도를 신뢰하는 사람에게 의와 자유를 제공한다. 그러므로 간결하게 이렇게 말할 수 있다. "믿으면 당신의 것이요, 믿지 않으면 없는 것이다."62)

루터는 복음의 말씀을 믿는 신앙이 '의'(Gerechtigkeit)라는 어휘를 매개하여 사람을 의롭게 한다는 사실을 말씀, 하나님 그리고 그리스도와의 관계를 들어 설명한다. 이 어휘들은 – 물론 역사적으로 주신 복음의 말씀 – 하나님 말씀에 속한 것이며, 인간은 이 어휘의 도움을 받아 자신의 정체를 알 수 있다. 올바른 신앙으로 하나님의 말씀을 믿는 사람은 그 말씀과 완전히 하나가 되며, 하나님 말씀에 있는 모든 어휘들이 그의 것이 된다. 말씀과 신앙이 사람이 한 행위보다 인간의 정체를 더 깊이 알게 해준다(WA 7,24, 22ff). 신앙은 말씀 안에 계신 하나님이 참되고, 의로우심을 인정한다. 그러므로 하나님께 영광을 돌리는 사람은 그 신앙을 통해서 의롭게 되고 바르게 된다(WA 7, 25, 5ff). 사람에게 주신 하나님의 언약은 그리스도에게 달려 있다. 신앙은 '즐거운 교환'(fröhlicher Wechsel)이 일어나도록 그리스도와 하나가 되는 것이다. 그리스도는 '마치 그가 한 것처럼' 인간의 죄를 담당하고, 사람으로 하여금 자신의 의에 참여하게 했다. 루터는 이것을 약혼이라는 신비한 예화로 설명한다. 즉 '부유하고, 고귀하고, 경건한 신랑인 그리스도가 경멸받아 마땅한 신부와 혼인관계를 맺어 그녀의 죄와 자신의 의를 바꾸고, 그녀의 죽음과 자신의 생명을 교환한다는 것이다.63)

신앙은 인간에게 하나님의 의를 가져다주며, 하나님께 마땅히 드려야 할 영광을 돌려드림으로 1계명을 성취하는 것이다. 더 나아가서 신앙은 인간이 마땅히 행하도록 요구받은 여타의 일도 수행한

---

62) WA 7, 24, 9ff. 비교. 23, 7ff.
63) WA 7, 25, 26ff.

다. 즉, 신앙은 "하나님께 영광을 돌리고 공적을 쌓게 하는 직접적인 행위자요, 장인(Werkmeister)"이며, 그 결과 인간은 자유하게 된다(WA 7, 26, 13ff). 신앙인들은 만물에 대해 그리스도를 통해 얻게 된 왕과 같은 자유가 있다. "생명이나 사망이나, 죄나 경건이나, 선이나 악이나"(WA 7, 27, 21ff), 만물이 그들을 최고로 섬기기 때문이다. 신앙인들은 그리스도의 사제직도 갖고 있어 하나님 앞에서 다른 사람을 위해 기도할 목적으로 자유로이 하나님께 나아갈 수 있다(WA 7, 28, 6ff).

『그리스도인의 자유』두 번째 부분은 봉사를 다루고 있다. 그리스도인은 그에게 주어진 자유 안에서 봉사를 통해 '아무 대가 없이' 하나님을 섬기는 것이다. 그러나 인간이 자신의 유익을 구하는 이기적인 것에 사로잡혀 있는 한, 이웃에게 사심 없는 봉사를 할 수 없다. 인간은 신앙 안에서 이미 자유를 얻었으나, 동시에 "육 속에는 세상을 섬기려 하고 쾌락을 추구하고자 하는 완고한 의지"가 있음도 알게 된다(롬 7:18ff. WA 7, 30, 22ff). 신앙은 자기 유익만을 구하는 이기적인 것에 대항하는데, 이러한 이기적인 것은 신앙인에게 항상 있는 것이다. 신앙은 사심 없는 사랑으로 이웃을 섬기고자 힘쓴다. "어느 누구나 신앙적으로 볼 때 그는 부유한 자이며, 다른 모든 공로와 삶은 자유로운 사랑에서 그것으로 이웃을 섬기고 좋게 할 수 있는 여분의 것이다"(WA 7, 35, 10ff). 신앙은 그리스도인에게, 마치 하나님이 그리스도를 통해 그에게 하셨던 것처럼, 이웃에게도 행하도록 명한다. 사랑은 신앙에서 나온다(WA 7, 35, 22ff). 신앙인은 "그리스도께서 우리 모두를 위해 하셨듯이"(WA 7, 37, 37ff), 이웃의 죄를 마치 자신의 죄처럼 친히 담당하여 하나님의 은총으로 주어진 칭의조차도 이웃을 위해 제공하고자 한다. 신앙 자체가 사랑의 척도다. 그러므로 신앙이 참된 곳에서는 사랑도 참되다(WA 7, 38, 2ff).

루터는 두 번째 부분에서 인격이 행위보다 우선적임을 설명한다(WA 7, 30, 31ff). 마태복음 7:18절을 설명하면서 그는 "선하고 경건한 행위가 선하고 경건한 사람을 만드는 것이 아니라, 선하고 경건한 사람이 선하고 경건한 행위를 한다. 악한 행위가 악한 사람을 만드는 것이 아니라, 악한 사람이 악한 행위를 한다. 그러므로 어느 경우이든 선행 이전에 사람 자체가 먼저 선하고 경건해야 하며, 또한 선행이 선한 사람을 따르고 그에게서 나와야 한다"(WA 72, 32, 5ff). 자유 안에서 성취된 행위들만이 진정 선하다고 할 수 있다.

루터의 칭의론에서 구원은 자유의 성격을 가지고 있다. 자신의 의를 구축하려는, 그러니까 최고의 인격적 품사인 의와 그 자신을 동일시하려는 노력은 모든 죄의 뿌리이다. 사람들은 자신이 마음대로 할 수 있는 삶의 기회를 하나님이 주셨고, 인간의 삶은 유한하며 언젠가는 죽을 것이기에, 생명과 함께 하나님이 직접 사람들에게 주신 율법과 세상이 요구하기 때문에 공적을 쌓아야 한다고 생각한다. 인간은 그리스도를 통한 죄 용서로 불신앙의 죄에서 비로소 해방된다. 하나님은 죽음과 율법과는 달리 그리스도를 믿는 신앙과 함께 자유를 주셨다. 그 결과 인간은 자신의 의를 추구하라는 강압적인─마귀와 같이 의심하는─생각에서 자유하게 된다(WA 7, 34, 4ff). 복음은 하나님이 주신 율법과 변증법적인 긴장 속에 있다. 왜냐하면 율법 자체가 신앙으로 이루어진 삶과 자유에서 비롯되는 행동을 요구하기 때문이다.[64] 그 때문에 루터는 신앙의 자유를 하나님의 율법이 실제로 요구하는 것을 위한 자유라고 이해한다. 신앙은 인간이 각자 세상에서 그리고 이웃에 대한 봉사에서 반드시 해야만 하는 것을 할 수 있는 자발성을 선사한다. 경건한 삶을 살라는 교회의 요구

---

64) WA 7, 34, 11ff; 26, 13ff.

가 당시에 중요했지만, 이와는 달리 루터의 주요 관심은 신앙의 자유를 입증하고, 공로가 의를 가져다 줄 것이라는 의견과 싸우는 것이었다. 복음은 이제 교회에서도 역시 구원과는 아무 상관이 없는 인간이 만든 여러 가지 법에 대한 자유로운 판단을 허용해 주었다 (성직자 신분 규정, 예식 규정 그리고 평신도에 대한 참회와 금식 규정 등). 그러나 루터는 동시에 기독교인의 자유를 바르게 사용하라고 경고한다. 왜냐하면 이제 교회의 요구와 관례에 대해서 자유롭게 판단할 수 있다고 해도, 새로운 자유란 검토하지도 않은 채 교회의 관례를 없애야 한다거나 혹은 그것을 즉각 중단해야 함을 의미하지 않기 때문이다. 기독교 공동체 삶은 매우 중요한 것이며, 구원에 꼭 필요한 것이 아니라 할지라도 유익할 수 있기 때문이다.

참고문헌 : Paul Althaus: Die Ethik Martin Luthers; Gütersloh 1965. Ragnar Bring: Das Verhältnis von Glaube und Werken in der lutherischen Theologie; München 1955. Jean Louis Gasse: Le traité de la liberté de Martin Luther. Étude comparative des deux versions, allemande et latine; Paris 1984. Karl Holl: Der Neubau der Sittlichkeit; bei dems. (s.1C), 155-287. Eberhard Jüngel: Zur Freiheit eines Christenmenschen 1520/21; Göttingen 1949. Birgit Stolt: Studien zu Luthers Frerheitstraktat mit besonderer Rücksicht auf das Verhältnis der lateinischen und der deutschen Fassung zueinander und die Stilmittel der Rhetorik; Stockholm 1969. Wilhelm Thimme: "Die Deutsche Theologie" und Luthers "Freiheit eines Christenmenschen". Ein Vergleich; ZThK 40, 1932, 193-222. Gustav Wingren: Luthers Lehre vom Beruf; München 1952.

제 7 장

로마의 정죄
– 황제와 제국회의에서 루터의 심문

1. 로마 소송의 종결

　1519년 말 로마 교황청은 루터 문제를 다시 적극적으로 대처했다. 작센 선제후에 대한 정치적 고려는 황제가 선출된 후 약화되었다. 라이프치히 논쟁 직후 에크는 교황에게 서신을 보내 루터를 이단자로 처리할 것을 권했다. 그는 루터 문제를 보헤미아의 후스와 점차 확산되고 있는 인문주의와 연관시켰다.[1] 교황청은 실제로 1519년, 만일 선제후가 루터에 대해 아무런 제제조치를 취하지 않을 경우, 해당 지역의 교권을 정지시키겠다며 작센 선제후를 위협했다.[2] 그러나 프리드리히 현제는 차기 제국회의에서 루터를 심문

---

1) WAB 1, 545, 8ff; vgl. 530, 67ff.
2) Miltitz an Friedrich den Weisen, 8. Dez. 1519, und an den Erzbischof von Trier, 11. Jan. 1520; Tentzel-Cyprian 1, 409, 395

하자고 한 자신과 트리어 대주교 사이에 협약을 지적하면서 자신의 입장을 굽히지 않았다.[3]

1520년 초 루터의 파문을 논한 첫 추기경 회의는 루터 개인이 아닌 몇 가지 교리적인 사항만을, 게다가 위험의 정도에 따라 등급을 나누어 정죄하자고 제안했다.[4] 추기경 회의에 더 강경한 대책을 제안한 사람은 아마도 로마에 와줄 것을 요청받아 그곳에서 회의에 참여한 에크의 영향일 것이다.[5] 4월 말경 뢰벤 대학의 교리적 평가를 반영한 파문교서가 작성되었다. 그 후 교황청 산하 네 개의 추기경 회의가 최종적인 회의를 했고, 1520년 6월 15일 교서 '주여 분기하소서'(Exsurge Domine)가 완성, 공포되었다.[6]

파문장[7]은 서론에서 그리스도, 바울, 모든 성인과 모든 교회에 이 새로운 이단 제거를 도와달라고 호소하고 있다. 본문 첫 부분에서는 독일에 다시금 오류가 확산되고 있다고 한탄하며, 그것은 한

---

und Paul Kalkoff. ZKG 25, 1904, 437f.
3) Vgl. P. Kalkoff. ZKG 25, 1904, 437-441.
4) Vgl. P. Kalkoff. ZKG 25, 1904, 101f. 3월 중순경 아우구스티누스 엄수파 수도회에 적절한 수단을 강구하여 루터를 자중시키라는 명령을 하달했다. Theodor Kolde: Luther und sein Ordensgeneral in den Jahren 1518 und 1520; ZKG 2, 1878, 478-480.
5) Vgl. P. Kalkoff. ZKG 25, 1904, 433-437 und 580 Anm.3.
6) Vgl. P. Kalkoff. ZKG 25, 1904, 102ff und 111-124.
7) Mirbt-Aland, 504-513, Nr.789. 세 개의 고문서 원본중의 하나는 슈투트가르트 시립도서관에 있으며(vgl. Paul Kalkoff. LuJ 2/3, 1920/21, 54-58), 다른 것은 드레스덴 국립도서관에 있다(Abbildung bei Hans Eberhardt, Horst Schlechte (Hgg.): Die Reformation in Dokumenten, Weimar 1967, 20f). Zu den Drucken der Bulle vgl. Karl Sottenloher, Ztschr. f. Bucherfreunde NF 9 II, 1918, 201-208. 스팔라틴은 작센 선제후의 요청으로 1520년 10월 파문장을 독일어로 번역했고, 쾰른과 비텐베르크에서 출판되었다. vgl. P. Kalkoff. ZKG 1927, 382-399.

편으로는 희랍과 보헤미아의 이단들과 함께 이미 정죄된 것이며, 다른 한편으로는 이단이요, 거짓된 것이요, 역겹고, 미혹하는 것이기에 정죄해야 한다고 말한다. 독일이 한때는 교황에 의해 황제가 임명된 곳이고, 황제의 이단법과 콘스탄츠 공의회 그리고 쾰른과 뢰벤 대학의 교리심판을 통해 이단과 싸우면서 성장한 장소이기에 그곳에서 루터 문제가 발생한 것에 대해 유감을 표하고도 있다. 파문장은 루터의 여러 저서에서 41개의 문장을 뽑아 열거했으나, 개개의 문장이 가진 위험의 정도에 대해서는 아무런 언급을 하고 있지 않다.[8] 이 문장들은 반론의 과정 없이 폐기해야 하는 것으로 여겨졌다. 따라서 그것을 확산시키는 사람은 파문이나 교회가 정한 형벌을 받게 된다. 본문 두 번째 부분에서는 정죄할 내용을 담고 있는 루터의 글들을 비난하고 있다. 교회의 주무기관은 이 글들을 즉시 압류해야 하고, 공개적으로 소각해야만 한다. 만일 루터의 글을 소지하거나 그것을 확산시키면 처벌을 받는다. 루터 개인에 대해서는 본문 세 번째 부분에서 설명하고 있다. 로마에서 진행된 소송에 대해 여태까지 그가 보여준 태도에 따르면 허락받지 않고 공의회에 호소하기 때문에 이미 기정사실이 된 이단으로 정죄할 이유가 충분하다는 것이다. 그럼에도 불구하고 루터와 그의 추종자에게 철회할 수 있는 60일간의 기간이 주어졌다. 이제부터 당장 설교도 할 수 없는 루터는 글로 자신의 입장을 설명하거나 혹은 로마에 직접 출

---

[8] 파문장 작성시 이미 제출된 글들, 가령 루터의 갈라디아서 주석(1519)과 2차 시편강의의 첫 부분(시편 1-5, 1519)은 조금도 고려되지 않았다. 20개의 문항들은 참회, 면죄부 그리고 연옥에 대한 가르침이다. 몇 개의 문항에서 루터의 죄 이해를 다루고 있으나, 이신칭의와 상응하는 이해는 아니다. 교황과 공의회의 권위에 대한 루터의 거침없는 비판은 다 배격되었다. 비교. Heinrich Roos: Die Quellen der Bulle "Exsurge Domine", FS Michael Schmaus, hg. von J. Auer, H. Volk, München 1957, 909-926.

두해야만 했다. 60일간의 유예기간은 관할 감독교회에 파문교서가 공식적으로 고지되면서 시작된다. 철회를 거부할 경우, 루터와 그의 추종자들은 완고한 이단으로 그에 준하는 처벌을 받게 된다. 모든 교회와 정부의 관리들은 60일이 경과하면 루터를 사로잡아 로마로 압송하여 형을 받게 해야 할 의무가 있으며, 이단을 보호하는 자는 교회의 관례에 따라 그 자신과 지역이 중형을 감수해야 한다.

루터에게 개인적으로 취소기간이 주어졌다는 것은 본래 즉각적인 이단 파문을 원했던 교황청 신학자들이 적어도 다시 한 번 루터를 로마로 소환하고자 노력한 교회법 학자들의 의견을 따른 결과였다. 비록 교서가 루터와 그의 추종자에 대한 최종적인 파문을 아직은 언급하지 않았고, 그래서 하나의 '파문위협교서'였다고 할지라도 그의 교리에 대해서는 최종적인 판단을 내렸으며, '이단적인' 저서의 폐기를 명령했다. 정죄받은 루터의 표현들은 재고되어야 했고, 전후 문맥에서 고립시켜 보아서는 안 되었기에 출처는 전혀 언급되지 않았다. 사실 폐기하라는 판결로 루터의 중요한 글들은 큰 손상을 입었다. 루터 신학의 핵심적인 글들이 다 관련되었기 때문이다. 가령 의인조차도 그의 모든 행위를 볼 때 여전히 죄에 사로잡혀 있다는 루터의 관점은 정죄를 당했고(Nr. 31), 첫 문장 역시 성례전이 성찬을 받는 사람의 개인적인 신앙을 통해서만 효력을 발휘한다는 루터의 관점을 문제 삼았다. 루터의 교리를 정죄하면서 교리의 정당성 여부를 판단하는 중세적 방법은 여전히 중요하게 간주되었고, 이러한 방법이 정말로 타당한지에 대해서는 아무런 의문도 없었다. 사법적인 교회의 심의기관이 지닌 권력 대신에 성서와 객관적인 논지로 반박해 달라는 루터의 요구는 전혀 고려되지 않았다.

루터가 취소를 거부할 경우, 로마가 취할 마지막 행동은 의심의 여지가 없다. 그의 교리에 대해 명백한 판결을 내림에 따라 이제 루터라는 인물에 대한 파문만이 남았다. 그러나 중요한 관건은 교회법에 따른 로마의 판결을 이제 파문위협교서를 통해 그리고 후에는 파문교서(1521년 1월 3일자)를 통해 어떻게 효율적으로 관철시킬 수 있는가 하는 문제였다. 특히 이같은 사안에 있어서 교황청의 사법부는 얼마나 막강한 권위를 가졌는가? 공적인 문제에 대해 과거 교권과 속권이 함께 해낸 것들이 이 경우에도 작용될 수 있을 것인가?

교황청은 자신들의 뜻을 이루는데 있어서 작센 선제후의 도움을 얻고자 노력했다. 1520년 5월 말 파문위협교서의 윤곽이 드러나고 추기경 회의에서 최종심의가 임박해지자, 루터에게 취소를 종용하도록 프리드리히 선제후에게 최후통첩을 했다. 그가 만일 잘못된 교리를 계속 보호하려 든다면, 그뿐 아니라 그의 가족 역시 선제후의 명예가 달린 조처를 감수해야만 했다.[9] 최후통첩이 6월 초 작센 선제후에게 전달되자, 곧 루터에게 의견을 물었다. 루터는 그들이 만일 더 이상 자신을 비방하지 않을 경우, 적들과의 논쟁을 중지하고자 했다. 또한 현재 가지고 있는 직위를 해임하지 않는 한, 교수직과 설교로 진리를 대변하기를 원했다. 루터는 선제후에게 이제까지 했던 것처럼 사안이 좀 더 분명히 밝혀지도록 요구하라고 답변했다. 왜냐하면 선제후는 선한 양심으로 죄가 전혀 입증되지 않은 사람을 처벌해서는 안 되기 때문이다. 그 외에도 루터의 가르침이 독일에 이미 뿌리를 내렸고, 성서적 검증을 거치지 않고 사법부가 내린 방법만을 적용하면 제2의 보헤미아 사태가 일어날 수도 있음을 주목해야 했다. 특별히 이 시기는 독일도 평신도의 글과 말이 영향을 주던 시대였다.[10] 이러한 의미로 선제후는 8월 초 교황청이

---

9) 최후통첩은 추기경회 의장인 라파엘 리아리오 추기경의 4월 3일자 서신과 발렌틴이 동봉한 5월 20일자 편지 속에 포함되어 있다. 칼콥프가 이 두 개의 서신을 편집했다. P. Kalkoff. ZKG 25, 1904, 587-593.
10) WAB2, 134ff. 138, 40ff(1520년 7월 9일과 10일자 스팔라틴에게 보내는 서신).

하달한 최후통첩에 답변했다. 그는 교황청이 말한 잘못된 교리를 보호하고 있으며 루터 문제를 직접 판결하고자 함을 스스로 입증했다. 그는 루터의 요구와는 달리 편파적이지 않고, 그러면서 사안을 평가할 능력이 있는 그리스도인들이 모인 안전한 장소에서 이 문제를 다루고자 했다.[11]

루터와 선제후는 이제 대중에게 루터의 정죄를 알리는 것이 중요했다. 재판이 열릴 경우 황제를 포함해 바른 판결을 해줄 사람들을 끌어들이기 위함이었다. 1520년 8월 루터는 선제후궁에서 정리한 공식 설명서인 『제시』(Erbieten: Oblatio sive Protestatio)를 작성했다. 이것은 지난 3년 동안 루터의 글에서 "복음적이고 신적인 진리"만이 가장 중요했으며, 거룩한 교회에 겸손하게 순종하는 아들로서 성서를 토대로 한 근거 있고 명확한 반박에는 순종하고자 한다는 내용을 담고 있다.[12] 동시에 루터는 선제후가 처음 사적으로 만나는 칼 5세에게도 글을 썼다. 이 글은 비텐베르크에서 인쇄되기 전에 선제후 고문인 스팔라틴의 손을 거쳤다.[13] 루터는 황제에게 그 개인이 아닌 진리를 지켜줄 것을 간청했고, 그 이유에서만 황제에게 최고의 사법권이 부여된 것이라고 피력했다. 작센 선제후와 비텐베르크 교수인 루터는 상호협력하면서 한편으로는 교황청을 대상으로, 다른 한편으로는 황제와 독일 대중을 대상으로 그들의 법 이해를 피력했다.

이런 상황에서 1520년 가을 '파문위협교서'가 공포되었다. 레오

---

11) 8월 1일(혹은 9월 1일)자 발렌틴에게 그리고 8월 5일자 추기경 리아리오에게 보내는 선제후의 서신: EA var 2, 351f und 5, 7-10. 칼콥프가 이것을 편집했다. ZKG 25, 1904, 593-596.
12) 루터가 독일어로 쓴 필사본 WA9, 302ff; 독일어 및 라틴어 인쇄본 WA 6, (474) 480ff.
13) WAB 2, (172) 175ff(루터의 초안과 인쇄본).

10세는 히에로니무스 알레안더(1480-1542)와 교황청 대사인 요한네스 에크에게 제국 전체에 파문위협교서를 포고하라고 명했다. 알레안더는 라인지역과 네덜란드를 그리고 에크는 남부와 중부 독일을 맡았다. 작센 선제후국은 두 사람이 공동으로 맡기로 했다.[14] 교서를 전하고 알리는데 있어서 몇몇 감독들과 지역통치자의 협조를 지시했다. 알레안더는 네덜란드에서 그 지역 통치자인 칼 5세와 뢰벤 대학 신학부의 지원을 얻었고, 그 결과 10월에 뢰벤과 뤼티히에서 루터의 글들을 공개적으로 소각했다.[15]

에크는 교서를 알리면서 루터와 더불어 몇몇 사람을 더 파문할 자격을 로마에서 부여받았다며 두 명의 뉘른베르크 출신 평신도 스펭글러와 빌리발트 피르크하이머, 아우구스부르크 성당 참사회원 베른하르트 아델만, 츠비카우 설교자 요한네스 실비우스 에그라누스 그리고 두 명의 비텐베르크 신학자인 요한네스 될쉬와 칼 슈타트라고 부르는 안드레아스 보덴슈타인 등을 거론했다. 중부 독일에서는 마이센, 메르제부르크 그리고 브란덴부르크의 감독교회에 9월 말 파문위협교서가 내걸렸다. 그러나 중부 독일에서 에크는 아무런 성과도 거둘 수 없었다. 그는 잠깐 이 지역에 머물렀고, 다시 잉골스타트로 옮겨갔다.[16] 에크는 라이프치히에서 자신의 모습을 공식적으로 드러내지 않았고, 대학에 파문위협교서를 직접 전달하지도 않았다.[17] 그

---

14) P. Kalkoff. 95ff.
15) 뢰벤에서는 학생들이 루터의 글보다 스콜라 서적을 더 많이 불에 집어던졌다. 비교. Acta Academiae Lovaniensis contra Lutherum; EA var 4, 308ff; P. Kalkoff. ARG 1, 1904, 194ff.
16) 에크는 남부 독일의 감독들과 바이에른 통치자들에게서도 역시 거센 저항을 극복해야 했다. 비교. Erwin Iserloh: Johannes Eck(1486-1543); Münster 1981, 51.
17) 비교. Gess(참고 5장 2) 1, Nr.177, 181. 에어푸르트 대학의 교서 경멸에 대하여. 비교. WAB 2, 206, 6ff. 211, 56ff.

는 비텐베르크 대학에 심부름꾼을 통해 간접적으로 교서를 전달했으며, 그 결과 사람들이 그를 적법한 사람으로 보지 않았고, 대학에는 교서가 알려지지 않았다.[18] 작센 선제후는 에크가 교황에 순종해야 할 자신의 의무를 상기시켜 주었을 때조차도 자신의 지역에서 교서의 집행과 공표를 거부했다.

프리드리히 현제는 10월 23일 아켄에서 열린 황제의 대관식에 불참하여 10월 31일에서야 비로소 쾰른에서 칼 5세를 만났다. 황제는 선제후에게 그가 루터를 위해 요구하는 법적인 조치를 마련해 주겠다고 약속했다.[19] 며칠 후 알레안더는 이단적인 루터의 글 소각과 그의 체포 그리고 로마로의 압송을 선제후에게 요구했다. 그에 대해 선제후는 공정한 재판과 파문위협교서의 연기를 요구했다.[20] 작센 선제후는 쾰른에서 에라스무스와도 회담을 했다. 에라스무스는 매우 소극적이었지만, 공정한 단체 앞에서 문제를 토론하자는 루터의 요구에 찬성했고, 루터의 추종자들은 이러한 그의 언급을 즉시 전단지로 만들어 배포했다.[21]

> 참고문헌 : Hermann Hoberg: Die Registrierung der Bulle "Exsurge Domine"; Theologie u. Glaube 70, 1980, 300-304. Paul Kalkoff s. (참고 4장 3). Aloys Schulte:

---

18) 비교. Hans von Schubert: Die Vorgeschichte der Berufung Luthers auf den Reichstag zu Worms 1521, SAH 1912, H.6, 19ff.
19) Erasmus, Allen 4 Nr, 1166, 74ff: Dux Saxoniae Fridericus, cum ageret cum illo [scil. dem Kaiser]de Luthero, hoc accepit responsum: 'Non damnabitur Lutherus nisi auditus'. 비교. P. Kalkoff. ZKG 25, 1904, 548f, 583f.
20) 비교. P. Kalkoff. ZKG 25, 1904, 141f. 528ff.
21) EA var 5, 238-250. Vgl. P. Kalkoff: Vermittlungspolitik des Erasmus; ARG 1, 1904, 8f. 46ff. 71f.

> Die römischen Verhandlungen über Luther 1520;
> QFIAB6, 1904, 32-52. 174-176. 374-378.

2. 루터의 로마 판결 거부

비록 파문교서가 선제후국 작센과 비텐베르크 대학에 적법하게 알려지지 않았다고 해도, 이제까지 루터의 태도를 보면 파문위협교서에 대한 입장을 표명했음에 틀림없다. 같은 시기에 파문교서 하나가 10월 초 비텐베르크에 유입되었고, 에크의 전단지도 들어왔다. 에크는 이 전단지에서 루터의 잘못된 가르침에 대해 독일인들을 경고했고, 로마의 파문교서가 아직 언급하지 않은 새로운 점들도 공격했다. 가령, 루터가 『독일 그리스도인 귀족들에게 보내는 글』에서 콘스탄츠 공의회에 관해 언급한 내용 등이다.[22] 루터는 즉시 전단지로 에크의 새로운 글뿐만 아니라, 로마의 파문교서를 에크가 만들어낸 거짓이라고 반박했다.[23]

루터를 교황과 화해시키려는 칼 폰 밀티츠의 마지막 시도는 중부 독일에서의 에크의 파문교서 홍보와 서로 교차했다. 1520년 10월 12일 그는 비텐베르크와 토루가우 사이의 프레틴에 있는 리히텐베르크에서 루터를 만났다.[24] 그는 루터로 하여금 독일어와 라틴어로 레오 10세에게 편지를 써서 만일 자신을 이단으로 몰아세운 적들이

---

22) J. Eck: Des heiligen Concilij tzu Costentz······ entschuldigung······, hg. von K. Meisen, F. Zoeplf; Münster 1929, 1-18.
23) WA 6, (576) 579-594: Von den neuen Eckischen Bullen und Lügen. 비교. WAB 2, 195.
24) WAB 2, 196f; Tenzel-Cyprian 1, 444와 449. 비교. H. -G. Leder (참고 5장 1).

침묵한다면, 앞으로 자신도 침묵하고자 한다고 재차 제안하게끔 했다. 서신은 비논쟁적이나 신학적 내용을 담고 있는 작은 책자와 함께 출판되었다. 거기에는 9월 6일자 소인이 찍혔다. 왜냐하면 바로 이 시기에 루터는 스타우피츠와 링크에게 이미 그 편지를 설명했기 때문이며, 당시 파문위협교서는 아직 중부 독일에 배포되지 않았기 때문이다.[25]

루터는 교황 레오 10세에게 보내는 서신을 작성하여, 『그리스도인의 자유』라는 글을 첨부했다(참고 6장 4). 이 서신은 독일어로 된 것이 먼저 인쇄되어 나왔지만 처음에는 라틴어로 작성된 것이다.[26]

루터는 교황에게 자신은 결코 명망 있는 교황 개인을 공격하고자 하지 않았음을 분명히 했다. 그러나 교황이 외식하는 자들과 실제로 그에게 부여된 것보다 더 많은 권위를 주려는 사람들에 의해 옳지 않은 영향을 받게 될 위험에 있다고 했다. 루터는 추기경과 교황직의 권한에 대한 비판을 주저하지 않는다. 그는 하나님의 말씀은 반박할 수 없으며 진리라고 인식한 것을 취소할 수 없고, 성서해석을 교황의 권위에 복종시키는 것도 수용할 수 없다고 했다.[27] 루터는 교황 권위의 문제를 토론에 끌어들인 책임을 요한네스 에크에게 돌렸다. 이 서신은 루터가 1518년 「면죄부 설명서」 이전에 보냈던 공개서신과 동일한 성격의 것이었다. 레오 10세가 오랫동안 구축된 교황의 전권을 멀리할 것인지는 루터 역시 알 수 없었다.

루터는 파문교서가 '적그리스도'의 교서나 다름없음을 10월 말

---

25) 밀티츠는 8월 말 아이스레벤에 있는 작센 아우구스티누스 은둔파 수도원에서 스타우피츠와 링크로부터 자신의 새로운 화해 계획에 대한 협조를 얻어냈다. 링크는 스타우피츠의 후임으로 수도원 원장이 된 사람이다.
26) WA 7, (1) 3-11과 (39) 42-49; 라틴어판과 독일어판의 비교는 B. Stolt (참고 6장 4), 12-90.
27) WA 7, 47, 27ff mit 48, 7ff.

/11월 초 대중에게 라틴어와 독일어로 설명했다.[28]

비록 이단만이 기독교 공동체에서 배제됨에도 불구하고 루터는 성서적 근거와 사안에 대한 토론 및 이단, 오류 그리고 위반에 대한 분명한 설명도 없이 교리 문제로 파문결정이 내려졌음을 잘 알았다. 취소하지 않을 경우, 중세의 이단척결방식에 따라 자신에 대한 좋은 기억을 지워버리고자 전혀 오류를 찾을 수 없는 자신의 책들조차도 소각될 것임을 그는 잘 알았다. 아무런 두려움 없이 진리조차 정죄되는 것이다. 파문교서는 교황청 사법부의 권력의 표현이며, 진리에 대한 아무런 교훈도 담고 있지 않다. 오히려 진리를 가리는 것이요, 억압하는 것이다. 황제와 여타 공적인 책임을 지닌 자들은 적그리스도의 그러한 요구를 수용해서는 안 된다. 왜냐하면 그들은 세례를 통해 그리스도의 일들을 바르게 해야 할 의무를 부여받았기 때문이다(WA 6, 603, 28ff).

주어진 취소시한이 다 경과되기 전인 11월 17일 루터는 공중의 형식으로 이미 2년 전에 시작한 오직 성서에 근거한 기독교 공의회 소집을 다시 호소했다.[29] 루터는 또한 황제, 선제후 그리고 독일 모든 도시에 "하나님의 영광과 교회의 보물, 교리와 신앙 그리고 자유로운 기독교 공의회의 회복"을 위한 자신의 호소를 지지해줄 것을 요청했다.[30] 왜냐하면 파문교서는 적법하게 법정에서 공정한 판사를 통해서 이루어진 것이 아니며, 성서를 통해 반박될 수 있는 것이기 때문이었다.

---

28) WA 6, (595) 597-612 Adversus execrabilem Antichristi bullam; WA 6, (613) 614-629 적그리스도의 교서에 대항하여. 이 두 글은 같은 주제를 담고 있다.
29) WA 7,(74) 75-82 라틴어 판; WA 7,(83) 85-90 독일어 요약판. 비교. 18.
30) WA 7, 89, 21ff; 참고. 81, 17ff.

프리드리히 선제후는 적법한 심문과 성서를 통해 반박을 요구하는 루터를 지지했고, 정치적 영역에서 그에 상응하게 행동했기 때문에 로마가 이단이라고 선언한 교리적 문제를 루터가 성서적 근거를 들어 입증할 수 있을 것으로 희망했다. 이러한 소망에 부응하여 루터는 11월 말과 12월 초 라틴어로 이단이라고 정죄한 41개 사항에 대한 입증을 시작했다. 매장마다 즉시 인쇄되었다.[31] 그와 동시에 독일어로도 『로마의 교서가 부당하게 정죄한 모든 사항의 근거와 이유』라는 글을 집필했다.[32]

그는 풍자적으로 몇 가지 사안을 취소하고자 한다고 설명하지만, 날카로운 관점은 계속되고 있다. 그가 이전에 했던 진술 중 약화된 것은 없으며, 몇 가지 조항에 대한 설명은 거의 소논문에 해당할 정도로 내용이 많다. 루터는 1518년 이후 계속 제기한 자신의 요구가 의미한 바를 첫 번째 조항에서 보여주고 있으며, 먼저 성서를 인용하고 나서 이성으로 자신의 논지를 계속 전개했다.[33] 그가 "이성의 입증"이라고 칭하는 것은 성서가 아닌 현실경험에서 출발하여 신앙경험으로 전달된 신학적 논지의 성격을 가지고 있는 것이다. 서론에서 루터는 성서를 성서가 지닌 영으로 해석해야 할 정당성과 필연성을 주장한다. 왜냐하면 거룩한 가톨릭교회(Ecclesia sancta catholica)는 시작 때부터 동일한 신앙정신 위에 세워져 있기 때문이다.

루터에 대한 로마소송에서 교회가 사용한 방법과 방식은 교황의 교리결정권에 대한 교회법적인 규정에 기인한 것이다. 논적의 글들을 통해—특히 실베스터 프리에리아스—그리고 교회법에 대한 직

---

31) WA 6, (91) 94-151.
32) WA 6, (299) 308-455; 루터의 필사본과 인쇄본. 각 조항에 대한 설명은 부분적으로 볼 때 라틴어 판보다 여기가 더 많다.
33) WA 6, 101, 22; 독일어 판 321, 35.

접적인 연구를 통해 루터는 당시 교권에 대한 교황청 전체의 이해가 얼마나 교회법적인 전통에 얽매여 있는지를 알게 되었다. 교회법, 특히 교황의 교령은 루터에게 왜곡된 교회권한 이해의 한 표현이었고, 그래서 그는 그것을 적그리스도적이라고 설명해야만 했다 (참고 6장 1). 루터는 취소요구를 거부함으로 이론과 실무를 담당했던 로마의 사법부 역시 배격하고자 했다. 1520년 여름 로마의 소송이 종결되자, 루터는 교황이 만든 모든 교회법을 공개적으로 정죄하고 주요 서적들을 불태워야 한다고 생각했다.[34] 루터는 인쇄된 파문교서 하나를 입수했고, 뢰벤과 쾰른[35]에서 처음으로 자신의 글이 불에 탄 것을 알고 난 후에도 자신의 항거에 대한 답변을 기다리고자 했다.[36] 그러나 반루터적인 서적 소각이 민중을 불안하게 하는 듯 보여[37], 신속히 결단을 내렸다. 그 결과 비텐베르크에서 교황의 서적 소각은 약간은 즉흥적으로 이루어졌다. 12월 10일 월요일 오전 비텐베르크 시교회에서 멜란히톤은 직접 작성하여 게시한 안내문을 통해 9시에 시동편에 있는 엘스터 문 앞에서 교황청의 불경

---

34) WAB 2, 137, 27ff. 1520년 7월 10일 스팔라틴에게 보내는 편지.

35) 참고 7장 1. 프리드리히 선제후가 바로 떠나자 11월 12일에 일어난 쾰른에서의 서적 소각은 마찬가지로 알레안더가 그 배후에 있었다. 11월 28일과 29일 마인츠에서도 서적 소각이 이어졌고, 이곳은 황제가 수행원들과 함께 보름스를 향하던 중 거쳐 간 곳이다. 비교. WAB 1, 219, 11f 222, 27ff.

36) WAB 2, 219, 11f; WA 7, 94, 23f, 153, 163, 14. 서적소각은 10월 17일 뤼티히에서, 10월 29일 잉골스타트에서, 11월 28일과 29일 마인츠에서 일어났지만, 루터는 이와 관련하여 아무것도 언급하지 않았다. 스팔라틴을 통해 루터의 의향을 안 프리드리히 선제후는 이러한 일들을 막고자 하지 않았다. 아마도 황제의 면전에서 일어난 쾰른에서의 서적 소각은 황제가 10월 31일 쾰른에서 프리드리히에게 준 약속을 의심하게 했기 때문이다(참고 7장 1).

37) WA 7, 164, 3ff.

한 책과 스콜라 신학서적을 소각하는데 참여해 줄 것을 학생들에게 요구했다. 공고가 짧은 시간에 이루어졌듯이, 행동 자체도 신속하게 수행되었다.[38]

연설은 없었다. 교황이 인정한 공증인이자 루터의 친구인 요한네스 아그리콜라가 공개적으로 법적 행위를 수행했고, 장작더미를 모아 불을 지른 후 『교회법』(Corpus Juris Canonici) 서적을 던져 넣었다. 이때 루터는 입수한 교황의 파문교서를 직접 불에 던졌다. 그 외에도 교회법을 연구한 안젤루스 데 클라바시오(참고 2장 1), 에크 그리고 엠저의 글도 같이 불태웠다. 루터, 아그리콜라, 멜란히톤 그리고 대다수의 조교들은 그 일 이후 즉시 시로 되돌아간 반면, 대다수의 학생들은 불가에 남았고, 같은 날 오후 조교들이 없는 상황에서도 큰 행진에 고무되어 서적 소각이 계속 이어졌다. 다음날 루터는 강의도중 가장 진지한 몇 가지 말들을 독일어로 학생들에게 던졌다. 현재의 상황에서는 적그리스도적인 교황의 통치와 그리스도의 통치 중 양자택일만이 있으며, 그리스도를 선택하는 사람은 그를 위해 자신의 삶을 과감히 내던져야 한다는 것이다.

12월 10일의 사건 자체보다 더 중요한 것은 대중을 향해 그 사건을 글로 설명한 루터의 책 『무엇 때문에 교황과 그의 측근들의 책이 마틴 루터 박사에 의해 소각되었는가?』이다.[39] 파문위협교서의 소각 문제는 그 안에서 전혀 다루지 않았다. 영적인 법, 즉 교황이

---

[38] 이 사건에 대한 보도들 가운데 스팔라틴에게 보내는 루터의 간략한 보도가 첫 줄에 있다.

[39] WA 7, (152) 161-182. 루터의 이 책은 토마스 무어너와 상반된다. 그는 루터가 잘못된 이유로 영적인 권한을 불태웠다고 주장했다. 1521 (Deutsche Schriften 8, Berlin 1928, 1-30, 139-147); Johannes Fabri: Malleus in haeresim Lutheranam, 1522 (Tractatus 4; hg. von A. Naegele, Münster 1941, 222-357); 1524년 1월 13일 루터에게 보낸 편지에서 Petrus Albinianus Tretius, WAB 12, 47-56.

만든 교회법의 거부가 전면에 놓여 있다. 루터는 사도행전 19장 19절과 자신은 세례받은 그리스도인이자, 설교자요, 성서학 교수로서 거짓되고, 미혹하는 비기독교적인 교리를 막을 의무가 있다며 소각 행동을 정당화했다. 이 일은 파문위협교서가 자신이 전한 "복음의 가르침"을 정죄하고, 책들을 소각하여 모든 것을 없애고자 했기에 불가피하게 발생하게 된 것이다. 로마의 교회법에서 뽑아 온 30개의 항목으로 그는 교황의 권위가 지나치게 고조되었음을 설명한다. 그는 '교회법전', 곧 『그라티아누스의 교령』(Decretum Gratiani)에도 유용한 것이 있음을 인정한다. 그러나 이것 역시 교황의 권위 아래 놓여 있어 본래의 기능을 다하지 못하고 있다. 그를 가장 불안하게 한 것은 교황청이 성서를 토대로 문제의 본질을 논하지 않고, 재판부의 힘, 파문 그리고 정치 수단에 의존한 것이다.

참고문헌 : Hans Beschorner: Die sogenannte Bannbulle und ihre angebliche Verbrennung durch Luther am 10. Dezember 1520; in: Forschungen aus mitteldeutschen Archiven, Festschrift Hellmut Kretzschmar; Berlin 1953, 315-327.-Heinrich Boehmer: Luther und der 10. Dezember 1520; LuJ 2/3, 1920/21, 7-53; abgedr. bei dems.: Studien zur Kirchengeschichte; München 1974, 77-123.—Walter Friedensburg: Die Verbrennung der Bannbulle durch Luther; QFIAB 1, 1898, 320f.—Wolfgang Gericke: Luthers Verbrennungstat vom 10. Dezember 1520 und der Bericht Agricolas in seinen verschiedenen Fassungen; Herbergen der Christenheit 13, 1981/82, 39-46.—Max Perlbach, Johannes Luther: Ein neuer Bericht über Luthers Verbrennung der Bannbulle; SAB 1907, I, 95-102.

3. 황제와 제국회의 앞에서, 1521년 보름스

보름스에서 열린 제국회의에 루터를 소환한 것은 쉽게 눈에 띄지 않는 교회정치적인 힘이 작용한 결과였다. 교회가 파문한 이단자가 자유통행을 허락받아 제국회의에 선다는 것 자체가 교회법 및 황제권과 모순되었다. 루터는 정해진 기간 내에 자신의 주장을 취소하지 않았기 때문에 1520년 11월 말 이후로 이단자라 확정되어 파문이 결정되었고, 법적인 집행만이 남아 있었다. 제국회의에 참석한 두 명의 교황청 대사 히에로니무스 알레안더와 마리노 카라치올로는 황제의 이단법이 비텐베르크 이단자에 대해 로마 교황청과 같은 결정을 내리도록 노력했다. 그러나 이와는 달리 작센 선제후에게 로마의 루터 판결은 결함으로 얼룩진 것이었다. 그가 보기에 로마의 판결은 공정한 판사에 의한 심문도 없었고, 고소한 오류들도 성서를 근거로 그 진위 여부가 입증되지 않았다. 프리드리히 현제는 자신의 정체성이 루터의 가르침과 동일화되는 것을 원치는 않았다. 그는 다만 루터에 대한 심문에서 법적인 공정성이 더 확보되기를 바랐다. 막시밀리안 1세 당시 제후들이 표명한 「독일 민족의 불만들」(Gravamina, 참고 6장 2) 역시 로마 교황청의 법 실행문제를 다루었다는 점에서 그는 다른 제후들의 지지를 얻고 있었다. 인문주의자들이 써낸 많고 다양한 전단들도 같은 목적을 갖고 있어 프리드리히 선제후에게 힘이 되었다. 칼 5세는 제국에 일고 있는 로마사법부 비판에 대해 한편으로는 정치적 균형을 추구했고, 다른 한편으로는 교황청의 법에 복종하도록 명했다. 교황청이 복종을 신앙의 본질적 요소라고 가르쳤기 때문이다. 1521년 1월 보름스에서 열린 의회 첫날 일정에서는 루터 문제가 아닌 자신의 부재시 제국정부의 수립과 더 나아가서 제국법정의 조직이 안건이었다. 이 두 가지 문제는 황제가 황제 대관식을 목적으로 로마로 갈 때 얻고자 한 제국의원들의 재정후원과 연관되었다.

　칼 5세는 1520년 10월 말 쾰른에서 작센 선제후에게 루터를 심문 없이 처단하지 않겠다고 약속한 후, 11월 28일 루터를 제국회의에 데려오라고 요구했다.[40] 그러나 선제후는 그것을 거절했다. 왜냐하면 자신에게 준 황제의 약속이 그 사이 쾰른과 마인츠에서 일어난 공개적인 루터 서적의 소각으로 깨졌기 때문이다.[41] 루터 문제에 대해 로마측의 의견을 대변한 알레안더는 루터가 제국회의에 등장하는 것을 방해하고자 했다. 그는 제국회의 개회에 앞서 공개적으로 루터의 글들을 파기해 루터의 파문을 성사시키도록 황제가 명령해줄 것을 바랐다.[42] 보름스 제국회의는 1월 27/28일 개최되었다. 알레안더는 재의 수요일인 2월 13일 '루터의 파문이 1월 3일에 이루어졌다'고 고지하고 교황의 교서를 황제에게 건넸다. 그는 이날 연설을 통해 제국의원들에게 루터라는 이단의 위험성과 어떤 평신도도 그것을 토론해서는 안 되며, 세속 제후들이 이단을 척결하는 데 반드시 필요한 대책을 세워 교회가 내린 판결을 집행해야 한다고 설명했다.[43] 황제는 이제 대사를 통해 ─ 가능한 제후들의 동의를 얻어 ─ 루터를 체포하고 그를 압송하며 제국에서 루터의 글들을 모두 없애라고 덧붙이고자 했다.[44] 그러나 제후들은 (2월 19일)[45] 루

---

40) RTA 2, 466ff. Nr.61.
41) RTA 2, 470ff. Nr.63. 참고 Karlheinz Blaschke: Kurfürst Friedrich der Weise von Sachsen und die Luthersache; bei F. Reuter, 316ff.
42) 참고 RTA 2, 469. 각주 1, 507, 각주 2. 알레안더의 영향은 프리드리히 현제에게 보낸 1520년 12월 17일자 칼 5세의 편지가 보여주고 있다. RTA 2, 468ff.
43) RTA 2, 494ff. Nr.67.
44) RTA 2, 507ff. Nr.68; 2월 15일자 위임 초고문.
45) RTA 2, 514ff. Nr.69.

터가 공정하게 구성된 위원회에서 심문받아야 한다고 요구했다. 루터의 글들은 이미 일반 사람에게도 잘 알려져서 폭동이나 소요가 야기될 수도 있다는 점을 이유로 들었다. 그 때문에 안전통행을 보장하여 토론할 목적이 아닌 그가 전통적인 신앙에 위배되는 것을 집필했는지 여부와 그것을 고집하는지 아닌지를 조사할 목적으로 제국회의에 불러야 한다는 것이었다. 그가 전통적인 신앙과 다른 자신의 주장들을 취소할 경우, '다른 문제나 사안과 동일하게' 그에게 귀를 기울이고, 공정하게 처리해야 한다는 것이었다. 그러나 그가 자신의 주장을 취소하지 않을 경우, 제후들은 이단을 대처할 필요한 조처를 강구토록 황제를 지원하고자 했다. 그들은 이 문제에 있어서도 로마 교황청에 대해 독일 국민이 제기한 「독일 민족의 불만」(Gravamina)을 염두에 두었다.

3월 2일자로 발부될 포고문[46]에서 칼 5세는 루터에게 제국회의에서 취소할 기회를 부여해야 한다는 사안에 대해 제국회의 의원들과 생각이 대립되었다. 그 외의 내용에 있어서 황제는 '교회의 후견인과 보호자로서' 이단과 싸우는 교황을 지원하겠다는 자신의 단호한 의지를 표명했으며, 이제 루터의 글들은 당연히 폐기되어야 한다고 명령했다. 이 두 번째 포고문으로도 역시 황제는 제국회의 의원들과 의견이 부딪혔다. 그는 의원들을 무시하고 자신의 포고문을 공고하기로 결심했고, 게다가 한 번 더 수정도 가했다. 가장 중요한 수정은 루터의 글에 대해 즉각적인 폐기처분이 아닌 당국의 계쟁물 보관, 즉 압류를 명했다는 점이다. 황제의 포고문이 강도가 약화된 것은 그가 제국의원들을 고려했기 때문이라고 해석할 수 있다. 왜냐하면 같은 시기에 제국회의에서 논할 주요 안건에 대한 회의가 진행되고 있었기 때문이다. 3월 10일자로 날인된 포고문은 게시물로 인

---

46) RTA 2, 520ff. Nr.72.

쇄되어 3월 26일 공고되었고, 3월 27일 공개적으로 선포되었다.[47]

제국회의에 루터를 소환하는 것과 관련해서 황제는 우선 작센 선제후에게 안전통행을 보장하면서 그가 루터를 데려오라고 제안했다. 그러나 선제후는 이 요구를 거절했다. 그 결과 황제가 직접 3월 6일자로 소환서를 루터에게 보냈고, 오고가는 여행길에 안전을 보장하는 확인서를 발부했다.[48] 선제후가 황제의 요구를 거절한 데에는 이렇게 되기를 원했던 선한 의도가 깔려 있었다. 황제는 이 서신들과 두 명의 작센 선제후의 안전통행을 보장한 서신을 가진 제국 전령 카스파르 스투름을 비텐베르크로 파견하여, 보름스로 오는 루터를 지켜주도록 했다.[49] 이렇게 해서 칼 5세는 본인의 의향과 상관없이 정치적 이유로 이단 혐의가 있는 신학자를 최고의 예우를 갖춰 제국회의에 오게 했고, 이러한 조처가 기존의 교회와 제국의 법적인 관례에 위배됨을 인지한 알레안더를 경악케 했다.[50]

루터는 지체하지 않고 황제의 소환에 응했다. 만일 늦는 경우 황제와 제국의원들이 "루터의 교리와 저서들로 인해" 자신을 직접 '심문'하기로 한 것을 취소할 수도 있었기 때문이다. 보름스로 오는 도중 교황에 대한 복종과 취소를 강조한 황제의 압류명령을 접했을 때에도 그는 보름스로 향하는 길을 중단하지 않았다.[51] 그것은 황제

---

47) RTA 2, 529ff. Nr.75. 요구한 대책은 수립되지 않았고, 이 포고문은 오히려 울리히 폰 후텐으로 하여금 반로마적인 새로운 전단들을 쓰도록 자극시켰을 뿐이다.
48) WAB 2, 278ff. RTA 2, 526f Nr. 73; 비교. ebd. 527ff. Nr.74. TR 2 Nr. 2783c.
49) WAB 2, 285ff; AKat. Martin Luther (참고문헌 C), Nr.259.
50) Gerhard Müller: Die römische Kurie und der Reichstag; bei F. Reuter, 249.
51) WAB 2, 296, 4ff 298, 7f. 보름스에서는 브뤽이 루터가 압류조처를 수용하는지를 알고자 루터의 글들을 쌓아 놓았다. RTA 2, 534ff. Nr.77.

가 실제로 내린 직접적인 소환통보서가 그에게 있었기 때문이다.

　루터는 부활절 후 첫 화요일인 4월 2일 비텐베르크를 출발했다. 두 명의 잘 아는 대학관계자와 ─ 수도원 내규에 따라 ─ 한 명의 동료 수도사가 동행했다. 보름스로의 여행은 누구나 아는 일이 되었다. 라이프치히에서는 존경의 뜻이 담긴 포도주로 인사를 받았고[52], 에어푸르트에서는 대학이 큰 환영행사를 마련해 주었다. 그는 이곳 아우구스티누스 수도원 교회에서 설교했다.[53] 작센 선제후국의 다른 도시에서도 그는 설교했다(바이마르, 고타 그리고 아이제나흐). 오펜하임에서 당시 프란츠 폰 지킹겐의 보좌신부였던 마틴 부처가 칼 5세의 고해신부인 프랜시스회의 진 글라피온에게 심문을 받기 위해 에버른부르크로 오라는 내용의 가장 큰 권한을 가진 제국기사의 초대장을 건넸을 때, 그것은 루터에게 하나의 기만책처럼 보였을 것임에 틀림없다. 추측컨대 황제궁에서 대책을 강구했을 글라피온의 계획은 전혀 알 수가 없다. 목적은 분명 루터를 먼저 심문하여 루터가 제국회의에 나타나지 못하도록 하는 것이었다. 글라피온은 동시에 루터로 하여금 한편으로는 몇 가지 오류를 취소하게 할 수 있으며, 다른 한편으로는 그의 의도 중의 몇 가지는 교회를 위해 생산적으로 활용할 수 있다고 희망했다.[54] 루터는 지킹겐과 후텐에게 큰 매력을 느꼈음에도 불구하고 초대에 응하지는 않았다. 그는 최고위층의 결정을 따랐다.

　루터는 4월 16일 수요일 오전에 보름스에 도착했다. 그는 소위

---

52) C.E. Förstemann (참고 11장 4), 68.
53) WA 8, (803) 808-813. M.Brecht (참고문헌 B), 427f.
54) 글라피온과 함께 또 한 명의 황제의 신하가 황제군 모집을 목적으로 에버른부르크에 체류했던 프란츠 폰 지킹겐과 후텐에게 여행했다. Rainer Wohlfeil: Der Wormser Reichstag von 1521 (Gesamtdarstellung), bei F. Reuter, 110f.

'요한기사수도회'라는 장소를 숙소로 사용했다.[55] 여러 명의 선제후측 인사들도 그곳에 묵었고, 그 가운데 두 명은 묵을 방이 부족하여 루터와 같은 방을 사용했다. 황제와 제국회의 앞에서의 루터의 심문은 이튿날인 4월 17일 오후에 개최되었다. 장소는 일반 제국의원들의 모임장소인 시청이 아니라, 황제 숙소였던 감독의 거처였다. 건물의 선택을 통해 이미 이 심문은 제국회의 토의사항에서 제외되었던 것이다.[56] 진행방식은 대변인과 약속되어 있었으나, 두 사람 중 아무도 심문에 참석하지 않았다. 트리어 대주교의 법률고문인 에켄 출신의 요한네스 박사가 황제측 연사로 활약했다.

  심문을 시작하면서 오직 그에게 묻는 질문에만 답변하도록 당부했다. 요한네스 박사는 라틴어와 그리고 독일어로 황제가 두 가지를 알고 싶어 한다고 말문을 열었다. 1. 루터 앞에 제시된 일부는 독일어로 또 일부는 라틴어로 쓰인 20여 종류의 서적들을 그가 자신의 것으로 인정하는가 하는 것이다. 2. 이 책들에 담겨 있는 내용에 대해서 취소하고자 하는가 하는 것이다.[57] 선제후측 법률가이자 루터의 법률 조언자인 히에로니무스 슈아프 박사가 이때 개입하여 책 제목을 하나하나 확인해야 한다고 이의를 제기했다.[58] 따라서 책 제목이 하나하나 언급되었다. 그리고 나서 루터는 먼저 독일어 제목이 붙은 책과 라틴어 제목이 표기된 책들이 그 자신의 것임을 인정했다. 두 번째 질문과 관련하여 루터는 영혼의 구원과 하나님의 말씀이 가장 중요하기에 신중하게 답변하고자 한다고 강조하며, 황제에게 깊이 생각할 시간적 여유를 요청했다.[59] 황제와 제후들이 루

---

55) Fritz Reuter: Worms um 1521; bei F. Reuter, 45 (28f Stadtplan).
56) 비교. R. Wohlfeil (각주 15), 112f.
57) WA 7, 826, 15ff.
58) 책 목록은 WA 7, 840, 10ff; RTA 2, 548, 각주 1.
59) WA 7, 829, 5ff.

터의 요청에 대해 논의한 후, 황제측 대변인이 장문의 경고문을 종결지으면서 루터는 자신의 소환을 토대로 본래 취소하도록 이곳에 불려왔음을 알아야 한다고 루터에게 알렸다. 루터가 그것을 이행하지 않자 황제는 그에게 생각할 시간 하루를 보장해 주겠다고 알렸다.[60] 루터의 소환에서 취소는 사실 중요한 문제가 아니었고, 그 결과 루터가 예고도 없이 취소 문제를 거부하며 생각할 시간을 요청했음을 알 수 있다. 이러한 요청은 진리 문제의 중대함, 상황의 진지함, 회의의 권위 그리고 결국 소환장을 근거로 한 것이며, 내적인 불안이 그 동기가 아니었음은 루터가 심문 직후, 빈 출신 인문주의자인 쿠스파니안에게 쓴 편지가 잘 보여주고 있다.[61]

다음날인 4월 18일 목요일, 심문은 감독관청의 더 큰 방에서 사람들이 빽빽이 들어선 가운데 개최되었다. 에켄의 요한네스 박사는 전날에 물었던 두 개의 질문을 서두에 반복했다.[62] 루터는 답변을 글로 작성하여 준비했지만, 그에 의존하지 않고 자유스럽게 의견을 펼쳤으며, 물론 생각할 시간을 요청했기에 부가된 제반 조건을 벗어나지도 않았다.[63] 답변에서 루터는, 책들이 낯선 손에 의해 변조되지 않는 한, 자신의 글임을 다시 한 번 인정하고서 취소 문제를 다루었다. 여기서 그는 자신의 글을 세 가지 장르로 구분했다. 순수하게 신앙적인 글들은—첫 번째 장르—논적들조차도 읽을 가치가 있음을 인정했으며, 따라서 취소하는 것은 그릇된 것이다. 교황권을

---

60) WA 7, 827, 24-830, 21(829, 18-830, 4).
61) WAB 2, 300; 비교. Abb.38 bei F. Reuter. 생각할 시간을 달라는 루터의 요청 문제를 논하고 있다. R. Wohlfeil (각주 15), 115f.
62) 그는 먼저 라틴어로 그리고 나서 독일어로 물었다. 루터가 어느 언어에 먼저 답했는지는 의견이 분분하다. 비교. RTA 2, 550, 각주 1.
63) 라틴어본 WA 7, 832, 2-835, 18; 독일어본 WA 7, 867, 18-876, 3; 독일어로 된 단편 WA 7, 815. Kurt-Victor Selge: Capta conscientia in verbis Dei, 보름스에서의 루터의 거부; bei F. Reuter, 180ff.

반박하는 글들―두 번째 장르―을 통해 그는 로마 교회가 성직자의 권한을 이용해 신자의 양심을 고통스럽게 하고 있으며, 특히 독일에서 세속적인 재물을 부당한 방법으로 다 몰수하고 있음을 반대한 것이다. 따라서 그는 독일인의 입장에서 오용에 대한 일반적인 하소연을 한 것이며, 복음 또는 교부들의 생각과 상반된 교회법과 그것에 의존한 교황청의 법과 교리는 부당하고 잘못되어 있다고 주장했다는 것이다. 이러한 주장을 취소하는 것은 곧 교황의 권력을 후원하고 조장하는 것이나 다름없다. 로마 교회의 몇몇 논적자들에 대한 글들―세 번째 장르―에서 그는 당시 교회와 기독교인 귀족의 기대보다 더 격해졌다고 한다(WA 7, 872, 8f). 취소 문제는 곧 그리스도의 가르침과 연관되어 있기에 취소할 수 없으며, 만일 그렇지 않을 경우 복음을 적대하는 폭군들이 신자들을 더 괴롭게 한다는 이유를 제시했다. 그는 황제와 모든 참석자들에게 성서를 인용하여 자신의 오류를 밝혀 줄 것을 요청했고, 만일 분명히 잘못되어 있다면 모든 오류를 취소할 준비가 되어 있다고 말했다. 끝으로 그는 전날 황제의 연사가 언급한 '루터는 자신의 교리로 야기된 불화를 깊이 생각해야 한다' 는 경고에 대해서 언급했다. 루터는 하나님의 말씀을 외면하면 언제나 불화가 일어나며, 하나님의 말씀을 부수고 얻는 평화는, 역사가 보여주듯이, 최악의 결과를 가져온다고 반박했다. 하나님이 큰 희망을 둔 매우 경건하고 젊은 칼 황제의 정부가 불행하게 시작되지 않도록 이 점을 명심해야 한다는 것이다.[64] 루터의 마지막 말은 자신이 기소자의 말을 근거 없이 비방한 것처럼 황제가 받아들이지 않기를 바란다는 요청이었다.

황제는 자신이 말한 새로운 가르침을 성서적 반박 없이 이단이라고 낙인찍지 말아달라는 루터의 요청을 수용하지 않았다. 황제의

---

64) WA 7, 875, 1ff; 참고. 835, 8f.

지시로 임시회의가 열렸고, 에켄의 요한네스는 기존 교회의 진리에 대한 확신과 이단에 대한 적대적 태도가 담긴 연설을 했다.[65] 루터는 태도로 보나 성서로 입증해 달라는 요구를 볼 때 성서를 본인의 임의대로 해석하는 이단자의 완고함을 보여주고 있다는 것이다. 그의 가르침 역시 내용적으로 볼 때 이미 오래전에 교회가 회의를 통해 정죄한 이단과 동일하다는 것이다. 교회가 심의를 통해 결정한 것이나, 교회가 관례로 수용한 것이나, 이전 세대가 고난의 의지로 믿은 것을 문제 삼아서는 안 되며, 토론되어서도 안 된다는 것이다. 이것은 교황법과 황제법뿐만 아니라, 이단법으로 막아야만 하며, 형벌을 주어야 한다는 것이다.

에켄의 요한네스는 루터에게 취소할 용의가 있는지에 대한 간단하고도 명확한 답변을 하라는 요구로 말을 맺었다. 루터는 "성서나 혹은 명백한 근거를 통해 반박되지 않는 한, ─ 그도 그럴 것이 교황이나 공의회를 나는 믿지 않는다. 이유는 그들은 자주 오류를 범했고 그 스스로에게도 역시 모순된 일이 많았다. ─ 나는 내가 제시한 성서의 말씀에 따라 행동한다. 나의 양심은 하나님의 말씀에 사로잡혀 있으며, 나는 취소할 수도 없고, 취소하기를 원치도 않는다. 왜냐하면 양심을 거슬러 행동하는 것은 불확실한 것이며, 영혼을 위협하는 것이기 때문이다. 하나님 나를 도우소서. 아멘"이라고 답변했다.[66] 이미 양자의 결렬은 자명했기에 에켄의 요한네스는 '취소를 통해서 그는 오류로 가득한 자신의 양심을 정화해야 한다'고 짧게 루터에게 요구할 수 있었다. 그에 의하면 루터는 결코 공의회가 오류를 범했음을 입증할 수 없다는 것이며, 적어도 신앙의 문제에 대해서 공의회는 결코 오류를 범할 수 없다고 주장했다. 이에 대해 루터는 '자신은 입

---

65) WA 7, 835, 23-838, 24 = RTA 2, 591, 29-594, 3; 비교. K. -V. Selge (각주 24), 186ff.
66) 라틴어 원문 WA 7, 838, 4-9. K.-V. Selge (각주 24).

증할 수 있으며, 그것을 입증하고 싶다'고 반박했다.[67]

루터가 취소의 연설로 황제와 제국의원들에게 「독일 민족의 불만」(Gravamina)에 동조토록 의식적으로 설득하려고 했는지는 더 숙고해 봐야 한다. 「독일 민족의 불만」 초안은 이미 매일 제출되었고, 4월 22일에는 책임 있는 제국의원 회의에서 낭독되었다.[68] 이와 함께 더 생각해 봐야 할 것은 루터의 저항은 신앙의 문제에 있어서도 역시 성서가 아닌 로마 교회의 인간적인 교리가 양심을 억압한 것에 반대했다는 점이다. 루터와 에켄의 요한네스가 주고받은 연설 속에 분명하게 표현된 갈등에는 하나님의 말씀을 통한 양심의 구속과 로마 교회의 제도에 의한 양심의 구속 문제가 있었다. 종교개혁 논쟁에서 이것은 신언(神言)과 인언(人言)의 대립을 뜻했다. 이것은 양심이 법과 권력을 구속할 수 있다는 "권위에 대한" 갈등이었다.[69]

루터가 취소를 거부하자, 그 결과는 자명했다. 칼 5세는 다음날 (4월 19일) 교황청 대사가 참석한 가운데 직접 프랑스어로 쓴 설명서를 제국의원들에게 배부했다.[70] 독일어로 번역하여 낭독시킨 설명서는 간결하지만 전통적인 '가톨릭 신앙'에 대한 그 자신의 충성 고백을 담고 있었다. 황제는 단호했고, '악독한 이단자를 대처하듯이' 지체 없이 루터를 대처하라고 명했다. 그렇지만 그는 다른 한편 루터에게 안전한 귀환을 보장해주기도 했다. 황제는 제국의원들에게 그들 역시 이 문제에 있어서 좋은 그리스도인임을 스스로가 입

---

67) WA 7, 839, 29f 내지는 31ff.
68) RTA 2, 661f; 비교. R. Wohlfeil (각주 15), 119. 이 문서는 5월 21일 의원들에게 공표되었다. 그렇지만 황제의 동의를 얻어 공식적으로 통과되지는 못했다. 이것도 인쇄되어 나왔다. RTA 2, 670ff Nr.96.
69) K. -V. Selge (각주 24), 207.
70) RTA 2, 594ff. Nr.82. 비교. Hans Wolter: Das Bekenntnis des Kaisers; bei F. Reuter, 222ff와 그 해석은 H. Lutz, 68f.를 보라.

중해줄 것을 요구했다. 그럼에도 불구하고 황제는 루터가 여전히 취소거부를 고집하는지를 다시 한 번 심문해보겠다는 제국의원들의 요청을 수용했다. 제국의원들은 아마도 이 상황에서 어떻게 루터의 글과 그의 추종자들을 대처할 수 있을지에 대해 근심 속에 있었을 것이다. 왜냐하면 이 일이 대중의 분노로 이어져서는 안 되었기 때문이다. 황제는 다시금 제국의원들에게 양보했다. 정부와 의회법정에 대한 소송이 좌초되었다는 위험에 직면했기 때문이다.[71)]

제국의원들의 루터 심문—그 때문에 황제가 루터의 안전통행을 연장한—은 트리어 대주교 그라이펜 클라우 폰 리카르트의 주도 하에 4월 24일과 25일 몇몇의 정치가들과 신학자들에 의해 수행되었다.[72)] 루터가 원한 논란이 되었던 교리에 대한 신학적 설명에 위원회는 아무런 관심도 없었다. 루터는 자신이 주장한 교리 중 일부라도 취소하지 않을 것이라는 것도 전날의 설명처럼 확실했다. 두 개의 다른 제안도 성과가 없었다. 즉, 하나는 루터가 자신의 글들을 황제와 제국의원들의 판단에 맡겨야 한다는 것이요, 다른 하나는 이 문제를 공의회에 맡겨야 한다는 것이었다. 교리 문제는 반드시 성서를 토대로 설명되어야만 한다는 주장을 루터는 견지했다. 이것은 자신을 송사한 사람들에게는 아주 기분 나쁜 조건이었다. 트리어 대주교가 중재적인 제안을 내놓았지만 루터는 황제와 제국의원들은 교황에게 의뢰하라면서 사도행전 5장 38절 이하의 가말리엘의 충고를 환기시켜 주었다.

4월 25일 저녁 루터는 최고 법관을 통해 공식적인 결정을 통보받았다. 황제는 이제 가톨릭 신앙의 수호자로서 루터를 처벌할 것

---

71) R. Wohlfeil (각주 15), 120.
72) Aloys Schmidt 가 이에 대해 상세히 설명하고 있다. Der Trier Kurfürst Erzbischof Richard von Greiffenklau und die Auswirkung des Wormser Edikts in Kurtrier; bei F. Reuter, (271) 275ff.

이라는 내용이었다. 21일이 소요되는 안전귀환 동안에도 루터가 말이나 혹은 글로 대중에게 나타나는 것을 금지했다. 루터는 자신의 삶과 명예를 황제와 제국에 드리고자 하며, 하나님의 말씀 – 그것을 고백하고 증언하는 것 외에 그 어떤 것도 중요하게 여기지 않는다고 외쳤다. 그가 해방시키고자 한 것은 하나님의 말씀이며, 기꺼이 갖고자 한 것도 하나님의 말씀이다.[73] 4월 26일 그는 보름스를 떠나 귀환길에 올랐고, 잘 아는 몇몇 비텐베르크 사람들이 함께 수레에 올랐다. 선제후의 측근은 루터를 선제후국의 한 성에 안전하게 보호하고자 계획을 세웠었다. 선제후가 이 일에 동의해 주었으나, 그 역시 루터를 보호할 계획된 장소가 어디인지는 알 수 없었다. 루터 역시 출발 직전에 이러한 계획에 대해 통보받았고, 승낙했다.

마인강가의 프랑크푸르트와 헤센의 프리트베르크에 이르러 루터는 제국의 호위병을 돌려보냈으며, 황제에게 신변보호를 위한 호위와 자신으로 하여금 어떤 권위에도 매이지 않는(딤후 2:9) 하나님의 말씀에 더욱 복종할 수 있도록 재삼 확인시켜 준 일에 고맙다는 서신을 썼다. 라틴어로 쓰인 편지는 황제에게 전달되지 않은 반면, 독일어로 쓰인 서신은 5월 1일 보름스에서 제국의원들에게 낭독되었다.[74] 루터가 탄 수레는 5월 4일 튀링겐 숲속 알텐슈타인(바트 리벤슈타인 근처) 성 근처에서 선제후측 기사들에게 습격을 받았고, 루터는 동행자들과 분리되어 바르트부르크(Wartburg)로 인도되었다. 루터의 납치에 대해 일반대중은 몇 달간 전혀 그 사실을 알지 못했으며, 그 결과 그가 죽었다는 소문도 나왔다. 그러나 일반대중은 4월 18일 루터의 보름스 심문과 황제와 제국 앞에서 행한 연설에 대해 다양한 라틴어와 독일어 출판물들을 통해 매우 신속하게

---

73) WA 7, 856, 27f; 비교 856, 11f = RTA 2, 568, 16f.
74) WAB 2, 306ff. 310ff; 비교. RTA 2, 893. 이 두 개의 서신은 곧 인쇄되었다.

알게 되었다.[75]

　루터 심문이 별다른 성과 없이 끝나자 제국의원들은 4월 30일 황제가 대(對)루터 칙령을 작성하는 일에 동의했다. 알레안더가 라틴어로 작성하여 황제에게 제출한 초고는 황제의 자문위원들에 의해 한 번 더 수정되었다. 칙령을 작성하라는 황제의 명령은 5월 8일에 하달되었기에 보름스 칙령은 나중에 법적으로 아무 문제 없이 이 날짜로 반포될 수 있었다.[76] 이 칙령의 배포는 그러나 제국의원들이 제국회의 의결에 동의할 때까지 지연되었다(5월 21일). 칙령은 선제후 프리드리히를 비롯해 몇몇의 제국의원들이 귀가길에 오르자, 5월 25일 폐회 후 황제 숙소에서 공고되었다. 브란덴부르크 선제후 요아킴이 제국의원들의 동의가결을 발표했다. 제국의원들의 동의결정은 칙령이 법적 효력을 얻는데 요구되는 것은 아니었다.[77] 황제는 5월 26일 칙령 공고[78]에 서명했다.

　칙령은 우선 파문된 이단인 루터에 대해 법률적 보호를 박탈하고, 그를 체포하여 황제에게 이송할 것을 명령하고 있다. 파문당한 자를 지원하거나 숨겨주는 행위도 금지했다. 루터의 추종자와 보호자 역시 법의 보호를 받을 수 없다. 둘째는 루터의 모든 글과 그의 추종자들도 없애야만 한다. 셋째는 제국 내 모든 종교적 출판물은 감독의 승인을 얻어야 한다. 칙령의 완전한 효력발생에는 사실 개개의 제국귀족들이 주어진 권한으로 얼마만큼 이를 위해 진력하느냐와 백성들이 어느 정도로 루터의 가르침에 사로잡혀 있는가에 달려 있었다. 황제는 선제후에게 그의 뜻을 따라 칙령공고문을 송부

---

75) WA 7, 814-887 (비교 RTA 2, 540ff. Nr.7981, 599ff. Nr.85); WAB 2, 319-329.
76) R. Wohlfeil (각주 15), 122.
77) RTA 2, 640ff. Nr.92; 독일어와 라틴어본 F. Reuter, 441ff.
78) RTA 2, 659ff. Nr.93.

하지 않았다.⁷⁹⁾ 비록 칙령이 칼 5세와 알레안더의 희망대로 철저히 관철되지는 않았다고 해도, 그것은 1555년까지 제국에서 황제가 정책을 수행하는 데 있어 중요한 법적인 도구였다.

> 참고문헌 : Karl Brandi: Kaiser Karl V. Werden und Schicksal einer Persönlichkeit und eines Welereiches; 2 Bde. München 1937. 1941. Paul Kalkoff: Die Depeschen des Nuntius Aleander vom Wormser Reichstag 1521; 2. Aufl. Halle/S. 1897. Eberhard Kessel: Luther vor dem Reichstag zu Worms 1521; bei Ekkehard Kaufmann (Hg.), Festgabe für Paul Kirn; Berlin 1961, 172-190. Bernhard Lohse: Luthers Antwort in Worms; Luther 29, 1958, 124-134. Ingetraut Ludolphy: Die Voraussetzung der Religionspolitik Karls V; Stuttgart 1965. Heinrich Lutz: Das Reich, Karl V und der Beginn der Reformation. Bemerkungen zu Luther in Worms 1521; bei Heinrich Fichtenau, Erich Zöllner (Hgg.): Beiträge zur neueren Geschichte Österreichs; Wien 1974, 47-70. Fritz Reuter (Hg.): Der Reichstag zu Worms von 1521. Reichspolitik und Luthersache; Worms 1971. Heinz Scheible: Die Gravamina, Luther und der Wormser Reichstag 1521; BpfälzKG 39, 1972, 167-183. Hans von Schbert: Die Vorgeschichte der Berufung Luthers auf den Reichstag zu Worms 1521; Heidelberg 1912.

---

79) RTA 2, 659f 각주 1. 칙령에 대한 제국의 북서부와 남부 지방의 반응은 스투페리히와 마틴 브레히트가 잘 알려주고 있다. bei F. Reuter, 459ff. 475ff.

제8장
개신교회 건설의 시작, 1522-1524

1. 바르트부르크에서

1521년 5월 4일부터 1522년 3월 1일까지 10개월을 루터는 '융커 외르크'라는 가명을 쓰며 바르트부르크에서 지냈다.[1] 성의 최고 책임자였던 한스 폰 베어렙쉬라는 사람만이 루터의 정체를 알고 있었다. 비텐베르크 동료들과의 서신교환은 선제후궁에서 루터를 잘 알고 있던 게오르크 스팔라틴이 담당했다. 보름스에서부터 지나치게 긴장했던 탓으로 생긴 육체적 고통(변비)은 가을에서야 완치되었다. 이때의 자신의 상황과 외부로부터 전해들은 유동적인 소식들은 『마귀와 싸운 경험담』이라는 글 속에 들어 있다. 마귀와의 싸움은 결코 새로운 현상은 아니며, 본래부터 루터의 삶의 일부였고, 그

---

1) 사냥에 참가하고 난 후 쓴 소감, WAB 2, 380, 56-77.

자신은 언제나 강력한 어둠의 영들과의 종교개혁적인 투쟁 속에 내던져져 있다고 보았다. 신학적이든, 교회적이든, 정치적이든 복음의 진리를 거스르는 모든 저항을 그는 마귀의 역사라고 보았다.[2] 이것은 물론 루터가 자신의 적이 본래부터 마귀에 사로잡혀 있다고 보았음을 의미하지는 않는다. 그는 육체의 병 역시 마귀의 역사라고 여긴다. 왜냐하면 그가 해야 할 일을 하지 못하도록 방해하기 때문이다. 그는 이러한 마귀의 작당을 정기적으로 경험했다. 마귀에 관한 상세한 신학적 표현과 대중의 마귀경험은 동시대인들도 잘 알고 있었다.

루터는 바르트부르크에서 처음부터 원어 성서 연구에 몰두했다. 그는 가방에 라틴어 성서는 물론 히브리어 구약성서를 늘 지니고 다녔다. 희랍어 신약성서는 스트라스부르의 인문주의자 니콜라스 게르벨이 쓴 것을 스팔라틴이 보름스에서 신속하게 보내왔다.[3]

바르트부르크에서 머문 첫 주에 루터는 보름스 제국회의에 참여하는 문제로 중단했던 연구를 끝마쳤다. 2차 시편강의에 속하는 시편 22편 주해와 마리아 찬가 등이 그것이다. 그는 새로운 글에서 교회의 참회에 반대하여 양심의 고통을 회개할 자유와 평신도가 사제나 다름없이 영적인 도움을 받을 무언가를 선택하는 데 있어서 자유를 강조했다.[4] 루터는 시편 36(37)[5]편을 주석하면서 "나는 하

---

2) 오버만(H. A. Oberman)은 이 점을 착안하여 루터 전기를 집필했다(참고문헌).
3) 5월 14일자 스팔라틴에게 보낸 서신, WAB 2, 337, 32f. 루터는 나중에 에라스무스가 펴낸 신약성서와 성서연구에 도움이 되는 참고서들을 비텐베르크로부터 받았다. 참고. Widmann, 23ff.
4) 『참회에 관하여, 교황이 그것을 강요할 권한이 있는지에 관해』 WA 8, (129) 138-204. 이 글은 프란츠 폰 지킹겐에게 헌정되었다. 1521년 가을에 계속된 Lc 17, 11ff의 주석도 같은 주제를 다루고 있으며, 전통적으로 이 본문에서 사제에게 가서 참회해야 할 근거를 찾았다. WA 8, (336) 340-397.

나님의 은총으로 여전히 담대하며, 전보다 더 확고해졌다"고 비텐베르크 사람들에게 전했다(WA 8, 240, 4f).

루터는 자신을 반대하는 개별적인 몇몇 신학자들과의 논쟁에 많은 시간을 할애하지는 않았다. 엠저에 대해 한 번 더 간단한 글[6]로 응답했고, 몇몇 다른 사람의 경우처럼, 이 경우에도 적게 발언을 유보했다. 그러나 뢰벤 대학의 신학자 야콥 라토무스에게만은 라틴어로 쓴 방대한 양의 글로 대응했다.

라토무스는 뢰벤 신학자들이 루터를 정죄한 것을 옹호하기 위해 1521년 책을 출판했고, 루터의 몇몇 교리조항에 대해 날카롭게 비판했다.[7] 라토무스는 교황의 권한과 같은 진부한 주제가 아닌 죄론과 은총론을 다루었다. 루터는 이 문제에 답변하고자 본의 아니게 주석 작업을 잠시 중단해야 했다.[8] 라토무스는 성서뿐만 아니라, 교부 문헌을 가지고 논지를 전개했고, 게다가 반박 대상이 된 루터의 일부 글보다 더 풍부했다. 바르트부르크 성에는 교부 문헌이 없었기에 루터는 토론에서 교부들의 글을 많이 인용할 수 없었다. 라토무스와의 논쟁은 전통신학의 대표자가 계속 성서적 논지로 일관했음에도 불구하고 신학의 중심 문제를 논하는 것이 얼마나 어려운 일인지를 잘 보여준다. 루터는 신약의 사도적이며 바울적인 신학과 교부신학(WA 8, 117, 14ff)의 차이점을 이미 알고 있었고, 구약의 본문을 아무런 어려움 없이 바울의 의미로 해석해 냈다. 라토무스

---

5) WA 8, (205) 210-240.
6) WA 8, (241) 247-254.
7) Articulorum doctrinae fratris Martini Lutheri per theologos Lovanienses damnatorum ratio ex sacris literis et veteribus tractatoribus, Antwerpen 8. Mai 1521.
8) WA 6, (36) 43-128: Rationis Latomianae pro incendariis Lovaniensis scholae sophistis redditae Lutheriana confutatio.

에게는 성서 본문과 교부문헌의 상호해석은 전혀 문제가 되지 않았다. 라토무스에게 자극을 받은 루터는 그를 반박하면서 성서해석학에 더 신중을 기했다. 인간은 착한 행위에서도 역시 죄에 사로잡혀 있다는 신학적 진술을 루터는 라이프치히 토론을 설명하는 글에서 성서 본문과 교부들의 글을 인용해 충분히 설명했었다. 루터는 거기서 인용한 성서 본문 중 처음 세 개를 ─ 이사야 64:6, 전도서 7:21, 로마서 7:19.22 ─ 다시 한번 설명했다. 루터와 라토무스는 인간의 본성과 죄와 은총에 있어 하나님과 인간의 관계 문제를 논의한 성서 본문을 서로 다르게 이해했다.[9] 루터는 1525년 에라스무스와 논쟁하며 쓴 글에서처럼 성서에서 하나님 이해와 인간 이해를 얻어, 그것으로 스콜라 신학에 이의를 제기할 뿐만 아니라, 구태의연한 중세 교회의 하나님 경험을 깨버릴 것임을 밝히고 있다.

쾰른과 뢰벤 신학자들의 교리평가(참고 5장 3)에 이어 루터가 보름스 제국회의에서 답변했을 때인 1521년 봄에야 비로소 파리 대학 신학부의 평가서가 나왔다.[10] 파리 대학 신학부는 루터의 교리가 지닌 다양한 스펙트럼을 쾰른과 뢰벤 대학이 내놓은 교리평가서와 교황 레오 10세의 파문위협교서로 평가했다. 파리 대학 신학부 교수들이 정죄한 루터의 103개 문장 중 16개 문장만이 라이프치히 토론에 근거한 것이며, 파리 대학 신학부 교수들은 본래 이것만을 문제 삼고자 했다(참고 5장 2). 파리에서는 이미 루터의 『교회의 바벨론 포로』에 나오는 25개 문장도 검토했었다. 멜란히톤은 1521년 여름 『루터 옹호』(Apologia pro Luthero)를 써서 파리 대학

---

9) Rudolf Hermann: Zur Kontroverse zwischen Luther und Latomus; 2.IKLF, 1961, 104-118.; Werke 2(참고문헌 C), 256-268. 참고 2장 1. IKLF, 1980, 170-178.
10) Frans Tobias Bos: Luther in het oordeel van de Sorbonne; Academisch Proefschrift, Vrije Universiteit te Amsterdam, 1974.

신학부 교수들에게 답변했다.[11] 루터는 파리의 평가서뿐만 아니라, 멜란히톤의 옹호서(Schutzrede)를 번역했고, 파리의 평가서에는 자신의 서문과 후기를 첨부했다. 독일의 대중들은 파리의 신학자들이 신학적 근거를 제시하지 않은 채 어떻게 루터의 교리를 정죄했는지를 알고 있었다.[12]

루터는 대중이 처한 교회적이고 종교적인 상황에 커다란 관심을 기울였다. 그 때문에 마인츠의 알브레히트가 마그데부르크 대주교 거처가 있는 할레에서 대중에게 성유물을 제공한 사실에 대해 크게 분노했다. 그것이 이곳에 면죄부를 불러들여, 그것을 구매하고자 대주교에게 돈을 낸다는 것이다. 루터의 분노는 대주교가 감독의 재판권을 루터의 글에 영향을 받아 결혼한 성직자에게 행사하자 더 격앙되었다. 반면 대주교는 그 자신도 독신조항을 지키지 못했으며, 휘하의 성직자들이 독신조항을 위반했을 때 벌금으로 무마하도록 허락했다는 것은 잘 알려져 있었다. 스팔라틴은 루터의 글 『할레의 우상에 대항하여』가 우발적으로 인쇄되지 못하게 했다. 루터는 대주교에게 개인적인 경고서신을 쓰는 것으로 만족해야만 했다. 대주교는 인문주의자 카피토의 영향을 받아 답장에서 현명함을 보여주었지만, 책임은 회피했고, 루터를 설득할 수 없었다.[13] 이듬해에 루

---

11) 비텐베르크에서 파리대학의 루터교리 평가서와 함께 인쇄되었다; CR 1, 366-388, 398-416; StA 1, 141-162.
12) WA 8, (255) 267-312.
13) WAB 2, 395, 11f, 402, 3ff. 405ff(1521년 12월 1일자 알브레히트에게 보낸 서신), 420f(1521년 12월 21일 루터에게 보낸 알브레히트의 서신); 카피토의 서신들 393f, 416ff. 428ff; 비교. 409, 3ff. 412, 1ff. 424, 2ff 427, 127ff. 알브레히트는 엄청날 정도로 성유물을 수집했고, 비텐베르크 수집가들을 능가하고자 했다. Paul Redlich: Cardinal Albrecht von Brandenburg und das Neue Stift zu Halle. 1520-1541; Mainz 1900, 227ff.

터는 알브레히트에게 쓴 서신의 초고를 보완하여 교황과 대주교에 대한 고소장을 작성했다.[14]

중세 후기의 교황들은 매년 성목요일(부활절 전 목요일)에 칙령을 통해 이단으로 선언된 파문자들을 공포했다. 이러한 파문은 교황만이 다시 회복시킬 수 있었다. 1521년 루터 역시 성목요일에 나온 교황의 "성찬 칙령"에 수록되었다. 칙령으로 인해 가혹한 파문을 경험한 적이 있는 신자들을 고려해 루터는 자신을 신랄하게 비꼰 칙령을 독일어로 번역 출판했다. 그리고 시편 10편의 주해도 부록으로 첨부했다. 이것은 신자들이 폭력으로 그들의 희망을 쟁취하지 않고, 시편의 도움으로 정직히 적그리스도적인 교황권의 통치하에 있는 그들의 처지를 슬퍼하도록 하기 위함이었다.[15]

루터와 그의 교리 그리고 그의 추종자에 대한 로마의 판결이 나왔고, 보름스 칙령이 가결되었음에도 루터의 글들은 계속 확산되고, 그의 인식은 다른 사람들에 의해 설교와 글 속에서 계속 등장했으며, 바르트부르크 성에 체류하는 동안에도 기독교인의 삶을 갱신할 목적으로 그가 내놓은 몇몇 제안들을 추종자들이 행동으로 옮겼다. 무엇보다도 직임과 교인들의 이의 없이 결혼을 한 성직자들은 세간의 큰 이목을 끌었다. 비텐베르크 신학자들은 루터 역시 5월 말경 이미 알았던 비텐베르크 남부 켐베르크의 수석신부인 바톨로메우스 베른하르디의 결혼을 성서적 근거를 들어 정당화했다. 이들

---

14) 『교황과 감독들의 거짓된 성직자 신분에 대항하여』 WA 10 II, (93) 105-158. 크로델은 이 두 개의 글이 내용적으로 서로 연관됨을 주장한다. Gottfried G. Krodel: "Wider den Abgott zu Halle", LuJ 33, 1966, 9-87; 비트만은 이에 동의하지 않는다. S. Widmann, 3.Buch, 22ff. 각주 167.

15) WA 8, (688) 691-720. 비교. Walter Köhler: Luther und die Kirchengeschichte nach seinen Schriften, zunächst bis 1521; Erlangen 1900, 59ff. 성찬칙령에 대해서는 RGG³ 1, 51.

은 이것으로 주교의 판결과는 달리 선제후가 성직자들에게 보장한 법적 신분보호를 지지했다.[16] 루터가 『독일 귀족에게 보내는 글』과 『교회의 바벨론 포로』에서 성직자들과 수도사들이 처해 있는 특별한 상태를 개혁하라는 요구는 성직자 독신서약의 금지보다는 수도사들이 그들의 양심과 구원의 문제 때문에 일생을 서원에 얽매여 산다는 점에 문제의 본질이 있었다. 칼슈타트와 멜란히톤도 이 문제를 다루었다. 칼슈타트는 우선은 7개의 논제(1521년 6월 20일자)를 제시했고, 『독신, 수도 그리고 청빈』이라는 책에서 이 논제들을 설명했으며[17], 더 나아가 1521년 7월에는 66개의 논제를 내놓았다.[18] 멜란히톤 역시 『신학총론』(Loci communes)에서 이 문제를 다루었다.[19] 루터는 칼슈타트의 중요한 저작 중 일부를 보고, 자신에게 신학총론을 보내준 멜란히톤과 이 주제에 대해 의견교환을 했다. 루터는 9월초 서원에 대하여 각각 139개와 141개에 해당하는 두 편의 논제를 집필했다. 루터는 이것을 통해 자신의 관점과 다른 비텐베르크 동료들과의 토론을 더욱 고조시켰다.[20] 루터 역시 『교회설교』(Postille)를 집필하면서 수도사 서원의 문제점을 인식

---

16) WAB 2, 347, 30ff. 79ff. 371, 14. 이들의 행동을 옹호하는「변명서」 (Rechtfertigungsschreiben)는 아마도 칼슈타트가 작성했으며(멜란히톤의 참여하에?), 라틴어와 독일어로 수차례 인쇄되었다. Supplementa Melanchthoniana 6 I Nr.160, 167 (CR 1 Nr. 120f); 비교. 비텐베르크 신학자들의 지지, MBW 1 Nr. 152 (Supplementa Melanchthoniana 6 I Nr. 159; CR 1 Nr.119).

17) H. Barge 1, 475f. Exkurs V Nr.9. 『독신, 수도 그리고 청빈에 대하여』 (1521년 6월 29일자 헌사)가 나오기 직전 칼슈타트는 『서원교육』(1521년 6월 24일자 헌사)을 출판했다.

18) H. Barge의 책에 잘못 게재되었다. 1, 476ff.

19) Theodor Kolde가 출판한 4.Aufl. Leipzig 1925, 124ff. 비교. WAB 2, 383, 24ff.

20) WA 8, (313) 323-335. 비교. B. Lohse (참고 2장 2), 356ff.

하고 11월 『수도사 서원에 대한 판단』(De monasticis iudicium)을 썼다.[21] 이 글은 깊이 뿌리를 내린 종교적 문제를 다룬 중요한 종교개혁적 저서이다.

    루터는 헌사에서 이 글을 아버지께 드린다고 밝혔다. 부친은 한 때 복음의 진리를 인식하지 못하여 아들이 수도사가 되는 것을 반대했었다. 그러나 이제 그 아들은 수도사로서 수도사 서원으로부터 자유하다는 신앙의 인식을 그리스도에게서 선물받았다. 루터는 수도사 서원의 영적 동기에 대해 묻는다. 수도사가 되겠다고 서원을 하는 사람은 신약성서의 신앙과 칭의 이해에 따라 서원이 하나님의 말씀, 신앙, 복음의 자유, 하나님의 계명, 더 나아가 수도사 논지의 이성적 원리에도 모순됨을 알아야만 한다. 하나님의 말씀이 사람에게 신앙을 가져오고, 그 신앙은 그리스도를 통해 하나님의 은총을 세우며, 이것은 모든 사람들에게 동일하게 적용되는 것이다. 세례를 받음으로 모든 신자가 그리스도에게 동일하게 매이는 만큼, 신자로서의 일반적 의무보다 더 높은 의무를 진 그리스도인은 없는 것이다. 서원은 사람으로 하여금 율법의 삶을 살도록 잘못 인도한다. 그 때문에 율법에서 해방될 자유를 추구해야 한다. 수도사로서의 삶의 방식을 어느 정도 유지하면서도 이러한 자유를 얻을 수 있다(루터 역시 비록 많은 점에서 여전히 수도사로서의 삶의 방식을 견지했음에도 불구하고, 신앙 안에서 이미 자유함을 깨달았다). 그러나 양심이 아직도 신앙의 자유를 얻지 못했다면, 수도사의 삶을 포기하지 말라고 경고한다. 서원이 율법을 강요하는 곳에서는 이웃을 있는 그대로 사랑하는 일도 일어나지 않는다. 공적을 쌓고자 하는 몸부림에서 서원을 한 사람은 전혀 옳지 않다. 그런 의도와는 무관한 서원조차도 양심을 율법에 굴복시키는 치유할 수 없는 불행을 가져올

---

21) WA 8, (564) 573-669. 비교. B. Lohse (참고 2장 2), 363ff.

수 있다. 모든 것이 신앙의 자유와 이 자유를 얼마나 책임 있게 쓰는가에 달려 있다.

11월에 15명의 아우구스티누스 은둔파 소속 수도사들이 비텐베르크 수도원을 이탈했다. 이것은 1/3 이상에 해당하는 숫자였다. 예전의 법에 따르면, 교회와 세속기관으로부터 형벌을 받았을 것임에 틀림없으나, 이제는 선제후국 작센에서 이런 형벌은 주어지지 않았다. 루터는 수도원에서의 이탈을 당연한 국면으로 여겼다. 다만 수도원을 이탈하면서 수도사 전체의 동의를 얻지 못하여 생긴 '소란스런' 상황은 마음에 들지 않았다.[22] 1522년 주현절(1월 6일)에 비텐베르크에서 링크스(W. Lincks)의 사회로 소집된 비상회의는 수도사 서약의 구속성을 논의했고, 루터의 관점을 가결시켰다.[23]

사제는 예배 외에도 규칙적으로 미사를 드릴 의무를 이행할 수 있었다. 사제가 규정에 따라 제단에서 거행해야만 하는 소위 이러한 '개인미사'(Privatmessen)는 중세 후기에 교회문화의 중요한 구성요소였다. 누구나 의례에 따라 정확하게 드리는 개인미사로 사제 내지 교회는 선한 공적을 쌓을 수 있었다. 루터는 『교회의 바벨론 포로』라는 글을 쓴 이후로 미사의 본질에 대한 자신의 생각을 계속 유지했고, 자신의 사제직을 장차 신약성서를 토대로 어떻게 이해해야 하는가라는 의문을 가졌음에 틀림없다. 그는 1521년 8월 1일 멜란히톤에게 앞으로 더 이상 개인미사를 드리고 싶지 않다고 편지를 썼다.[24] 이것은 앞으로 예배만을 드리겠다는 것이다. 멜란히톤은 이것을 신학적 성찰을 토대로 한 개인의 양심적 결단으로 이해했다. 1521년 10월에 비텐베르크에서 열린 미사 개혁에 대한 토

---

22) WAB 2, 414, 6ff an W.Link, 18. Dez. 1521; 비교. 404, 6ff 412, 20ff. 413, 3ff.
23) N. Müller, 147ff. Nr.67. 비교. WAB 2, 478, 14ff. 루터의 동의.
24) WAB 2, 372, 73.

론은 물론 루터와는 직접적인 연관이 없다.[25] 다만 10월 초 비텐베르크 아우구스티누스 수도원이 그들은 더 이상 개인미사를 드리지 않을 것이라고 천명한 것이 루터로 하여금 자신의 수도원 동료들에게 사제와 미사에 대한 신약성서 이해를 설명하게끔 했고, 눈먼 열정이 아닌, 온전한 양심으로 과거 교회의 전통이 구원을 위해 반드시 필요하다고 여긴 것에서 자유하게 해주었다. 루터는 라틴어(개인미사 폐지론/De abrogande Missa privata)와 독일어(미사 남용론)로 이와 연관된 중요한 소논문을 집필했다.[26]

루터는 미사 집전시 성직자들은 희생 사상을 반드시 버려야 하며, 성직록이나 혹은 그와 유사한 동기에서 미사가 거행되어서는 안 된다고 생각했다. 그리스도의 말씀에 따라 전면적인 개편에 진력했음에도 불구하고 그는 현 시점에서 특정한 개혁조치들이 보편적으로 필요하다고 보지는 않았다. 복음에 합당하게 미사를 이해하는 사람은 신앙의 자유 안에서 개인미사를 드릴 수 있으나, 가능하면 성찬에 참여하는 사람들을 입회시켜야 한다.[27] 루터가 『교회의 바벨론 포로』에서 미사정경의 복음적인 뜻을 찾고자 심혈을 기울이긴 했으나, 그럼에도 불구하고 제의적 희생사상을 담고 있다는 이유에서 미사정경 본문을 삭제해야 한다고 완고하게 요구한 것은 아니다. 복음 자체가 이러한 본문들을 자연스럽게 내밀어버릴 것이기 때문이다.[28]

루터는 몇 권의 책에서 수도사 서원과 미사에 대한 자신의 의견을 진술한 후, 11월에 『교회설교』의 첫 주요 부분을 마무리했다.

---

25) K. Müller, 5ff. N. Müller, 14ff Nr. 3ff. U. Bubenheimer 참고 8장 2.
26) WA 8, (398) 411-476 (477) 482-563. 연대문제에 대하여는 다음을 참고하라. S. Widmann, 3. Buch, 29f Anm. 169.
27) WA 8, 439, 10ff. 514, 38ff.
28) WA 8, 448, 18ff. 526, 12ff.

성탄절 기간(12월 25일-1월 6일)에는 신학적 내용이 담긴 방대한 규모의 서신과 복음서 주해를 집필했다. 이 중 일부를 출판하면서 만스펠트의 알브레히트 백작에게 드리는 헌정 서문을 썼고, 중요한 서론(소강의)에서 복음에 대한 자신의 견해를 밝혔다. 그에 의하면, 복음은 그리스도 자신이 인간에게 은혜와 모범임을 알려주는 그리스도의 말씀이다.[29] 그는 11월에 서신과 복음서 주해 작업을 시작했고, 이를 위해 보름스로 여행을 떠나기 전 출판된[30] 자신의 라틴어 성구 주석을 일부 사용했다.[31] 루터가 바르트부르크에서 작성한 교회설교는 후에 더 확대하여 내놓은 『교회 설교집』(38참고)[32]의 기원이 되었으며, 이 책은 개신교회를 세우는데 획기적인 중요성을 지녀 루터가 끼친 영향사에서 주요 요인에 속하고 있다. 루터의 『교회 설교집』은 형식이나 내용면에서 중세 후기의 설교집과 결코 비교할 수 없다. 중세 후기의 설교집은 종교개혁적인 설교사에서 볼 때 처음부터 경시되었던 것이다.

12월 초 루터는 며칠간 은밀히 비텐베르크에 있었다. 그는 수도원 동료들에게조차 자신의 체류를 알리지 않았고, 암스도르프 집에 기거하면서 멜란히톤과 암스도르프와 의견을 나누었다. 어떤 이유로 그가 비텐베르크를 다녀갔는지, 그것이 개혁적인 새 제도의 도입 때문이었는지 아니면 단순히 멜란히톤과 생각을 나누고 싶다는 열망 때문이었는지 우리는 정확히 알지 못한다. 루터는 비텐베르크

---

29) 성탄에 해당하는 교회설교가 WA 10 I 1을 채우고 있다. "소강의"와 네 개의 다른 부분은 서로 분리해서 인쇄되었다. 그리스도가 은혜와 모범이라는 표현을 루터는 이제 '성례전-모범'이라는 사고형태로 대체했다.

30) WA 7, (458) 463-537.

31) 바르트부르크 교회설교는 WA 10 I, 2, 1-208; XLI-LXXIX는 바르트부르크교회설교에 대한 발행인의 서론이며, LXVII는 그 영향에 대한 것이다.

32) 마틴 부처는 루터의 교회설교를 라틴어로 번역했고, 1525년 스트라스부르에서 출판되었다.

에서 진행되던 개혁적인 조치(수도원출교, 개인미사 폐지, 양종성찬)들을 환영했으나, 가는 도중에 들었던 다른 지역에서의 무분별한 사태에 대해서는 매우 우려하여, 바르트부르크로 돌아간 후, 즉시 그에 대한 경고의 글을 썼다.[33]

루터는 아무도 몰래 비텐베르크를 다녀온 후, 부활절까지만 바르트부르크에 있기로 마음을 먹었다.[34] 그는 이제 신약성서를 독일어로 번역하는 일에 전력을 기울였다.[35] 먼저 완성된 독일어 신약성서는 개신교 신앙과 교회 건설에 가장 중요한 터전이 되었다.

신구약 전체를 번역한 기존의 번역서—1522년까지 고지독일어로 14개 그리고 저지독일어로 4개가 인쇄되어 있었다—는 보급률이 저조했다.[36] 가장 많이 보급되었던 것은 주일과 기념일에 사용하는 자구해석이 있는 복음서와 서신서였다.[37] 이 성서들은 당시 교회가 공식적으로 사용하던 라틴어로 된 불가타 성서를 번역한 것이다. 이 성서들은 상당히 난해하고, 이해할 수 없는 독일어를 담고 있다. 그것은 본문을 직역하였고, 신학적으로 신중을 기해야 하는 번역자의 의지가 반영되지 않았기 때문이다.

---

33) 『소요와 폭동을 피해야 할 모든 그리스도인에 대한 신실한 경고』(참고 8장 2); 비교. WAB 2, 410, 18ff. 412, 31f. 444, 7f.
34) WAB 2, 413, 5.
35) S. Widmann은 그의 책 1, 21f.에서 복음서 번역을 12월 14일/15일부터 대략 1522년 1월까지로 그리고 여타의 신약성서 번역을 대략 1522년 1월 25일부터 2월 28일까지로 어림잡는다. 그 기간 중에 또한 교황교서 『주의 만찬』을 번역하고 비평했으며, 강림절 설교를 작성했다. 번역 작업에는 대략 두 달 정도가 소요된 셈이다.
36) W.I. Sauer-Geppert: Mittelalterliche und reformationszeitliche Bibelübersetzungen ins Deutsche; TRE 6, 1980, 228-246.
37) AKat. Martin Luther (참고문헌 C), Nr. 385. Paul Pietsch: Ewangely und Epistel Teutsch. Die gedruckten hochdeutschen Perikopenbücher (Plenarien) 1473-1523; Göttingen 1927.

루터는 성서번역을 하면서 자신이 거의 외우다시피 한 라틴어 성서를 간단히 무시할 수는 없었다. 이미 인쇄되어 나온 독일어 번역성서를 그가 알고 있었다는 흔적도 여기저기서 확인할 수 있다.[38] 그럼에도 불구하고 그의 독일어 성서의 가장 중요한 토대는 원어 성서, 곧 희랍어 성서였다. 신약성서를 번역하면서 그가 이용한 희랍어 성서는 소위 코이네(동로마제국 성서 본문언어) 언어로 쓰인 것이며, 에라스무스가 라틴어 역과 함께 1516년에 그리고 제2판은 1519년에 발행한 것이다. 희랍어 성서 사용에서 볼 수 있는 특징은 가령, 요한일서 5:7절에서 보듯이 소위 구두점(Komma)을 제거한 점이다. 에라스무스는 불가타 역의 이 구절과 다른 구절에 대한 비판적 개정으로 비판을 받았다.[39]

루터는 해석학적이고 신학적인 문제들을 자신감을 가지고 번역했고, 후에 자신의 『역자 서신』(1530)과 『시편개요와 번역의 이유』(1531/1533)에서 그에 대해 설명했다.[40] 번역작업에서 부딪히는 해석의 문제는 선택해야 할 언어문제와 한 쌍을 이루었다. 그는 자유롭게 번역하는 것이 본문에 더 좋은지 아니면 성서 원어가 지닌 말의 고유한 의미를 유지하는 것이 옳은지를 계속 고민했다. 그 역시 각기 성서가 지닌 양식의 차이점에 주의해야 함을 알고 있었다.

루터는 성서번역을 하면서 독일어로 집필한 다른 저술에서처럼 작센지역의 관청언어를 썼다. 작센지역의 관어는 황제 막시밀리안 I세의 행정실을 표준으로 삼고 있었다.[41] 이 언어는 고지독일어인 알

---

38) 루터가 중세 후기의 번역성경을 오로지 사용했다는 가정은 연구결과 반박되었다.
39) 비교. WADB 6, LXXX Anm.1. 니콜라우스 게르벨은 신약을 주해하면서 에라스무스의 희랍어성서를 이용했다.
40) WA 30 II, (627) 632-643; 38, (1) 9-17. 비교. 참고 10장 5.
41) WATR 2 Nr.2858 a.b; 비교. 1. Nr. 1040 그리고 WA 48, 511 zu TR

레마니어와 저지독일어를 잘 융합시켜 주는 장점을 지니고 있다.

성서번역을 하면서 루터가 한 신학적 고민을 잘 보여주고 있는 대표적 예는 로마서 3:2절에 나오는 배타적 품사인 '오로지' (allein)의 사용이며, 루터는 이에 대하여 나중에 그 이유를 설명했다.[42] 루터는 1521/1522년 마태복음 3:2절의 '회개하라' 는 예수의 말씀을 마치 참회 행위를 요구하는 듯한 전통적인 참회 이해를 배제하기 위해 '너희 행실을 고치라' 는 말로 번역했다. 그러나 1526년(로테르의 인쇄)판부터는 다시금 '회개하라' 는 표현이 사용되고 있다. 그리스도의 공동체인 '에클레시아' 라는 말을 루터는 '신자의 공동체' 를 말하는 '게마인데' (Gemeinde)로 표현했으며, '교회' (Kirche)라는 말을 결코 쓰지 않고 있다.

신약성서의 순서를 정하는 데 있어서 루터는 에라스무스의 예를 따랐다. 에라스무스는 사도행전을 바울서신(히브리서 포함) 뒤에 배치한 불가타 성서와는 달리 복음서 뒤에 배열했다. 루터는 개인적인 판단 하에 히브리서와 야고보서를 유다서 앞에 배열했다. 이 세 개의 서신과 요한계시록은 '신약의 핵심' 이 되는 여타의 신약성서에 비해 비중이 큰 것은 아니라고 히브리서 서문에서 밝히고 있다.[43]

Nr. 2758b.

42) WA 30 II, 640, 33ff; 비교. 참조 10장 5.

43) 루터는 히브리서, 야고보서, 유다서 그리고 요한계시록 서문에서 언어학적-역사적 그리고 신학적인 논지로 이 들 성서의 사도성에 대한 의구심을 설명하고, 이미 고대교회에서도 이 성서들에 대한 평가가 문제가 되었음을 지적한다. 루터의 신약성서 목차를 보면 여타의 성서들은 1부터 23까지 번호를 갖고 있으나, 마지막 4개의 성서는 번호를 갖고 있지 않다. 비교. WADB 6, 12f. 복음적인 것이 없는 야고보서를 루터는 '지푸라기 서신' (stroherne Epistel)이라고 칭한다. WADB 6, 10, 33f. (각주 537). 이 단락은 1534년 이후 없어졌다. Maurice E. Schild: Abendländische Bibelvorreden von der Reformation bis zur Aufklärung; Gütersloh 1975, 13-18 u. ö. betr. Wirkungsgeschichte.

3월 1일 루터가 바르트부르크를 떠났을 때, 신약성서 번역은 완료되었다. 그는 비텐베르크에서 멜란히톤의 도움을 받으면서 자신이 번역한 신약성서를 거듭 손질했다. 그는 이제 신약성서 전체에 대한 서문과 각각의 서신에 대한 서문을 집필했다.[44] 신약성서 전체 서문이 바르트부르크에서 작성한 교회설교(『소강의서』 각주 29)에 대한 신학적 설명과 매우 유사한 반면, 로마서 서문은 멜란히톤의 『신학총론』에 대한 작은 독일어 보충서요, 바울 신학의 평신도 총서가 되었다.[45] 더 나아가서 루터는 몇 군데에 설명의 성격을 지닌 여백주기를 해주었고, 참고가 되는 다른 곳의 성경구절을 기입하여 이해를 도와주었다. 그 외에도 루터가 아닌 멜란히톤의 요청으로 루카스 크라나흐는 두 명의 다른 동료들과 함께 요한계시록에 대한 21개의 삽화를 완성해 주었다. 그중 세 개의 삽화는 음부 혹은 지옥에서 온 동물이 교황의 모자를 머리에 쓰고 있었다.[46]

비텐베르크 인쇄업자인 멜키오르 로테르가 1522년 9월 중순 『신약성서 독일어』(소위, 9월성서[47])를 출판했다. 비텐베르크만이 발행지라고 언급되었을 뿐 루터의 이름도 인쇄업자의 이름도 없었다. 그렇지만 대중은 이 번역 성서와 모든 부수적 설명들이 루터의 것이라는 사실을 즉시 알았다. 루터의 서문과 여백주기 그리고 삽

---

44) 세 개의 요한서신(요한 1, 2, 3서)에 대해서는 한 개의 공통된 서문을 썼고, 야고보서와 유다서도 그렇게 했다. 복음서에 대해서는 결코 서문을 쓰지 않았다. 요한계시록에 대한 서문은 1530년에 이르러 완전히 새롭고 포괄적으로 기술했다. 사도행전 서문은 1533년에서야 쓰였다.
45) 로마서 서문에 대해서는 WAB 2, 598, 4f. 599, 4; WADB 7, XXXII ff.
46) WADB 7, 406f. 479ff; 비교. CR 1, 565f (StA 7 I, 168f 171f mit 7 II; 339); MBW 1 Nr. 218. 220. Philip SChmidt: Illustration der Lutherbibel 1522-1700; Basel 1962, 93ff.
47) 1522년 12월에 제2쇄가 나왔고, 루터가 직접 이를 위해 개정작업을 했다. 비교. H. Reinitzer, Nr.73f. 77.

화들은 구교도의 신경을 자극했다. 제후로서는 작센의 공작 게오르크가 1522년 11월 7일 처음으로 자신의 지역에서 비텐베르크 출판물의 판매 및 소지를 금했다.[48] 그의 신학자문인 히에로니무스 엠저는 구교도로서는 처음으로 1523년 루터의 번역 성서에 대한 비판서를 발행했다.[49] 그러나 그도 몇 년 후인 1527년 신약성서를 직접 번역하면서 루터의 번역을 기초로 삼았다.[50] 『9월성서』로 성서와 대중의 언어가 일치하는 새로운 시대가 열렸다.

> 참고문헌 : AKat. Martin Luther (참고문헌 C), 275ff. Hermann Barge: Andreas Bodenstein von Karlstadt; 2Bde. Leipzig 1905 (Nachdr. Nieuwkoop 1968). Hermann Wolfgang Beyer: Luthers Bibelübersetzung; ThR NF 1, 1929, 313-360. Heinz Bluhm: Bedeutung und Eigenart von Luthers Septembertestament. Eine Analyse von Römer 3, 19-31; LuJ 39, 1972, 55-79. Ders.: Martin Luther-Creative Translator; St. Louis/Mo. 1965. Heinrich Bornkamm (참고문헌 B), 50ff. Martin Brecht: Luther und die Wittenberger Reformation während der Wartburgzeit; bei G.

---

48) Gess (참고 5장 2) 1, 386f; 비교. 387f, 425f, 465. H. Reinitzer, Nr.108.
49) H. Emser: Aus was Grund und Ursach Luthers Dolmetschung über das Neue Testament dem gemeinen Mann billig verboten worden sei; Leipzig 1523. Ders., Annotationes über Luthers Neues Testament; Dresden 1524. 우르바누스 레기우스는 이에 반대하여 아래와 같은 글을 썼다. Ob das Neue Testament jetzt recht verdeutscht sei; Augsburg 1524. 비교. H. Reinitzer, Nr.110. 121. Akat. Martin Luther (참고문헌 C), Nr. 387.
50) 게오르크 후작이 이 책에 서문을 썼다(참고 5장 2). 2, 775ff. Vgl. H. Reinitzer, Nr.111f. Akat. Martin Luther, Nr.361.

Vogler (참고문헌 C), 73-90. Georg Bruchmann: Luther als Bibelverdeutscher in seinen Wartburgpostillen; LuJ 17, 1935, 111-131. Hermann Dippelt: Hatte Luthers Verdeutschung des Neuen Testaments den griechischen Text zur Grundlage? ARG 38, 1941, 300-330. Rene H. Esnault: Luther et le monachisme aujourd'hui. Lecture actuelle du "De votis monaticis judicium" ; Geneve 1964 Sönke Hahn: Luthers Übersetzungsweise im Septembertestament von 1522. Untersuchungen zu Luthers Übersetzung des Römerbriefs im Vergleich mit Übersetzungen vor him; Hamburg 1973. Winfried Kolb: Die Bibelübersetzung Luthers und ihre mittelalterlichen deutschen Vorgänger im Urteil der deutschen Geistesgeschichte von der Reformation bis zur Gegenwart; Saarbrücken 1972. Karl Müller: Luther und Karlstadt; Tübingen 1907. Nikolaus Müller: Die Wittenberger Bewegung 1521und 1522; 2. Aufl. Leipzig 1911. Otto Hermann Pesch: Luthers Kritik am Mönchtum in katholischer Sicht; in Strukturen christlicher Existenz, Festgabe F. Wulf SJ; Würzburg 1968, 81-96. Siegfried Raeder: Voraussetzungen und Methode von Luthers Bibelübersetzung; in Geist und Geschichte der Reformation. Festgabe Hans Rückert, Berlin 1966. 152-178. Heimo Reintzer: Biblia deutsch. Luthers Bibelübersetzung und ihre Tradition (AKat. Herzog August Biblioth다 40), Braunschweig 1983. Hans Volz: Martin Luthers deutsche Bibel; hg. von Henning Wendland; Hamburg 1978. Wilhelm Walther: Luthers deutsche Bibel. Festschrift zur Jahrhundertfeier der Reformation; 2. Aufl. Berlin

> 1918, Nachdr. München 1978. Sören Widmann: Die Wartburgpostille. Untersuchungen zu ihrer Entstehung und zu Luthers Umgang mit dem Text; Diss. theol. Tübingen 1968 (masch).

2. 개혁의 책임감으로 비텐베르크로 귀환

1521년 12월 초 루터가 아무도 몰래 며칠간 비텐베르크를 방문한 것은 이제 막 시작된 종교개혁 운동을 약화시키기 위한 것은 아니었다. 그는 몇몇 사람들이 자유로이 추진하고 실행한 모든 국면을 인정했다.[51] 그가 정당하다고 인정하지 않은 정도를 벗어난 학생들의 과격한 의견표명도 있었지만, 그것이 그를 불안케 한 것은 아니었다.[52] 그는 돌아오는 중에 종교개혁적인 신중함이 없이 도입된 새로운 조처들을 직접 경험하고서 12월 바르트부르크에서 『소요와 폭동을 피해야 할 모든 그리스도인에 대한 신실한 경고』를 썼다. 이 책은 1522년 초 비텐베르크에서 출판되었다.[53] 1521년 12월 말 츠비카우의 예언자들이 비텐베르크에 나타났다는 소식을 듣고 루터는 차분하게 신학적 성찰이 담긴 서신을 보내 그들을 폭력으로 대처하지 말도록 부탁했다.[54]

비텐베르크의 종교개혁 운동은 시당국이 1월 24일 '비텐베르크

---

51) WAB 2, 410, 18f. 참고 8장 1. Anm. 33.
52) WAB 2, 402, 16ff.
53) WA 8, (670) 676-687.
54) WAB 2, 423, 61ff. 424, 9ff. 443, 4ff. 암스도르프, 멜란히톤, 스팔라틴에게 보낸 1522년 1월 13일 그리고 17일자 서신. 비교. N. Müller, Nr. 59. 60. 62-64.

시개혁위원회'를 결성하자 이제 도시 전체의 사안이 되었다.[55] 그러나 시당국은 시민들의 성상파괴 등에 대해 법에 없는 조처를 할 수는 없었으나, 선제후는 전개되는 새로운 현상에 대해 반대를 표명했다. 이러한 상황에서 루터는 돌아오라는 요청을 비텐베르크로부터 받았다. 이러한 움직임과는 별도로 그는 스스로 소명받은 시교회 설교자요, 비텐베르크 종교개혁 운동의 첫 대변자로서 모든 사태에 책임이 있음을 인식했다.[56] 1522년 2월 24일 루터는 선제후에게 비텐베르크에서 전개되고 있는 모든 새로운 개혁적인 조처들을 비텐베르크 성교회가 이제까지 비싼 돈을 들여 사들인 성유물 대신에 하나님께서 은혜로 주신 새로운 거룩함으로 인정해 달라고 용기를 내어 요청했다.[57] 선제후는 이에 대해 어느 작은 지면[58]을 통해 당시의 비판적 상황을 다음과 같이 나열했다: 종교개혁 사안에 대해 성당참사회와 교수들의 의견 불일치, 새로운 조처들을 반대하는 1월 20일자 제국정부의 성명서, 감독들과 마이센 감독이 이미 공고한 대책들 그리고 앞으로는 비텐베르크에서 공부해서는 안 된다고 백성들에게 명을 내린 몇몇 제후들의 요구. 선제후는 루터의 비텐베르크 귀환을 원하지 않았다. 황제나 혹은 교황이 루터를 강제로 체포할 수도 있었고, 이에 대해 더 이상 반대할 수 없었기 때문이다. 선제후가 보기에 루터는 오히려 바르트부르크에 남아 있어야 하며, 차기 제국회의에 제시할 진정서를 작성하는 것이 나아 보였다.

선제후의 기대와는 달리 루터는 1522년 3월 6일 비텐베르크로

---

55) Hans Lietzmann (Hg.): Die Wittenberger und Leisniger Kastenordnung 1522-1523; 2. Aufl. Berlin 1935.
56) WAB 2, 460, 22ff. 468, 38ff; WA 10 III, 10, 12/33ff.
57) WAB 2, 448f.
58) WAB 2, 449ff.

돌아왔고, 자신의 공적 직임인 설교자의 직무를 다시 시작했다.[59] 돌아오는 도중에 루터는 깊이 있고도 솔직한 편지에서 선제후의 뜻에 위배된 자신의 행보를 그리스도의 일에 대한 자신의 신뢰로 설명했다.[60] 비텐베르크에서 루터는 선제후의 요청으로 교회정치에 필요한 글을 집필했고, 대중에게 돌아온 책임을 직접 짊어지고,[61] 사순절 첫 주일부터 회상주일까지 매일 비텐베르크 시민들에게 설교했다. 그는 성서 본문의 인용 없이 비텐베르크 공동체가 속단한 가운데 혼란에 빠지게 된 개혁 요점에 대해 논했다(수도원 출교, 성상제거, 금식파기, 비밀고해 폐지).[62] 그는 칼슈타트와 츠빌링이 추

---

59) 교직, 즉 비텐베르크 대학에서 가르치는 일은 즉시 시작되지 않았다. 1523년 2월에서야 비로소 그는 강의를 다시 시작했다. 그러나 수도원 건물에서 사적으로 이루어졌으며, 신명기 주해를 강의한 이 모임에 적은 수의 학생들이 참여했다. WA 14, (489) 497-753. 1524년 5월부터 시작된 공식적인 강의에서 그는 1526년 1월까지 소예언서를 강의했다. WA 13(비교. WA 40 III, 747ff). 그는 1526/1527년에 독일어로 쓴 요나서 주해를 출판했다. WA 19, (169) 185-251. 하박국 WA 19, (337) 345-435. 사가랴 WA 23 (447) 485-664. 비교. Gerhard Krause: Studien zu Luthers Auslegungen der Kleinen Propheten; Tübingen 1962. 1526년 전도서를 강의했다. WA 20, (1) 7-203; 비교. Eberhard Wölfel: Luther und die Skepsis. Eine Studie zur Kohelet-Exegese Luthers; München 1958. 1527년 루터는 이사야 강의를 시작했다. 가을에는 페스트로 인해 대부분의 학생들이 예나로 옮겼다. 그 사이에 그는 요한 1서/WA20, (592) 599-801, 디도서와 빌레몬서/WA 25 (1) 6-78, 디모데전서/WA 26, (1) 4-120를 강의했다. 1528년 봄에 다시 시작한 이사야서 강의는 1530년 2월에 끝마쳤다. WA 25, (79) 87-401 그리고 31 II (VII-IX) 1-585; 비교. Dietrich Thyen: Luthers Jesajavorlesung; Diss. Heidelberg 1964 (masch.). 아가서에 대한 강의는 코부르크 체류로 인해 중단되었다. 참고 11장 3.
60) WAB 2, 454f.
61) WAB 2, 459ff (1판) 467ff(2판).
62) WA 10 III, 1-64 (XLVI-LXXXV); 비텐베르크로 돌아온 첫 주에 쓴 편

진한 신앙이 약한 자를 고려하지 않는 개혁을 비난하지는 않았으나, 양심이 기존의 미신적인 종교심에 사로잡혀 부득불 시행하는 모든 것은 반대했다. 복음의 자유는 이와는 달리 먼저 종교개혁적인 설교를 통해 폭넓은 자의식을 불러일으키며, 복음인 채 위장한 경건의 억압에서 양심을 자유케 하는 것이다. 양심을 억압하는 전통적인 것들을 제거하면 거짓된 경건의 형식들은 그 중심 기둥을 잃을 것이다. 그렇게 되면, 신앙인들의 일치된 합의가 진정한 복음의 개혁을 가능케 할 것이다. 루터는 이처럼 그리스도의 구원을 확신케 해주고, 복음의 진리를 증언해주는 신앙과 함께 외적인 경건의 표현에서 그들 역시 새롭게 알게 된 신앙의 진리를 확신할 때까지 약한 자를 세심하게 고려함으로 간접적으로 진리를 알게 해주는 사랑을 설교했다. 그러므로 신앙과 사랑은 그의 설교의 핵심 주제가 되었다. 루터는 비텐베르크에서처럼 선제후국 작센의 다른 도시에서도 역시 설교를 통해 교회개혁이 추진되는데 큰 영향을 주었다. 4월 말과 5월 초 행한 첫 여행에서는 보르나, 알텐부르크, 츠비카우 지역에 그리고 10월에 행한 두 번째 여행에서는 바이마르와 에어푸르트에 영향을 끼쳤다.

1522-1524년의[63] 루터의 설교들은 그로 인해 신속히 확산되어 큰 영향을 주었고, 그중 중요한 일부는 단편 혹은 작은 설교모음집으로 출판되었다. 이 시기의 종교개혁이 설교와 팸플릿 등에 힘입은 것이라면, 루터 역시 자신의 설교와 작은 책자를 통해 한 몫을 했다.[64] 가브리엘 츠빌링은 신앙이 연약한 자를 고려하라는 루터의

지와 『두 가지 방식의 성찬 시행』이라는 글에도 역시 중요한 사상이 담겨 있다. WA 10 II, (1) 11-41.
63) 비교. H. Bornkamm (참고문헌 B), 180-205.
64) Luthers Predigten und Flugschriften von 1522-1524 in WA 10 II und III (1522), 11 und 12 (1523) 그리고 (1524).

요구에 공감한 반면, 칼슈타트는 자신의 생각을 굽히지 않았다. 비텐베르크 시교회는 그에게 더 이상 설교의 권한을 허용하지 않았다.[65] 그의 생각이 담긴 출판물들은 대학의 일차 검열을 요구받았다. 그러나 비텐베르크 대학에서의 강의는 아직은 계속할 수 있었다(참고 9장 1).

구원과 직접 관련이 없는 경건 형식의 문제에서 신앙이 연약한 자에 대한 루터의 배려는 종교개혁적인 복음 선포와도 밀접히 연관되어 있다. 그는 적그리스도의 횡포에 대한 논박도 줄이지 않았다. 루터가 종교개혁을 본 묵시적인 사고의 지평은 천년왕국적인 기대뿐만 아니라 무질서한 폭력과도 거리가 멀다. 『소요와 폭동을 피해야 할 모든 그리스도인에 대한 신실한 경고』에서 적그리스도는 다니엘서 8:25절의 말처럼 '사람의 손을 말미암지 않고' ─ 즉, '검이나 육적인 폭력으로가 아닌'(WA 8, 677, 22ff) ─ 멸망하게 될 것이라고 루터는 강조한다. 데살로니가후서 2:8절(그때에 불법한 자가 나타나리니 주 예수께서 그 입의 기운으로 저를 죽이시고 강림하여 나타나심으로 폐하시리라)의 이중적 말씀은 그리스도께서 한편으로는 오직 말씀의 능력을 통해 적그리스도를 제압하고, 다른 한편으로는 다가올 재림 때에 그를 완전히 제거할 것임을 의미했다(WA 8, 678, 3ff). 그러므로 루터는 이미 종교개혁적인 그리스도 선포로 말씀을 통한 적그리스도의 제압이 시작되었기에 후자의 그리스도의 재림이 임박해 있다고 기대했으며, 전자와 후자 사이에 이루어진다는 천년왕국을 완전히 배제했다(WA 8,678, 3ff). 적그리스도는 그가 한 불법적인 말들과 그가 전한 무분별한 교리들이

---

65) 루터는 욀스니츠 설교자의 직무정지를 원했다. 그것은 그 설교자가 칼슈타트처럼 열광주의에 사로잡혔고, 사제에게 하는 참회를 금지사항으로 설교했으며, 폭력적인 방식도 버리지 않았기 때문이다. WAB 3, 170f, 201f.

복음을 통해 완전히 폭로될 때에 붕괴될 것이다. 또한 적그리스도의 추종자들은 복음의 진리와 부딪히면서 더욱 완고해지는 경우가 있을 수 있다(WA 8, 679, 1ff).

루터는 종교개혁이 소요나 폭동이 되지 않도록 4가지 이유를 들어 경고한다. 첫째, 그의 말씀을 통해서 적그리스도의 악행을 제거하는 것이 하나님의 뜻이다(WA 8, 679, 35ff). 둘째는 이성적 판단에서다. "소요와 폭동은 비이성적이며, 일반적으로 죄가 있는 사람보다는 선량한 사람들에게 더 많은 피해를 준다." 그 때문에 비록 정의를 최종 목적으로 삼는다 할지라도 그것은 옳지 않다(WA 8, 680, 18ff). 루터는 여기서 자신의 입장을 더 부연한다. "나는 아무리 부당한 사안이라 할지라도 폭동과 소요가 주는 고통을 심각하게 여기며, 언제나 가슴 아파할 것이다. 아무리 정당한 이유를 가졌다고 해도 폭동을 일으키는 것은 반대한다. 폭동은 무죄한 자의 피와 상처를 가져오기 때문이다"(WA 8, 680, 36ff). 셋째, 하나님은 정당한 일들이 옳은 방법으로 성취되기를 바라시며(신 16:20), 스스로가 심판자가 되는 길을 금하신다(신 32:35). 폭동은 "그 자신이 직접 심판하고 복수하는 것이나 다름없다"(WA 8, 680, 36ff). 넷째, 종교개혁에서 폭동은 그 자체가 복음이 지닌 진리의 힘을 땅속에 묻고자 하는 마귀의 생각이다(WA 8, 681, 6ff).

'말과 글을 가지고' 하는 영적인 논쟁도 중지해서는 안 된다. 그리스도는 '그 입의 기운으로' 적그리스도를 멸하고자 하기 때문이다(WA 8, 682, 12ff). 루터는 종교개혁의 추종자들에게 파당을 경고한다. 자신들을 '루터적(的)'이라고 칭해서는 안 되며, 그리스도의 이름으로 만족해야 한다. 오직 그리스도의 가르침을 위해서만 싸우고자 하기 때문이다(WA 8, 685, 4ff). 이러한 싸움에서는 관계된 사람들을 잘 구분해야 한다. 적들의 대변자는 그들의 왜곡된 주장을 정당화하고자 날카로운 말들로 포장할 것임에 틀림없다. 이

때에는 무시함으로 그들을 벌해야 한다. 이에 비하여 연약한 양심을 가진 무지한 자, 배우는 자 그리고 순진한 자들을 친절하고도 자상하게 지도해야 한다. 그들이 '이유와 원인'을 즉시 납득하지 못할 경우에는 이해가 되기까지 인내해야만 한다(WA 8, 685, 34ff). 이와 같이 루터는 비텐베르크 종교개혁에 직접 개입하기 전 이미 어느 방향으로 이끌어야 할지를 분명히 설명했다.

그는 비텐베르크 교회에서 인내심을 가지고 의식교육에 전심을 기울였으며, 다른 한편으로는 성교회 참사원들에게 비복음적인 예배(개인미사, 서원미사, 고인을 위한 미사)를 중지해줄 것을 요구했다. 그는 우선 참사원들에게 개인적으로 서신을 보내어 요구를 전했다.[66] 그리고 요구가 수용되지 않을 경우, 참사원들을 교회공동체에서 배제시킬 것임을 공지했다(마 18:15ff). 시교회가 구교 참사원을 영적인 교회공동체에서 배제시킨다는 것은 중요한 의미를 가질 수가 있다.[67] 루터는 — 구교 신학자들과의 논쟁에서 보여준 것처럼 — 새로운 복음인식의 확신이 있었고, 기존 입장의 변화가 없는 구교 신학자들의 자세를 완고함이요, 지식과 양심에 거스르는 태도라고 여겼다. 사회는 그 통치 영역이 크던 작던 간에 공적인 삶에서 하나님을 비방하는 태도를 방치해서는 안 된다. 루터는 비텐베르크 참사원들에게 선제후가 승인하기까지 예배개혁이 지체되는 것을 허용하지 않았다. 오히려 그들이 영적인 직임을 수행하면서 복음을

---

66) WAB 3, 34(1524년 3월 1일)과 111ff(1523년 7월 11일): 루터는 선제후에게도 이 문제가 알려지도록 하기 위해 스팔라틴에게 서신을 보내어 자신이 원하는 것을 반복하여 언급했다. 그는 1521년(미사오용에 대하여)에 선제후가 모은 성인유품들이 진열된 비텐베르크 성교회를 잘못된 '벧아웬' 예배(왕상 12:28f, 호 4:15)의 대표적 예라고 지적했다. WA 8, 475, 20ff. 561, 21ff und 471, 16ff. 556, 15ff.
67) WA 11, 159, 4ff. 12, 647, 24ff. 1ff (1523년 8월2일 설교); 비교. WAB 3, 121ff.

책임 있게 대변해주기를 기대했다.[68] 선제후가 1523년에도 획기적인 예배개혁을 승인하지 않자, 루터는 선제후가 "설교를 중단하지 말고 더욱 열심히 하나님께 기도하기를 원한다"는 의미로 받아들였다. 동시에 그는 참사원에 대한 어떤 폭력적인 대응도 발생해서는 안 된다고 비텐베르크 시민들에게 상기시켰다.[69] 1524년 말에 이르러 비로소 루터의 지도 하에 예배개혁이 이루어졌다.[70]

뉘른베르크 제국회의(1523년 2월 9일) 의결을 근거로 제국정부가 1523년 3월 6일 공고한 종교적 문제에 대한 위임을[71] 루터는 포괄적으로 해석했다. 교리문제가 '일반 기독교 공의회'를 통해 결정되어야 한다는 것은 루터의 공의회 소집요구와도 전적으로 일치했다. 공의회가 교리문제를 다룰 것이기에 루터는 벌써부터 잠잠할 것을 강요받았다.[72] 제국회의 의결에 의하면 공의회가 열리기까지 교회는 성서해석에 따른 복음을 수용하고 전하고 설교해야 한다고 했기 때문이다. 루터와 인문주의적인 이해에 의하면 이것은 스콜라 학자들의 글이 아니라, 교부들의 가르침을 의미한다. 교부들은 교회가 성서의 말씀에 순종하도록 가르쳤다.[73]

루터는 선제후가 중립적인 태도를 버리고 적극적으로 임해줄 것

---

68) WAB 3, 112, 27ff. (11.7.1523): 나는 이제 당신들의 양심에 호소한다: 선제후가 이런 문제와 무슨 상관이 있는가? (행 5:29 그리고 갈 1:8)
69) WAB 3, 124, 13ff. 169, 17ff.
70) WAB 3, 375ff. 392, 31ff. 397, 13f; WA 15, (758) 764-774. 새로운 위원회가 새로운 선제후의 지도 아래 1525년 가을 개최되었다. WAB 3, 588, 18f. 595, 36f.
71) RTA 3, 447ff; 비교. 736ff.
72) RTA 3, 449, 8. 비교. 746, 15; WA 12, 63, 35ff.
73) RTA 3, 449, 27. 비교 747, 18f. WA 12, 63, 11ff. 루터가 제국회의 의결을 확대해석한 반면, 비텐베르크 참사원은 그것을 제한적으로 해석했다. WAB 3, 75f 그리고 113f.

을 강요하지 않았다. 그가 중립을 지키면서 하나님의 말씀을 공적으로 대변해주는 것으로 만족했다. 선제후의 이러한 태도에 황제가 루터를 파문자요 불경자로 제압하고자 했더라도—개혁자는 이러한 경우 순교자가 되고자 했다—루터의 판단에 따르면, 선제후는 황제에게 반항하지 않았을 것이다. 제국의원들과는 달리 선제후는 새로운 종교문제로 제국의원들이 루터를 공격할 경우 저항을 허용했을 것이다.[74]

루터는 복음 설교를 하나의 보편적인 지평에서 보았다. 보헤미아 귀족들과는 달리 후스를 따라 양종성찬을 시행하는 교회와 독일에서 발생한 종교개혁 사이에 심각한 차이점은 없으나, 순수한 복음을 지속적으로 설교함으로 보헤미아와 독일을 한 가지 의미와 그리스도인이라는 단일한 이름 아래 함께 묶을 수 있을 것이라는 희망을 그는 언급했다.[75] 그는 또한 전보다 더 폭넓게 유대인들에게도 만약 그들이 유대인으로 태어난 인간 예수를 첫째는 메시아요, 둘째로 참된 하나님이라고 말하는 희석되지 않은 순수한 그리스도에 대한 성서의 증언을 대하게 되면, 그들도 그리스도에 대한 신앙을 갖게 될 것으로 기대했다.[76] 이것은 이스라엘 전체가 회개할 것이라는 천년왕국적인 희망의 표현은 아니다. 그는 성서 강의를 통해 유대인 선교가 이루어지기를 소망했고, 사회적 차별에 대한 반대를 분명히 했다(참고 12장 2).[77]

---

74) 1523년 저항권에 대한 루터의 소견, WAB 12, 39f. 비교. 1522년 3월 5일자 선제후에게 보낸 글 2, 456, 95ff.과 WA 11, 276, 29ff.
75) WA 10 II, 173, 10ff. 29ff. 비교. 180ff 그리고 11, 417ff.와 12, 160ff.
76) 『예수는 유대인으로 태어났다는 사실』 1523, WA 11, (307) 314-336. 비교 15, 39, 15-40, 13 그리고 WAB 3, 101f.
77) WA 11, 336, 22ff.

> 참고문헌 : Hermann Barge (참고 8장 1). Ulrich Bubenheimer: Scandalum et ius divinum. Theologische und rechtstheologische Probleme der ersten reformatorischen Innovationen in Wittenberg 1521/22; ZSavRG 90 Kan 59, 1973, 263-342. Mark U. Eewards JR.: Luther and the false brethren; Stanfird 1975. Helmar Junghans: Freiheit und Ordnung bei Luther während der Wittenberger Bewegung und Visitationen; ThLZ 97, 1972, 95-104. Karl Müller (참고 8장 1). Nikolaus Müller (참고 8장 1). James S. Preus: Carlstadt's Ordinaciones and Luthers Liberty. A Study of the Wittenberg Movement 1521-1522; Cambridge Mass. 1974.

3. 예배개혁

제의적 복장이나 몸짓, 라틴어로 된 찬송과 성경낭독 등이 없는 예배가 절대적으로 필요할 뿐이라는 칼슈타트와는 달리 루터는 '단순한 사람들'을 고려하여 다시금 성의를 입고, 라틴어로 된 익숙해진 성가와 의식을 가지고 비텐베르크 공동체와 더불어 예배를 드렸다. 그는 이러한 것들은 신앙의 확신에 크게 중요하지 않다고 신자들에게 가르쳤다(WA 10 II, 29, 3ff). 구원의 이해를 위해서 루터에게는 미사에 희생의 성격을 부여해 놓은 모든 기도문의 제거만이 필요했다. 사제에 의해서 여린 음성으로 낭송되는 소위 미사정경에 있는 기도문 등이 이에 해당한다.[78] 교회는 성찬의 말씀이 신앙을

---

78) WA 10 II, 29, 11ff.

위해 주시는 하나님의 은총의 말씀임을 선포해야 하며, 미사는 제의적인 희생행위가 아니기 때문에 어떤 미사도 더 이상 중요하지 않다.[79] 루터는 개인미사도 점차적으로 사라질 것이라고 생각했다. 왜냐하면 한편으로는 신자들이 미사에 대한 종교적 관심을 잃어버릴 것이고, 다른 한편으로는 성직자들이 예배를 새롭게 이해하게 되면 미사집례를 직접 중지할 것이기 때문이다. 성찬이 없는 미사는 그에게 아무런 의미가 없었다. 1522년 초에 이미 그에게는 주일이나 혹은 월 1회라도 '의무, 제도, 관습, 법 그리고 습관'에서가 아닌 '진정한 성찬'을 하고 싶은 열망에서 성찬예배를 드려야 한다는 생각이 맴돌았다.[80] 예배에서 루터는 신자들에게 양종성찬을 베풀 것을 허용했다. 보통사람도 성찬은 두 가지 방식으로 하는 것이 '옳은 것이며', 이것은 이단적인 죄가 아니라 복음에 부합하는 것이다.[81] 이같은 문제에 있어서는 종교적 확신이 대단히 민감하게 작용한다. 이곳 비텐베르크에서는 물리적인 강제성이나 강요는 위험한 것이었다.[82] 성만찬에서 빵과 잔을 다 받기 원하는 신자들은 예배와 따로 양종성찬을 시행했다. 성찬의 요소를 두 손으로 높이 드는 의식은 신앙이 약한 자들을 고려하여 당분간 유지되었다.[83] 그리

---

79) WA 10 II, 29, 18ff. 32, 11ff. 루터는 라틴어로 된 제정의 말씀을 아직은 중요하게 여겼으나, 성찬의 참여자들을 위해 분명히 알아들을 수 있도록 고쳐지기를 원했다. WA 12, 212, 23ff.
80) WA 10 II, 31, 19ff. 32, 11ff.
81) WA 10 II, 29, 27ff.
82) 루터는 갈등을 빚는 사안에 대해서는 상담을 통해 충실한 조언을 했고, 강제로 참여하기보다는 성찬을 하지 않는 것이 더 낫다고 했다. 원칙적으로 볼 때 성찬은 구원에 필수적인 것은 아니기 때문이다. WAB 3, 263, 5ff (1524년 4월 4일); WA 10 II, 30, 17ff (1522년 초); 12, 171, 21ff (1523년 가을); 12, 216, 33ff(1523년 말).
83) WA 12, 212, 27ff.

고 이어진 성체기도를 보헤미아 형제들은 철저히 배격했지만, 루터에게는 경건한 관습에 속한 것이었고, 따라서 그것 때문에 상호간에 비방할 필요는 없었다. 주님의 은총의 말씀을 받아들이는 신앙에 비춰볼 때 이러한 외적인 행위들은 그다지 중요한 것은 아니기 때문이다.[84]

루터는 참회와 관련해 모든 종류의 강요를 철저히 정죄했고, 죄책으로 괴로워하는 양심에는 영적으로 도움이 될 수 있는 복음에 합당한 말씀을 찾도록 추천하면서[85] 기독교 신앙과 다름없는 무조건적인 자유를 책임 있게 받아들이기를 거듭 요청했다. 이제 교회의 사순절 금식규정은 구속성을 잃을 것이고, 성직자에게는 결혼의 가능성 그리고 수도사에게는 수도원 이탈의 가능성이 촉진될 것임에 틀림이 없었다. 이러한 영역에서 몇몇 자유의 남용이 발생된다고 할지라도 그로 인해 자유 자체가 포기되어서는 안 된다.[86]

1522년 2월에 발생했던 비텐베르크 시민들의 성화제거 방식과 같은 무조건적인 제단의 성화제거를 루터는 동의할 수 없었다. 그는 물론 성화의 숭배에서 오는 종교적인 오용의 위험을 알고 있었다. "그것이 위험한 것은 사실이다. 나는 그것이 제단에 없기를 바란다." 그러나 오용의 가능성 때문에 성화 자체가 제거되어서는 안 된다. 폭로해야 할 잘못된 것은 성화를 사용하여 하나님과 성인들의 은총을 불러오는 공로를 완성할 수 있다는 생각이다. 이러한 의견이 사라지면, 교회 안의 그림과 같은 장식들에 대해 올바른 태도가 정착될 것이며, 사람들은 "다만 기쁨이나 혹은 장식용으로 벽에

---

84) WAB 2, 628, 1ff. 629, 4ff (1522년 12월 12일); WA 11, 443, 16ff (1523년 초).
85) WA 10 II, 32, 18ff. 칼슈타트는 개인미사에 대한 일반적인 심판에 사로잡혔다.
86) WA 10 II, 36, 6ff. 34, 4ff.

그림을 그리거나 사용할 것이다."[87]

루터는 예배를 개혁하면서 특별히 복음을 믿는 신앙이 하나의 제의적 희생행위로서의 예배라는 생각으로 변질되지 않고, 신앙공동체 속에서 연약한 이웃을 고려해야 할 의무가 있는 사랑이 하나의 행동방식일 뿐이라는 잘못된 평가에 묻히지 않고, 본래 가지고 있으며 복되게 사용하고, 믿고 사랑하는 그리스도인의 자유가 강요로 인해 변색되지 않도록 각별한 주의를 기울였다.[88] 그러므로 신앙, 사랑 그리고 자유는 무조건적이며 절대적인 것으로 유지되어야 한다.

1523년 봄 루터는 비텐베르크 교회에 죽은 자와 성인을 위한 미사를 없애고, 성서 읽기, 본문해석 그리고 기도를 주요 내용으로 하는 평일 아침예배와 저녁예배를 드리자고 제안했다. 아침에는 구약, 저녁에는 신약을 계속해서 읽는 것이었다.[89]

루터는 1523년 설교를 통해 성체축일과 작별을 고했다(WA 11,

---

87) WA 10 II, 33, 15ff; 비교. WAB 2, 513f. Margarete Stirm: Die Bilderfrage in der Reformation; Gütersloh 1977. Hans von Campenhausen: Die Bilderfrage in der Reformation; bei dems.: Tradition und Leben; Tübingen 1960, 361-407; ZKG 68, 1957, 69-128.

88) WA 10 II, 36, 28ff.

89) WA 11, 61, 33ff; 비교. 14, 549, 16f. 각주 760. 같은 때에 인쇄되어 나온 라이스닉 교회에 대한 제안도 이와 일치하고 있다. "Von Ordnung des Gottesdienst in der Gemeinde", WA 12, 35-37 (이곳에서는 주일에 매일 읽도록 정해진 서신서 본문주석을 가지고 예배를 드렸다). 비교. WA 12, 219, 8ff(1523년 말)과 1523년 8월 19일 예배개혁을 제안, WAB 3, 130f. 더 나아가 WAB 3, 412, 24ff (1524년 말). 루터는 1522년 5월부터 주일오후에는 베드로전서(WA 12, 249ff)와 베드로후서 그리고 유다서(WA 14, 1ff)를 계속해서 설교했고, 1523년 3월부터 1524년 9월까지 창세기(WA 14, 92ff; 24, 1ff)를 설교했다. 1525년 이전 6일간의 평일 교회설교의 원본이 남아 있는지는 확실치 않다.

25ff). 성인축제도 같은 해에 급격히 줄어들었다. 루터는 성인전설에 대해 비판적으로 언급했다. 왜냐하면 사도전설들 조차도—바울을 제외하고는—그다지 순수하지 않기 때문이라는 것이다. 마리아 축제에 대해서는 마리아 정결 축제(2월 2일)와 마리아의 선포(3월 25일)만을 원했다.[90]

비텐베르크에서 사용하던 세례 예식문을 루터는 1523년 초에 독일어로 번역하여 발행했다.[91] 이로 인해 세례를 받고자 유아를 데려오는 부모들도 세례의 의미를 모두 이해할 수 있게 되었고, 진심으로 수세자를 위해 기도해 줄 수 있었다. '연약한 양심'을 가진 신자들을 고려하여 세례예식의 주요 내용들을 그대로 두도록 했지만, 대부분의 부수적 의식 행위들은 인위적인 부가물로 여겼다. 그러나 가령 소금의 성별, 악귀를 불러내는 행위(Exorzismen), 안수 등 몇 가지는 폐지했다.

루터는 성도들이 독일어로 된 찬송가를 부름으로 주일예배에 적극적으로 참여해주기를 원했다. 그는 1523년에는 직접 작사하기 시작했고, 친구들에게도 직접 찬송을 지어보도록 적극적으로 권유했다.[92] 독일어 찬송가 중 2/3(36개중에 24개)를 루터는 1523년과 1524년에 만들었고, 악곡도 직접 만들었다.[93] 그는 가사를 지을

---

90) WA 12, 37, 19ff. 209, 4ff; 비교. 10 II, 165, 13ff. 성인숭배에 관한 내용.
91) 소책자인 세례예식서도 독일어로 번역되었다. WA 12, (38) 42-48; 비교. WA 11, 87. Gustav Kawerau: Liturgische Studien zu Luthers Taufbüchlein von 1523; ZWL 10, 1889, 407ff. 519ff. 625ff. WAlter Dürig: Das Sintflutgebet in Luthers Taufbüchlein; FS Michael Schmaus; Paderborn 1967, Bd. 2, 1035-1047.
92) WAB 3, 220, 1ff. 파울 스페라투스는 1524년 이미 3개의 노래를 확산시켰다.
93) WA 35 (루터가 만든 모든 노래는 여기에 있다). 비교, H. Wolf (참고

때에 전통적인 라틴어 노래가사나 시편 혹은 다른 성서나 교리적인 내용을 기본 자료로 사용했다. 몇몇 노래들은 개별적으로 인쇄되거나 혹은 두 개로 짝을 이루어 즉각 출판되었다. 1524년 종교개혁의 첫 찬송가가 인쇄되었다. 뉘른베르크에서는 8개의 노래를 담은 책이 나왔으며, 그중 4개가 루터의 것이었다. 에어푸르트에서는 소책자 두 권이 출판되었으며(25개의 노래 중에 18개가 루터의 것), 비텐베르크에서는 선제후국 궁정악사 요한 발터(1496-1570)가 수집하여 몇 개는 편집한 성가곡(32개의 독일어 성가 중 24개가 루터의 것)이 나왔다.[94] 개신교회의 확장에 중요한 역할을 한 찬송가는 『독일미사』(Deutsche Messe)가 형성되는데 획기적인 공헌을 했다.

1523년 말 『미사와 성찬 요강』에서 루터는 목회에서 성찬의 필요성을 역설했다. 성직자는 성찬 참여자를 잘 알고 있어야 하며, 상응하는 질문에 답변함으로 성찬이 주는 은총의 말씀이 그에게 필요함을 알게 해야 한다.[95] 많은 그리스도인들이 스스로 성찬을 올바로 이해하고 있는지 매년 확인하지 못함에도 불구하고 그는 엄격한 규제는 피했다(WA 12, 215, 30ff). 그러나 간음자, 간통자, 술꾼, 노

문헌 B), 141ff. 1523년 7월 1일 브뤼셀에서 순교한 두 명의 아우구스티누스 엄수파 동료를 기념해 루터가 1523년 만든 첫 노래는 아주 특별한 경우이다(WA 35, 91ff. 411ff).

94) Walter Blankenburg: Johann Walters Chorgesangbuch von 1524 in hymnologischer Sicht; bei dems.: Kirche und Musik. Gesammelte Aufsätze zur Geschichte der gottesdienstlichen Musik, hg. v. E. Hübner, R. Steiger; Göttingen 1979, 40-79. 77; JLH 18, 1973/74, 65-96.

95) WA 12, 215, 18ff; 비교. WAB 3, 183, 11ff. 이러한 질문을 그는 이미 1523년 4월 2일 교회공동체에 알렸다. WA 12, 477, 11ff. 20ff. 당시 그가 만든 질문들과 전에 사용하던 5개항의 성찬질문은 소교리문답서에 있다.

름꾼, 고리대금업자 그리고 험담자라고 공공연히 알려진 사람은 그가 자신의 삶의 방식을 명백히 변화시키지 않는 한, 성찬에서 철저히 분리시켜야만 한다.[96]

1523년 가을 루터는 비텐베르크에서 오랫동안 종교개혁적인 설교를 전했고, 연약한 자에 대한 고려가 혹시 완고함으로 이어지지 않도록 하고자 양종성찬을 실시할 시점이 왔다고 생각했다.[97] 양종성찬은 신약성서에 기초하고 있으며, 향후 공의회가 이 문제를 그렇게 결정해주기를 기대하지 않아도 된다.[98] 1520년과는 달리 루터는 이제 더 이상 로마의 교회법을 고려할 필요가 없었다.

루터는 중세 후기에 평신도가 쓰던 기도서에 복음적인 내용을 보완하여 1522년 『소기도서』를 새로 만들었다. 중세 후기에는 호르툴루스(Hortulus)가 라틴어와 독일어로 펴낸 기도서가 주로 이용되고 있었다. 다양한 성인기도와 면죄언약에 대한 기도 대신에 『소기도서』는 루터가 1520년에 쓴 간략한 설명과 몇몇 시편 그리고 서신서에서 뽑아낸 내용 등 중요한 세 개의 교리적인 주요 부분으로 구성되어 있다. 『소기도서』의 구성은 시간이 흐르면서 루터와는 상관없이 많은 변화가 있었다. 이어서 1522년부터 1524년까지 17개의 다양한 책들이 나왔다.

> 참고문헌 : Akat. Martin Luther (참고문헌 C), 293ff. 405ff. Georg Baesecke: Luther als Dichter; Halle 1935. Adolf Boes: Die reformatorischen Gottesdienste in der Wittenberger Pfarrkirche von 1523 an; JLH 4, 1958/1959, 1-40. Ronald Lee Gould: The Latin

---

96) WA 12, 216, 8ff.
97) WA 12, 217, 5ff. WAB 3, 183, 13ff.
98) WA 12, 217, 5-218, 14.

> Lutheran mass at Wittenberg, 1523-1545; Ann Arbor 1970. Gerhard Hahn: Evangelium als literarische Anweisung. Zu Luthers Stellung in der Geschichte des deutschen kirchlichen Liedes; München 1981. Christhard Mahrenholz: Luther und die Kirchenmusik; Kassel 1937. Felix Messerschmid: Das Kirchenlied Luthers. Metrische und stilistische Studien; Würzburg 1937. Hans Bernhard Meyer SJ: Luther und Messe. Eine liturgiewissenschaftliche Untersuchung über das Verhältnis Luthers zum Meßwesen des späten Mittelalters; Paderborn 1965. Hans Joachim Moser: New York 1967. Charles Schneider: Luther poète et musicien et les Enchiridien de 1524; Geneve 1942. Julius Smend: Die evangelischen deutschen Messen bis zu Luthers Deutscher Messe; Göttingen 1896, Nachdr. Nieuwkoop 1967. Vilmos Vajta: Die Theologie des Gottesdienstes bei Luther; 3. Aufl. Göttingen 1959.

4. 교회공동체의 법과 제도적 요소들: 목사선출, 재정, 학교

복음적인 설교자와 목사에 대한 교회공동체의 소망은 중세 후기에 시민계층이 이미 특정 직위에 영향력을 행사했던 도시들에서는 적어도 성취될 수 있었다. 이러한 발전에서 시당국은 지역 단위로 조직화된 기독교의 대표자로 자연스럽게 인식되었다. 어려움은 다양한 병합관계, 가령 학교나 수도원과 같은 교회적 기관들이 목사를 임명할 권한과 재산사용권을 가지고 있으면서 종교개혁적인 설교자나 혹은 목사를 교회공동체에 임명하기를 원치 않을 때 발생했다.

루터는 1522년 초 이미 알텐부르크에서 중요한 첫 사례에 직면했고, 그로부터 몇 달 후 라이스닉시에서 두 번째 사례를 경험했다.[99] 그는 이 두 곳에서 구두로 담판을 벌였고, 첫 사례에 대해 문서와 서신으로,[100] 두 번째 사례에 대해서는 1523년 초에 출판된 글로 자신의 입장을 밝혔다.[101] 루터의 생각에 따르면, 공적인 복음 설교가 교회와 설교직 그리고 목사직의 본질이듯이, 교회는 공적으로 복음을 선포해야 할 근본적이고도 신적인 권한을 가지고 있다. 만일 교회적인 기관들(감독, 참사원, 수도원장)이 인사권을 소유하면서도 복음의 올바른 선포에는 신경을 쓰고자 하지 않는다면, '복음을 가지고 있는' 교회는 예수와 사도의 가르침에 따라(요 10:27, 마 7:15, 24:4, 살전 5:21) 신적인 권리와 의무를 이들 교회기관으로부터 빼앗을 수 있다. 교회는 직접 참된 가르침과 거짓된 가르침, 하나님의 말씀과 사람의 가르침을 구분해야만 하며, 검토도 없이 그 결정을 공의회에 위임해서는 안 된다. 인사권의 책임을 가진 기존의 기관이 복음적인 설교를 거부하는 긴급 상황에서는 교회가 직접 설교자를 선택해야만 한다.[102] 공적인 복음 선포가 잘 이루어지도록 배려해야 할 교회의 권한과 의무는 가르침을 판단할 수 있는 모든 그리스도인들의 권한에 기초하고 있다. "왜냐하면 누구나 스스로를 믿고 있음에 틀림없으며, 바른 교리와 거짓된 교리의 차이점을 알고 있음에 틀림없기 때문이다"(WAB 2, 508, 45f).

---

99) K. Müller, 41f. 49ff. K. Trüdinger, 55ff. W. Stein, 167ff.
100) WAB 2, (501f) 504f. 506ff. (517f) 519ff. 522f.
101) 교회의 모임 또는 회중이 모든 가르침을 판단하고, 교사의 직임을 부여하거나 청빙 혹은 사직시킬 권한과 힘을 가진다는 것. 성서적 이유와 근거; WA 11, (401) 408-416.
102) 설교직은 최고로 높은 직무로서 이제 여타의 영적인 권한을 모두 내포하고 있다. WA 11, 415, 30ff; 12, 191, 6ff.

만일 교회의 심의 기관들이 복음적인 설교자를 원하는 교회공동체의 분명한 소망을 거부할 경우, 루터의 견해에 의하면, 공적인 책임을 수행하는 사회의 특정 구성원들이 공적인 교회 직임자를 임명할 자격을 갖게 된다. 물론 이 경우, 사회의 특정 구성원들은 새로운 신앙 인식에 개방적이어야만 한다. 모든 사회구성원들은 기독교적이었다. 왜냐하면 모두가 세례를 받았기 때문이다. 교회공동체와 시민공동체 사이에는 자명한 일치가 존재하고 있다. 기독교 공동체 속에 종교개혁적인 복음이해가 확산되어 있다면, 기독교인들 중 공적인 책임을 가진 사람들에게 교회를 위해 복음적인 설교자를 임명할 자격이 부여된 것이다.[103] 이 점에서 이미 중세 후기에는 개개의 시의원들, 영주들 혹은 귀족들이 설교자를 임명할 권한을 가졌거나[104] 혹은 보호권을 가지고 있었음을 읽어 낼 수 있다. 공적인 책임을 가진 기독교인을 통한 교회 직임의 임명은 종교개혁적인 직임이해에 따르면, 모든 영적인 권한을 수행할 수 있는 자격을 부여하는 것이며, 물론 여기에는 설교직을 공적으로 수행할 수 있는 능력을 전제하고 있다.[105] 루터는 교회공동체가 동일한 의견으로 직접 직임자를 선출하고 임명할 것을 『교회 목회 제도』(1523)에서 보헤미아의 양종성찬론자들에게 추천했다.[106] 이것 역시 라이스닉 교회를 위해 쓴 글에서 볼 수 있는 그의 깊은 심사숙고의 결과였다. 루터는 개혁을 원하는 교회가 구교적인 교회기관들과 갈등에 빠질 경우 제후들이 이들 교회를 보호하고 지켜주거나 혹은 교회의 개혁의지를 고려하지 않는 시의원에게 종교개혁적인 조치를 단호히 취하도록 경고해주기를 원했다. 이와 관련하여 루터는 지역을 통치하

---

103) WAB 2, 507, 11f. 비교. WAB 2, 515, 22ff. 483, 9ff.
104) WA 11, 415, 19ff.
105) WA 11, 415, 4ff; 12, 191, 3ff; 15, 39, 15ff.
106) WA 12, 190, 32-194, 20. 비교. W. Stein, 144ff.

는 제후의 보호권이나 혹은 제후의 권한을 인용하지는 않았다. 그는 제후를 신앙 안에서 한 형제로 보고 그가 지닌 공적인 책임 안에서 '그의 백성'을 보호해줄 것을 요청한 것이다.[107]

1523년 가을 비텐베르크에서도 역시 루터와 시의원의 공동노력으로 시교구가 참사원 총회의 간섭에서 벗어났다. 기존의 목사가 사망한 후 시당국의 압력에도 불구하고 참사원 총회가 새로운 목사의 선출을 계속 지연시켰기에, 루터는 예배에서 시당국과 대학이 찬성한 요하네스 부겐하겐을 새로운 목사로 선언했다.[108] 취임을 위해서는 장차 시당국, 대학 그리고 10명의 교회 대표가 공동으로 책임을 져야 했다.[109]

교구 소유지에 대해서 루터는 ─임의의 행위로─ 합병이 이루어지기 전에 교회 재산을 가진 교구교회가 이미 이루어져 있었다는 의견을 피력했다. 따라서 어떤 교회적 기관도 기존의 기득권을 가질 수 없다는 것이다. 교회는 교구 소유지의 본래 소유자로서 교구를 위해 쓰고자 이것을 다시 취할 수 있다. 교회는 합당한 방법으로만 자신들의 교구 소유지를 회복할 수 있다. 가령, 라이스닉시 교회는 수도원과 협약을 통해 적어도 교구 소유지의 일부를 얻을 수 있었다. 이와는 달리 귀족의 보호문제에 대해 루터는 교회 재산에 대한 귀족의 기득권을 인정한다. 귀족은 한때 교회를 세우고, 교회를 위해 재산을 공급한 사람의 법적인 후계자이며, 그와 같은 이유에서 교구소유지의 사용에 대해 결정할 수 있다는 것이다. 만일 귀족이 복음의 설교자를 후원하지 않을 경우, 복음적 설교자를 선택한 교회는 자체의 재산을 가지고 이 사람을 보살펴주어야 한다.

---

107) WAB 2, 515, 17ff; 비교. WAB 3, 124f. 128f. 비교. H.-W. Krumwiede (참고 10장 2), 101f.
108) TRE 7, 354-363.
109) H. Bornkamm (1B), 121f.

종교개혁이 진행되면서 교회들은 교회 재산을 새로이 정비할 과제를 갖게 되었다.[110] 중세 후기에는 시당국이나 혹은 그로부터 위임받은 시민이 개개의 교회 재산을 관리했다. 특히 시민들이 제공한 기부금은 일부는 제의적 용도로, 일부는 자선용으로 정했다. 가난한 자를 위해 시 전체의 사회복지 규정을 마련하기 시작했다. 종교개혁으로 그동안 시행되던 모든 미사가 폐지되었기에 수많은 기부금은, 기부자에게 반환하거나 혹은 그의 후손이 문제 삼지 않은 한 새로운 목적이 부여되어야 했다. 또한 수도원이 가진 재산의 계속적인 사용에 대해서도 결정해야만 했다.

종교개혁은 교회의 공동체 의식을 강화시켜 주었으며, 교회 생활은 공동으로 드리는 예배로 집중했다. 그 결과 교회공동체의 모든 재산을 한데 모을 수 있는 가능성이 생겨났고, 동시에 포괄적인 지역 사회복지제도를 마련할 기회도 향상되었다. 바로 이 점에서 기독교공동체와 시민공동체의 관심을 따로 분리할 수 없다. 루터의 영향으로 비텐베르크 시는 1520년대 후반기에 '주머니규정' (Beutelordnung)을 신설했다. 이에 따라 한편으로는 모든 예배에서 빈자에게 줄 헌금을 따로 드렸고, 다른 한편으로는 순례자, 구걸 승단 그리고 유랑자들에게 도시 안에서 구걸행위를 금지했다.[111] 1522년 1월 24일자 '비텐베르크 시규정'[112]은 한 걸음 더 나아가서 성직록 내지는 교단재산 혹은 조합재산의 수익을 공동재산금고 (gemeinen Kasten)에 귀속시키도록 하고 있다. 왜냐하면 이제까지 그 수익으로 재원을 조달했던 개인미사가 폐지되었기 때문이다. 귀족들로 구성된 시의회가 받은 봉록은 그 당사자가 죽을 경우, 공동재산금고에 넣었다.

---

110) K. Trüdinger, 59ff.
111) WA 59, (62) 63-65.
112) H. Lietzmann (참고 8장 2, 각주 5), 4-6; 비교. K. Müller, 52ff.

교회의 공동재산에 대한 새로운 규정은 1522년 가을 라이스닉에서 더욱 철저히 마련되었다. 루터가 조언을 아끼지 않은 라이스닉 금고규정은 그가 작성한 서문과 함께 1523년 초에 발행되었다.[113] 이 글에서 루터는 교회 재산 문제의 종교개혁적 해결을 위한 원칙을 마련해 주었고, 이 규정은 다른 교회에도 표본이 되었다.

비록 루터가 점차적인 수도원의 해체를 찬성했을지라도, 교회는 수도원에 남고자 하는 모든 사람들을 충분히 부양해야 한다고 그는 요구했다. 가지고 들어온 수도원 재산은 돌려주어야 하며, 수도원에 아무런 재산도 가지고 오지 못한 사람이 나가는 경우, 생존을 위해 꼭 필요한 것을 주어 내보내야 한다. 수도원 재산의 나머지는 공동재산금고에 귀속되어야 한다.[114]

독자적이자, 통치권을 지닌 교회 재산 소유자, 즉 지방과 도시와 다른 재산을 소유한 감독, 시정부 그리고 교회재단과 관련하여 루터는 그들이 세속 통치로 전환되어야 한다고 제안했다. 진리를 기초로 영적인 이름을 가진 세속 통치자들이 아니라면, 이러한 막대한 재산들은 한때 기부자였던 가난한 상속자와 친구들에게 그리고 지역교회의 공동재산금고로 분배되어야 한다.[115]

사제의 미사집전을 위한 대가로 교회에 마련된 '성직록'과 '봉토'는 그 소유자가 죽은 후에는 가난한 상속자들에게나 혹은 공동재산금고에 넘겨져야 한다(WA 12, 14, 21ff). 루터는 그러한 규정이 기부자의 뜻을 위반한 것이라고 보지 않는다. 왜냐하면 기부금은 하나님께 영광을 돌리고 섬기고자 만들어진 것이기 때문이다.

---

113) WA 12, (1) 11-15 루터의 서문, 16-30 금고규정. 비교. 체릅스트와 플라우엔시에 대한 루터의 평가 WAB 3, 495, 592f.
114) WA 12, 12, 20ff. 자신이 속했던 수도원의 재산규정과 출교하는 수도승에 대한 배려 때문에 작성한 루터의 서신. 비교. K. Trüdinger, 62.
115) WA 12, 14, 16ff.

이것이 뜻하는 바를 전에는 오해했으나, 이제는 복음적으로 해석한다. 즉, 그리스도께서 종말에 직접 고백하고 심판하시듯이(마 25), 목마른 자를 돕고 섬기는 기독교의 사랑보다 더 큰 예배는 없다.[116] 그 때문에 이제는 가난하게 된 한때 기부자였던 사람의 상속자를 그 기부금으로 도와야 한다(WA 12, 13, 31ff). 특히 시급했던 문제는 교회가 특정한 재산으로 수익을 도모하여, 기부금을 이자와 사채로 활용했던 일들을 정리하는 것이었다. 교회를 영적인 재물이라고 정당화시킬 수 없는 '더러운 사채'의 격랑에서 건져내는 것이 루터에게는 중요했다.[117]

공동재산금고의 사용 목적은 라이스닉 시가 마련한 규정(5부)에 정확히 작성되어 있다. 즉 목사, 교회관리인, 교사의 봉급과 더 나아가서 빈민자, 병자, 노인, 고아, 곤경에 처한 수공업자와 농부들을 지원해야 한다. 그리고 비상시에는 교회의 식량비축을 위해 쓰여야 한다. 교회, 목사관, 학교, 관리인사택, 양로원 그리고 다리 등 건물을 위해서도 쓸 수 있다. 구걸승단이 사용하던 건물들은 루터의 견해에 의하면 필요에 따라 학교나 주택으로 사용되어야 한다(WA 12, 15, 8ff).

공동재산금고의 책임자는 라이스닉 시 규정에 의하면, 전체 교구이며, 이들은 또한 교구에 속한 귀족, 시의원, 조합장, 최고령자, 도시와 교구에 편입된 마을 모든 주민의 '형제적 연합'이기도 하다.[118] 이들 모두가 도입 부분에서 하나님의 말씀이 설교되도록 힘쓰고, 가족과 고용인들이 정기적으로 하나님의 말씀을 듣게 하고, 하나님의 영광을 위해 공적인 교회교육을 수행하며, 공동재산을 통

---

116) WA 12, 13, 23ff. 비교. WAB 3, 127f. 412, 4-23.
117) WA 12, 14, 25ff. 15, 23ff.
118) 비교. Werner Elert: Morphologie des Luthertums, Bd. 2, 3. Aufl., München 1965, Kap. 32: Der Kirchspielsgedanke.

해 '형제와 같은 사랑의 열매'를 맺도록 노력하는 것이 그들의 의무라고 고백하고 있다. 비록 시정부가 이러한 제도의 일차적 수행자는 아니었다고 할지라도 공동재산금고의 활용에는 사실 시정부가 가장 중요한 역할을 했다.[119]

비텐베르크에서 시작된 교회개혁은 교육의 가치를 무시하는 위험 속에 빠져들었다. 만인사제직 사상과 루터의 성서번역은 민족 언어인 독일어가 다시 활성화되는 것으로 만족하고, 개인적이고 사회적인 모든 삶에 성서가 충분한 토대를 제공해줄 것이라는 잘못된 생각으로 유도할 수 있었다. 칼슈타트는 대학공부의 가치를 높게 보지 않았다. 마치 독일 종교개혁이 후스적인 보헤미아 개혁운동과 유사하게 순수한 민족적인 국민운동으로 발전해야 한다는 인상도 줄 수 있었다. 그러나 대학에 대한 루터의 비판적 견해는 언제나 다만 스콜라적인 교과과정에 대한 것이었다. 또한 루터는 1521년 이후 멜란히톤이 추진한 비텐베르크 대학의 수업개혁을 적극 지원했다. 인문주의 연구에 대한 그의 관심은 꺼지지 않았다. 그는 1523년 3월 인문주의자 에오바누스 헤스수스에게 새로운 신학으로 인한 교육의 몰락을 우려했고, 학문의 중요성, 특히 시문학과 수사학 연구를 강조했다.[120] 그는 1523년 라틴어, 그리스어 그리고 히브리어는 성서를 설교하고 해석해야 하는 사람들에게 반드시 필요한 것이며, 보헤미아 형제들에게서 볼 수 있는 바와 같이 이러한 언어에 대한 무지는 대단히 큰 결함을 의미한다고 일반에게 알렸다.[121]

루터는 1524년 초 독일지역 모든 도시의 시의원들에게 서신을 보내 기독교학교를 세우고 유지해야 한다고 호소했으며,[122] 라틴어

---

119) WAB 3, 124f. 128f.
120) WAB 3, 50, 18ff.
121) WA 11, 455, 23ff. 비교. 15, 42, 16f. 43, 7ff.
122) WA 15, (9) 27-53.

와 더불어 희랍어와 히브리어를 강의하는 좀 더 높은 단계의 학교가 세워지기를 희망했다. 성서를 원어로 읽고, 교리적인 교과서가 아니라, 하나님의 행동을 담은 역사책으로 알아야 한다. 그와 함께 희랍-로마 고전도 매우 중요하다. 왜냐하면 그들 역시 실제적인 경험을 담고 있기 때문이다. 수학과 함께 노래와 음악 역시 배워야 한다. 시문학과 수사학 강의를 통해 완벽한 언어구사력도 배워야 한다. 그 외에 자유예과를 폐기해서는 안 되며, 법학과 의학 역시 마찬가지이다.[123] 이것은 장차 목사가 될 사람들만을 위한 교육에 해당하는 것은 아니며, 공적인 책임을 수행할 모든 사람들에게 해당하는 것이다(WA 15, 48, 4ff). 부차적이긴 하나 소녀들을 위한 간단한 교육도 이루어지기를 소망했다(WA 15, 47, 7ff).

새로운 목적을 위해 기존의 교회 재산을 자유롭게 사용함으로 도시에 학교기관을 확장할 수 있는 새로운 가능성들이 주어졌다. 공동재산금고는 한편으로는 교회와 학교에 물질적인 지원 과제를 해결해 주었고, 다른 한편으로는 사회복지를 위해 쓰일 수 있었다. 그렇지만 루터는 학교기관에 대한 시민과 시당국의 미미한 관심에는 한탄했다.[124]

> 참고문헌 : AKat. Martin Luther (참고문헌 C), 424ff. Ivar Asheim: Glaube und Erziehung bei Luther; Heidelberg 1961. Friedrich Falk: Luthers Schrift an die Ratsherren der deutschen Städte und ihre geschichtliche Wirkung auf die deutsche Schule; LuJ 19, 1937, 55-114. Hans Lehnert: Kirchengut und Reformation; Erlangen 1935. Karl Müller:

---

123) WA 15, 46, 13ff.
124) WA 15, 360, 28ff.

> Kirche, Gemeinde, Obrigkeit; Tübingen 1910. Jaroslav Pelikan: Continuity and Order in Luthers View of Church and Ministry. A Study of the De instituendis ministris ecclesiae of 1523; 3. IKLF, Göttingen 1967, 143-155. Otto Scheel: Luther und die Schule seiner Zeit; LuJ 7, 1925, 141-175. Wolfgang Stein: Das kirchliche Amt bei Luther; Wiesbaden 1974. Karl Trüdinger: Luther Briefe und Gutachten an weltliche Obrigkeiten zur Durchführung der Reformation; Münster 1975. Hermann Werdermann: Luthers Wittenberger Gemeinde, wiederhergestellt aus seinen Predigten; Gütersloh 1929.

5. 복음과 세속적인 법 생활

세속적인 법 생활까지도 통제하고 있던 전통적 교회법으로부터 종교개혁이 가져다 준 해방은 복음을 새롭게 인식한 자가 세상의 법에 대해 어떻게 생각해야 하는지에 대한 물음을 제기했다. 세상의 법과는 전혀 일치될 수 없는 산상설교에 제시된 예수의 말씀이 복음에 속한다면, 그리스도인의 삶은 복음 가운데서 어떻게 형성되어야 하는가? 복음은 종교적 삶의 방식을 율법처럼 경직시키지 않는다고 루터는 인식했다. 산상설교가 충고(consilia) 차원으로 위축되어서는 안 되지만, 사실 교회의 역사가 보여주듯이, 그것은 한편으로는 세상에 있는 그리스도인의 삶을 약화시키고, 다른 한편으로는 기독교 수도원의 토대가 되어 세상을 외면한 금욕적 삶의 철칙으로 변형되었다. 루터는 1519년에 이미 이 문제를 제기했고,[125]

바르트부르크 성에 체류할 당시 멜란히톤에게 보내는 서신(1521년 7월 1일)에서 다시 다루었다.[126] 최근의 신학이 두 왕국론이라는 이름을 등장시킨 이 문제는 그 자체가 종교개혁 신학과 함께 등장한 것이다.

비록 루터가 1522/1523년 겨울에 집필된 『세속정부에 대하여, 어느 정도 순종해야 하는가』라는 책에서 자신의 신약성서 번역을 몰수하라는 몇몇 제국귀족들의 명령을 연관시키고 있음에도 불구하고,[127] 이 글은 그러한 언짢은 일들에 대해 아무런 설명도 주지 않는다. 귀족에게 보내는 글에 대한 그의 서론적 암시 역시 마치 그가 그사이에 황제와 제국귀족들의 태도로 인해 종교개혁적 가르침과는 달리 복음과 세속적 준법생활의 관계에 대해 또 다른 인식에 이른 것처럼 이해해서는 안 된다. 문제는 교회와 국가의 관계가 아닌, 복음과 세속적인 준법생활의 관계이며, 이것은 복음을 새롭게 이해한 데서 온 것이고, 루터는 이미 1519/1520년[128]에 이 문제해결의 출구를 찾았다. 종교개혁 신학이 구체적인 삶의 영역으로 접근해 갈수록, 루터는 자신의 관점을 더 정확히 설명해야만 했다. 이를 위해 1522년 10월 24일과 25일 바이마르 성교회에서 선제후의 동생인

---

125) Sermo de duplici iustitia, WA 2, 150, 32ff.
126) WAB 2, 357, 32ff. 멜란히톤의 편지는 남아 있지 않다. 그의 물음이 무엇이었는지는 루터가 한 답변에서 역 추적해 낼 수 있다. Karl Müller: Luther und Melanchthon über das ius gladii 1521, FS Albert Hauck, Leipzig 1916, 235-239. 인문주의의 영향을 받은 법률가 요한 프라이헤어 폰 슈바르첸베르크의 편지 역시 남아 있지 않다. 그는 1522년 여름에 세속 권력이 어떻게 복음과 일치되는지에 관해 루터의 의견을 듣고자 편지를 썼다. 참고. 1522년 9월 22일 슈바르첸베르크에게 보낸 루터의 편지. WAB 2, 600, 24ff.
127) WA 11, 267, 14ff. 각주 1. 참고 7장 2. 각주 48.
128) 비교 WA 6, 582, 20ff (1520) 각주 1.

영주 요한과 그의 아들이 참석한 가운데 했던 2개의 설교를 사용했다.[129] 이 설교들은 『세속정부에 관하여』라는 글에서 자신의 관점을 대중에게 드러내기 전의 것들이다.[130]

칼의 법, 칼의 사용, 칼의 힘, 세상 법과 검 등의 개념은 그 당시의 이해에 의하면, 입법 및 사법권과 결합된 행정부의 힘을 말하는 것이다. 공권력의 소유자는 세속 '정부'이다. 권력은 법과 정의를 펼칠 의무가 있으며, 공공의 평화에 힘써야 한다는 것은 루터가 의식 있는 동시대인과 법 인식에서 공유한 기본적인 전제이다. 여러 도시의 시의원들 역시 소유했던 최고의 권력은 재판권이었고, 문제는 언제나 여기서부터 용어적으로 시작되었다(검, 형리 등). 종교개혁 신학이 제기한 문제는 무엇보다도 복음 속에 있는 그리스도의 뜻을 완전히 인정함에 있어서 세속 권력에 대한 그리스도인의 관계였다. 루터는 그것을 성서적으로 설명했다. 세속 권력은 그리스도가 고통스럽게 수용해야만 했던 하나의 세상적인 악으로 하나님이 허용한 것은 아니다. 세속 권력은 오히려 하나님의 적극적인 뜻에 기초하고 있으며, 하나님께 봉사하는 데 그 본질이 있다.[131] 이것은 그리스도인 역시 권력수행에 책임적으로 참여해야 한다는 내용을 담고 있는 것이다. 루터는 세속 권력에 대해, 가령, 보니파키우스 8세가 1302년 『하나의 거룩한 교회』(Unam sanctam)라는 칙령에서 한 것과 같은 특별한 기독교적인 설명은 하지 않는다.[132] 그리스

---

129) WA 10 III, 371ff. 379ff. 비교 WAB 2, 613, 9ff und CR 1, 57ff. MBW 1 Nr.240. 정부에 관한 글의 직전 형식은 루터의 설교와 함께 1521년 7월 1일 멜란히톤에게 보낸 서신이다.
130) WA 11, (229) 245-281; 이 책은 출판 즉시 큰 호응을 얻었다.
131) WAB 2, 358, 67ff.
132) DS 870ff. 이 칙령은 Corpus Iuris Canonici에 등재되었다(Richter-Friedberg 2, 1245f). 그리고 1516년 12월 19일 제5차 라테란공의회에서 확인되었다.

도인은 이웃에 대한 사랑이 동기가 되어 권세자를 돕는 일에 선다. 왜냐하면 그것이 사람들 가운데서 불의를 막고, 연약한 자를 돕는 것이기 때문이다. 이러한 맥락에서 '사랑'은 평화와 공의를 추구하는 이타적 공동체 의식을 의미한다(WA 11, 253, 17ff).

루터가 사용한 '나라'(Reich)라는 개념은 성서적 개념인 레그눔(regnum)에서 유래한 것이며, 정부(Regiment)라는 개념처럼 동사 레게레(regere)에서 파생했음을 전제하고 있다. 성서적으로 볼 때 하나님 나라는 '그리스도 안에서 그리스도에게 순종하는 모든 신자'를 말한다(WA 11, 249, 26ff). 이처럼 루터는 '하나님 나라'를 바울적인 의미에서 그리스도가 그의 복음과 신앙을 통해 전해준 성령을 통해 인간을 다스리는 그리스도 공동체로 해석한다. 자발성은 그리스도의 나라에서 이루어지는 삶의 본질적 요소이다. "그 때문에 그리스도는 강요와 억압이 없고, 율법과 처벌이 없는 자발적인 백성을 갖고자 한다"(WA 11, 253, 7f). 이와 반대로 세속적인 법률공동체는 기록되거나 혹은 기록되지 않은 법과 법의 이름으로 이루어지는 강제력과 행정력이 그 특징이다. 그리스도 공동체와 법률공동체는 서로 연관이 없고 일치하지도 않는다. 그도 그럴 것이 전자에서는 그리스도의 자유에 뿌리를 둔 자발성이 하나님이 십계명에서 본래 요구한 산상수훈의 이행 속에 가득하기 때문이다. 세속적인 법률공동체에서 사람이 법으로 인해 불가피하게 행하는 모든 일에 있어서는 그것이 십계명에 더할 나위 없이 잘 제시된 하나님의 뜻과 일치하는 지를 물어야 한다. 종교개혁 신학의 원석이 여기 율법과 복음이라는 두 개의 개념으로 등장하고 있다.

루터는 『세속정부에 관하여』라는 글에서 그리스도의 나라를 마치 개인들의 연합모임처럼 말하고 있다. 그렇지만 그리스도로 인해 시작된 삶이 그 속성이라고 설명하는 서술방식을 따르고 있다. 그의 신학적 인간론은 그리스도인이 온 마음을 다해 하나님 나라에 참여하는 것이 어렵다고 판단한다.[133] 그와 같은 이유에서 모든 그리스도인은 다른 사람이 아닌 자기 자신 때문에 세속적 법률공동체의 절대적 필요성을 시인해야만 한다. 신앙공동체 삶에서도 정의와 법이 없으면 인간의 악과 악행이 해결되지 않을 것이다. 이와는 달리 인간이 복음을 통해 법으로부터 자유함이 없이 세속적으로 오로지 정부와 법이 통치하는 곳에서는 하나님의 계명 자체가 있다 할지라도 거짓된 위선에 불과할 것이며, 인간이 자기 의에 빠진 나머지 하나님을 멀리한다(WA 11, 252, 18ff). 그리스도의 영적 정부를 통해 '하나님 앞에서 경건하다는 것' (WA 11, 252, 11f)은 신자가 복음을 통해 하나님의 의를 수용하고, 위선이 없이 자발적으로 하나님의 뜻을 따르고자 하나님 앞에서 선하고 바르고 자유한 것이다.

그리스도의 영은 산상수훈의 의미에서 볼 때 자신의 권리는 포기하고 타인의 권리를 위해 헌신할 수 있는 자유를 사람들에게 선사한다(WA 11, 259, 7ff). 물론 자신의 권리 포기와 불의에 의한 고통이 어떤 불의를 정당화시키는 것은 아니다. 그리스도인이 다른 사람의 권리를 침해하지 않는 한에서 자신의 권리를 포기한다면, 이같은 행동은 인간적인 본성에서 나오는 것은 아니다. 반면에 율법과 권리에서 나오는 행위를 자발성과는 상관없는 의무(직무, 임무)라고 사람들은 인식한다. 자발적인 권리 포기는 사적인 영역으로 제한해서는 안 되며, 공동체의 삶과 연관 없이 머물러서도 안 된다.

세속 권력은 이성에 합당하게 이루어져야 하고 수행되어야만 한다. 거기에 바로 세속성의 독특한 본질이 있다. 세속 권력의 남용으로 인한 시민생활의 위험도 그 점과 관련이 있다.[134] 루터가 보기에

---

133) WA 11, 250, 26ff.
134) WA 11, 247, 21ff. 267, 24ff. 269, 32ff.

그리스도인은 적어도 세속 권력의 남용에 대항할 수 있다. 그리스도인이 시민생활에 적극적으로 참여하는 가장 깊은 기독교적인 동기는 그리스도인은 그 자신을 위해서가 아니라, 타인을 위해서 정의를 추구하여, "정의를 지키고, 악한 자들이 분노하지 못하도록 한다"는 점에 있다.[135] 순수한 이성적 사고에 입각해서도 거짓 없는 정의에 대한 책임은 잘 수행되지 않는다. 이성은 "이기적이기를 원치 않는다고 고백하나, 그것은 근본적으로 거짓이다"(WA 11, 261, 21ff).

루터는 『세속정부에 관하여』 제3부에서 그리스도인이 제후(또는 다른 공직자)로서 어떻게 권력을 행사해야 하는지에 대해 강의한다. 하나님 앞이라는 책임의식, 하나님께 대한 신뢰, 이타적인 봉사와 더불어 현명하고 명철하게 통치해야 한다는 관점이 여기에 등장한다. 루터는 이를 위해 법 집행에 있어서 합의와 관계성의 원칙을 추천한다.

정부가 불가피하게 외부에서 기인된 불의에 대항하여 전쟁을 해야 하는 상황에 대한 루터의 생각은 당시의 정치적 상관관계가 조건으로 작용하고 있다.[136] 만일 정부가 불의의 길을 제압하고자 한다면, 그 백성에게 복종을 요구해서도 안 된다. "왜냐하면 어느 누구도 법을 위배해서는 안 되며, 사람보다는 하나님께 더 순종해야 하기 때문이다"(WA11, 277, 29ff).

그러므로 확실히 하나님 나라와 세상 나라에 대한 루터의 구분은

---

135) WA 11, 253, 17ff. 254, 27ff. 마태복음 5장 34절에도 불구하고 맹세는 공동체의 삶을 위해 필요할시 허용된다. WA 11, 260, 16ff.

136) 이러한 역사적 조건은 루터가 1526년 「군인들도 구원받을 수 있는지」라는 질문을 설명할 때 이루어진 것이다(WA 19, (616) 623-662). 루터는 전쟁의 수단을 통한 정당한 방어가 아니라, 정당치 못한 전쟁의 행위를 말하는 것이고, 이것은 철저히 거부해야 한다.

교회와 국가의 구분과 동일한 것은 아니지만, 하나님 나라 혹은 하나님의 영적 정부와 하나의 기관인 교회 사이에는 연관성이 성립한다. 왜냐하면 하나님의 나라는 복음의 설교를 통해 이루어지기 때문이다(WA 11, 249, 27ff). 전적인 복음의 전달을 통해 그리스도는 자신의 영적인 나라를 사람들 사이에 세워 나간다. 그리스도의 복음은 공개적으로 설교되어야 한다. 공적인 복음 설교로 위임받은 것은 공적인 권력이 아니라, '봉사와 사명'이며, 이 일을 함에 있어서 율법으로 타인에게 고통을 주어서는 안 된다. "정부는 하나님의 말씀을 추진하는 기관이다"(WA11, 271, 11ff).

루터는 공적인 설교직 제도를 대중의 자명한 본질적 요소라고 생각한다. 여기서 문제점이 발생한다. 왜냐하면 루터는 잘못된 교리는 오직 설교를 통해서만 싸워야 한다고 했고, 거의 모든 동시대인들처럼, 결국 도시와 지역에서 공적으로 일치되는 설교 혹은 종교를 요구했기 때문이다. 새롭게 정의된 설교직이라는 영적 정부의 제도적 규정은 우선 목사의 취직과 급여 문제에만 제한되었다.

성서 중심적 기독교 사상이라는 새 방향성은 세속적인 법 생활이 이제 결국 모세 율법의 조항에 따라 이루어져야 하는지에 대한 물음을 유발시켰다.[137] 이 질문에 대한 답변에서[138] 루터는 기독교인이란 자신의 정체성이 복음에 의거하여 하나님의 영을 통해 되어진 것임을 수용하며, 신앙과 사랑으로 그것을 입증하는 반면, 세속적인 권세는 외적인 것이요, 먹고, 마시고, 입고, 자는 것 등의 일들을 규

---

137) 이 문제를 긍정적으로 답변한 바이마르 궁정설교가 볼프강 스타인은 자신의 관점으로 작센선제후의 동생인 영주 요한에게 영향을 끼쳤다.
138) WAB 2, 565, 11ff(1522년 6월 28일); 3, 254, 21ff(1524년 3월 14일) 306, 4ff(1524년 6월 18일); 12, 63, 1ff(약1524년); 3.484ff (1525년 5월 초); WA 18, 72ff. 76, 4ff. 81, 4ff(1524/1525 천상의 예언자들에게 반대하여).

정하는 것이라고 강조했다. 그 때문에 기독교인은 역사적으로 발전해 온 법 문제들을 인정할 수 있으며, 당시 폭넓게 적용되던 '황제법'도 이해할 수 있다. 그러나 황제의 권력이 반(反)하나님적인 것을 행한다면, 물론 그에 순응해서는 안 된다. 세속의 법률공동체에 속한 다른 지체들과의 연대는 그리스도인들에게 그 자신을 위해서가 아니라 신앙을 위해서 성서의 모세 법을 선언해야 할 의무를 주었다. 사용 중인 세속 법은 바꿀 수 있고, 철저히 검토를 한 이후 모세 법을 통해 개선될 수 있다.[139] 모세 율법에 대해 원리적이고 종교적으로 설명된 기독교인의 의무를 루터는 정죄했음에 틀림없다.[140] 십계명에서는 사정이 다르다. 십계명의 성상금지를 루터는 제의적인 내용이라고 이해하는 반면, 안식일에 쉬라는 규정은 제의적이라고 보지 않는다(WA 18, 81, 26ff). 10계명은 자연적인 도덕법이 지니고 있는 기본 규정에 대한 하나의 뛰어난 요약이다(WA 18, 81, 8ff).

  법 생활에서 가장 시급한 사안은 소위 고리대금 문제였다. 이것은 차용한 금전이나 혹은 토지에 대해 부과했던 이자였다. 고대 교회는 로마 시민권자에게 허용되었던 이자취득을 비판했고, 중세기 교회는 일반적인 이자금지를 관철시켰다. 금전은 열매를 맺을 수 없는 물질이자, 상품교역에서 가치척도로만 여겼다. 그러나 점차로 예외적인 규정들이 생겨났고, 교회 법에도 그러한 예외규정이 스며들어 왔다(연체이자, 임대주택 이자).[141] 고리에 대한 판결은 중세 후기에 매매업인 임대사업에 대한 법 해석을 통해 계속 완화되어졌다. 로마법의 쇄도와 자본주가 되는 점증하는 매매상가의 중요성이 이러한 발전을 촉진시켰다.

---

139) 비교. WA 18, 81, 20ff.
140) WA 11, 255, 31ff.
141) RGG³ 4, 1120f.

루터는 1519/1520년 한 작은 논문에서 고리대금업을 비판적으로 다루었다.[142] 루터는 이 논문을 참고하여 1524년 『구매와 고리대금에 관하여』라는 글을 썼고,[143] 이후에도 이 문제를 망각하지 않았다.[144] 이 글들로 인해 루터는 두 개의 전선과 마주했다. 하나는 요한 에크가 시도했던 신학적인 고리변호를 대응해야 했고, 다른 하나는 종교개혁 진영에서 나온 작센 선제후국 아이제나흐의 설교자 요한 스트라우스가 그 대표자인 성서적 관점과 마주서야만 했다.[145] 스트라우스는 이후 자신의 관점을 구분하여 이자를 취하는 것은 죄라고 비판했고, 그리스도인이 자발적으로 이자를 제공하는 것도 죄라고 설명했다.[146]

이미 1519/1520년 그리고 1523/1524년에도 여전히 루터는 세 개의 서로 다른 상황에서도 그리스도의 뜻과 일치한다면 기독교인의 참된 자세라고 말한다. 첫째, (WA6, 37, 17ff) 그리스도인이 폭력을 불러오는 재물을 기꺼이 포기할 때(마 5:40), 둘째, (WA6, 41, 15ff) 필요로 하고 갖고자 열망하는 누군가에게 그 사람의 명성과 상관없이 베풀어 줄 때(마 5:42, 눅 6:30), 셋째, (WA6, 47, 4ff) 그가 기꺼이 그 어떤 요구(이자)도 없이 돈 혹은 재물을 빌려

---

142) WA 6, (1) 3-8 그리고 (33) 36-60. 비교. 『독일귀족에게 보내는 글』 (1520) WA 6, 466, 13ff.
143) WA 15, (279) 293-322. Hermann Lehmann: Luthers Platz in der Geschichte der politischen Ökonomie: bei G. Voger(참고문헌), 279-294.
144) 『목사들에게, 고리대금을 반대하는 설교를 하도록』(1540); WA 51, (325) 331-424.
145) Joachim Rogge: Der Beitrag des Predigers Jakob Strauß zur frühen Reformationsgeschichte; Berlin(DDR) 1957, 71ff.
146) 1523/1524년 스트라우스에 대한 루터의 서면 입장. WAB 3, 176f 179, 5ff. 307, 33ff. 313, 4ff; 비교. 303, 8ff. 485, 14ff.

줄 때, 물론 그 사람의 명성과 상관없이, 심지어 적에게라도(마 5:32, 눅 6:43f). 이렇게 그리스도인답게 행동하는 사람은 자연적인 도덕법의 황금률(마 7:12)과 성서의 사랑의 계명(마 22:39)을 성취한 것이며, 그리스도의 뜻에 적합하게 행한 것이다(WA6, 48, 30ff).

하나님이 이웃사랑으로 사람들에게 무조건 요구하는 것과 그리스도가 자유로운 의지로 불러일으키고자 하는 것을 의식시켜 주면서 루터는 경제생활에서 상인도 생활비가 필요하고, 또한 사업의 위험을 피하고자 하기 때문에 어느 정도 이익을 위해 자신의 상품을 판매해야 한다는 것과 4-5%의 낮은 이자가 합리적으로 정당하다는 것(당시의 이자는 20-30%까지 치솟았다) 그리고 무엇보다도 이자는 빌려준 돈 내지는 저당 잡힌 재산의 연간 수익에 따라 유연하게 결정되어야 한다는 생각도 등장하고 있다. 경제적 삶의 실제적인 진행과정을 분석하면서 루터는 권력추구, 재산증식의 야욕, 이기적인 탐욕 등 썩은 동기들까지 파헤친다. 세상의 법제정에 대한 그의 제안은 한편으로는 부분적으로 전통적인 생각들에 머물러 있지만 다른 한편으로는 엄격이 아닌, 사회적 관계 속에 있는 인간적이며 법적인 규정을 염두에 둔 것이다. "이자를 가지고 인간의 제도와 법, 관습 등이 바로 되고, 공평이라고 말하는 평등이 실현되어야 한다"(WAB 3, 485, 24ff).

루터는 결혼을 세속의 법 생활 영역에 귀속시켰다. 이것은 교회법과 세속법의 좋지 못한 혼합을 해소하기 위해서이다. 그는 『결혼생활에 관하여』(1522)라는 글에서 자신의 결혼이해를 상세히 설명했다.[147] 1524년에는 혼인이 이루어지는 실제적인 문제와 성년이

---

[147] WA 10 II, (267) 275-304. "어떤 사람들이 혼인이 금지되었는지"라는 진술이 보충되었다. WA 10 II(263) 265f. 더 나아가서 1524년 5월 8일의 설교 WA 15, 558-562. 그리고 1525년 1월 15일자 설교 WA 17

되지 못한 젊은이들의 혼인문제 그리고 부모의 동의 등을 다루었다.[148] 그 외에도 루터는 이전에 신체적 상태와 결부해서 종교적 공로로 가득한 순결을 — 수도원과 독신의 형식으로 — 높게 평가한 것에 대한 자신의 비판을 해석학적으로 설명하고자 1523년 고린도전서 7장을 주해했다.[149]

루터는 독신을 특별하고도 개연적인 하나님의 은사라고 여긴다. 독신의 이상에 대한 교회의 지나친 평가와 인문주의에서 다시 꽃피운 혼인 경시를 비판하며 루터는 혼인의 근거인 하나님의 선한 창조의 뜻과 사랑과 신뢰에 대한 의무를 강조했다. 이것은 하나님의 축복에 대한 신뢰요, 그리스도인이 이웃을 위해 고난받고자 함을 증명할 수 있는 기회이기도 하다. 수도사의 삶과 독신의 결단을 전통적으로 하나님의 소명(Beruf)이라고 여긴 반면, 루터는 결혼의 삶을 사람들이 모인 공동체 속에서 섬기며 책임적인 행동을 하는 것과 다름없는 소명받은 삶이라고 천명한다.

결혼은 루터에게 있어서 공적인 삶의 중요한 구성요소이다. 그는 절대적으로 타당한 결혼 규정을 성서에서 이끌어내고 있다. 성서적 근거를 가진 혼인의 권리는 그 때문에 세속적 법에 부가되어야 하

I 8-29. 전 단계 1) 혼인에 대한 설교, 1519, WA 2, (162) 166-171; 비교. WA 9, 213-219. 789f. 804 그리고 21, 66-74. 2) 교회의 바벨론 포로 (혼인에 대하여) 1520, WA 6, 550, 21-560, 18.

148) 부모는 결혼하도록 자녀를 강요하거나 방해해서는 안 되며, 자녀들은 부모의 동의 없이 결혼해서는 안 된다. WA 15, (155) 163-169. 비교. 이미 1521/22. WA 10 I, 1, 642-645 그리고 1524년(?)의 평가 WAB 12, 61f.

149) WA 12, (88) 92-142. 1523년에도 역시: 거짓된 정결을 피하고, 올바른 혼인의 정결을 붙들어야 할 독일 수도사들에게, 권면, WA 12, (228) 232-244; 1525; An H.W. Reißenbusch⋯⋯ sich in den ehelichen Stand zu begeben, WA 18, (270) 275-278. 비교. 서문. WA 12, (68) 71f 그리고 (80) 85087.

고, 황제의 법을 통해 보충되어 질 수 있다.[150] 루터는 로마 교회법에 의해 혼인이 불가했던 수많은 친족등급을 심지어 성서에 언급된 것에 이르기까지 비판했다. 그는 그 등급에 절대적 구속력을 부여하지 않았다.[151] 그는 정신적 친족관계(가령, 대부, 대모)도 교회법과 달리 결혼을 방해할 수 없는 것이라고 여겼다. 그리스도인이 하나님의 뜻에 따라 결혼을 하여 가정에 비해체성을 부여하고자 한다 해도 혼인법은 이혼의 가능성을 배제할 수 없다. 교회법이 식탁과 침실의 분리만을 허용했다면, 루터는 합법적인 이혼의 이유를 인정했다(간음, 악의적 유기, 무능, 혼인의무의 불이행, 화해할 수 없는 싸움, 명백한 계략과 범죄모의로의 유혹 등). 세속적인 법정에는 이혼 여부를 판단할 수 있는 범죄 증거가 제시되어야 한다. 간통은 중벌을 받는다. 무죄한 자는 다시금 결혼해도 된다. 교회법으로부터 종교개혁적인 전향은 법정의 사슬에서 벗어나 복음과의 만남을 열어주었고, 하나님 앞에서 사람이 마땅히 지녀야 할 책임을 법 생활보다 더 중요하게 여겼다.

> 참고문헌 : Paul Althaus: Luthers Lehre von den beiden Reichen im Feuer der Kritik; LuJ 24, 1957, 40-68. Hans-Günther Assel: Das Kanonische Zinsverbot und der 'Geist' des Frühkapitalismus in der Wirtschaftsethik bei Eck und Luther; Diss. Erlangen 1948(masch.). Hermann Barge: Luther und der Frühkapitalismus; Gütersloh 1951. Friedrich Beisser:

---

150) 혼인은 외적으로 볼 때 의복, 음식, 가옥, 정원처럼 이 세상에 속한 것이며, 세상 정부의 주관 속에 있다는 말은 1530년에 글로 표현되지만, 이것은 이미 1521년 이후 일관된 루터의 관점이다. WAB 2, 357, 49ff.
151) 신명기 25장 5절 이하에 제시된 과부와 그 시(媤)형제와의 결혼(유태의 관습) 역시 임의의 뜻에 자유롭게 맡겼다. WA 10 II, 281, 20ff.

Zur Deutung von Luthers Zwei-Reiche-Lehre; KuD 16, 1970, 229-241. Werner Betcke: Luthers Sozialethik; Gütersloh 1934. Hermann Wolfgang Beyer: Glaube und Recht im Denken Luthers; Luj 17, 1935, 56-86. Heinrich Bornkamm: Luthers Lehre von den zwei Reichen im Zusammenhang seiner Theologie; 3. Aufl. Gütersloh 1969. Harald und Hermann Diem: Zur Zweireichelehre Luthers, hg. von Gerhard Sauter; München 1973. Ulrich Duchrow: Christenheit und Weltverantwortung. Traditionsgeschichte und systematische Struktur der Zweireichelehre; Stuttgart 1970. Günter Fabiunke: Martin Luther als Nationalökonom; Berlin 1963. Gottfried Forck: Die Königsherrschaft Jesu Christi bei Luther; Berlin 1959. Hans Robert Gerstenkorn: Weltlich Regiment zwischen Gottesreich und Teufelsmacht. Die staatstheoretischen Auffassungen M. Luthers und ihre politische Bedeutung; Bonn 1956. Ahti Hakamies: "Eigengesetzlichkeit" der natürlichen Ordnungen als Grundproblem der neueren Lutherdeutung. Studien zur Geschichte und Problematik der Zweireiche-Lehre Luthers; Witten 1971. Johannes Heckel: Lex Charitatis. Eine juristische Untersuchung über das Recht in der Theologie martin Luthers; 2., überarbeitete u. erw. Aufl. hg. von M. Heckel; Köln, Darmstadt 1973. Ders., Im Irrgarten der Zwei-Reiche-Lehre; München 1957. Gerhard Heintze: Luthers Predigt von Gesetz und Evangelium; München 1958. Martin Honecker: Zweireichelehre und Sizialethik; bei dems.: Sozialethik zwischen Tradition und Vernunft; Tübingen 1977, 175-278. Ders.: Zur gegenwärtigen

Interpretation der Zweireichelehre; ZKG 89, 1978, 150~162. Ernst Kinder: Luthers Stellung zur Ehercheidung; Luther 24, 1953, 75-86. Georg Kretsohmar: Luthers Konzeption von der Ehe; bei Peter Manns(참고문헌 C), 178-207. Hermann Kunst: Evangelischer Glaube und politische Verantwortung. Martin Luther als politischer Berater seines Landesherrn und seines Teilnahme an der Fragen des öffentlichen Leben; Stuttgart 1976. Olavi Lähteenmäki: Sexus und Ehe bei Luther; Turku 1955. Franz Lau: Luther Lehre von den beiden Reichen ; 2. Aufl Berlin 1953. Karl Michaelis: Über Luthers eherechtliche Anschauungen und deren Verhältnis zum mittelalterlichen und neuzeitlichen Eherecht; in Festschrift Erich Ruppel, Berlin 1968, 43-62. Gerhard Müller: Luthers Zwei-Reiche-Lehre in der deutschen Reformation; in: Denkender Glaube, FS Carl Heinz Ratschow, hg. von Otto Kaiser; Berlin 1976, 49-69. Herbert Olsson: Schöpfung, Vernunft und Gesetz in Luthers Theologie; Uppsala 1971. Ernst Ramp: Die Stellung von Luther, Zwingli und Calvin zur Zinsfrage; Zürich 1949. Heinz Horst Schrey (Hg.): Reich Gottes und Welt. Die Lehre Luthers von den zwei Reichen; (Wege der Forschung 107) Darmsradt 1969.-Albert Stein: Luther über Eherecht und Juristen; bei H. Junghans(참고문헌 C), 171-185. Theodor Strohm: Luthers Wirtschafts-und Sozialethik; bei H. Junghans(참고문헌 C), 205-223. Klaus Suppan: Die Ehelehre Martin Luther. Theologische und rechtshistorische Aspekte des reformatorischen Eheverständnisses; Salzburg 1971. Gustav Türnvall: Geistliches und weltliches Regiment bei Luther; München 1947. Ernst Wolf: Königsherrschaft Christi und lutherische Zwei-Reiche-Lehre; bei derm.: Peregriatio, Bd.2, München 1965, 207-229. Gunter Wolf(Hg.) : Luther und die Obrigkeit; (Wege der Forschung 85) Darmstadt 1972.

제9장

1524/1525년의 결정들

1. 뮌처와 칼슈타트에 대한 루터의 거부

1522년 토마스 뮌처는 멜란히톤에게 연약한 양심을 가진 신자들을 고려해야 한다는 루터의 종교개혁 원칙에 자신은 동의할 수 없다고 편지를 썼다. 이유는 멸망 받을 자들에게서 선택된 자들을 구별할 묵시적인 시간이 도래했다는 것이다.[1] 루터는 주로 글과 다른 사람들의 구두보고로 뮌처가 1523년 봄 이후 비텐베르크 사람들에게는 상당히 낯선 영으로 선제후국의 도시인 알스테트(Allstedt)에서 종교개혁을 추진했음을 알고 있었다.[2] 그 때문에 루터는 1523

---

1) Müntzer, SuB 381, 20ff. 뮌처의 묵시 속에 숨어 있던 천년왕국적인 대망은 결혼에 대한 당시의 비판에 배경으로 작용했다. 그는 선택된 자들에게 천국결혼이 회복될 것이라고 생각했다. 비교. R. Schwarz, 35ff.

2) WAB 3, 104ff. 120, 27ff. 에른스트 폰 만스펠트 백작에 대한 뮌처의 반

년 8월 뮌처와 교리적인 토론을 원했지만[3] 이루어지지는 않았다. 그러나 뮌처는 1523년 말과 1524년 초에 자신의 교리를 두 개의 소논문으로 펴냈다.[4]

1524년 3월 24일 알스테트 시민들이 뮌처의 주동 하에 알스테트 인근 말러바흐(Mallerbach)에 있는 마리아성당(Marienkapelle)을 파괴하자, 뮌처에 대한 루터의 비판은 더 강해졌다. 뮌처를 하나님이 선택했다고 확신하는 만스펠트 광부들과 1524년 결성된 단체가 주축이 된 알스테트 시민들의 저항 때문에 뮌처를 형사처벌하는 것은 불가능했다.[5] 알스테트의 영주 요한에게 보낸 글과 알스테트의 선제후국 관리인 한스 챠이스(Hans Zeis)[6]의 보고에서 뮌처는 기독교 영주들의 힘을 빌어서건, 아니면 하나님의 백성, 즉 선택받은 자들의 힘을 빌어서건, 폭력으로 종교개혁을 관철하고자 했음을 알 수 있다. 그는 로마서 13:4절을 군주들이 말러바흐에 있는 마리아성당 공격을 동의해야 하며, 그들의 통치력을 경건치 못한 자들을 처벌하는 데 사용해야 하는 것처럼 이해했다. 그렇지 않은 경우, 개혁의 관철을 위해 교회는 폭력을 사용할 수 있다고 생

박과 이것과 관련하여 작센 선제후에게 보낸 1523년 10월 4일자(SuB 395ff) 뮌처의 서신을 루터는 추측컨대 스팔라틴을 통해 알게 되었을 것이다. C. Hinrich, 6ff.
3) WAB 3, 120, 33f.
4) 『이의』(Die Protestation, SuB 225ff)는 논문 『Von dem getichten Glauben』(SuB 217ff, 397f 그리고 569f)보다 앞서 작성되었다. 그 후 얼마 지나지 않아 같은 출판소에서 시몬 하페리츠(Simon Haferitz)의 『거룩한 세 왕의 축일에 대한 설교』가 나왔다. 그 역시 알스테트에서 설교자로 활동했고, 뮌처와 밀접했다. 루터는 WA 15, 217, 41f를 하페리츠의 설교와 연관시키고 있으며(Bl.a. 1v), 이어서 뮌처의 이의(Protestation)를 다루고 있다. 참고 2장 2(SuB 228f).
5) C. Hinrichs, 11ff. 26ff.
6) Müntzer, SuB 404ff. (Br.50)과 Hinrich가 언급한 자료.

각했다.

　루터는 종교개혁의 이름으로 폭력을 선언한 또 다른 종류의 종교개혁에 대해서 알게 되었다. 이들은 위급한 경우, 공권력도 고려하지 않았다.[7] 루터는 또한 그 지역의 통치자가, 누구보다도 영주 요한이 이러한 종교개혁에 대해서 얼마나 무지한지도 알게 되었다. 그 때문에 1524년 7월 『소요를 일으키는 영에 대하여 작센 선제후에게 보내는 서신』을 작성했다.[8]

　루터는 토마스 뮌처의 성령론으로 인해 기분이 몹시 상해 있었다. 그에 의하면 내적인 음성을 통해 직접 하나님을 인지하는 사람만이 선택된 자요, 진정한 그리스도인이었다. 뮌처는 그때까지 교회가 가르쳤던 여러 가지 형식의 구원의 수단을 비판했고, 루터가 말한 신앙의 수단인 성서와 복음 설교도 비판했다. 직접적인 하나님의 말씀이나 혹은 성령의 지도를 받기 위해서는, 뮌처에 의하면, 모든 육적인 것에서 벗어나 고난 속에서 그리스도와 하나가 되어야 하며, 영적 시련과 고뇌도 견디어야 하고, 그만의 독특한 언어로 표현할 수 있는 영적인 정화의 단계에 참여해야 한다. 뮌처는 한편으로는 신비적 전통을, 다른 한편으로는 세상의 구원이 성취되는 천년왕국적인 대망을 추구했다. 루터는 뮌처가 소위 츠비카우의 예언자들과 영적으로 유사함을 알 수 있었다. 만일 그것이 다만 교리 문제의 차이였다면, 루터의 판단에 의하면, 정부의 개입으로 즉각 조정되어 졌을 것이다. 말러바흐 성당파괴와 알스테트에서 일어난 몇

---

7) 루터는 스팔라틴과 요한 프리드리히와의 접촉을 통해 알스테트의 상황에 대해 알게 되었다. 참고. Hinrich, 163f, S.Bräuer, 42ff. 62ff. 68. 루터의 편지는 뮌처가 1524년 7월 13일 알스테트 성교회에서 영주 요한과 그의 아들 앞에서 한 설교(소위, 제후설교, SuB 241ff) 때문에 쓴 것은 아니다. Hinrichs, 641f. S. Bräuer, 68f.
8) WA 15, (199) 210-221.

가지 일은 가히 폭동적이어서 작센 선제후와 그의 동생에게 대책을 요구하기에 충분했다. 뮌처의 종교개혁이 추구한 경향과 그가 한 일련의 사례들을 루터는 정확히 직시했다(WA 18, 219, 35ff). 뮌처가 조종한 폭력적인 성화파괴는 믿지 않는 사람들을 육적으로 멸하고(WA 15, 220, 11). 정부도 폭력으로 전복할 수 있다는 수순으로 이어질 것이었다(WA 15, 212, 13f). 루터가 1521/1522년 이후 언제나 말하듯이 종교개혁적인 설교는 수도사들과 다른 사람들을 자극시키는 것으로 만족해야 한다. 만일 종교적인 인식이 바뀌어 수도원이 비는 경우, 지역 정부가 그 건물을 사용해야 한다(WA 15, 219, 19ff).

8월 1일 뮌처가 바이마르에서 영주 요한에게 심문을 받은 후, 작센의 군주들은 그에 대한 반대조처들을 일시 중지했다. 왜냐하면 뮌처가 8월 7일에서 8일로 넘어가는 밤에 알스테트와 선제후국을 떠났기 때문이다.

뮌처의 알스테트 개혁과 더불어 1524년 올라뮌데에서의 칼슈타트의 개혁은 루터와 그의 종교개혁 여정에 가장 심각한 도전이었다. 칼슈타트는 1523년 (5월?) 올라뮌데에 왔고 그곳의 교구를 맡았다. 그는 비텐베르크 만성절제단의 부승정(Archidiakon)이었으며, 통합조정에 의해 올라뮌데 교구가 자신의 사역지로 복속되었기 때문이다. 그는 새로운 직위에 대한 법적인 지침을 무시했고, 비텐베르크의 일들도 그만두지 않았다.[9] 후기 비텐베르크 시절에 그는 뮌처에게 영향을 준 신비적 전통에 몰두하여 직접적인 하나님 경험을 주장했다. 비텐베르크 대학 신학자들과의 논쟁은 피할 수 없었으며,[10] 칼슈타트는 평신도 신학으로 기울기 시작했다.

---

9) K. Müller, 137ff.
10) WAB 12, 444,1-4. Ernst Kähler: Karlstadts Protest gegen die theologische Wissenschaft; in: 450 Jahre Martin-Luther-Uni-

그가 올라뮌데에서 쓴 많은 신학 논문들은 예나에서 출판되었다. 그는 목회하는 교회의 신앙적 삶을 1521/1522년 비텐베르크에서처럼 재구성하여, 이웃해 있던 다른 교회에까지 영향을 주었다. 성화와 십자가는 교회에서 제거되었다. 칼슈타트의 개혁사상에는 뮌처의 특징인 천년왕국적 성격이 없다. 또한 이 목적을 이루고자 정치권력을 이용할 의도도 보이지 않는다.

루터는 1524년 8월 중순 선제후의 명으로 튀링겐을 여행했다. 주로 올라뮌데와 그 주변의 개혁이 알스테트적인 경향으로 이탈하는 것을 막는 것이 목적이었다. 루터는 올라뮌데 교회가 '선택된 자'라는 뮌처의 모임에 참여하기를 거부하며 1524년 7월 알스테트에 보낸 편지를 알고 있었다.[11] 루터는 칼슈타트와 그의 교회가 성화를 제거하여 위험한 단계로 접어들었다고 생각했으나, 예나에서의 칼슈타트와의 대화(8월 22일)는 칼슈타트가 알스테트의 '폭도와 살인적인 영'과는 상당히 거리가 멀다는 느낌을 루터에게 남겨주었다(WA 15, 395, 22ff). 그러나 올라뮌데의 상황은 상당히 위험한 국면에 도달해 있다는 인상을 지울 수 없었다. 그 결과 루터는 칼슈타트가 올라뮌데와 그 주변에서 추방되어야 한다고 주장했다. 선제후국 정부는 칼슈타트를 더 혹독하게 대했고, 1524년 9월 중순 선제후국 전지역에서 그를 추방했다.[12] 이미 『작센 선제후에게 보내는 글』에서 뮌처와 관련하여 '주먹 사용을 옹호하는' 개혁자의 추방을 언급한 루터는 칼슈타트의 추방 역시 동의했다(WA18, 86, 16ff).

예나에서 루터를 만난 후 칼슈타트는 몇 가지 논문을 집필했다. 일부는 추방 이전에 그리고 일부는 추방 이후에 쓰인 이 글들은

---

versität Halle-Wittenberg, Bd.1, Halle 1952, 299-312.
11) Müntzer, SuB 571ff.
12) K. Müller, 174ff.

1524년 말경 바젤에서 출판되었다. 한 논문에서 그는 신앙이 연약한 자를 전혀 고려하지 않는 자신의 종교개혁 이해를 서술했고,[13] 5개의 다른 글에서는 올라뮌데 시절에 갖게 된 자신의 성만찬 이해를 전개했다.[14] 그는 고린도전서 10:16절을 인용하여 성찬을 축제라고 이해한다. 이 속에서 신자들은 그리스도의 희생을 기억하면서 공동체의 지체로 연합된다. 예수는 성찬의 말씀으로 자신을 보여주었고, 이것은 자신의 몸과 피를 제자들에게 주고자 함을 가르치기 위한 것이었다. 성찬에서는 빵과 떡만을 먹는 것이다. 그리스도는 세속적인 몸으로나 거룩한 몸으로도 성찬의 요소 속에 현존하지 않는다.

제국의 남서부를 두루 다니면서 자신의 사상을 확장시켰던 칼슈타트는 주로 성찬논문으로 감정을 자극시켰다. 스트라스부르의 설교자는 1524년 11월 23일 루터에게 그들을 자극하는 성만찬 문제에 대해서 썼고, 칼슈타트의 가장 최근의 글 5개를 보내주었다. 루터는 지체없이 스트라스부르에 서신을 보내(12월 14/15일), 칼슈타트와 거리를 그었다.[15] 칼슈타트와의 포괄적이고 열정적인 신학논쟁은 12월 말 『성화와 성례전과 관련해 천상의 예언자에 반대하여』라는 이름으로 출판되었다. 스트라스부르에서 보내온 칼슈타트의 성례전에 관한 글에 근거하여 루터는 1525년 초 제2부로 이 글을 보완했고, 칼슈타트의 성찬론 전부를 다 다루었다.[16]

---

13) E.Hertzsch: Karlstadts Schriften aus den Jahren 1523-1525; Bd.1, Halle/Saale 1956, 73-97.
14) WA 18, 37ff. Einer der Abendmahlstraktate (Dialogus oder ein Gesprächsbüchlein von dem greulichen und abgöttischen Mißbrauch des hochwürdigsten Sakraments Jesu (Christi) hg. von E. Hertzsch (각주 13), Bd. 2. Halle/Saale 1957, 5-49.
15) WAB 3, 381ff; WA 15, (380) 391-397.
16) WA 18, (37) 62-125 그리고 (126) 134-214.

루터가 보기에 칼슈타트와 츠비카우의 예언자들 외에도 뮌처를 고려할 수 있는 천상의 예언자들 사이에는 영적인 유사성이 있었다. 그는 이들이 가진 신학적 차이에는 큰 관심을 두지 않았다. 이것은 새로운 연구조차도 쉽게 찾아낼 수 없는 것이었다. 다만 이들은 직접적인 하나님 경험, 성령을 경험하고자 하는 영적인 갈망 그리고 구약의 율법이해에 있어서는 공통점을 갖고 있었다. 루터는 하나님의 현존을 영으로 깨닫고자 피조물임을 망각하고 그리스도와 동등하게 되고자 하는 영성주의에 뿌리를 둔 주장을 반박했다. 자신의 죄와 자신이 하나님과 멀어져 있음을 알게 된 인간에게는 무엇보다도 먼저 하나님의 선물인 복음과 그리스도가 설교되어야 한다고 루터는 강조했다. 이것은 어떻게 인간이 옛 사람을 죽이고, 자발적으로 이웃을 사랑하여 그리스도의 예를 좇아야 하는지 보여주는 것보다 더 중요한 것이다.[17] 루터는 그 외에도 천상의 예언자들이 세속적인 법 생활의 필수 기본요소인 율법의 필요성을 통찰하지 못함을 아쉬워한다(WA 18, 66, 3ff). 오히려 그들은 진정한 그리스도인의 자유를 부인하고, 완고한 율법적 성향으로 교회 성화제거를 요구하거나, 제의적 몸짓이나 성찬의 요소를 높이 드는 외적인 표현들을 죄로 정죄했다. 그 때문에 루터는 성화문제를 다루면서 모든 율법의 문제를 자연적인 도덕법, 십계명 그리고 성서 외의 실용적인 법들과 연관지어 다시 논하고 있다.[18] 비복음적인 율법이해 외에도 칼슈타트의 성화제거는 뮌처의 경우처럼 루터에게 매우 중대한 사안이었다. 성화제거가 공공기관의 지시를 벗어나 소요의 방식으로 일어났기 때문이다.[19] 루터가 세속의 법적인 기관은 성화문

---

17) WA 18, 95, 9ff. 139, 13ff. 212, 32ff; 15, 396, 17ff.
18) WA 18, 75, 11ff; 참고 33. 성화문제에 대하여. 참고 30; 루터는 이제 몇 가지 새로운 관점을 가졌다.
19) WA 18, 71, 9ff; 참고. 15, 220, 18ff.

제처럼 신앙생활에서 외적으로 일어나는 미미한 일들을 '백성과' 상의하여 조정할 권한이 있다(WA 18, 72, 25ff)고 여긴 것은 종교 개혁의 상황에서 설명될 수 있다. 기존의 교회기관은 이러한 일들을 평가하는데 폐쇄적이었고, 외적인 종교생활을 사회생활과 나뉠 수 없는 요소로 여겼다. 당시의 전제에서 보면, 기독교인의 자유를 위한 규칙은 세속의 법적 기관을 통해서만 가능했다. 루터에 의하면 어떤 경우에도 결코 우상이 아닌 성화의 용납이 죄로 낙인찍혀서는 안 된다. 그러한 외적인 일로 양심이 율법에 질식된다면 그것은 곧 영혼을 죽이는 것이다.

루터는 제2부에서 칼슈타트의 성찬론을 단계적으로 비판한다. 가장 중요한 것은 두 가지이다. 첫째, 영성주의와의 논쟁의 결과 – 외적인 말씀(verbum externum), 곧 구두로 전달되는, 다시 말해 역사적으로 전달된 복음의 말씀과 그것과 연결된 세례와 성찬이라는 '육적인 표지'에 대한 루터의 강조. 그도 그럴 것이 이러한 수단을 통해 하나님은 영과 신앙을 주시기 때문이다.[20] 둘째, 루터는 그리스도의 십자가 대속을 통한 일회적인 죄 용서와 말씀을 통한 죄 용서를 구분한다. 용서는 말씀을 통해서만 사람들에게 알려지며, 이 말씀은 성찬시에 은총의 매개체이기도 하다.[21]

농민전쟁 후에 칼슈타트는 폭동에 관여했다는 비난을 받고 『사과문』(Entschuldigung)을 써서 결백을 밝혔다. 루터는 이것을 수용했고, 칼슈타트와 그의 가족을 비텐베르크 자신의 집에서 머물도록 했다는 서문을 덧붙여 그 사과문을 공개했다.[22] 그 외에도 루터는 1525년 가을에 칼슈타트의 『설명서』(Erklärung)를 변호해 주었다. 이 글에서 칼슈타트는 자신의 성찬론은 토론의 의견일 뿐, 확고

---

20) WA 18, 136, 9ff. 139, 23f. 참고. WA 30 II, 88, 23ff. 164, 15ff.
21) WA 18, 200, 20-204-21, 205, 16-28.
22) WA 18, (431)436-438(루터의 서문), 438-445(칼슈타트의 사과문).

한 교리로서 제안한 것이 아니라고 했다.[23] 이러한 설명서는—누구나 개인적인 혹은 공적인 신학적 의견을 포함시킬 수 있다는 보장과 함께—루터가 적극 동의한 작센 선제후의 인정을 받도록 해주었고, 다시 그 지역에서 살도록 해주었다. 그러나 칼슈타트는 1529년 새로운 불화가 다시 촉발되자 자신의 뜻을 따라 선제후국을 떠났다. 1530-1534년까지 취리히에서 교회일을 했고, 1535-1541년 죽기까지 바젤 대학에서 가르쳤다.

> 참고문헌 : Hermann Barge s. 참고 8장 1. Siegfried Bräuer: Die vorgeschichte von Luthers "Ein Brief an die Fürsten zu Sachsen vin dem aufrührerischen Geist"; LuJ 47, 1980, 40-70. Mark U. Edwards Jr. s. 참고 8장 2. Walter Elliger: Zum Thema Luther und Thomas Müntzer; LuJ 34, 1967, 90-116. Ders.: Thomas Müntzer. Leben und Werk; 3. Aufl. Göttingen 1976. Hayo Gerdes; Luther Streit mit den Schwärmern und das rechte Verständnis des Gesetzes Mose; Göttingen 1955. Leif Grane: Thomas Müntzer und Martin Luther; bei Moeller (참고9장 2), 69-97. Carl Hinrichs: Luther und Müntzer. Ihre Auseinandersetzung über Obrigkeit und Widerstandsrecht; 2. Aufl. Berlin 1962. Karl Holl: Luther and the Schwärmerrrr ; bei dems. (참고문헌 C), 420-467. Harry Loewen: Luther and the Radicals. Another Look at Some Aspects of the Struggle between Luther and the Radical Reformers; Waterloo, Ont. 1974. Bernhard Lohse: Luther und Müntzer; Luther 45, 1974, 12-32. Ders.:

---

23) WA 18, (446) 453(루터의 서문), 455-466(칼슈타트의 설명서).

> Luther und der Radikalismus; Luj 44, 1977, 7-27. Wilhelm Maurer: Luther und die Schwärmer; bei dems (참고문헌 C), 103-133, zuerst Berlin 1952. Günter Mühlpfordt: Luther und die "Linken"-Eine Untersuchung seiner Schwärmerterminologie; bei G. Vogler (참고문헌 C), 325-345. Erwin Mülhaupt: Luther über Müntzer, erläutert und an die Thomas Müntzers Schrifttum nachgeprüft; Witten 1973. Karl Müller (참고 8장 1). Steven E. Ozment: Mysticism and Dissent. Religious Ideology and Social Protest in the Sixteenth Century; New Haven 1973. Reinhard Schwarz: Die apokalyptische Theologie Thomas Müntzers und der Taboriten; Tübingen 1977. Karl Gerhard Steck: Luther und die Schwärmer; Zürich 1955. Max Steinmetz: Luther, Müntzer und die Bibel-Erwägungen zum Verhältnis der frühen Reformation zur Apokalyptik; bei G. Vogler (참고문헌 C), 147-167.

2. 1525년 농민들의 소요와 그들의 요구에 대한 판단

루터는 광범위한 지역에서 발생한 농민전쟁[24]을 약간 늦기는 했어도 한 국면을 직접 경험할 수 있었으며, 농민의 요구에 대해 큰 당혹감을 갖고 자신의 입장을 밝혔다. 1525년 4월 중순에 그는 농민들의 요구인 "슈바벤 농민들의 12개 조항"을 처음 알았다. 이 조항에 대한 루터의 토론은 아이슬레벤 여행으로 성사되지 못했다.

---

[24] 새로운 연구 결과들. Horst Buszello, Peter Blickle, Rudolf Endres (hgg): Der deutsche Bauernkrieg; Paderborn 1984.

루터는 알브레히트 폰 만스펠트 백작의 요청으로 라틴어 학교를 새로 봉헌하고자 멜란히톤과 함께 아이슬레벤으로 향했고, 이 여행은 무려 3주간이나 걸렸다. 그는 튀링겐 지역도 여행했다.[25] 이 지역 역시 당시 농민봉기가 확산되었던 곳이다. 이때 얻은 인상이 여행을 마칠 무렵 쓴 두 번째 글에서 소요를 야기하는 폭력에 반대하는 원인이 되었다.

『슈바벤 농민들의 12개 조항에 대한 평화에의 권고』[26]는 농민들이 개혁자인 그를 다른 개혁 설교자들과 함께 농민의 요구에 대한 평가자로 지명하여 세워서 라기보다는 농민들이 요구한 기본법을 좀 더 상세히 설명하고자 하는 본인의 열망에서 쓰인 것이다. 이 글은 시기적으로 그리고 지역적으로 고려해 볼 때, 12개 조항과 연관이 되는 소위 "멤밍겐 연방규정"(Memminger Bundesordnung)[27]도 참고한 것이다. 루터는 농민이 제기한 요구의 근거가, 비록 복음에 대해서는 잘못 이해하고 있을지라도, 종교개혁운동과 서로 맞물려 있다고 보았다. 그는 농민들이 처했던 경제적이며 법적인 어려움을 인정한다. 그 때문에 첫 부분(WA 18, 293, 9/26ff)에서 제후와 영주들, 특히 성직자들에게 양심을 직시하여 만일 자신들이 완고하여 그들을 학대했거나, 지나칠 정도로 사치하게 살았다면 죄를 뉘우치라고 말한다. 그는 편견에 치우친 나머지 종교개혁적인 설교를 농민봉기의 원인으로 돌리는 것도 경고했다. 그는 이미 3년이

---

25) 이 여행의 상세한 내용은 별로 알려진 바가 없다. 아이슬레벤 외에도 루터는 스톨베르크, 상거하우젠에 있는 발하우젠, 노트하우젠, 바이마르, 아이슬레벤에 있는 제부르크 등을 방문했다. 비교. WA 17 I, XXXI f. 그리고 J. Wallmann, 60-62.
26) WA 18, (279) 291-334.
27) 두개의 본문은 G. Franz 174-179 그리고 195-197을 보라. A. Laube, H. W. Seiffert, 26-32. 567 그리고 32-34. 568을 참고하라.

넘도록 파괴적인 폭력사용에 대한 반대를 천명해 왔다. 루터는 농민들의 요구가 상당부분 공감되고, 정당하다며 늦기 전에 농민들과의 합의점을 찾도록 그들을 권면하고 있다. 두 번째 부분(WA 18, 299, 15/33ff)에서 그는 농민들이 불의로 많은 고통을 겪었음에도 불구하고 요구를 제시함에 있어서는 '법과 양심'을 바로 지켜야 한다고 경고하고 있다.

이 문제는 루터가 보기에 농민들의 법 의식과 그들의 요구가 양심에 기초하고 있는가 하는 점에 그 본질이 있다. 실제적인 태도를 정하고, 최종적으로 그 적법성을 결정하는 사고구조가 루터에게는 중요했다. 농민들은 '기독교연합'(멤밍겐 연방규정처럼)이라고 지칭해서는 안 되며, 요구제시에서도 '신적인 권리'를 인용해서는 안 된다. 그럴 경우, 그리스도 혹은 하나님의 이름에 걸맞은 행동이 요구되기 때문이다(WA 18, 301, 14/31ff). 하지만 그들의 행동은 이에 부합되지 않았다. 왜냐하면 그들의 요구는 성서가 하나님의 이름으로 선언한 권리와 같지 않기 때문이다(WA 18, 302, 12/31ff). 그들의 요구는 동시에 자연적이며 보편적인 세속적 권리와도 모순된다. 그들이 자신의 문제에 스스로 재판관이 되고, 겪은 불의를 그대로 모방하고자 하기 때문이다(WA 18, 303, 10/27ff). 루터는 반목을 극복하고 지역의 평화질서를 확립하고자 실현해야 할 사회의 법질서에 대해서 기본원칙을 설명했다.[28] 그 때문에 루터에게 '선동자'와 '폭도'라는 비난을 제기한다. 왜냐하면 농민들이 그들의 권리를 관철시키고자 맹세의무를 가진 '의형제' 혹은 '단체'를 결성하면서 일반적인 법률공동체를 멀리했기 때문이다.[29]

---

28) WA 18, 306, 6/24ff와 바인가르텐 조약의 서론 부분(WA18, 337, 1ff), 더 나아가서 G. Maron.
29) 루터의 용어(가령, 폭도에 대한 개념)와 당시 법률적 사고에 대한 논지는 더 정확한 조사가 요구된다.

'그리스도' 혹은 '기독교의 권리'를 인용하는 것은 이와는 달리 루터에게 있어서 권리 포기와 불의를 감당할 자세를 의미했다(WA 18, 311, 1. 20ff).

루터는 농민들의 요구가 세속적인 권리 요구라고 보았다. 그것들은 세속적인 법률사회 안에서는 보장되어야만 한다. 루터는 12개 조항 중에 첫 번째 조항인 교회의 목사 선출권을 인정한다. 그러나 1523년에 이미 말했듯이, 교회는 먼저 목사선출에 책임이 있는 주무기관에 복음적인 설교자를 요청해야 한다는 것이다. 만일 주무기관이 복음적인 설교자를 허락하지 않는다면, 교회는 이때에야 비로소 직접 선출할 수 있는 자신들의 권한을 행사할 수 있으며, 이럴 경우 직접 생활비를 공급해야만 한다. 교회 자체에서 나오지 않은 교구소유지에 대해서는 교회가 임의로 사용해서는 안 된다. 십일조 의무의 자유로운 해지를 다룬 두 번째 조항에서도 기존의 권리가 거의 무시되고 있음을 루터는 발견한다. 제3항에서 노예 신분이 폐지되었다고 선언하고, 그 이유로 우리 모두를 위한 그리스도의 구속과 속량을 제시한다면, 루터가 보기에 이것은 복음과 완전히 모순되며, '영적인 그리스도의 나라'를 '세속적이고 외적인 나라'로 바꾸는 것이 된다. 노예 신분에 대한 확신이 역사적으로 조건지어진 법적인 관계를 인정하는 것은 아니지만, 그러한 법적인 관계문제를 복음의 이름으로 풀고자 하는 시도만은 정죄한다. 왜냐하면 법적인 관계는 '인간적이며 자연적인 권리'에 따라 검토하고 가능한 개선해야 하기 때문에 나머지 조항들에 동의를 자제하면서 그는 농민들의 법 이해를 지적한다. 그는 다만 '양심이 가르치기'만을 원할 뿐이라는 것이다(WA 18, 327, 15.31).

3부에서 루터는 의식하지 못하는 가운데 양쪽 모두에게 그것이 늦을 수도 있다는 염려를 표명한다. 폭도들이 악한 최후를 맞듯이, 하나님은 독재자를 동일하게 벌하실 것임을 역사의 경험에서 알아야만 한다. 어느 쪽도 선한 양심과 싸우려 하지 않고, 불의를 유지하고자 싸우고 있다(WA 18, 332, 7.24f). 운명이 진로를 취하기 전에 양편 모두 깊이 생각해야 하며, 이 문제가 적어도 '인간의 권리와 약속에 따라 진정되도록'(WA 18, 333, 7.25f) 협상을 시작해야 한다. 루터는 글의 처음과 끝에서 그 해 관찰된 엄청난 불행을 예고하는 '하늘과 땅에서의 비극적인 표지'를 논하고 있다.[30] 그러나 루터는 기도 외에 다른 방법이 없다는 묵시적인 공포에 사로잡힌 것은 아니다(WA 18, 334, 3. 17ff). 오히려 그는 자신이 쓴 경고의 글로 만일 하나님과 법 앞에서 분명한 책임을 다하도록 양심을 바로 세우는 것이 성사된다면, 방향이 전환될 것이라고 희망하고 있다.

『평화에의 권고』를 쓴 후 얼마 지나지 않아 그는 튀링겐에서 공적인 폭동을 직접 경험했다. 그로 인해 상황은 그에게 심각할 정도로 급변했다. 그는 여행 중에 아마도 『강도와 살인적인 농민폭동에 반대하여』를 작성했을 것이다.[31] 그는 세 가지 과오를 지적하며 농민들을 꾸짖는다.[32] 즉, 그들은 임의의 방식으로 직접 자신의 권리를 취하고자 했기에 정부에 대한 순종의무를 손상시켰다. 그들은 소요를 일으켜 강도와 살인으로 공공의 지역평화를 파괴했다. 그들은 또한 자신의 행위를 복음으로 정당화함으로써 복음을 남용하여

---

30) WA 18, 293, 4.21ff. 334, 5.19ff. WAB 3, 426, 21ff. 464, 4 508, 28ff; WATR 2, 120, 6f.
31) WA 18, (344) 357-361. 비텐베르크에서 처음 인쇄될 때에 이 글은 『평화에의 권고』와 함께 출판되었고, 표지에 "다른 농부들의 강도와 살인적인 폭동에도 역시 반대하여"라고 쓰였다. 이 책 자체는 "폭동을 일으키는 농부들에게 반대하여"라는 부제를 달고 있었다. 개별적으로 책을 인쇄하면서 제목도 변화되었, 이 글의 상황과 내용을 알고자 한다면 1525년 5월 4일(5일?) 여행 중에 만스펠트 시의원인 요한네스 뤼헬에게 쓴 루터의 편지가 아주 중요하다. WAB 3, 479ff.
32) WA 18, 357, 21ff. 비교 WAB 3, 480, 21ff 그리고 WA 18, 342, 30ff.

하나님을 비방하는 죄를 범했다. 그리고 루터는 공적인 폭동에 대응하는 것은 법적인 힘의 소유자인 정부의 합법적인 과제라고 말한다. 종교개혁적인 복음 설교를 부드럽게 대처했고, 농부들이 복음을 인용했기에 가능한 한 폭동을 인내하며 견디고자 했던 – 가령 작센 선제후와 알브레히트 폰 만스펠트 백작 – 당시의 정부는 결단을 내리기 어려운 특별한 정황에 놓여 있었다. 루터는 바로 이러한 정부에게 공권력이라는 외적 수단으로 폭동을 단호히 대처하는 것이 정부의 법적 의무임을 알려준 것이다. 그렇지만 정부도 공권력을 사용하기 전에 마지막으로 재차 타협을 시도해야만 한다. 폭동에 참여하도록 강요를 당한 사람들은 폭동의 주모자들처럼 처벌되어서는 안 된다(WA 18, 361, 7ff).

"할 수 있거든 찌르고, 치고, 목을 조르라. 죽는 자는 복이 있다. 이같은 복된 죽음을 결코 맞이하지 못할 것이다"(WA 18.361, 25ff)와 같은 감정을 자극하는 말들은 이 책이 가진 전체적인 표현 방식과 매우 날카로워진 집필동기에서 이해되어야 한다. 폭동의 정황에서 루터는 자신이 동의할 수 없는 농민봉기의 이유를 고려하면서 합법적이고 하나님 앞에서 책임 있는 행동을 하도록 호소하고 싶었다. 그는 신학과 법적인 이유에서, 그리고 더 정확히는 복음을 위해서 폭동에 저항할 것임을 1522년에 이미 피력한 바 있다(참고 30). 그럼에도 불구하고 이제 농민들이 복음을 인용하여 공공연히 폭동을 불러일으켰다는 것이 그를 분노케 했으며, 무서운 표현들을 쏟아내게 했다. "농민의 무리에 대항하라"는 고함으로 그는 농민의 반란을 하나의 폭동으로 단정했다. 정부도 지나칠 정도로 강력한 형벌로 농민들을 대처한 점에 대하여 루터는 정부가 비이성적이고 무자비하게 보복하지 말도록 경고했다.[33]

---

33) 프랑켄하우젠 전투 후에도 역시 승자(WA18, 374, 10ff)의 완고하고 무

루터는―폭동에 대해 흥분했지만―사회적 권리를 둘러싼 갈등의 평화적 해결을 위해 자신이 얼마나 노력했는지를 튀링겐에서 돌아온 후, 슈바벤 동맹과 보덴제 및 알고이 양쪽 지역의 농민들이 4월 17일에 바인가르텐에서 체결된 협약을 직접 비텐베르크에서 인쇄하여 서문과 후기에서 이것을 견본으로 삼도록 추천했다는 사실로 입증했다.[34] 바인가르텐 협약의 형성과 그것이 줄 영향을 루터는 간과하지 않았다. 농민봉기의 영적 원인을 찾던 루터의 관심은 튀링겐 지역을 벗어나지 않았고, 그 때문에 그의 관심은 거의 절대적으로 토마스 뮌처에게 향했다. 그는 1524년 이후로 종교개혁을 이해함에 있어서 루터와는 극단적인 대조를 이루고 있었다.[35]

폭풍의 해일과도 같은 이 사건을 루터는 자신의 글에 다 담을 수는 없었다. 이 글들은 5월에 처음 그리고 그 후 얼마 지나지 않아 또 나왔다. 구교 사람들은―가령, 히에로니무스 엠저, 요한네스 코흐로이스[36]―지체하지 않고 루터를 농민봉기의 영적인 원인 제공자로 몰아 붙였다. 비텐베르크 종교개혁의 추종자들 역시 봉기한 농민들을 진압하라는 루터의 요구가 지나쳤다는 이유로 그를 비판했다.[37] 루터는 이에 대해 1525년 7월에 『농부들에 반대하는 강경한

분별한 행동에 대한 루터의 경고는 비교적 적절했다.
34) WA 18, (335) 336-343. 요한네스 발만은 루터가 『강도와 살인적인 농민폭동에 반대하여』를 쓴 후에야 비로소 바인가르텐 조약을 좋은 표본으로 지지했다는 그럴듯한 주장을 했다.
35) WA 18, (362) 367-374. "하나의 혐오스러운 역사와 토마스 뮌처에 대한 하나님의 심판" 루터는 프랑켄하우젠 전투(5월 15일) 직후 4개의 자료를 출판했다. 이 자료들은 전투의 승자들에게 들어갔고, 튀링겐 폭동에서 뮌처의 역할을 조명한 것이다. M. Steinmetz: Das Müntzerbild von Martin Luther bis Friedrich Engels; Berlin(DDR) 1971, 20-27.
36) A. Laube, H. W. Seiffert, 356ff. 376ff.
37) WAB 3, 517f 그리고 511, 64ff. 515, 6ff 그리고 530f. Hubert Kichner: Der deutsche Bauernkrieg im Urteile der Freunde und

소책자에 대한 서신』으로 자신의 입장을 표명했다.[38]

루터는 농민들이 봉기했다는 사실로 동요하기를 원치 않았다. 법률공동체인 사회에서 가장 큰 악행은 구성원을 서로 반목케 하는 것이다. 그 외에도 그는 시급한 상황에서 어떻게 농민봉기에 대처해야 하는지 고심하는 기독교 정부에 대해서도 썼다(WA 18, 400, 4ff). 그는 법률적으로 이 상황을 잘 대처하도록 환기시키고자 했다. 폭동에 대해서는 최고로 단호하게 대처해야만 한다. 그러나 폭동이 진압되면, 정부는 무혐의자뿐만 아니라, 혐의자에게까지도 '자비를 보여주어야 한다'(WA 18, 400, 22f). 루터는 『평화에의 권고』에서 영주의 사회적 독재를 비판한 반면, 여기서는 사회적 권리에 관한 문제는 다루지 않았다.

농민전쟁에 관한 글을 쓸 때 루터는 하나의 특정한 논지를 쫓았다. 그는 민감한 상황에서 특정 독자가 책임의식을 갖도록 종교적이며 법률적인 논지를 동원했다. 이것은 역사적 비판에도 유의해야 하며, 정치적이고 법률적인 토론 가능성도 예상해야 한다. 『강도와 도적 같은 농민폭동에 반대하여』라는 글은 감정이 지나치게 개입되어 종교개혁 진영에서도 동의를 얻지 못했다. 루터의 글들은 농민들을 매우 실망케 했고, 불쾌하게 만들었다. 구교는 여전히 루터의 종교개혁이 농민봉기의 원인이라고 보았다.

이어진 해에도 농민에 대한 루터의 생각은 1525년에 겪은 부정적인 경험으로 각인되었다. 농민과 루터의 결렬은 중요하지 않을 수 있다.[39] 그러나 개신교회의 건설에는 큰 차질을 빚었다. 다른 계

Schüler Luthers; theol.Habil.-Schrift (masch.) Greifswald 1968, 282-299.

38) WA 18, (375) 384-401.
39) Siegfried Bräuer: Luthers Beziehungen zu den Bauern; bei. H. Junghans (참고문헌), (457-472) 471.

층의 사람들도 문제의 원인이 되어, 루터는 이어진 해에 농민과 함께 귀족과 시민들도 비판적으로 숙고했다. 농민전쟁이 종교개혁에 깊은 충격을 주기는 했으나, 그렇다고 해서 그것이 민중종교개혁으로부터 제후종교개혁으로 넘어가는 과도기라고 말할 수는 없다.[40] 이후 종교개혁이 1525년까지와는 다른 특징을 보여준다면, 그것은 수많은 교회적인 그리고 정치적인 요인들이 원인으로 작용했기 때문이다.

> 참고문헌 : Kurt Aland: "Auch widder die reubischen und mördisschen rotten der andern bawren." Eine Anmerkung zu Luthers Haltung im Bauernkrieg; ThLZ 74, 1949, 299-303. Paul Althaus: Luthers Haltung im Bauernkrieg; LuJ 7, 1925, 1-39, bei dem.: Evangelium und Leben; Gütersloh 1927, 144-190; separat Darmstadt 4. Aufl. 1971. Winfried Becker: "Gottes Wort", "Göttliches Recht", "Göttliche Gerechtigkeit." Die Politisierung theologischer Begriffe, bei P. Blickle (HG): Revolte und Revolution in Europa; HZ Beih 4 (NF), 1975, 232-263. Günther Franz: Quellen zur Geschichte des Bauernkrieges; Darmstadt 1963. Martin Greschat: Luthers Haltung im Bauernkrieg; ARG 56, 1965, 31-47. Hubert Kirchner: Luthers Stellung zum Bauernkrieg; bei H. Foerster (Hg.): Reformation heute; Berlin 1967, 218-247. Robert Kolb: The theologians and the peasants. Conservative

---

40) Lfg K, 46f. Franz Lau: Der Bauerkrieg und das angebliche Ende der lutherischen Reformation als spontaner Volksbewegung; LuJ 26, 1959, 109-134.

evangelical reactions to the German peasants revolt; ARG 69, 1978, 103-131. Hermann Kunst: Martin Luther und der Krieg. Eine historische Betrchtung; Stuttgart 1968. Adolf Laube, Hans Werner Seiffert(Hgg.): Flugschriften der Bauernkriegszeit; 2. Aufl. Berlin (DDR) 1978 (Köln 1978). Hartmut Lehmann: Luther und Bauernkrieg; GWU 20, 1969, 129-139. Friedrich Lütge: Luthers Eingreifen in den Bauernkrieg in seinen sozialgeschichtlichen Voraussetzungen und Auswirkungen; bei dems.: Studien z. Sozial-u. Wirtschaftsgeschichte; Stuttgart 1963, 112-144; zuerst: JbNSt 158, 1943, 369-401. Gottfried Maron: "Niemand soll sein eigener Richter sein." Eine Bemerkung zu Luthers Haltung im Bauernkrieg; Luther 46, 1975, 60-75. -Ders.: Bauernkrieg; TRE 5, 1980, 319-338. Bernd Moeller (Hg.): Bauernkriegs-Studien; Gütersloh 1975. Heiko A. Oberman (Hg.): Deutscher Bauernkrieg 1525; ZKG 85, 1974, 147-316 (H.2). Johannes Wallmann: Ein Friedensappell -Luthers letztes Wort im Bauernkrieg; in: Der Wirklichkeitsanspruch von Theologie u. Religion. FS Ernst Steinbach, Tübingen 1976, 57-75. Rainer Wohlfeil (Hg.): Reformation oder frühbürgerliche Revolution? München 1972. Ders. (Hg.): Der Bauernkrieg 1524-1526. Bauernkrieg und Reformation; München 1975.

3. 결혼과 가정생활

1525년 6월 루터와 전직 수녀였던 카타리나 폰 보라(1499-1552)의 결혼은 여전히 농민전쟁 때문에 가려져 있었다. 작센의 한 귀족가문에서 태어난 그녀는 16세 소녀 시절 그림마의 님셴에 있는 시토교단 여자수도원인 마리엔트론에 들어왔다(1515년 10월 8일 수도서원식). 수도원에 불어 닥친 새로운 복음사상은 그녀와 몇몇 다른 동료 수녀들에게 수녀원에서 자유롭게 벗어날 수 있다는 소망을 일깨워 주었다. 루터는 그것을 알고 토루가우 출신의 상인인 레온하르트 쾨페에게 1523년 4월 4일 부활주일 밤에 12명의 수녀를 님셴에서 몰래 데려오도록 했다.[41] 도망친 수녀 중 9명은 그들의 친척이 종교개혁에 적대적인 지역에 살고 있었기에 루터의 중재로 비텐베르크에 왔다.[42] 그 가운데 카타리나 폰 보라도 있었다. 그녀는 분명 루카스 크라나흐 집에서 머물렀다. 1518-1522년까지 비텐베르크에서 수학했던 뉘른베르크 출신 귀족 자제 히에로니무스 바움가르트너가 사업상의 일로 1523년 비텐베르크에 왔을 때, 카타리나 폰 보라와 서로 호감을 가졌다. 루터는 1524년 10월 12일자 편지에서(WAB 3, 358, 7ff) 이 두 사람이 잘 이어지기를 적극 권유했지만, 바움가르트너는 전직 수녀와 결혼을 결정하지는 못했다.

루터가 직접 결혼하겠다는 생각을 가진 것은 1525년 봄인 듯하다. 그 결정에는 네 가지 동기가 작용했다.[43] 첫째, 루터는 1525년 4월과 5월 아이스레벤과 튀링겐을 여행하면서 만스펠트에 있는 부

---

41) 루터가 납치계획을 직접 알렸다: Ursachen und Antwort, daß Jungfrauen Klöster göttlich verlassen mögen, 1523; WA 11, (387) 394-400.
42) 비교. WAB 3, 53, 7f. 54f.
43) 비교. WAB 3, 531, 14f. 541, 4ff; H. Boehmer, 69.

모를 방문했다(참고 9장 2). 부친은 당시 아들 마틴이 결혼했으면 한다는 소망을 표명했다. "그는 장남이 낳은 후손을 원했다."[44] 둘째, 루터는 이제 자신의 결혼을 통해 결혼에 대한 복음적 가르침을 굳게 세우고자 했다. 그는 1521년 이후 수도사의 삶이 지닌 과거의 종교적 양심의 구속은 반대했지만, 개인적으로는 큰 어려움 없이 옛 수도원 동료들과 수도원 건물에 살면서 복음이 주는 자유를 누려 왔다. 그가 수도사복을 벗어버린 것은 1524년 가을이다.[45] 셋째, 님센 수녀원에서 수녀들을 탈출시킨 장본인으로서 카타리나 폰 보라의 결혼에 책임감을 느꼈을 것이다. 그 자신이 결혼하지 않고 계속 혼자 사는 것도 어려운 일은 아니었다. 카타리나 폰 보라는 님센에서 탈출한 수녀들 중 비텐베르크에서 아직도 생활의 기반을 잡지 못한 마지막 사람이었다. 넷째, 농민 소요를 통해 복음의 가르침과 특히 그 자신이 격한 비난을 당하는 상황에서 창조주에 대한 자신의 신뢰를 마귀와 세상에 보여주라는 하나님의 뜻으로 느꼈다.

결혼생활을 위한 물질적인 여건은 매우 열악했다. 카타리나 폰 보라는 탈출한 수녀로서 그렇지 않아도 빈곤한 그녀의 친척들에게서 아무런 지원도 없는 처지였다. 루터는 대학교수였지만 개인적인 봉급은 없었으며, 대학정관도 아직 개정되지 않아 자신의 생활비를 수도원을 통해 얻었다. 수도원 수입은 종교개혁이 가져온 해체현상 때문에 매우 적었고 불확실했다. 비텐베르크 시교회에서 하는 설교와 상담에 대한 보수는 웃을 정도로 보잘것 없는 사례였다.[46] 그는 출판물에 대해서도 아무것도 받고자 하지 않았다. 루터는 새로운 선제후 요한의 개인적인 배려로 결혼 후에야 200굴덴 정도의 교수

---

44) H. Bornkamm(참고문헌 B), 357.
45) Ulrich Köpf: Martin Luther als Mönch; Luther 55, 1984, (66-84) 77.
46) H. Junghans, 15. 24. 29.

봉급을 받았다.[47]

　1525년 6월 13일 저녁 루터는 증인들 앞에서 카타리나 폰 보라와 약혼했다. 5명의 증인은 세 명의 대학 동료—신학자 요한네스 부겐하겐(비텐베르크 시목사), 신학자요 법률가인 유스투스 요나스(성교회 수석신부) 그리고 법률가인 요한네스 아펠—와 루카스 크라나흐 그리고 그의 부인이었다. 그 후 얼마 지나지 않아 요한네스 부겐하겐이 증인들을 참석시킨 후 결혼식을 수행했고, 합방이 이루어졌다. 2주 후인 6월 27일 루터의 부모를 포함한 초대받은 손님들과 함께 시교회로 가는 공식적인 축하행렬을 거행했으며, 이어서 전에는 수도원 건물로 사용하던 장소에서 결혼식 축하연이 베풀어졌다.[48]

　루터 부부에게는 6명의 자녀가 태어났다. 요한네스(1526년 6월 7일 출생, 1575년 쾨닉스베르크에서 프로이센 영주의 고문으로 일하다 사망), 엘리자베스(1527년 12월 10일 출생, 그러나 1528년 8월 3일 사망), 막달레나(1529년 5월 4일 출생, 1542년 9월 20일 사망), 마틴(1531년 11월 9일 출생, 신학자로 1565년 비텐베르크에서 사망), 파울(1533년 1월 28일 출생, 1593년 의사로서 라이프치히에서 사망), 마가렛(1534년 12월 17일 출생, 프로이센에서 쿤하임의 게오르크와 결혼, 1570년 사망).[49]

　이제까지 아우구스티누스 은둔파 수도원으로 사용한 건물은 루터 가족의 거처가 되었고, 루터의 집에 거하는 이들의 숙소가 되었다. 이들 중에는 기숙사처럼 이곳에서 산 학생들도 있었다. 선제후 요한은 마당(Hof)과 정원이 딸린 이 건물을 1532년 루터의 소유로

---

47) 비교. WAB 9, 579ff; 12, 423 und H. Bornkamm (참고문헌 B), 363f.
48) H. Boehmer는 지역마다 조금씩 다른 풍습을 잘 비교해주고 있다. 참고. H. Junghans, 12ff.
49) H. Junghans, 17. 24. 30.

이전시켜 주었고, 그의 후임이 1536년 이것을 공식 확정했다. 대가족을 경제적으로 보살피고자 루터는 무엇보다도 그의 부인의 노력으로 정원, 경작지 및 쵤스도르프의 땅을 얻었다.

결혼, 가정 그리고 대가족은 루터에게 엄청난 경험을 안겨주었다. 서신과 가정에서의 대화는 이러한 경험의 좋은 증거자료이다. 부인에게 쓴 21개의 편지는 현재 남아있으나, 그녀가 남편에게 쓴 서신은 유감스럽게도 남아있지 않다. 루터가 부인을 얼마나 존경했는지는 당시 선제후국에서 통용되던 정도 이상으로 그녀를 상속녀로 정해두었다는 점이 잘 보여주고 있다.

루터의 집은 비텐베르크 개혁자들에게 그들의 개인적인 생각을 나누는 핵심 장소가 되었다. 많은 외부의 인사들이 손님으로 방문했을 뿐만 아니라, 비텐베르크 동료들도 드나들었다. 루터는 성서번역을 공동으로 했고, 그 외에도 중요한 사안에 대해 함께 논의했다. 루터와 동료들 사이에 수 년 동안 계속되어 온 의견교환은 루터의 결혼 이후 전혀 줄어들지 않고 더 활발해졌다. 루터는 집을 개방했다. 캐트 루터는 강한 의지와 가정적인 신중함으로 — 카타리나는 그녀의 남편을 밝은 목소리로 "사랑하는 캐트씨"라고 호칭했다 — 대가족의 살림을 잘 처리하고, 정원, 농경지, 가축사육과 맥주양조를 잘 운영했다.

루터의 동료는 루터가 비텐베르크 친구들과 외부의 인사들 앞에서 여러 가지 문제에 대해 논한 것을 1531년 이후 계속 적어두었고(날짜가 기입되지 않았지만, 아마도 1529년 이후), 소위 『탁상담화』라는 이름으로 일부를 모았다. 루터는 대화 때마다 독일어와 라틴어를 함께 사용했지만, 받아 적은 사람이 이따금 라틴어를 더 많이 기입했다. 왜냐하면 그들은 라틴어 속기부호에 익숙했기 때문이다. 인쇄되지 않은 루터의 책을 열정적으로 수집했던 마지막 조교 요한네스 아우리파버는 1566년 루터의 탁상담화를 처음 출판했다.

게다가 그는 유독 독일어로만 된 내용을 주제별로 분류했다. 바이마르 전집이 비로소 루터 개인의 엄청나게 유익한 자료들을 모아 6권의 탁상담화 비평판(에른스트 크로커)을 출판했다(1912-1921). 탁상담화의 신뢰성은 하나하나를 상세히 검토해 보아야 한다. 왜냐하면 루터가 모든 것을 잘 기억한 것도 아니며, 기록자가 들은 것을 언제나 정확히 기록한 것도 아니고, 기록의 상당부분이 다만 사본으로만 남아있기 때문이다.

참고문헌 : Heinrich Boehmer: Luthers Ehe; LuJ 7, 1925, 40-76. Heinz Otto Burger: Luther im Spiegel seiner Tischreden; Germanisch-Romanische Monatsschrift NF 23, 1973, 385-403. Martin Clasen (Hg.): Das neue Luther-Nachkommenbuch 1525-1960, bearb. von Ludwig Schmidt; Limburg 1960. Helmar Junghans: Luther in Wittenberg; bei dems. (참고문헌 C), 11-37. Ernst Kroker: Katharina von Bora, Luthers Frau. Ein Lebens- und Charakterbild; 12. Aufl. Berlin 1972. Ders.: Die Örtlichkeit von Luthers "Tischreden"; bei dems.: Aufsätze zur Stadtgeschichte und Reformationsgeschichte; Leipzig 1929, 97-112. Ders.: Luthers Tischreden als geschichtliche Quelle: LuJ 1, 1919, 81-131. Hans-Günter Leder: Luthers Beziehungen zu seinen Wittenberger Freunden; bei H. Junghans (참고문헌 C), 419-440. Johannes Luther: Die Nachkommenschaft Martin Luthers, des Reformators; LuJ 7, 1925, 123-140. Birgit Stolt: Die (Stockholmer Germanistische Forschungen 4) Stockholm 1964. Dies.: Luther sprach "mictim vernacula lingua"; ZfdPh 88, 1969, 432-435.

4. 에라스무스와의 결렬

에라스무스는 1520년 말 루터 문제에 있어서 어느 편에도 속하지 않는 심판을 자처했고, 그 결과 1521년 이후 루터와 로마의 결렬을 돌이킬 수 없는 것으로 판단했다. 왜냐하면 첫째는 루터의 『교회의 바벨론 포로』 때문이며, 둘째는 루터가 로마에 의해 정죄당한 주장을 계속 고집했고, 교리 파문교서와 함께 교회법 서적도 소각했기 때문이다.[50] 그렇지만 로마가 루터를 정죄한 것과 보름스 칙령은 하나의 불행이라고 여겼다.[51] 그는 종교개혁에 대해 이제는 가능한 한 공개적으로 언급하기를 피했다. 그렇지만 그가 결국 입장을 표현하게 된 것은 여러 가지 이유가 있었다.

첫째, 많은 사람들은 여전히 그를 종교개혁운동과 연관지어 생각했다. 그는 자신이 그렇게 이해되기를 원치 않았다. 둘째, 복음에 대한 루터의 냉혹한 주장뿐만 아니라, 종교개혁 자체가 마음에 들지 않았다. 셋째, 가령, 게오르크 폰 작센과 같은 구교측의 고위층 인사들이 새로운 교리에 반대하는 의견을 표명하도록 거세게 요구했다.[52] 넷째, 후텐과의 결렬로 에라스무스는 약점이 노출되었고, 이것이 그에게는 종교개혁적인 논쟁점을 객관적으로 표명할 수 있

---

50) An Ludwig Ber/Basel 14.5.1521; Allen 4, 494, 24ff.
51) An Herzog Georg von Sachsen, 3.9.1522 (참고 5장 2) 1, 354, 3ff Allen 5, 125ff.
52) An Johann von Botzheim 20.1.1523; Allen 1, 35 (그는 대사 카르라치올로, 대사 알레안더, 황제내지는 그의 고해신부와 공작 게오르크를 언급한다). 비교. 게오르크가 1523년 1월 25일과 1524년 5월 21일 에라스무스에게 Gess (참고 5장 2) 1,450f. 674, 16ff, Allen 5 201, 456ff 그리고 1524년 9월 6일자 게오르크 공작에게 보낸 에라스무스의 서신 Gess (참고 5장 2) 1,734, 34, Allen 5, 543f(클레멘트 7세와 왕 하인리히 8세를 언급했다).

는 또 하나의 동기가 되었다. 다섯째, 루터가 친구에게 쓴 에라스무스에 대한 변변치 않은 평가 — 이 학자에게는 기독교 진리에 대한 참된 이해가 결여되어 있다 — 는 극도로 예민한 이 인문주의자가 그동안의 소극적인 태도를 바꾸는데 결정적으로 작용했다. 에라스무스도 이것을 알았다.[53] 1524년 4월 보내온 루터의 편지를 그는 구경꾼의 입장에서 나오라는 개혁자의 요구로 받아들였다.[54] — 이 시기에 에라스무스는 『자유의지론』이라는 글의 첫 사본을 발표했다.[55] 이 글은 1524년 9월 초 등장하면서 「De libero arbitrio dia-tribe sive collatio」라는 제목을 갖게 되었다.[56]

에라스무스는 구체적인 개혁문제는 언급할 필요가 없는 신학적이고 철학적이며 그리고 윤리적인 연관성이 있는 제목을 택했다. 루터는 그가 교황권, 연옥, 면죄부와 같은 문제가 아니라, 종교개혁 교리의 핵심을 주제화시켰다고 반겼다.[57] 루터는 아우구스티누스와 바울의 은총론으로 스콜라 신학과 교회의 인위적 행사를 공격하기 시작했을 때, 이성과 자유로운 결정을 담당하는 자유의지의 가치를 비난했다. 이와 연관된 날카로운 표현 중 하나는(하이델베르크 논쟁, 논제 13) 교황의 파문교서(36항)에서 오류로 정죄받았다. 루터는 그 후 직접 『주장』(Assertio)에서 자신의 의견을 옹호했다(WA

---

53) WAB 2, 544f; 3, 96, 12ff 160, 7ff. 비교. H. Bornkamm (참고문헌 B), 304f. 309f.
54) WAB 3, 270f. 1524년 5월 8일 에라스무스의 대답 WAB 3, 285f.
55) 루트빅 베르(1524년 2월)와 왕 하인리히 8세(1524년 3월)에게 Allen 5, 399f. 417f.
56) Hg. v. Joh. von Walter (Quellenschriften zur Geschichte des Protestantismus 8) Leipzig 1910; hg. u. übers. v. Winfried Lesowsky, (Erasmus von Rotterdam, Ausgewälte Schriften Bd.4) Darmstadt 1969.
57) WA 18, 786, 26ff.

6, 142ff). 파리의 신학자들도 1521년 루터의 핵심적인 주장들을 정죄했다. 보름스 칙령도 루터가 자유의지를 부인했다는 이유로 '비텐베르크 이단'이라고 명시했다.[58] 루터는 『주장』에서 아무런 보호를 받지 못한 채 1418년 콘스탄츠 공의회가 정죄한 위클리프의 말을 인용했다. 이것이 그에 대한 비난을 더 쉽게 해주었다.[59] 인문주의 교육을 받고 에라스무스와도 절친했던 케임브리지 대학 총장인 존 피셔와 로체스터 감독(†1535년)은 1523년 루터의 『주장』(Assertionis Lutheranae confutatio)을 반박하면서 자유의지의 문제에 특별한 관심을 보였다. 에라스무스가 몇 가지 개별적인 점에서 그의 영향을 받았다고 할지라도 이 주제의 선택은 다른 루터 반대자와 연관이 없다.[60] 에라스무스는 1517년 로마서 9장에 대한 분석에서 오리겐과 히에로니무스를 인용하여 자유의지의 가능성을 인정했다. 종교개혁 진영이 그를 경계한 것은 바로 이것 때문이었다.[61] 이제 그는 정확히 설명하기를 원했다.

에라스무스는 모음집(diatribe 또는 collatio)의 형식으로 자유의지를 지지하거나 혹은 반대하는 성서의 구절들을 전개했다. 이것은 서로 상반되는 성서의 구절들을 서로 조화시키는 그의 해석학적 방법에 의한 것이다. 그는 서론(I)에 이어 구약과 신약에서 자유의지를 긍정하는 구절들을 다루었고(II), 다른 한편, 서로 상반된 구

---

58) WA 8, 287, 24ff; 15, 260, 15ff; RTA 2, 647, 1ff; 참고 11장 1(1530년 아우구스부르크 제국의회).
59) DS 1177: Omnia de necessitate absoluta eveniunt. WA 7, 146, 7f. 비교. Erasmus 9, 20ff. 13, 6ff. Walter.
60) 논쟁의 쟁점들은 영주 게오르크가 그 당시 곧바로 출판한 1523년 5월 9일자 왕 하인리히 8세에게 보낸 편지에게 제기되었다. Gess (참고 5장 2) 1, 508, 34ff.
61) 에라스무스가 1522년 3월 30일자 W. Pirkheimer에게 그리고 1523년 2월 1일 M. Laurinus에게 보낸 편지. Allen 5, 32ff, 203ff.

절도 언급했다(III). 오리겐을 인용하여 로마서 9장을 논했고(IIIa), 루터가 1520년 『주장』에서 전개했던 성서구절, 그리고 마지막으로 자유의지를 부인하는 듯한 몇 개의 성서 본문을 더 설명한다(IIIc). 결론(IV)에서 그는 성서의 저자인 성령이 이 두 그룹의 성서구절 배후에 있으며, 그 때문에 우리는 인간의 자유의지와 하나님의 구원의 역사를 조정하는 중간적인 이해를 대변해야 한다는 것이다. 그는 자유의지를 인간이 구원의 수단들을 이용할 수도 혹은 그것들을 외면할 수도 있는 의지의 힘이라고 정의한다. 결론을 내리면서 그는 구원의 길은 마음의 우선적인 자극과 그에 대한 하나님의 은총의 완성이라고 주장한다. 시작과 완성 사이에 몇 가지는 하나님의 은총에서 멀어지고자 하지 않는 인간 의지의 작용이다. 하나님의 은총과 인간의 의지가 어떻게 상호작용하는 지에 대해서 에라스무스는 정확히 쓰고 있지 않다. 하나님은 본래부터 의롭고 지극히 은혜로우신 분이라고 생각하는(Ia8)[62] 기독교적인 경건에서 인간의 노력과 하나님의 은총의 역사에 대한 겸허한 인정이 서로 결합되고 있다.

1525년 가을에서야 루터는 반박인 『노예의지론』을 집필했다. 그는 에라스무스의 글이 신속한 대응을 해야 할 정도로 자극적이지 않음을 발견했다. 루터는 에라스무스의 글이 나온 이후 한 달 동안 칼슈타트의 문제와 농민전쟁에 몰두했다. 루터의 반박글이 나온 몇 주 후 유스투스 요나스에 의해 『자유의지는 아무것도 아니다』라는 제목의 독일어 번역판이 나왔다.

루터는 에라스무스의 『자유의지』 세 단락 중 첫 부분을 예리하고도 차분히 다루어가면서 그의 생각에 반드시 단정적으로 말해야 하

---

[62] IV 16: Mihi placet illorum sententia, qui nonnihil tribuunt libero arbitrio, sed gratiae plurimum.

고, 부드럽게 완화시켜서는 안 되는 것에 대하여 가끔은 풍자적인 반박과 신학적 설명을 전개한다. 해석학적인 방법부터가 서로 상당히 달랐다. 루터에게 성서는 하나님의 계시와 관련해 아주 명백하다(WA 18, 606, 22ff). 성서의 외적 명백성은 이해와 성령이 주시는 마음의 감동인 내적 명백성과 일치한다(WA 18, 609, 4ff).[63] 성령을 통한 조명은 루터가 열광주의자들에 반대하여 강조했듯이, 역사적으로 볼 때 하나님 말씀의 선포 없이는 불가능하다.

루터는 하나님과의 관계에 있어서 인간의지의 부자유를 주장한다. 세속적인 일들에 대해서만 인간은 결정의 자유를 가지고 있다.[64] 루터는 인간의 의지를 종교적 영역으로 끌어들이지 않는다. 하나님과의 관계에 있어서는 마음을 하나님께 두는 인간적 의지의 단호함이 중요하다. 깊이를 헤아릴 수 없는 의지의 단호함에서 일어나는 하나님 경험은 전체적인 체험의 지평에서 일어나는 경험이다. 그 때문에 루터의 논지가 구원의 경험 속에 그 본질이 있는지 아니면 하나님이 전능하심을 경험하는 것에 그 본질이 있는지 방법론적인 의미를 숙고해 보아야 한다.[65]

루터의 신론과 인간론은 「노예의지론」에서만 서로 얽혀 있는 것은 아니다. 그 때문에 루터의 신론을, 몇 가지 유사성에도 불구하고, 오캄주의에서 단순히 유도해 낼 수는 없다.[66] 오캄주의는 합리적인 일신론에 근거하고 있으며, 그 때문에 이성이 동반된 의지의 자유를 가르쳤다. 에라스무스 역시 신적인 은총의 역사와 인간의 자유의지를 조화롭게 연결하는 것을 의무로 삼았다. 그러나 루터는 이와는 달리 성서를 근거로 합리적인 일신론을 계속해서 극복했다. 노예의

---

63) 비교. R. Hermann u. F. Beisser.
64) WA 18, 638, 4ff. 672, 7ff.
65) 비교. K. Schwarzwäller.
66) Z. B. E. Iserloh HKG(J) 4, 154.

지론은 논리적으로 수정된 기독교의 하나님과 인간에 대한 이해를 거부한 것이다. 그는 무엇보다도 바울과 요한을 인용한다. 조화를 추구하는 에라스무스의 생각(Diatribe IV)에 대해 그는 바울과 요한을 근거로 들어 인간의 구원은 전적으로 하나님께 달린 것이며, 경건치 못하여 하나님의 진노 가운데 살 것인가, 아니면 아들을 통해 주신 자유로 하나님의 은총의 삶을 살 것인가를 결정하는데 인간의 자유의지는 아무런 역할도 하지 못한다고 답하고 있다.

루터는 노예의지론으로 인문주의에 등을 돌리지는 않았다. 그는 이 글에서 수사학적인 표현방식을 사용하며 하나님의 전능을 경험한 고대문인의 증언을 인용하고 있다(WA 18, 617, 23ff). 그는 이 문제에 있어서 인문주의자 로렌티우스 발라(✝1457년)를 자신의 동료라고 여기고 있다.[67] 루터가 계속 지원한 대학과 학교의 개혁 역시 인문주의의 몫이었다.

에라스무스는 루터가 자신을 불경건한 자요, 루키안과 에피쿠르(Epikur)와 유사한 사람으로 여긴 것이 특별히 불쾌했다.[68] 그는 1526년 봄에 즉시 반박글인「Hyperaspistes diatribe adversus servum arbitrium Martini Lutheri」의 첫 부분(liber primus)을 출판했다.[69] 에라스무스는 이 글의 첫 부분에서나, 둘째 부분(1527)에서 별다른 새로운 관점을 제시하지 못했다. 그 때문에 루

---

67) WA 18, 640, 8. WATR 2, Nr. 1470; 1 Nr.5729. B. Lohse, 9f. 12. 21f.
68) 1526년 3월 2일자 선제후 요한에게, 1526년 4월 11일자 루터에게 보낸 에라스무스의 서신. WAB 4, 47, 12ff. 59, 26ff = Allen 6, 267ff, 306f.
69) Hg. u. übers. v. W. Lesowsky in: Erasmus von Rotterdam, Ausgewälte Schriften Bd. 4, Darmstadt 1969, 197-675. Hyperaspistes의 두 번째 부분은 1527년 9월에 나왔다. 위의 에라스무스 전집에 포함되지 않았다.

터는 이 글에 대해 특별한 반응을 보이지 않았다. 이후, 이들의 논쟁은 더 이상 계속되지 않았고, 루터 역시 에라스무스와의 쟁점을 다시는 언급하지 않았다. 그는 나중에 교리문답과 함께 노예의지론만을 한 번 더 내용적으로 언급했을 뿐이다(WA 8, 99, 5ff). 에라스무스의 몇몇 글들이 새로이 읽혀지고 있음에도 불구하고 루터의 거부는 1533년 더 거세어졌다. 그는 종교개혁 진영에서 구교측 에라스무스에 대한 대항을 강화하고자 이 책을 출판했다고 1534년 3월자 니콜라우스 암스도르프에게 보낸 편지에서 밝혔다.[70] 이러한 논쟁이 가져온 영향과 신학적 결과는 면밀한 분석만이 결정할 수 있다.

멜란히톤이 여전히 루터의 인정을 받으면서 1521년 이후보다 1525년 이후에 더 뚜렷하게 루터와 에라스무스의 중간적 입장을 취한 것은 루터와 에라스무스의 엄청난 논쟁의 영향 때문이라고 단순히 볼 수는 없다. 왜냐하면 멜란히톤에게 깊이 내재되어 있는 신학적 동기를 고려해야 하기 때문이다.[71] 스위스와 독일 남부 종교개혁 지역에서 에라스무스는 루터에 대한 자신의 글(1524-1527)로 특별한 영향력을 얻지 못했다. 당시 그곳에서는 성만찬에 대한 관심이 더 컸고, 후텐과의 결렬이 여전히 에라스무스에게 불리하게

---

70) WAB 7, 27ff (die Gegenschrift des Erasmus in Opera omnia, Bd. 9 I, Amsterdam 1982, 427ff); 비교. 1533년으로 표기되어 있는 에라스무스의 신약성서에 대한 루터의 여백주기와 그의 설명(Basel 1527) WA 60, (192) 210-228; 비교, WA 54, (101) 102-106 (497) 498-501. 비교. Heinz Holeczk: Erasmus' Stellung zur Reformation: Studia humanitatis und Kirchenreform; bei August Buck (Hg.): Renaissance-Reformation. Gegensätze und Gemeinsamkeiten; Wiesbaden 1984, (131-153) 148ff.

71) Heinz Scheible: Melanchthon zwischen Luther und Erasmus; bei August Buck (각주 21.). (155-180) 171ff.

작용했기 때문이다.

참고문헌 : Wolfgang Behnk: Contra liberum arbitrium pro gratia dei. Willenslehre und Christuszeugnis bei Luther und ihre Interpretation durch die neuere Lutherforschung; Frankfurt/M. 1982. Friedrich Beisser: Claritas scripturae bei Martin Luther; Göttingen 1966. Jean Boisset: Erasme et Luther. libre ou serf arbitre? Paris 1962. Fredrik Brosche: Luther on Predestination. The Antinomy and The Unity between Love and Wrath in Luther's Concept of God; Uppsala 1978. Georges Chantraine; Erasme et Luther, libre et serf arbitre. Etude historique et theologique; Paris 1981. Franco Cordero: Il sistema negato. Lutero contro Easmo; Bari 1969. John Dillenberger: God Hidden and Revealed. The Interpretation of Luther's Deus Absconditus and its Significance for Religious Thought; Philadelphia, Pa. 1953. Martin Doerne: Gottes Ehre am gebundenen Willen. Evangelische Grundlage und theologische Spitzensätze; LuJ 20, 1938, 45-92. Franco Graiff: Echi italiani della polemica tra Erasmo e Luthero sul libero arbitrio; QFIAB 58, 1978, 441-465. Heinz Holecz다: Die Haltung des Erasmus zu Luther nach dem Scheitern seiner Vermittlungspolitik 1520/21; ARG 64, 1973, 85-111. R. Devonshire Jones: Erasmus and Luther; London 1968. Eberhard Jüngel: Quae supra nos, nihil ad nos. Eine Kurzformel der Lehre vom verborgenen Gott-im Anschluß an Luther interpretiert; EvTh 32, 1972, 197-240. Dietrich Kerlen: Assertio. Die Entwicklung von Luthers theologischem Anspruch und der Streit mit Erasmus von Rotterdam; Wiesbaden 1976. Ernst-Wilhelm Kohls: Luther oder Erasmus. Luthers Theologie in der Auseinandersetzung mit Erasmus; 2 Bde. Basel 1972. 1978. Gottfried G. Krodel: Luther, Erasmus and HenryVIII; ARG 53, 1962, 60-78. Bernhard Lohse: Maginalien zum Streit zwischen Erasmus und Luther; Luther 46, 1975, 5-24. Harry J. Mcsorley: Luthers Lehre vom unfreien Willen nach seiner Hauptschrift Deservo arbitrio im Lichte der biblischen und kirchlchen Tradition; München 1967. Wilhelm Maurer: Offenbarung und Skepsis. Ein Thema aus dem Streit zwischen Luther und Erasmus; bei dems.(참고문헌 C) 2, 366-402. Oskar Mehl: Erasmus' Streitschrift gegen Luther: Hyperaspistes; ZRGG 12, 1960, 137-146. Ders: Erasmus contra Luther; Luj 29, 1962, 52-64. John W. O'malley: Erasmus and Luther. Continuity and Discontinuity as Key to their Conflict; Sixteenth Century Journal 5, 1974, 47-65. Otto Hermann Pesch(hg): Humanismus und Reformation -Martin Luther and Erasmus von Rotterdam in den Konflikten ihrer Zeit; München 1985. Klaus Schwarzwäller: Sibboleth. Die Interpretation von Martin Luthers Schrift De servo arbitrio seit Theodosius Harnak; München 1969. ders.: Theologia crucis. Luthers Lehre von der Prädestination nach de Servo arbitrio 1525; München1970. Konrad Zicken-Drath: Der Streit zwischen Erasmus und Luther über die Willensfreiheit; Leipzig 1909.

제10장

각 지역으로의 종교개혁 확장의 해, 1526-1530

1. 츠빙글리와의 성만찬 논쟁

복음적인 교회갱신의 핵심은 바로 미사개혁이었다. 그 때문에 성찬에 대한 각자의 이해가 감정을 자극시킨 것도 당연하다. 루터와 츠빙글리는 다만 모든 진영의 개혁자들이 수 년 동안 붙들고 있던 이 문제의 탁월한 두 주역이었을 뿐이다. 두 사람의 토론은 시작부터 서로에 대해 관점상의 왜곡을 지적하여 난항에 빠져들었다. 츠빙글리는 충분한 설명도 없이 루터의 성찬이해가 가지고 있는 독특성을 이미 극복된 이해의 잔여물로 여겼고, 루터는 이 스위스 종교개혁자를 그가 가진 생소한 관점의 역사적 전제를 전혀 공부하지 않은 극단적인 영성주의자로 간주했다. 마지막 국면에 이르러 이 토론은 교회정치적인 문제들과 얽히게 되었다.

루터는 1520년 이미 당시에는 그다지 크게 강조하지 않았던 예수 그리스도의 몸과 피의 현재라는 생각을 미사희생 사상의 거부와 연결시켰다. 그리스도의 몸과 피의 현재성이라는 생각은 성만찬을 예수 그리스도의 유언이라고 보는 이해에 근거하고 있고, 그것은 처음부터 영적인 관점에서부터 화체설에 이르기까지 다양한 미사희생 사상과 연결된 임재사상과는 다른 것이었다. 루터는 1523년 초 보헤미아 형제단[1])에 반대하여 성찬에서 예수 그리스도의 말씀은 "그의 몸과 피와 있는 그대로의 주님"(WA 11, 433, 28f)을 현재화시킨다고 강조했다. 이것은 1520년 보헤미아인들과 관련하여 그에게 중요한 것이었다(WA 6, 456, 3144). 그 때문에 성찬의 말씀에 나오는 '…… 이다'(ist)를, 마치 단순히 빵과 포도주만이 성찬에 있는 듯이, '…… 뜻하다/의미하다'(bedeutet)로 대체해서는 안 된다(WA 11, 434, 5ff). 화체설에 반대하여 '참으로 빵과 포도주가 그대로 있다'(WA 11, 441, 18ff)는 것도 강조해야 한다. 루터가 1520년보다 1523년에 더 실재적인 성만찬 이해를 강하게 대변했다는 주장은 반박할 수 있다.[2]) 그는 지금 자신이 이제까지 중요하지 않게 여긴 한 가지 문제와 논쟁하고 있다.[3]) 1523년 그의 상징적인 성찬이해 비판은 계속된 논쟁의 서곡이 되었다.

1년 후 칼슈타트가 성찬에서의 예수 그리스도의 육체적 임재를 비판했을 때, 루터는 『천상의 예언자에 반대하여』라는 글의 제2부에서 이것을 근거 없다고 반박했다. 바젤의 외콜람파드와 취리히의 츠빙글리가 칼슈타트의 실재적 임재 비판에 동의했다. 이 두 사람은 이미 실재적 임재 사상을 단념하고 있었다. 츠빙글리는 1523년

---

1) WA 11, (417) 431-456: Vom Anbeten des Sakraments des heiligen Leichnams Christi.
2) E. Grötzinger, 115는 쾰러에 반대한다(W. Köhler 1, 61, 69).
3) 루터의 논지는 추측컨대 부분적으로는 네덜란드의 코르넬리우스 호엔을 반대하는 것이다. 각주 7.

루터와는 다른 방식으로 미사희생을 비판했다. 그에게 있어서 성만찬은 그리스도의 일회적인 십자가 희생을 기념하는 회상의 행위였다. 이에 비하여 루터에게는 유언적인 그리스도의 구원의 언약이었다.[4] 에라스무스의 영향으로 츠빙글리는 신앙이 가시적인 성찬의 요소에서 어떤 비가시적인 것으로, 그리스도의 죽음에 근거하여 영적인 작용을 하는 부활하신 그리스도의 몸과 피로 고양되는 것을 중요하게 여겼다. 츠빙글리는 요한복음 6장이 성찬 본문이라는 전통적인 생각을 따랐으나(V.55-58, Vulg 56-59), 루터는 이 본문을 성찬과 연관시키기를 거부했다.[5] 요한복음 6장(특히 33절과 63절)을 인용해 츠빙글리는 성찬은 예수 그리스도의 구속의 희생에 대한 말씀을 믿는 일종의 신앙적 행위이며, 영적인 '식사'가 그 목적이라고 강조한다.[6] 츠빙글리는 그 후 1524년 필사본을 넘겨받은 네덜란드의 코르넬리우스 호엔(Cornelius H. Hoen)의 논문을 통해 제정의 말씀을 상징적으로 해석하는 자신의 주장에 확신을 갖는다. 호엔은 인문주의 교육을 받은 평신도로서 '…… 이다'(est)라는 제정의 말씀은 '상징하다'(significat)라는 의미를 가지고 있으며, 그 결과 성찬 본문 자체가 그리스도의 죽음을 중요하게 여기는 영적인 차원의 신앙을 요구한다고 했다.[7] 그 때문에 츠빙글리는, 비록 칼슈타트와는 달리 신앙의 중요성과 성찬의 성례전적 성격은 문제 삼지 않고자 했을지라도, 1524년 가을 여러 가지 점에서 칼슈타트의 성만찬 이해에 동감을 표명했다. 츠빙글리는 무엇이 그를 칼슈타트의

---

4) 희생사상에 대한 루터와 츠빙글리의 상이한 이해에 관해서는 E. Grötzinger, 61ff. 참고.
5) 교회의 바벨론 포로, WA 6, 502, 7ff.
6) 비교. Lfg. J, 60.
7) 츠빙글리는 1525년 이 논문을 익명으로 출판했다. Z 4, (505) 512-518. 독일어 번역판은 아우구스부르크에서 나왔다.

영성주의와 갈라놓았는지를 알았다.[8] 그는 무엇보다도 루터의 『성례전 숭배』라는 글과 비교하여, 자신의 제정의 말씀 해석은 종교개혁의 새로운 인식을 뜻한다고 확신했다.[9] 루터의 이름을 언급하지 않은 채, 그는 동조자를 얻고자 1524년 11월 로이틀링 설교자인 마태우스 알버에게 서신을 보내 자신의 생각을 알렸다.[10] 1525년 초 그는 『참 종교와 거짓 종교』의 성찬을 논하는 장[11]에서 독자적인 성례전 정의에 근거하여 성찬론을 전개했고, 1525년 부활절에 취리히 예배개혁에 맞추어 교회에 적용했다. 매년 4회 시행되는 성만찬에서 교회는 회상하는 듯한 의식 속에서 예수 그리스도의 구속의 죽음을 고백하고 감사함으로 구원을 확신하며, 그리스도인답게 살아야 할 의무를 다짐한다. 츠빙글리에 대한 가톨릭의 논박은 1525년 이후 그와 취리히 종교개혁을 정치적으로 고립시키고자 무엇보다도 루터와 다른 성찬론을 환기시켰다. 그러나 그것은 오히려 그의 입장을 더 경직시킨 결과만을 초래했다.[12]

1524년 이후 서신왕래에서 츠빙글리와 칼슈타트가 동일한 오류에 빠졌다고 본[13] 루터는 이미 두 개의 토론이 진행 중에 있었을 때, 츠빙글리에 대해서 공개적으로 발언하기 시작했다. 요한네스 부겐하겐은 1525년 여름 츠빙글리를 반대하며 루터의 성찬이해를 변

---

8) W. Köhker 1, 68f.
9) 베르트하임의 설교자인 프란츠 콜프는 1524년 8월 27일에 이미 츠빙글리의 상징적인 성찬이해를 루터에게 보고했다. WA 3, 331, 78ff.
10) Z 3, (322) 335-354. 이 편지는 1525년 3월 인쇄되기 전, 복사되어 확산되었다.
11) 이 장은 — Z 3, 773-820 — 곧바로 독일어로 번역되었다. 그는 1525년 8월에 이 부분을 더 보완했다: Subsidium sive coronis de eucharistia; Z 4, (440) 458-504.
12) W. Köhker 1, 145ff.
13) WAB 3, 373, 8ff. 397, 5ff. 590, 13ff.

호했다.¹⁴⁾ 츠빙글리도 얼마 지나지 않아(1525년 9월) 바젤의 개혁자인 요한네스 외콜람파드의 지지를 얻었다. 그는 슈바벤의 개신교 설교자들을 상대로 했고, 상당히 많은 교부들을 인용하여 상징적인 성찬이해를 전개했다.¹⁵⁾ 하나의 단체인 슈바벤 설교자 14명은 요한네스 브렌츠의 지도 하에 소위 "슈바벤문서"(Syngramma Suevicum)로 그에게 답변했다.¹⁶⁾

에라스무스를 반박한 글이 나온 이후로, 루터는 점점 더 확산되는 공개토론에 빠져들었다. 로이틀링 교회에는 서신을 보냈고(1526년 1월), 매우 만족스러운 "슈바벤문서" 번역에 서문을 실었다(1526년 봄).¹⁷⁾ 여름에 인쇄된 이 두 개의 글은 스위스인들을 놀라게 했다. 루터는 그 자신의 논지를 게재하지는 않았다. 그는 모두를 열광주의자들의 집단이라고 몰아세웠다. 칼슈타트, 츠빙글리, 외콜람파드 그리고 성찬의 말씀에 대한 독특한 해석으로 등장한 카스파르 폰 슈벵크펠트는 모두 실재적 임재를 부인하여 루터에 의해 열광주의자, 혹은 성례주의자, 즉, 성례 거부자에 포함되었다. 제정의 말씀이 다양한 뜻으로 해석되었다는 것은 루터에게 있어서는 마귀가 연출한 혼란의 표지나 다름없었다.¹⁸⁾ 1526년 가을에 쓴 루터의 『열광주의에 반대하는 그리스도의 몸과 피의 성례전에 관한 설교』는 비록 해석학적인 논지는 아니지만, 스위스인들의 신학적인 견해를 다루었다.¹⁹⁾

---

14) Z 4. 546ff. W. Köhker 1, 194ff.
15) W. Köhker 1, 117ff. Ernst Staehelin: Das theologische Lebenswerk Johannes Oekolampads; Leipzig 1939, 276ff.
16) W. Köhker 1, 126ff. Martin Brecht: Die frühe Theologie des Johannes Brenz; Tübingen 1966, 73ff.
17) WA 19, (114) 118-125.
18) WA 19, 459, 6ff (요한계시록 13:1.5f의 인용).
19) WA 19, (474) 482-523. 비교. W. Köhker 1, 383ff.

1526/1527년 겨울 상당히 폭넓은 원전을 근거로 스위스 개혁자들과 상세한 토론이 있었다. 1527년 4월에는 츠빙글리 측을 반대하는 커다란 분량의 책인 『열광주의에 반대하여, '이것은 내 몸이요' 라는 그리스도의 이 말씀을 확신해야 한다는 것』이 출판되었다.[20] 그보다 앞서 츠빙글리의 두 개의 글도 나왔다. 하나는 라틴어, 다른 하나는 독일어[21]로 쓰인 이 책들은 4월 1일 개인적인 서신과 함께 루터에게 송부되었다.[22]

루터는 자신의 책에서 몇 가지 문제에 대해 객관적인 설명을 시도했다. 비록 그가 상징적인 성찬이해를 격한 어조로 비난했지만, 츠빙글리가 그리스도의 몸을 영적으로 먹는다고 말한 반면, 루터는 그리스도의 몸을 육적으로 먹는다고 생각해 본 적이 없다는 점에서 접근가능성도 보여주고 있다.[23] 츠빙글리도 마찬가지로 외콜람파드, 스트라스부르 출신의 마틴 부처 및 볼프강 카피토와 서신을 주고받으며, 그의 두 권의 책에서 논쟁적인 기본음조에도 불구하고 친근한 모습을 보여주었고, 이것은 독일어 책보다도 라틴어 책에서 훨씬 강했다. 본래 츠빙글리는 라틴어로 글을 써서 순수한 신학적 토론을 의도했지만, 루터는 독일어로 글을 써 대중 앞에 나아갔다.

1527년 봄에 쓴 루터의 글에 츠빙글리는 『'이것은 너희를 위해 주는 내 몸이다' 라는 예수의 말씀은 영원히 한 가지 의미를 가지고 있다는 사실』이라는 글로 즉시 답변했다.[24] 그는 이제 『친절한 주

---

20) WA 23, (38) 64-322 루터의 초고를 거의 그대로 다 지니고 있다. W. Köhker 1, 492ff.
21) Amica exegesis, i.e. expositio eucharistiae negotii ad Martinum Lutherum; Z 5, (548) 562-758; 루터에게 쓴 서신 WAB 4, 170ff.
22) WAB 4, 184ff.
23) WA 23, 179, 21ff. 비교. W. Köhler 1, 509ff.
24) Z 5, (795) 805-977, 선제후 요한 폰 작센에게 드리는 편지와 함께.

해』(amica exegesis)에서 보다 더 완강하게 루터의 견해를 반대했다. 이러한 토론의 과정은 1528년 봄에 나온 『그리스도의 성찬에 대하여, 고백』[25]이라는 루터의 글에서 희박한 타협의 가능성을 암시하면서 상반되는 점을 전체적으로 날카롭게 개관한 결과를 초래했다. 이 글은 1520년대 성찬논쟁에 대한 루터의 마지막 글이다. 츠빙글리와 외콜람파드가 공동으로 출판한 반박 글[26]에 대해서는 그는 더 이상 반응하지 않았다. 이 토론은 시간이 지나면서 점차로 정치적인 비중을 얻었다.

루터와 츠빙글리 논쟁의 교회사적인 중요성은 몇 가지 관점에 따라 아래와 같이 언급할 수 있다. 1. 성찬논쟁은 본래의 종교개혁적인 관심을 성만찬 문제까지 연장시켰다. 1525년 외콜람파드는 '성찬의 유익은 무엇인가' 하는 문제와 함께 교황주의자와 다른 이들처럼 어리석은 생각에 빠지지 않도록 하고자 '성찬은 무엇인가'[27] 하는 또 하나의 문제도 답변되어야 한다고 생각했다. 이에 대하여 루터는 1526년 특별히 제정의 말씀에 근거하여 성례는 빵과 포도주 속에 예수 그리스도의 몸과 피가 있다는 그 자체를 믿어야 한다고 설명했다(WA 19, 482, 22f). 그는 성찬의 말씀을 단순히 상징적인 말씀으로 간주할 수 없었다. 성찬문제는 루터의 대적들에게

---

25) WA 26, (241) 261-509. W. Köhler 1, 558ff. 619ff. 루터는 츠빙글리와의 논쟁 후 본문 첫 단원 마지막에서 외콜람파드(379ff), 슈벵크펠트(433ff) 그리고 위클리프(437, 30ff)의 성찬이해를 다루었다. 본문 두 번째 단락에서는 공관복음과 바울의 성만찬 본문을 해석했다. 본문 3번째 단락은 루터의 고백형성에 기초가 되는 고백을 담고 있으며, 같은 해에 이것만 따로 인쇄되었다.
26) Über D. Martin Buch, Bekenntnis genannt, zwei Antworten, 1528; Z 6 I, (1) 22-248; 비교. W. Köhler 1, 645ff.
27) De genuina Verborum Domini…… expositione, Bl. L6r; WA 19, 448.

육적이고, 미신적으로 보이는 생각을 정화시켜야 한다는 강렬한 충동을 주었다. 루터는 여기서 영성주의의 위험만을 보았다.

2. 성만찬 문제는 구원의 매개라는 포괄적인 문제와 통합되었다. 어느 정도로 신앙은 말씀과 결부되어 있는가? 성도의 교제는 얼마나 성찬의 말씀에 의존하고 있는가? 이 두 가지 문제는 거의 언급되지 않았다. 츠빙글리에게 성찬은 신앙이나 은총을 가져오는 사건이 아니라, 믿는 신앙공동체의 하나의 행위이다(고백, 회상, 감사, 의무행위). 그러나 루터는 성찬의 말씀을 그리스도의 온전한 권세로 모인 회중에게 말해진, 그 결과 그리스도께서 직접 하나님의 용서의 은총을 전하시고 말씀과 함께 현존하시는 말씀으로 이해한다.[28] 루터는, 비록 토론에서 이러한 논지를 전혀 주장하지는 않았지만, 예수 그리스도의 유언이라는 자신의 성찬이해를 포기하지 않았다.

3. 두 명의 논쟁자는 그들이 성서를 주해할 때에 아날로기아 피데이(analogia fidei: dem Glauben gemäß, 롬 12:7)의 원리를 고려했음을 말하고 있다. 그러나 이것으로 무슨 신학적 전제가 이루어졌는지에 대해서는 상세히 토론하지 않고 있다. 츠빙글리는 신적이고—영적인 것과 육적이며—감각적인 모든 것과의 엄격한 분리를 염두에 두었다. 이것은 그와 그의 추종자들이 인문주의적인 교육을 받았다는 것과 연관이 있다. 이것은 또한 (오랜 동안 기독교 전통과 서로 얽힌) 이성적인 일신론의 요소이기도 하다. 이에 비하여 루터는 이성적인 일신론을 거부하는 그리스도와 하나님 경험을 하나님의 인간되심과 결부시킨다. 그렇게 본다면, 그의 논쟁은 에라스무스의 경우처럼 츠빙글리를 반대할 때에도 동일한 종교적 동기를 갖고 있음을 알 수 있다.

---

28) WA 23, 271, 8ff. 츠빙글리에 대해서는 G. Locher, 222.

4. 종교적 관심의 차이는 요한복음 6장, 특히 63절에 대한 토론에서 알 수 있다. 츠빙글리는 이 구절이 영과 육의 근본적인 모순을 말하고 있다고 보았다. 반면 루터는 이 본문에서 바울처럼 '육'이라는 말을 하나님 없이 사는 인간의 모습으로 그리고 '영'이라는 말을 구원의 능력으로 사는 삶으로 이해한다.

5. 이 논쟁의 의의는 기독론적 차이점에 있다. 츠빙글리는 그리스도의 두 본성은 변할 수 없는 고유한 성질이라고 강조한다. 비록 그가 부활하여 하나님 우편으로 승천하신 그리스도의 육을 인정한다고 할지라도 그리스도의 참된 인간적 본성은 신앙으로만 고백할 수 있으며, 그리스도는 그 장소에 있고, 신적인 본성처럼 무한하지도 편재하지도 않다는 것이다. 이러한 기독론적인 설명은 그리스도의 육체의 실재적 임재를 배제하는 것이다. 츠빙글리가 생각하기에 이것으로 신앙이 추구하는 그리스도의 인격의 통일성이 위험하지 않게 된다. 그러나 루터에게는 그리스도의 한 인격 속에 신적이며 인간적인 성품이 서로 밀접하게 결합되어 있어서 이 둘 모두 참으로 고유하면서도 다른 성품의 행동에 참여하게 된다. "신성이 있는 곳에는 인성도 함께 있어야만 하며, 이 둘은 분리되지도 나눌 수도 없다. 그것은 하나의 인격이 되었다"(WA 26, S, 333, 6ff). 그리스도의 몸은 하나님 우편으로 승천을 통해 알 수 없게 되었을 뿐만 아니라, 하나님 아들의 편재에도 참여하고 있다. 그러므로 그리스도가 여기에 현존할 것이라는 점에서(WA 23, S.151, 25ff) 그리스도의 몸은 성찬에 현존할 수 있다.

6. 루터의 실재적 현존은 그리스도의 몸을 빵과 함께 입으로 먹으며(manducatio oralis), 불신자도 그리스도의 몸을 먹을 수 있다(manducatio infidelium)는 말이 될 수도 있다. 그로 인해 날카로운 표현들과 문제가 되는 유행어들이 생겨났다. 왜냐하면 이 말들은 제정의 말씀 속에 있는 그리스도의 직접적인 현존에 대한

깊은 이해와는 거리가 멀기 때문이다. 다른 한편 츠빙글리의 설명 역시 신앙이 영적으로 볼 때 육체적인 고난과 죽음 속에서 곧 온전한 그리스도를 현재화시킨다는 사실을 항상 볼 수 있게 만든 것은 아니었다.

7. 루터는 이러한 차이점을 중대하게 여긴 나머지, 비록 츠빙글리나 그의 추종자들을 이단이라고 직접 표현하지는 않았으나, 열광주의자나 성례주의자를 이단이라고 해석했다.[29] 루터의 종교개혁을 따르는 지역에서는 츠빙글리와 그의 추종자의 글들을 통제했다. 츠빙글리는 합의를 희망했고, 루터의 성만찬 글들을 금지시키지 않았다. 그러나 그는 자신의 주장과 함께 루터의 이해도 근거가 희박함을 보여주고 있다고 확신했다.

루터와 츠빙글리 그리고 그들의 추종자들 가운데서 발생한 상이한 성찬이해는 교단적인 틈이 되었고, 교회를 나누는 요인으로 작용했다. 이들 중 어느 누구도 논쟁이 되는 문제를 종교개혁 진영의 공통적인 성찬이해로 이끌 수 없었고, 교회정치적인 무게를 정확히 가늠할 수도 없었다. 실제로 교회와 사회의 특징적인 구조는 공동체였고, 이들 공동체는 미사희생도 거부했고, 희생미사를 집전하는 사제계급도 거부했다. 이것은 말씀선포를 통해 화해가 이루어질 것이라는 긍정적인 확신을 뜻했다.

> 참고문헌 : Mark U. Edwards JR. 참고 8장 2. Ulrich Gäbler: Luthers Beziehungen zu den Schweizen und Oberdeutschen von 1526 bis 1530/31; bei H. Junghans (참고문헌 C), 481-496. Hans Grass: Die Abendmahlslehre bei Luther und Calvin; 2. Aufl.

---

29) WA 23, 289 zu 86/87, 1 그리고 Z 5, 806, 25.

> Gütersloh 1954. Eberhard Grötzinger: Luther und Zwingli. Die Kritik an der mittelalterlichen Lehre von der Messe als Wurzel des Abendmahlsstreites; Zürich 1980. Hartmut Hilgenfeld: Mittelalterlich-traditionelle Elemente in Luthers Abendmahls-schriften; Zürich 1971. Erwin Iserloh: Der Kampf um die Messe in den ersten Jahren der Auseinandersetzung mit Luther; Münster 1952. Gottfried Hoffmann: Sententiae Patrum-das patristische Argument in der Abendmahlskontroverse zwischen Oekolampad, Zwingli, Luther und Melanchthon; Diss. Theol. Heidelberg 1972 (masch.). Walther Köhler: Zwingli und Luther. Ihre Streit über das Abendmahl nach seinen politischen und religiösen Beziehungen; 2 Bde. Leipzig 1924, Gütersloh 1953. Marc Lienhard: Martin Luthers christologisches Zeugnis; Göttingen 1979. Gottfried W. Locher: Die Zwinglische Reformation im Rahmen der europäischen Kirchengeschichte; Göttingen 1978. Albrecht Peters: Realpräsenz; Berlin 1960. Reinhold Pietz: Die Gestalt der zukünftigen Kirche. Schwenckfelds Gespräch mit Luther, Wittenberg 1525; Stuttgart 1959.

2. 선제후의 첫 시찰, 예배와 교회개혁의 두 번째 단계

선제후국 작센에서의 종교개혁은 시작부터 어떤 방해도 없었다. 다만 일정한 규율이 없이 확장되어 갔을 뿐이다. 종교개혁은 통일성이 없이 시도되고 있었다. 그 좋은 예가 알스테트에서의 뮌처와 올라뮌데에서의 칼슈타트의 종교개혁이다. 많은 교회에서 새로운 교회생활에 대한 대안이 없이 이제까지의 교회적 생활을 폐기했다. 목사와 교사에 대한 경제적인 처우와 교회건물의 유지비는 여러 곳에서 문제점으로 등장했다. 왜냐하면 기부는 더 이상 없었고, 교회 재산도 본래의 목적과 달리 쓰였기 때문이다. 교회에서 법으로 처리해야 할 모든 것들은 감독의 과제였으나, 중세기를 거치면서 소홀해졌고, 그대로 대물림되었다.[30] 감독의 시찰은 이제 종교개혁이 시행되면서 더 이상 기대할 수 없었다. 왜냐하면 어떤 감독도 교황과 황제가 정죄한 루터의 종교개혁을 지지하지 않았기 때문이다.

1524년 6월 영주 요한 프리드리히는 바이마르에서 루터에게 편지를 보냈다. 튀링겐의 열광주의자들 때문에 루터가 한 번 그곳을 들러 교회들을 방문하면서 설교자들을 점검하고 부적격자들은 '정부의 도움을 빌어' 해임시켰으면 한다는 것이었다.[31] 1524년 8월 올라뮌데로의 루터의 여행은 프리드리히의 요청의 결과였다. 루터는 이곳에서 지독한 경험을 했다(참고 9장 1). 영주 요한 프리드리히의 지원으로 아이제나흐의 설교자 야콥 스트라우스는 1525년 초 아이제나흐 주변을 시찰했다. 그리고 같은 해 5월 츠비카우의 목사 니콜라우스 하우스만은 선제후에게 교회의 상황에 대해 보고했다. 그에 의하면 오류를 제거하기 위하여 선제후가 시찰제도를 도입하고, 루터와 같은 인물들을 시찰자로 임명해야 한다는 것이다.[32]

농민전쟁 이후, 교회문제는 더욱 더 심각해져 루터는 새로운 선제후에게 교회시찰을 시행해줄 것을 요구했다. 루터는 대학과의 관계도 정리해줄 것을 요청했다. 그는 선제후의 동의를 얻어 비텐베르크에서 사용할 독일어 예배서를 마련했다. 1525년 10월 31일 그

---

30) WA 10 II, 143, 29ff.
31) WAB 3, 310, 44ff; 307, 66ff.
32) K. A. H. Burkhardt, 5ff.

는 선제후에게 서신을 보내, 교회와 교회가 운영하는 학교의 경제적 안정을 확보해야 한다고 제안했다. 세속정부가 도시와 지방을 시찰할 것도 역시 제안했다(WAB 3, 595, 36ff). 그는 여기에 보충하여 시찰을 위해 선제후국을 4개 혹은 5개 지역으로 분할하고 선제후가 임명한 두 명의 공직자가 교구의 재정문제를 담당해야 한다고 제안했다(WAB 3, 628). 1년 후(1526년 11월 22일)[33] — 그 사이에 관할지역 두 곳에서 작은 시찰이 있었다 — 법률가들과 이 문제를 확실하게 먼저 상의한 루터는 관할지역의 문화발전에 책임이 있는 선제후들이 다리와 도로 유지의 경우처럼, 학교와 교회의 유지를 위해 공동체를 강요하라고 고집했다. 선제후가 이용할 수 있는 수도원 재산과 기부금도 학교와 교회를 위해 우선적으로 사용되어야만 한다. 그는 4명으로 된 시찰위원회를 제안했다. 두 명의 전문가는 법과 재산문제를 위해, 그리고 다른 두 명은 '교리와 사람'에 대한 문제를 담당해야 한다. 시찰구상은 그것으로 실현단계로 접어들었다. 제안을 수행하기 위해 선제후국 고문 2명과 대학 소속의 신학자 2명으로 위원회가 구성되었다.[34]

1527년 6월 선제후는 시찰자에게 직무상의 훈령과 전권을 주었다. 그는 복음이 '순수하고 기독교적인 이해에 맞게' 선포되는지와 성례전이 복음에 합당하게 시행되는지를 감독했다. 지역 영주가 시찰자를 임명하고 그들에게 보고를 요구했으며, 논쟁중인 사안들을 결정하는 기관을 세웠다는 것은 설명되지 않았다.[35]

멜란히톤이 상당히 관여했던 1527년의 첫 번째 시찰은 설교와

---

33) WAB 4, 133f.
34) H. -W. Krumwidede, 70f.
35) Sehling 1, 142-148 (Zitat 143a). 어느 정도로 이러한 훈령이 군주의 교회정부를 세웠는가 하는 문제에 대해서는 K. Holl (참고 1C), 372ff (326-380); H. -W. Krumwiede, 71ff; H. Bornkamm, 434f.

학교 강의를 위한 지침의 필요성을 보여주었다. 멜란히톤은 1527년 목사들과 교사들에게 주고자 우선 라틴어로[36] 그리고 독일어로 지침을 작성했다. 루터가 다듬은 독일어판은 선제후의 요청으로 서문을 첨부하여 1528년에 출판되었다: 『작센 선제후국의 목사들에게 주는 시찰자들의 교육』.[37]

선제후는 ― 루터의 서문에 의하면 ― 기독교인으로서 일반적인 책임을 다하고자 시찰자를 임명한 것이며, 세속적인 통치권을 휘두르고자 한 것은 아니다(WA 26, 197, 26). 시찰의 방침은 교황의 교령처럼 '엄격한 계명'으로 이해되어서는 안 된다. 그 때문에 루터는 복음을 기뻐하고 즐거워하며, 겸손히 우리와 동일하게 행동하여, 강요 없이 사랑으로 그 시찰을 받을 준비를 하도록 목사에게 호소한다(WA 26, 200, 14ff). 루터는 선제후국의 기독교가 공통된 어려움 속에 있다고 말한다. 그것은 기독교인의 공통된 관심사이기 때문에, 선제후는 그것을 중요하게 여길 수 있다. 그는 그리스도인으로서 여기서 다루는 일에 공적인 책임을 갖고 있다. 제국도시의 시의원도 동일한 책임을 갖고 있다. 루터는 교회의 일에 공통된 규정을 마련하고자 공의회, 그러니까 군주, 귀족 그리고 시의원들이 참여한 가운데 선제후국의 지역공의회를 개최하는 방법도 숙고해 보았다. 그렇지만 공의회의 역사는 그에게 무서운 것이었다.[38]

모든 지역에서 복음적인 원리를 따라 예배를 시행한다면 구교적

---

36) Articuli de quibus egerunt per visitatores in regione Saxoniae, Wittenberg 1527; CR 26, Sp.7-28. 비교. WA 26, 182.
37) WA 26, (175) 195-201 (Vorrede) 202-240. 루터의 서문 해석에 대해서는 K. Holl (참고문헌 C), 366ff. H. -W. Krumwiede, 91ff.
38) WAB 3, 373, 16ff. 1524년 11월 17일 니콜라우스 하우스만에게 보내는 서신. 그는 1523년 보헤미아 교회에 공동회의에서 목사가 시찰자를 선출하도록 추천했다. WA 12, 194, 14ff.

인 의식이 폐지되어야 했기에 구교가 관용해 주느냐의 문제 역시 불가피하게 등장했다. 구교적인 전통을 포기하고자 하지 않는 사람은 루터의 견해에 의하면 그 지역을 떠나야 했다. 루터는 사회를 위해서는 종교의 일치가 꼭 필요하다는 의식에 대해 폭넓은 동의를 얻을 수 있었다. 그 때문에 선제후는 "가르침과 영적인 통치를 요청받지는 않았다 해도, 세속정부로서 백성이 분열, 강도, 패거리 그리고 폭동을 일으키지 않도록 해야 할 책임이 있다."[39]

작센 선제후가 (다른 지역의 군주나 제국도시의 책임자도 마찬가지로) 어느 정도로 교회를 위해 루터가 제시한 협조요청을 시행했으며, 군주의 교회통치를 시작했는지는 의문이다. 중세 후기는 군주가 교회통치를 할 수 있는 여건을 이미 갖추고 있었다. 이때를 국가교회(Landeskirche)가 형성된 시점으로 보고자 한다면, 당시의 대책들은 공동체 원리를 따랐고, 공동체를 벗어난 교회헌법을 만들지 않았으며, 시찰자와 교구 감독은 교회의 이익을 위해 봉사하게 했고, 공적인 종교생활에 대한 통일된 지침은 당시 기독교들이 자명하게 여긴 사회의 희망사항이었음을 고려해야 한다.

비교적 짧게(1528년 10월/ 1529년 1월, 1530년 1월) 선제후국의 시찰에 참여했던 루터는 첫 시찰 때에 여러 개의 글을 썼으며, 이 글들은 교회개혁을 굳히는 데 사용되었다.[40]

1. 그는 예배를 위해서 1525년 독일어 예전인 『독일미사와 예배서』를 만들어 1526년 출판했다.[41] 선제후국의 악장인 콘라트 룹시 및 요한네스 발터와 공동으로 시편을 낭송하는 부분을 위해 독일어 본문과도 조화를 이룬 단순한 그레고리안풍의 멜로디를 찾아냈다.

---

39) WA 26, 200, 29ff. WAB 3, 616, 20ff. 1525년 11월 25일 스팔라틴에게 보낸 편지. K. Holl (참고문헌 C), 369ff.
40) Trüdinger, 68-77.
41) WA 9, (44) 72-113.

성가대의 참여 없이도 이제 공동체와 목사는 처음부터 끝까지 음악적으로 이어진 예배를 드릴 수 있었다. 설교 후 성찬의 서언 대신에 의역된 주기도문이 중보의 형식으로 등장했고, 성찬의 권면이 뒤따른 것은 예전적인 부분이 연속 이어진다는 점에서 독특한 것이었다. 성찬의 권면을 위해 루터는 눅 22:20절과 고전 11:25절을 지적하며 빵과 잔의 말씀을 빵과 포도주의 성찬과 결합시킬 것을 제안했다. 루터는 자신이 제시한 독일미사의 예배 형식이 절대적으로 옳다고 주장하지는 않는다. 비텐베르크에서 조차도 독일어로 예전을 수행하면서 루터가 쓴 독일미사의 모든 부분을 좇은 것은 아니다.[42] 1523년의 『미사요강』(참고 8장 3)은 더 나아가서 라틴어를 배우는 학생들과 함께 드리는 예배를 위해 쓴 것이다.

2. 루터는 1526년[43]에 그가 1523년 독일어로 바꾼 것에 여전히 포함되어 있던 세례예전의 중요 부분들을 삭제했다: 소금기부, 침을 바르는 헤프하타-의식, 기름부음, 세례복이라는 옷 그리고 소위 '악마 쫓기'는 남겨두었다. 그러나 세 가지 형태를 한 가지 형태로 줄였고, '불결한 영'에 대한 짧은 맹세를 포함하여 마귀에 대한 호칭은 다 제거했다.

3. 루터는 1529년 『혼인예식서』를 출판했다.[44] 목사는 교회 문 앞에서 처음으로 마 19:6절에 타당한 혼인동의를 공적으로 선포한다. 제단 앞에서 이어지는 두 번째 행동에서는 창 2:18, 21-24, 엡

---

42) Zur Wirkungsgeschichte. 비교. F. Schulz, 301f.
43) 세례 소책자를 새로 정리했다. WA 19, (531) 537-541.
44) 목사를 위한 혼인 소책자, WA 30 III, (43) 74-80. 비교. Albert Stein: Luther über Eherecht und Juristen; bei H. Junghans (참고문헌 C), (171-186) 175. Georg Kretschmar: Luthers Konzeption von der Ehe; bei P. Manns, (178-207) 193ff: 예전의 전통에서 루터의 혼인 소책자가 차지하는 위치에 대해서.

5:22-29, 창 1:3, 16-19, 1:27f, 31, 잠 18:22절을 결혼을 위한 하나님의 창조의 뜻이요, 계명이며, 그의 십자가와 위로라고 말해야 한다. 그리고 마지막으로 목사는 손을 얹고 축복의 기도를 한다.

4. 루터는 바르트부르크에서 시작한 독일어 설교(Postillewerk, 참고 8장 1)를 1525년 금식설교로 계속 이어나갔다. 금식설교는 주현절 후 첫 주일부터 수난의 성금요일까지의 기간에 해당하는 설교다.[45] 1526년 스테판 로트는 이미 나와 있던 루터의 설교로 여름설교(1526, 부활절부터 교회연력의 마지막까지를 위해), 축제설교(1527, 축일과 몇몇 성인의 날을 위해 만들었으나, 일부는 전혀 시행되지 않았다) 그리고 겨울설교(1528, 첫 강림주일부터 수난절 성금요일까지를 위해)를 작성했다.[46] 로트의 설교집에 만족하지 못한 루터는 1544년 카스파르 크루치거에게 새로운 여름설교의 작성을 허락했다.[47] 같은 해에 바이트 디트리히는 소위 가정설교를 출판했다. 이것은 1531년부터 1535년까지의 루터의 설교를 1년의 교회력에 맞추어 새로 정리한 것이며, 대부분은 건강상의 이유로 그의 집에서 했던 것들을 모았다.[48]

5. 1529년에 출판된 두 교리문답은 매우 중요하다. 루터는 1528년 십계명, 사도신경, 주기도문, 세례 그리고 성만찬이라는 5개의 주제로 했던 3개의 연속설교를 토대로 상세한 교리문답인 소위 『대교리문답』을 만들었다. 이것은 목사들에게 그들이 직접 교리문답 설교를 하는데 안내 역할을 해주었다. 이 책을 마무리 짓는 마

---

45) WA 17 II, (IX-XXIV) 1-247. 비교. 10 I 2, XV-XVII; 48, 262f; 59, 192f.
46) WA 10 I 2, 211-441; 17 II, 251-516; 21, 1-193; 비교 BoA 7, 39f. 축제설교를 작성하면서 로트는 허위 자료를 사용했다.
47) WA 21, 195-551; 22, 1-424; 비교. BoA 7, 56.
48) WA 52, 1-827; 60, 319-324; BoA 7, 69f.

지막 단계에서 탁월하게 구성된 요약서인 소위 『소교리문답』이 만들어졌다.[49] 그는 『소교리문답』을 처음에는 가정에서 사용하도록 의도했다. 그 때문에 처음 인쇄된 것은 집에서 벽에다 붙일 수 있도록 낱장으로 된 여러 개의 표로 만들었다. 5개의 주제를 부가적으로 설명하고자 『소교리문답』은 아침, 저녁 그리고 식탁의 기도와 3가지 형태의 사회생활에서 꼭 요구되는 성경구절도 포함시켰다(교회생활, 사회생활 그리고 가정생활).

6. 1529년 초 루터는 기존의 개신교 찬송가와는 별개로 첫 교회 찬송가를 만들었다. 가사와 곡의 변화는 단순하고 누구나 쉽게 설명할 수 있는 명백하고 통일된 경향을 보여주고 있다.[50] 이것은 교회공동체의 필요성을 분명히 참작한 것이다.

7. 같은 해에 루터는 비텐베르크에서 폐지되었던 참회와 연도(連禱, Litanei)의 청원기도를 형식을 바꿔 다시 도입했으며, 독일어와 라틴어판으로 만들어 냈다.[51] 터키의 위협이 이에 대한 긴급한 동기로 작용했다(참고 40). 루터는 터키의 위협을 하나님이 그리스도인들에게 참회를 요구하는 것으로 해석했다.

8. 또 같은 해 루터는 1522년 처음 나온 소기도서에서 소위 '수난기도'를 도입했다. 이것은 50여 개의 구원사건을 새롭게 모은 것으로(창조역사, 원역사, 모세역사 그리고 그리스도의 역사),[52] 각기 사건을 하나의 목판조각과 짧은 성서 본문을 통해 눈앞에 제시해주

---

49) WA 31 I은 1528년 교리문답설교 필사본과 두 교리문답서를 담고 있다.
50) M. Jenny, 315에서 WA 35, 26ff의 전제를 바로잡고 있다. 루터의 서문 WA 35, 475f.
51) WA 30 III, (1) 29-42. 비교. M. Jenny, 313. Christhard Mahrenholz: Zur musikalischen Gestaltung von Luthers deutscher Litanei; LuJ 19, 1937, 1ff.
52) WA 10 II, 458-470; 비교. WA 59, 75.

었다. 루터의 서문에 의하면, 무엇보다도 어린이와 단순한 이들은 말이나 교리보다는 그림과 비유를 통해 하나님의 역사를 인지시키는 것이 더 효율적이기 때문이다(WA 10 II, 458, 17ff). 같은 의도에서 어린이와 평신도에게 종교교육을 장려하고자 당시 교리문답과 찬송가에 삽화를 첨부했다.[53]

루터의 시찰제안과 교회생활을 위해 작성된 글들은 아직도 믿지 않거나 그리스도인이 되지 않은 사람들이 많이 있기에(WA 19, 74, 25ff), 그러한 곳에서는 예배가 신앙을 갖거나 혹은 그리스도인이 되게 하는 하나의 공적인 자극을 주어야 한다는 생각에서 나온 것이다(WA 19, 75, 1f). 1529년에 나온 책들은 시찰의 경험이 그 배경이다. 1526년에 나온 독일미사 서문에서 루터는 '진지하게 그리스도인이 되고자 하는'(WA 19, 75, 5) 사람들의 모임을 언급했다. 그들은 집에서 기도, 성서읽기 그리고 성서주해에 집중하며 예배를 드릴 수 있다. 이러한 모임은 마 18:15절 이하에 따른 교회교육과 자발적으로 가난한 이웃을 도울 수 있다. 세례와 성찬은 '짧고 간편한 방식이기에' 유익할 수도 있다(WA 19, 75, 13f). 그러한 고백적인 교회공동체가 이루어지면 국민교회적인 교회공동체 사상은 포기되어야만 하는가? 이 둘은 어떤 관계를 가져야 하는가? 이러한 질문에 앞서 루터는 "나는 아직 그러한 교회공동체 혹은 모임을 만들 수도 없고 좋아하지도 않는다. 왜냐하면 내게는 아직 그 일에 적합한 사람과 인물이 없다. 그렇게 하라고 요구하는 사람도 많지 않다"고 말한다. 국민교회적인 교회공동체 사상은 비텐베르크 종교개혁에 중요한 것이었다. 이어진 해에도 사회생활 속에 기독교공동체와 시민공동체의 연루가 너무 강하여 국가 혹은 지역에 단 하나의 교회적 형태가 수용된 듯 보였다.

---

53) M. Jenny, 312f. E. Starke, 536ff.

참고문헌 : Otto Albrecht: Luthers Kathechismen; Leipzig 1915. Adolf Allwohn: Die Bedeutung von Luthers deutscher Messe; MGkK 31, 1926, 97-103. Heinrich Bornkamm: Bindung und Freiheit der Kirche nach reformatorischer Anschauung; bei dems. (참고문헌 C) 1975, 238-254. Karl August Hugo Burkhardt: Geschichte der sächsischennnnn Kirchen-und Schulvisitationen von 1524 bis 1545; Leipzig 1879; Nachdruck Aalen 1981. Karl Eger: Grundsätze evangelischer Kirchenverfassung bei Luther; ThStKr 106, 1934/35, 77-123. Justus Hashagen: Die vorreformatorische Bedeutung des spätmittelalterlichen landesherrlichen Kirchenregiments; ZKG 41, 1922, 63-93. Rudolf Hermann: Die Kirchenvisitationen im ernestinischen Thüringen vor 1528; Beitr. z. Thüringischen Kirchengesch. 1, 1929/30, 167-230; 3, 1933/34, 1-69. Karl Holl: Luther und das landesherrliche Kirchenregiment; bei dems. (참고문헌 C), 303-330. Hans-Walter Krumwiede: Zur Entstehung des landesherrlichen Kirchenregiments in Kursachsen und in Braunschweig-Wolfenbüttel; Göttingen 1967. Johannes Meyer: Historischer Kommentar zu Luthers kleinem katechismus; Gütersloh 1929. Karl Pallas: Die Entstehung des landesherrlichen Kirchenregimentes in Kursachsen vor der Reformation; Neue Mitteilungen aus dem Gebiet hist.-antique. Forschung 24, 1910, 129-171. Ders.: Die Registraturen der Kirchenvisitationen im ehemals sächsischen Kurkreise; Halle 1906. Frieder Schulz: Der Gottesdienst bei Luther; bei H. Junghans (참고문헌 C), 297-302. Eleriede Strake: Luthers Beziehungen zuuu Kunst und Künstlern;

> bei H. Junghans, 531-548. Günter Wartenberg: Luthers Beziehungen zu den sächsischen Fürsten; bei H. Junghans, 549-572.

3. 터키 문제

16세기의 터키 문제는 평범한 일반인도 알 수 있을 정도로 오래 전부터 지속된 중요한 정치적 종교적 문제였으며, 1526년 헝가리의 루드빅 2세에게 터키가 승리한 이후 더 긴급한 현안이 되었다.[54] 비텐베르크의 개혁자들도 복음적인 견해를 대중에게 알려야 했고, 그 때문에 멜란히톤은 1528년 "선제후국 작센의 목사들에 대한 감찰자들의 교서(참고 10장 2)"에서 한 단락을 할애해 '터키 문제'를 다루었다(WA 26, 228, 32ff).

루터는 1518년 종교적인 측면에서 접근하여 하나님이 페스트의 경우처럼 이같은 수단을 통해 그리스도인들의 죄를 책책하고 있음을 인식하거나 다른 사람에게 알리지도 않은 채 많은 종교 지도자들이 일방적으로 터키와의 전쟁을 부추기고 있다고 자신의 입장을 밝혔다(WA 1, 535, 26ff). 이것은 십자군을 공덕으로 여겨 면죄부의 경우처럼 그것을 통해서도 그리스도인이 죄의 형벌에서 벗어날 수 있다고 생각한 십자군에 대한 인식을 겨냥한 것이었다. 이로 인해서 그리스도인들은 터키 문제와 같은 고통을 경험할 때에 참회하라는 하나님의 요구를 듣지 못했다는 것이 그의 판단이다. 1520년 교황의 파문교서「주여 분기하소서」(Exsurge Domine)는 1518년

---

54) 비교. WAB 4, 118, 10ff. 1526년 9월 19일 스팔라틴에게 보낸 편지와 WA 19, 662, 9ff.

에 한 이 말을 근거로 루터의 34번째 오류를 만들어 냈다.[55] 그러자 루터는 자신의 생각은 '터키와 싸우지 말자'는 것이 아니라고 해명했다.[56] 그렇지만 터키와의 전쟁을 거부하고 있다는 비난을 피할 길은 없었다.[57] 종교개혁의 많은 추종자들에게도 그리스도인들에게는 복수(vindicta)가 금지되었기에 터키와의 전쟁에 참여해서는 안 되며(롬 12:19; 비교. 마 5:39), 그 일에 공권력을 집행하는 것도 적절치 않다는 의견이 확산되어 있었다.[58]

그러므로 루터는 작센 지역을 처음 방문하여 1528년 가을에 쓰였으나, 1529년 봄에 출판된 『대(對)터키 전쟁』이라는 글을 써 이 문제를 명백히 해두는 것이 필요하다고 보았다.[59] 터키가 정당한 이유가 없이 이웃 나라를 공격했고(WA 30 II, 116, 9ff), 이슬람이 아닌 종교의 공적인 가치를 제거하고자 했기에 종교전쟁을 초래했음은 루터에게도 의심의 여지가 없었다. 사람들이 그리스도의 이름으로 그리고 그리스도의 일을 방어하기 위해 터키와 싸울 수 있다고 여겼으나, 그럼에도 불구하고 루터는 십자군 전쟁과 같은 생각을 하지는 않았다.

선한 양심으로 터키를 대적하기 위해서는 그리스도인들도 먼저

---

55) DS 1484. 비교. WA 8, 287, 13ff. Proeliari adversus Turcas est repugnare Deo visitanti inquitates nostras per illos.
56) WA 7, 443, 19f (4ff). 비교. 140, 18ff.
57) WA 19, 662, 9ff (1526). 상황으로 볼 때 1524년의 루터의 의견 역시 쉽게 오해될 소지가 있었다. WA 15, 277, 20ff. 비교. R. Mau, 648f.
58) WA 26, 228, 33f.와 30 II, 107, 10ff. 터키에 대한 방어전의 문제는 기독교적인 당시의 사회 정황에서 볼 때 1526년 "기독교인들이 방어전의 경우 양심에 따라 무기를 들어도 되는지"에 대해 루터가 제기한 일반적인 문제보다 훨씬 민감한 사안이었다. 『군사들도 구원받을 수 있는가』 WA 19, (616) 623-662.
59) WA 30 II, (81) 107-148.

자신들의 상황을 잘 인식해야만 한다(WA 30 II, 116, 18ff). 우선 어떻게 하나님이 터키의 위협을 통해 그들을 회개하게 하고 기도하게 하는지 분명히 설명해야만 했다.[60] 마귀에 대한 싸움은 항상 이러한 방식으로 진행된다. 루터가 터키인의 삶의 방식과 삶에 대한 책임의식을 분석한 것도 일종의 싸움이다. 그는 터키 연구에서 몇 가지 깊은 감명을 받기는 했으나, 종교(religio), 정치(politia) 그리고 경제(oeconomia)라는 인간의 세 가지 삶의 영역은 1528년 이후로 황폐되었다고 결론지었다.[61] 신앙고백에 나타난 인간 구원의 진리는 공공연히 배척되고 있다. 세속정부는 힘으로 그 세력을 확장하고 있으며, 여성과 결혼에 대한 오용이 가정을 파괴하고 있다. 따라서 그리스도인들은 한편으로는 하나님 앞에서의 자신의 책임을 잘 인식하고, 다른 한편으로는 황제가 자신의 적법한 정부라는 전제 하에서 황제의 명령을 따라 터키와 싸워야만 한다. 왜냐하면 터키가 황제와 그들의 백성을 공격했기 때문이다(WA 30 II, 129, 17ff). 황제는 자신의 백성을 보호할 의무가 있으며, 이것만이 전쟁의 동기가 되어야 하지 명예, 전리품 또는 영토 획득이 동기가 되어서는 안 되며, 마찬가지로 '증오나 원한과 같은 것'이 동기가 되어서도 안 된다(WA 30 II, 130, 15ff). 황제나 세속 군주는 (이제까지의 생각과는 달리) 기독교의 머리가 아니라, 교회의 보호자요 신앙의 보호자이다(WA 30 II, 130, 22ff). 황제의 검(劍)은 신

---

60) 이것이 1529년 연도(連禱)를 독일어와 라틴어로 비텐베르크에 다시 도입한 이유였다(참고 10장 2).

61) WA 30 II, 127, 3ff. 비교. Reinhard Schwarz: Ecclesia, oeconomia, politia. Sozialgeschichtliche und fundamentalethische Aspekte der protestantischen Drei-Stände-Theolrie; in: Troeltsch-Studien 3, hg. v. H. Renz, F. W. Graf, Gütersloh 1984, 78-88.

앙에 대하여 아무것도 이룰 수가 없다. 그것은 육적이고 세속적인 일만을 관장하는 것이다(WA 30 II, 131, 8f). 세속적인 일과 연관된 보호 의무는 황제와 제후들에게 엄격하게 적용되어서 그들은 정치적 독단이나 술책을 버려야 했다(WA 30 II, 131, 18ff).

루터는 이 글에서 전개한 종교적이고 정치적인 기본 입장을 그 이후에도 더 이상 수정하지 않았다. 그러나 터키가 오스트리아의 빈(Wien)으로 진격해 온 1529년 가을 이후, 그 위험은 루터에게 종말의 상황만큼 분명해졌다. 루터는 터키를 다니엘서 7장에 나오는 작은 뿔을 가진 네 번째 짐승(7절)이라고 보았고, 이 생각은 그의 동료 멜란히톤 및 요나스와 같았다.[62] 그 짐승은 종말 때까지 성도들을 계속 괴롭힌다(25절). 성도들은 임박한 최후의 심판에서 터키의 힘은 파괴될 것이라고 위로를 받는다.[63] 루터는 1529년 말 다니엘 7장에 근거한 '터키인들에 대항하는 군대설교'[64]에서 터키와 이슬람 통치의 종말론적인 힘이 무엇인지를 보여주고 있다. 용기를 가지고 그리스도인들은 터키의 진격을 단호한 태도로 맞서야 하지만, '세속 군주의 지시'를 따라야 하며, 결코 '그리스도인의 이름'으로 수행해서는 안 된다(WA 30 II, 173, 31f).

그는 예언자 다니엘을 아는 것이 그 시대 상황에서 반드시 필요하다고 여겼고, 본래는 예레미야를 번역해야 할 차례였지만, 그 때문에 다니엘서를 먼저 번역하여 1530년 봄 상당한 분량의 서문과 요한 프리드리히 선제후에게 드리는 헌사와 함께 따로 나누어 출판했다.[65] 그 시대의 상황을 이해하는 데 있어서 중요한 또 다른 본문

---

62) WADB 11 II, XXVIIff.
63) WAB 5, 167, 17. 170, 21. 176, 4ff 그리고 WADB 7, 416, 36ff.
64) WA 30 II, (149) 160-197. 1부의 양심에 대한 교훈(161, 31-181, 2)에 이어 2부(181, 3-197, 25)가 이어진다.
65) WADB 11 II, 서문: 2-130 (1541년 추가: 26, 4-30, 10 50, 1-124,

은 터키를 의미한 에스겔 38장 이하의 곡(Gog)과 마곡(Magog)에 대한 예언이었다. 루터는 이것 역시 독일어로 번역하여 서문을 첨부해 1530년 5월 출판했다.[66]

터키에 대한 종말론적인 판단은 하나님이 일으키는 위협에 직면하여 그리스도인들은 결국 복음적으로 자신의 죄를 고백하고 은총을 얻기 위해 기도해야 한다는 루터의 옛 사상과 하나로 결합했다(WA 30 II, 225, 36ff). 루터는 후기에 세 차례나, 물론 상황이 매우 염려스러울 경우, 『터키를 위한 기도 권면』을 썼다(1539년, 1541년 그리고 1543년 초).[67] 터키와 이슬람 종교에 대한 정보를 얻는 데에는 많은 한계가 있었고, 루터 자신도 이것을 느껴 가능한 한 좋은 정보를 얻을 수 있기를 희망했다.[68] 루터가 보기에는 터키에 대한 여러 책들 중 유독 한 권의 책만이 유익했다. 그것은 지벤베르크(Siebenbürgen) 출신의 도미니크 회원―게오르기우스 데 웅가리아―이 1480년 터키에 의해 노예가 된 후, 오랜 기간의 체험을 토대로 쓴 것이었다. 루터는 15세기에도 이미 여러 차례 인쇄된 이 책 『터키인들의 종교와 도덕에 관한 소책자』(Libellus de ritu et moribus Turcorum)[69]를 1530년 자신의 서문을 덧붙여 출판했다.[70] 루터는 이 책에 대하여 저자가 감명 깊게 느낀 이슬람

---

20), 다니엘서 본문: 132-180, 헌사: (376) 380-387. 비교. XXVI-LIV. 루터는 당시 요한계시록에 대해서도 서문을 확대하여 집필했다. WADB 7, 406-421.
66) WA 30 II, (220) 223-236.
67) WA 50, (478) 485-487, 51, (577) 585-625, 53, (553) 558-560. 비교. R. Mau, 657f. 661.
68) WA 30 II, 121, 19ff.
69) J. A. B. Palmer: Fr. Georgius de Hungaria O.P. and the Tractatus de moribus, conditionibus et nequitia Turcorum; Bulletin of the John Rylands Library 34, 1951, 44-68.

의 의식과 도덕을 숨김없이 표현하고 있음을 높이 평가했다. 그러나 루터가 반로마적인 조소로 강조했듯이, 기독교의 본질은 의식, 율법 그리고 도덕에 있지 않음을 알아야만 한다.[71] 1542년 2월에야 비로소 루터는 라틴어로 서툴게 번역된 코란(Koran)을 알게 되었다. 그 결과 전에는 믿을 수 없다고 여긴 도미니크회 수도사 리콜도(✝1320)가 쓴 『코란 반박』이 그래도 낫다고 여겼다. 그는 1542년 직접 이 책에 대한 간결한 번역본을 작성했고, 이슬람을 반대하는 자신의 설명을 첨부했다.[72]

루터와 멜란히톤, 스트라스부르 및 취리히 신학자들은 테오도르 비블리안더가 제공하여 1543년 바젤에서 출판된 어느 정도 믿을 수 있는 라틴어 코란 번역본에 많은 도움을 입었다. 바젤 정부는 이 책의 출판을 방해하고자 했었다.[73]

터키에 대한 루터의 사상 속에는 교황이나 혹은 터키가 기독교에 위험한가 하는 문제가 항상 등장하고 있다. 루터가 볼 때에 터키의 이슬람이나 교황의 종교성은 둘 모두 행위를 신뢰한다는 점에 공통점이 있다.[74] 교황이나 터키의 통치로 공동체 삶의 중요한 세 가지 영역이 황폐해질 것 같다. 다만 교황의 통치 하에서는 그것이 위장

---

70) WA 30 II, (198) 205-208. 이 소책자는 루터의 서문과 함께 1530년 세바스티안 프랑크에 의해 즉시 번역되었고, 루터의 서문은 소책자와는 상관없이 보급되었다.

71) WA 30 II, 206, 31f. 207, 27ff.

72) Verlegung des Alcoran BruderRichardi, Predigerordens; WA 53, (261) 272-396 (388 이하는 루터 자신의 글). 리콜도의 책에 대해서는 다음을 참고하라. Norman Daniel: The Arabs and Medieval Europe; 2. ed. London 1979, pass.; R. W. Southern: Western Views of Islam in the Middle Ages; Cambridge Mass. 1962, 68ff (Das Islambild des Mittelalters; Stuttgart 1981).

73) WA 53, (561) 569-572. 비교. R. Mau, 660f.에 나오는 루터의 서문.

74) WA 30 II, 129, 1f.

된 기독교 형태로 일어나고, 터키의 통치 하에서는 힘과 폭력으로 일어난다는 차이점이 있을 뿐이다.[75] 이러한 차이점 때문에 기독교인들은 이 두 세력에 대해 서로 다르게 대처해야 한다. 곧 교황의 통치에 대해서는 기도와 말씀으로, 터키에 대해서는 기도뿐만 아니라, 세속 정부의 통치 하에 정치적이며 군사적인 방어의 형식으로 대응해야 한다.[76] 종말론적인 측면에서도 이 두 세력은 서로 다르게 규명되고 있다. 적그리스도의 종말론적 힘이 교황권의 모습으로 기독교를 내부에서부터 위협하는 반면에(참고 6장 1), 외부적으로는 터키가 종말론적인 위협이 되고 있다. 그것이 기독교에 너무나 적대적이고 악마적이기에 루터는 이러한 힘을 적그리스도의 힘이라고 여겼다.[77]

제국 내부의 교회정치적인 힘의 역학 속에서 황제의 터키 원정을 협조하여 교회개혁의 동의를 얻어야 하는지의 문제가 기독교인들에게 계속 제기되었다. 비록 프로테스탄트 제후들이 다양한 협상조건에서 터키전쟁 원조문제를 압력수단으로 활용했다고 해도 루터는 그러한 교회정치적 행위를 찬성하지 않았다.

> 참고문헌 : John W. Bohnstedt; The Infiedel Scourge of God. The turkish Menace as seen by German Phamphleteers of the Reformation Era; Transactions of the American Philosophical Society, New Series 58, 9, Philadelphia 1968. Harvey Buchanan: Luther and the Turks 1519-1529; ARG 47, 1956, 145-160.

---

75) WA 30 II, 129, 2ff. 교황에 대해서는 WA 39 II, 42, 1ff. WADB 11 II, 50, 11-68, 13. 터키 통치에 대해서는 각주 8번을 참고하라.
76) WA 30 II, 142, 27ff. 비교. 140, 24ff.
77) WA 30 II, 162, 1ff; 53, 394, 9ff.

> Mark U. Edwards Jr.: Luther's Last Battlers, Politic and Polemics 1531-46; Ithaca, NY 1983. Stephen A. Fischer-Galati: Ottoman Imoerialism and German Protestantism, 1521-1555; Cambridge, Mass. 1959. Carl Göllner: Turcica, Bd. 1.2: Die europäischen Türkendrucke des 16. Jahrhunderts; Bd. 3: Die Türkenfrage in der öffentlichen Meinung Europas im 16. Jahrhundert; Bukarest, Baden-Baden 1978. Ehrenfried Herrmann: Türke und Osmanenreich in der Vorstellung der Zeitgenossen Luthers, ein Beitrag zur Untersuchung des deutschen Türkenschriftums; Diss.phil. (masch.) Freiburg i.Br. 1961. Walter Holsten 참고 12장 2. Hans Joachim Kissling: T?rkenfurcht und Türkenhoffnung im 15./16. Jahrhundert, zur Geschichte eines komplexes; Südost-Forschung 23, 1964, 1-18. Helmut Lamparter: Luthers Stellung zum Türkenkrieg; München 1940. Rudolf Mau: Luthers Stellung zu den Türken; bei H. Junghans (참고문헌 C), 647-662. Rudolf Pfister: Reformation, Türken und Islam; Zwingliana 10, 1956, 345-375.

4. 고백, 동맹, 저항권

농민전쟁과 아우구스부르크 제국회의 사이의 기간에 제국의 종교·정치적 상황은 구교와 개신교 제국귀족들의 대치국면이 그 특징이다.

제국의 남부에서 구교를 따랐던 귀족들은 1524년 6월 레겐스부르크 협의로 종교정책의 강령을 정했으며, 중부와 북부의 구교 귀족들은 농민전쟁 후, '저주받을 루터적인 이단'이 농민전쟁에서 겪은 폭동의 '뿌리'라고 보고, 그것을 근절하고자 데사우 협약을 체결했다.[78] 다른 한편 작센 선제후와 헤센의 백작은 고타-토루가우 협약(1526년 2월 내지는 5월)을 통해 백성에게 복음을 설교하는 일이 폭력으로 위험에 처할 경우 상호원조를 약속했다.[79] 1526년 스파이어 제국회의에 앞서 중부와 북부독일의 몇몇 제후와 마그데부르크 시가 참여했던 이러한 동맹의 문제를 루터는 당시 훤히 알지는 못했다.[80] 1526년의 스파이어 제국회의(6월 25일-8월 27일) 역시 그가 입장을 표명하도록 자극을 주지는 못했다.[81] 정치적 협약에 대해 아는 한, 그는 그것을 승인했다.

1528년에서야 비로소 루터는 개신교 제국귀족들의 동맹이라는 매우 중요한 문제에 직면했다. 작센지역 영주 고문인 오토 폰 파크가 개신교 제후들에게 살며시 넘긴 정보에 의하면 개신교 지역에서 구교의 재건을 힘으로 강요하고자 가장 강력한 구교의 제국귀족들이 1527년 5월 동맹을 맺었다는 것이다. 개신교 측에서는 아무도 당시 파크의 정보가 그의 조작임을 알아채지 못했다. 선제후 요한과 백작 필립은 선제공격을 위한 준비에 합의한 후, 루터에게 의견을 물어왔다. 루터는 선제공격을 강력하게 반대했고,[82] 선제후 요한

---

78) Gess (참고 5장 2) 2, 352f. 루터에게 공공연히 오명을 씌운 마인츠 대주교구총회(1525년 11월)의 결정들 역시 관심을 불러 일으켰다. 루터의 논쟁서적의 출판은 결국 루터의 군주에 의해 중단되었다. WA 19, (252) 260-282. 비교. G. Müller, 371ff.
79) E. Wolgast, 108ff.
80) WAB 4, 76f. E. Wolgast, 111f.
81) 루터의 평가 WA 19, (436) 440-446. 보름스 칙령에 대한 재고 없이 새로운 복음의 의미에 맞도록 미사와 성직계급을 개혁할 것을 제국에 요구했다. G. Müller, 370f.
82) WAB 4, 421-424 루터의 첫 평가; ebd. 424-430 백작의 입장; ebd.

과 루터의 의견에 반박하고자 시도했던 백작 필립 역시 새로 모임을 갖고 그들의 협의를 수정했으며, 선제공격을 단념해야만 했다.

루터는 복음의 수호를 위해 높은 권력을 이용할 근거가 없다고 보았다. 그의 논지는 역사적 상황을 바로 인식하기 위해 하나님을 신뢰하고 책임 있는 정치적 행동을 하라는 종교적 동기를 담고 있다. 그는 평화를 위해 선제공격을 금지한 법적인 이유를 제시했다. 그것은 결국 '세상 앞에서' 하는 불의한 행동이 좋은 명성을 얼마나 상하게 하는지를 생각하게 해주었다.[83] 구교의 귀족들이 직접 개신교를 공격할 경우, 루터는 방어할 수 있는 권한을 인정했다. 그가 보기에 당시 상황은 서로 적대적인 제국귀족들이 강력한 황제의 명령을 증거로 제시할 가능성은 희박했고, 루터는 이제 보름스 칙령에 대해 제국법적인 보편적 구속력을 부인했다.[84] 선제공격의 계획을 포기하지 않는다면, 그는 선제후국을 떠날 것이라고 정치가들을 위협했다.[85] 백작이 이 계획의 주창자요, 옹호자였기 때문에 루터는 그 다음해부터 필립의 정치적 구상에 대해서 매우 불신했다.

오토 폰 파크가 만든 구교의 동맹서류가 가짜임을 공작 게오르크가 말하자, 루터는 믿을 수가 없었다. 루터는 이 때문에 친구 링크에게 보낸 서신에서 다시 한 번 게오르크 공작에 대해 화를 냈다. 루터의 서신을 알게 된 게오르크는 루터에게 답변을 요구했고 선제후 요한에게 항의했다. 이로 인하여 양쪽에서 공격적인 글로 인한 다툼이 일어났다. 선제후는 결국 루터에게 자신의 허락 없이 게오르크나 다른 제후들과 개인적으로 관련된 것을 앞으로는 더 이상 출판

    430-433, 433-435, 447-450, 450f, 452f, 463f, 465. 선제후와 그의 아들에게 보내는 루터와 멜란히톤의 편지와 평가서들.
83) E. Wolgast, 116-119.
84) WAB 4, 422, 41ff; 비교. WA 19, 276, 19ff; G. Müller, 372.
85) WAB 4, 449, 50ff.

하지 말 것을 요구했다.[86] 파크의 정치공작으로 인해 개신교와 구교 측 제후 사이에 생긴 불화는 외교적인 방법으로 해결해야만 했다.

1529년 스파이어 제국회의의 시작은 동맹문제를 다시 현안이 되게 했다. 비록 황제는 항의를 인정하지 않고 개신교 제후들에게 제국회의 결의사항에 대한 동의를 요구했지만, 루터는 4월 19일과 20일 다수결에 반대한 개신교 제후들의 공식적인 항의를 인정했다.[87] 그러나 루터는 공격에 공동으로 대처하기 위해 작센, 헤센, 울름, 스트라스부르 그리고 뉘른베르크가 4월 22일 체결한 임시적이며 은밀한 동맹협정을 인정하지 않았다.[88]

지난해에는 다른 제국귀족들과는 달리 방어동맹에 동의했지만, 루터는 이제 개신교 동맹정책에 비판적이었다. 하나님보다는 인간적인 도움에 더 의존했기 때문이다. 1528년도의 경험에 의해 그는 헤센의 필립이 선제공격을 자극할 수 있음을 다시금 우려했다. 동맹으로 이미 구교측은 더 격하게 자극되고 있다. 그러나 루터의 비판은 대체로 비텐베르크의 성찬론을 따르지 않는 울름과 스트라스부르가 연맹에 동반 참여했다는 상황에 모아져 있었다. 성만찬 논쟁은 루터의 판단에 의하면 깊은 골을 만들었다. 상징적인 성찬론의 추종자들은 하나님과 성례전에 위배되는 일을 추구하기에 그들과의 연합은 '그들의 모든 불의와 불경'을 덮어주는 것이 되며, 복음을 부끄럽게 하고, 육체와 영혼을 영원한 정죄에 빠지게 하는 것

---

86) WA 30 II, (1) 25-48; WAB 5, 8, 5ff. 비교. G. Wartenberg, 564. 영주 게오르크는 1527년 엠저가 번역한 신약성서에 자신의 서문을 실어 교회의 전통 뿐만 아니라 루터를 겨냥하여 단종 성찬을 방어하는데 힘을 기울였다. WA 23, 391f.

87) WAB 12, 107f. E. Wolgast, 134f.

88) 루터는 새로운 동맹에 대한 그의 반대를 1529년 5월 22일 선제후에게 썼다(WAB 5, 76f). 스파이어에서 돌아온 멜란히톤이 신학자와 상의 없이 이루어진 동맹협정에 관한 루터에게 보고한 후였다.

이다(WAB 5, 77, 35ff).

    루터와 멜란히톤은 비록 그 이유는 달랐지만, 성례주의자들과의 동맹을 반대한다는 점에서는 일치했다. 루터에게는 교리적 차이점이, 멜란히톤에게는 성례주의자들과의 동맹으로 제국의 통일성이 깨질 것이라는 염려가 주된 이유였다.[89] 루터는 멜란히톤과 함께 여러 개의 평가서와 직무상의 서신에서 동맹의 문제를 언급했다. 그는 한결같이 동맹의 조건으로서 성찬을 포함하여 모든 교리의 일치를 요구했다.

    "루터의 주장은 1529년에 더욱 고조되었고, 동맹계획은 더욱 시급해지고 구체적인 형태를 취해 갔다."[90] 교리일치에 대한 주장은 칼 황제가 시찰로 조정된 선제후국 작센의 교리와 종교개혁을 기꺼이 수용할 것이라는 환상과 뒤엉켰다. 선제후국 작센은 단독으로 황제의 교회정치적 인정을 받을 수 있다는 의견에서 알 수 있듯이, 스스로 독립하려는 경향이 그것과 결합했다. 이렇듯 '졸렬한 정치기호'[91]는 개신교 제후들을 위기에 빠뜨렸지만, 1530년 아우구스부르크 제국회의를 통해 그로 인한 위험한 결과들을 막을 수 있었다.

    개신교 제후들이 모든 동맹협약에 앞서 하나의 교리를 확정지을 수 있도록 하고자 루터와 멜란히톤[92]은 1929년 여름 소위 '슈바바

---

89) E. Wolgast, 127f.
90) E. Wolgast, 128; 128이하는 WAB 5, 76f. 78ff. 81; 12, 106ff; 5, 181ff. 208ff에 대한 분석.
91) E. Wolgast, 134, 비교 125.
92) 주요 집필자가 루터였는지(Wilhelm Maurer, Zur Entstehung und Textgeschichte der Schwabacher Artikel, FS Walter Elliger, Witten 1968, (134-151) 131 아니면 멜란히톤이었는지(Martin Greschat, Melanchthon neben Luther, Witten 1965, 21ff는 여전히 의견이 분분하다. 비교. WA 30 III, 194, 19f. 이 본문은 1528년의 루터의

흐 조항'(Schwabacher Artikel)이라는 17개 항목을 작성했다.[93] 선제후 요한과 브란덴부르크-안스바흐의 백작 게오르크는 슐라이츠에서 열린 회의(1529년 10월 3-7일)에서 이 조항에 동의했다. 그러나 이 조항으로 스파이어의 임시동맹협약은 파기되었다. 왜냐하면 슈바바흐(1529년 10월 16-19일)와 슈말칼덴(1529년 11월 28일-12월 4일)에서의 두 번의 회의가 이 조항에 동의했고, 게다가 뉘른베르크는 동의했지만, 헤센, 스트라스부르, 울름은 동의하지 않았기 때문이다.[94] 문제는 성찬론에서의 불일치였다. 성찬론에 대해 전체 프로테스탄트의 합의를 이끌어내려던 헤센 백작의 노력은 교회정치적으로 아무런 성공을 거두지 못했다.

1529년 봄 스파이어 제국회의 이후 헤센의 필립은 개인적인 만남으로 성찬론의 상이점을 극복할 수 있다는 희망에서 개신교 신학자 모임을 적극 추진했다.[95] 비록 필립이 교리일치를 그가 생각한 동맹계획의 전제로 삼지는 않았지만, 그가 추진한 전체 프로테스탄트의 행동의 일치는 성찬론의 차이점을 조정하는데 전제가 되었다. 루터를 이 회담에 끌어들이고자, 비텐베르크에는 츠빙글리의 참여를 알리지 않았다. 비텐베르크 신학자들은 상대편의 최고가 외콜람

고백과 그의 교리문답(참고 10장 1) 뿐만 아니라, 멜란히톤의 시찰자 강의에 토대를 두고 있다(참고 10장 2).

93) 필사본 본문 WA 30 III, (81) 86-91. RN (13) 18-22. 저자 없이 인쇄된 본문 WA 30 III, (172) 178-182. 비교. WA 30 III, (183) 186-197 루터의 답변과 함께 구교의 반박.

94) Ekkehart Fabian: Die Abschiede der Bündnis-und Bekenntnistage protestierender Fürsten und Städte zwischen den Reichstagen zu Speyer und zu Augsburg 1529-1530; Tübingen 1960, 63ff. 88f. 100ff.

95) 1525년 이후 많은 신학자와 정치가들의 생각에 떠오른 종교회담에 대해서는 W. Köhler(참고 10장 1) 2, 1ff를 보라.

파드라고 생각했다. 그는 츠빙글리 추종자들 중에 최고의 존경을 받은 인물이다.

백작 필립이 의장이 되어 마르부르크 성에서 1529년 10월 1-4일 진행된 종교회담은 츠빙글리와 외콜람파드가 한편이요, 루터와 멜란히톤이 또 다른 한편이 되었다.[96] 회의 동안 여러 개의 글들이 제출되었다.[97] 이 글들은 주요 논쟁자인 루터와 츠빙글리가 확고한 자신들의 이해에도 불구하고 몇 가지 관점을 정리하는 데 있어서는 상당히 유연함을 보여주고 있다. 둘 다 상대방에 대한 잘못된 오해를 수정했다.

츠빙글리에게 있어서 성찬은 식사에 참여하는 신자들의 기억 속에서만 그리스도는 현존한다고 보는 일상적인 식사잔치가 아니라는 사실을 루터는 알게 되었고, 그리스도의 몸과 피의 육체적 현존에 대한 루터의 성찬은 양적, 질적 그리고 장소적인 확정으로 이해하는 것이 아님을, 즉 '구운 하나님'을 예배하는 것이 아님을 츠빙글리는 알게 되었다. 그리스도의 실재적 현존 문제에 대한 세 가지 형식의 이해가 회의 마지막 무렵 비텐베르크 신학자들에 의해 제출되었다.[98] 가장 부드러운 형식조차도 츠빙글리는 수용하지 않았다. 그

---

96) 더 많은 사람들이 그 배후에 등장했다. 츠빙글리 편에서는 스트라스부르의 헤디오와 부처 그리고 루터 편에는 비텐베르크의 유스투스와 세 명의 제국도시 신학자들인 오시안더(뉘른베르크), 브렌츠(슈바벤 홀), 스테판 아그리콜라(아우구스부르크) 등이 참석했다. '마르부르크 조항' 결론에 서명한 사람들은 더 많다. 청중 가운데도 신학자들이 있었다. 취리히, 바젤, 스트라스부르가 정치가를 마르부르크로 파견한 반면, 선제후국, 뉘른베르크, 슈바벤 홀 그리고 아우구스부르크의 신학자들은 정치가를 동행시키지 않았다. 이것은 종교정치에 대한 생각이 다양했음을 보여주는 간접적 증거이다.

97) WA 30 III, (92) 110-171 그리고 RN; Z 6 II, 491-551; Ernst Staehelin (Hg.): Briefe und Akten zum Leben Oekolampads, Bd. 2, Leipzig 1934, 362ff. W. Köhler; G. May.

것은 그가 스위스에서의 오해를 두려워했기 때문이다.

신학자들은 백작의 재촉으로 (슈바바흐 조항과 유사하게) 루터가 작성한 15개 조항에 공동으로 서명을 했다. 스위스 신학자들은 영성주의의 의미에서 몇 가지 수정사항을 말할 수 있었다. 마르부르크 조항의 마지막은 성찬을 다루고 있다. 그것은 (예수 그리스도의 참된 몸과 피의 성례전인) 성찬의 영적인 의미와 관련하여 공통된 종교개혁적 확신을 담고 있지만, "예수 그리스도의 참된 몸과 피가 빵과 포도주에 육적으로 임하는지"에 대해 일치하지 못했음도 확인해주고 있다. 이러한 차이에도 불구하고 양심이 허용하는 한 상대를 그리스도의 사랑으로 대하자고 약속했다(WA 30 III, 170, 5ff). 이것은 상대방에 대한 비방의 금지를 뜻했다. 루터는 츠빙글리파를 '형제'로서 인정할 수는 없었다.[99] 그렇지 않을 경우, 이것은 츠빙글리파나 백작이 원한 동맹공동체를 체결하는 것이 된다. 이러한 교회정치적인 당면 목표가 성공을 이루지 못했고, 작센 선제후는 반츠빙글리적으로 작성된 슈바바흐 조항을 그의 동맹정책의 토대로 이용했다고 할지라도, 루터와 츠빙글리 진영 사이의 차이점의 완화는 마르부르크 종교회담의 알찬 결실이었다.[100]

루터는 1529년 동맹의 문제를 논하면서 황제가 개신교 제국의원들 혹은 그들 중의 몇몇에게 제2차 스파이어 제국회의의 다수 결정사항을 강요하고자 권력을 행사할 가능성은 없다고 보았다. 그러나 그 일이 벌어질 우발성은 배제할 수 없었다. 황제는 1529년 7월

---

98) G. Locher (참고 10장 1), 325ff.
99) WAB 5, 154, 6ff. 1529년 10월 4일 그의 부인에게 보내는 서신.
100) 츠빙글리는 즉시 마르부르크 조항을 스위스에서 발행했다. 그 외에도 이 조항은 마르부르크, 비텐베르크, 뉘른베르크(오시안더의 서문과 함께, WA 30 III, 105)에서도 출판되었다. 마르부르크 회담의 영향사에 대해서는 비교. G. Locher (참고 10장 1), 329f.

12일 반프로테스탄트 훈령을 내렸고, 10월 개신교 제국귀족들의 호소를 받아들이지 않았으며, 게다가 호소를 위해 파견한 사람을 감옥에 가두었다.

1530년 3월 6[101]일자 글에서 루터는 황제에 대한 저항권 문제를 정확하고도 상세히 다루었다. 예전처럼 그는 정당방위의 상황에서 개신교 제후들이 다른 제국귀족들에게 저항할 권리를 인정한다. 왜냐하면 세속 정부는 백성과 동맹정부를 보호할 의무가 있기 때문이다. 그러나 상위정부인 황제에게 저항할 권리는 없다. 개신교 정부는 신앙의 문제에 대해 그들의 백성에 맞서고자 황제에게 저항할 수 없다. 다만 적극적으로 황제를 지지해서는 안 된다. 제국과 선제후들이 황제를 폐위하지 않는 한, 황제는 정부의 권한을 존중해야 한다는 하나의 제한이나 조건은 상세히 설명되어 있지 않다.

황제에게 저항할 수 있는 권리에 대한 루터의 견해는 당시 비텐베르크 동료뿐만 아니라, 나차루스 스펭글러(뉘른베르크)와 요한네스 브렌츠(슈바벤-할)에게 알려졌다. 이러한 관점은 종교개혁이 진전되면서 문제에 직면했다. 갈등이 벌어지고 있는 상황에서 황제에 대해 가져야 할 신앙의 책임을 요구한다는 것은 20년대 전반기에는 종교개혁의 사회정치적인 국면에 부합했지만, 제국귀족들로 구성된 정부가 종교개혁의 관철을 자신의 책임으로 받아들인 20년대 말에는 전혀 어울리지 않기 때문이다. 정부가 황제에 대해 자신의 백성을 보호할 종교정치적 보호 의무는 당시 헤센의 필립이 철저히 주장했으며, 비텐베르크에서는 부게하겐이 1529년 9월 29일 쓴 글에서 이러한 보호 의무를 시인했다.[102] 루터는 약간 다른 자신의 의견을 나중에 한 번 더 수정했다(참고 11장 1).

---

101) WAB 5, (249) 258-262(13, 123); 비교. E. Wolgast, 154ff.
102) 비교. E. Wolgast, 137f. 152.

참고문헌 : Siegfried Bräuer: Die Vorgeschichte der kursächsischen Bündnisüberlegungen und Luther Stellungnahme vom 11. Januar 1525; bei G. Vogler (참고문헌 C), 193-221. Herrmann Dörries: Luther und das Widerstandsrecht; bei dems. (참고문헌 C), 195-270. Kurt Dülfer: Die Packschen Händel. Darstellung und Quellen; Marburg 1958. Ekkehart Fabian: Die Entstehung des Schmalkaldischen Bundes und seiner Verfassung 1524/29-1531/35; 2. erw. Aufl. Tübingen 1962. Ulrich Gäbler: Luthers Beziehungen zu den Schweizern und Oberdeutschen von 1526 bis 1530-1531; bei H. Junghans (참고문헌 C), 481-496. Walther Köhler: Das Marburger Religionsgespräch 1529. Versuch einer Rekonstruktion; Leipzig 1929. Gerhard Müller: Luthers Beziehungen zu Reich und Rom; bei H.Junghans (참고문헌 C), 369-402. Heinz Scheible (Hg.): Das Wi-derstandsrecht als Problem der deutschen Protestanten 1523-1546; Gütersloh 1969. Hans von Schubert: Bekenntnisbildung und Religionspolitik 1529/30 (1524-1534); Gotha 1910. Ders.: Die Anfänge der evangelischen Bekenntnisbildung bis 1529/30; Leipzig 1928. Eike Wolgast: Die Wittenberger Theologie und die Politik dre evangelischen Stände. Studien zu Luthers Gutachten in politischen Fragen; G̈tersloh 1977.

5. 코부르크 시대

칼 황제는 1530년 아우구스부르크 제국회의 소집으로 선제후국 정치가와 신학자들에게 '단 하나의 참된 종교를 위해' 제국귀족들과 함께 '사랑과 호의로' 국가 공의회에서 하듯이 직접 종교 문제를 다룰 것이라는 기대를 갖게 했다.[103] 작센의 요한은 신학적 조언자요, 설교자로서 멜란히톤, 요나스, 스팔라틴 그리고 요한 아그리콜라와 함께 아우구스부르크로 왔다. 루터는 파문으로 인해 선제후국 남쪽지역에 있던 코부르크에 머물고 있었다.[104] 루터는 4월 3일 비텐베르크를 떠나, 10월 13일에 돌아오기는 했으나, 4월 23/24일부터 10월 4일까지 조교 바이트 디트리히[105]와 함께 코부르크 성채에서 살았다.

비텐베르크에서 성서 번역, 강의 그리고 설교를 주로 했듯이, 코부르크에서도 병이—무엇보다도 두통—그를 방해하거나 혹은 방문자가 그것을 중지시키지 않는 한, 수개월 동안 계속해서 예언서 번역과 시편주해에 심혈을 기울였다. 그는 성서 번역의 원칙을 『통역자의 서신』에서 설명했다.[106] 강의처럼 조교 바이트 디트리히는 첫 25개 시편주해를 받아 적었다.[107] 시편 118편, 117편 그리고 111편의 독일어 주해는 출판하기로 결정했다.[108] 이 3개의 시편은 모두

---

103) WAB 5, 264, 23ff. 각주 2.
104) 여행일자와 출발에 대하여. 비교. H. Bornkamm (참고문헌 B), 588f. 아우구스부르크에서 가까운 이곳에 루터의 체류로 인한 문제에 대해서는. H. v. Schubert, 112ff.
105) Bernhard Klaus: Veit Dietrich, Leben und Werk; Nürnberg 1958.
106) WA 30 II, (627) 632-646.
107) WA 31 I, (258) 263-383; 비교. WA 59, 124ff 그리고 WADB 10 II, LX.

최고로 뛰어난 루터의 주해 솜씨를 잘 보여주고 있다. 루터는 예언서와 시편을 번역하고 주해하면서[109] 하인리히 스타인회벨이 시작하여 미완으로 남아 있던 이솝우화의 독일어 번역도 개정했다.[110]

아우구스부르크에서 개최된 협상에 대해 루터는 『아우구스부르크 제국회의에 모인 성직자들에게 주는 권면』이라는 글을 썼다.[111] 루터는 성직자 신분의 제국의원들에게 더 조언했다. 왜냐하면 종교문제에 있어서는 그들의 태도가 세속적인 제국의원들보다도 더 중요하기 때문이었다.[112] 그 때문에 루터는 7월에 마인츠의 알브레히트 대주교에게「독일 땅에서 가장 고상하고 최고로 높은 성직자들에게」라는 글로 공개적인 경고장을 보냈다.[113]

루터는 주교에게 그가 감독의 권한을 가지고 허가했지만, 종교개혁적인 설교를 통해 복음에 모순된다고 판명된 몇 가지 교회생활을 비판했다: 면죄부, 고해강요, 보속행위, 미사권장, 순례와 묵주기도와 같은 특정한 기도의 관행, 감독의 파문행위, 고위성직자의 교회재산의 남용, 평신도에게 분잔 거부, 성직자의 독신. 이러한 것들은 감독들이 임의대로 바꿀 수 없다. 협상의 대상일 수 없는 하나님 말씀의 완전한 진리가 오히려 더 중요하다.[114]

만일 감독들이 하나님 말씀에 대해 직접 마음을 열고자 한다면, 그들은 적어도 평화제의에 적극적인 관심을 보여야 한다(WA 30 II,

---

108) WA 31 I, (34) 65-182; (219) 223-257; (384) 393-426.
109) 시편에 대한 새로운 연구 국면은 이미 1529년에 시작되었다(WA 31 I).
110) WA 48, (350) 351-353 그리고 50, (432) 440-455; 비교. WA 26, (534-537) 547-550.
111) WA 30 II, (237) 268-356. 이 글은 인쇄되어 황제가 도착하기 전에 이미 아우구스부르크 시장에 나왔다.
112) 비교. WA 10 II, 110, 29ff.
113) WA 30 II, (391) 397-412.
114) WA 30 II, 321, 30ff; 비교. 339, 30ff.

340, 20ff). 그들은 (1) 복음 설교를 허용하고 더 이상 폭력으로 박해해서는 안 된다. 왜냐하면 (2) 개신교회들은 감독의 교회 재산을 자신의 것이라고 요구하지 않기 때문이다. (3) 제후의 직위와 통치권 역시 간섭하기를 원치 않는다. (4) 게다가 만일 복음의 자유를 허락한다면(WA 30 II, 342, 20f), 감독의 사법권(특히 목사임명권)도 인정할 수 있다. 제국 내 종교 문제를 평화롭게 해결하기 위한 이러한 제안은 강요와 박해로 지켜왔던 구교의 종교성을 폐지할 것을 감독들에게 요구했다. 루터의 제안은 어쨌든 황제의 보호를 받고 있는 국가교회적인 로마와의 단절에서만 실현될 수 있는 것이었다. 아우구스부르크 신앙고백(CA)을 제출한 후, 루터는 그와 같은 평화 제안의 성사를 위해 마인츠의 알브레히트의 동의를 얻고자 노력했다. 여기서 그는 뚜렷하게 민족적인 음색을 내고 있다.[115]

교리와 관습을 서로 분리할 수 없는 종교 문제는 루터에게 있어서 성서 본문을 통해서만 설명할 수 있는 것이었다. 그 때문에 그는 한 작은 글에 풍자적으로 「연옥의 취소」라는 제목을 주었고,[116] 연옥사상에는 성서적 근거가 없음을 주장했다. 『통역자의 서신』[117] 두 번째 부분에서 성인에게 간청하는 것도 성서와 신학적 근거가 없으며, 하나님과 그리스도를 향한 모든 신뢰와 모순되고, 교회전통을 근거로 제시해도 증명될 수 없다고 설명했다.

그는 또 다른 글[118]에서 4가지를 남용한 죄 사함의 문제를 상세

---

115) WA 30 II, 411, 13ff. 412, 20ff.
116) WA 30 II, (360) 367-390.
117) WA 30 II, 643, 14-646, 11. 이 주제는 이미 1522년 다루었다. WA 10 III, 312ff. 407ff.
118) 열쇠에 관하여 WA 30 II, (428) 435-507 그리고 30 III, 584-588; 비교. die Notizen De postestate leges ferendi in ecclesia WA 30 II, (677) 681-690 그리고 die Propositiones adversus synagogam Sathanae WA 30 II, (413) 420-427.

히 다루었다. 1. 두 개의 권세로 교회는 영적인 문제에 대해 입법자적인 권한을 갖게 되었고, 그에 맞추어 면죄권도 유출해 내었다. 그러나 이로 인해 성직자의 삶이 교회법과 강요 아래 속박되었다. 2. 교회는 고해에서 그들이 가진 죄를 사할 수 있는 권세의 실효성을 사제도 신자도 교회가 정한 조건들을 무시하지 않는다는 사실에 종속시켰다. 이것이 교회의 권한을 통한 구원의 수단을 불확실하게 만들었다. 3. 교회는 세속 정부에 비해 더 좋은 법 인식과 더 높은 영역의 힘을 지니고 있다. 그로인해 교회는 영적인 것을 영적인 영역에서 보다 더 속된 것을 조장한 세속적인 것과 혼합했다. 4. 교회는 추방하거나 추방을 취소함으로 그들의 권한을 남용했다. 왜냐하면 성직자들은 평신도들보다도 자신들이 죄인임을 더 잘 인지하지 못하며, 교회법과 교리 위반은 루터가 징계를 그 대책으로 원했던 살인, 간음, 하나님 비방 등 명백히 드러나는 범죄보다 오히려 더 추방으로 벌해야만 한다. 바르게 이해한 죄 사함의 권세는 마 18:15ff 이하에 따라 교회 내에서 목회상담의 방식으로 사용해야 한다. 즉, 이것은 한편으로는 죄인에게 그가 아직 참회하지 않은 죄가 있음을 일깨워주는 권세요, 하나님과의 관계에서 그가 범한 죄의 심각성을 꾸짖는 권세이며, 다른 한편으로는 참회한 죄인에게 하나님의 용서를 알리는 권세이다(WA 30 II, 503, 18ff). 이 두 권세는 함께 속한 것이며(WA 30 II, 506, 5ff), 복음에 공통된 의미를 지니고 있다. 이 둘은 경고와 언약의 말씀으로서 신앙에 목적을 둔 그들의 성격이 유지되어야 한다.[119]

루터는 몇 가지 종교개혁적인 주제들이 아우구스부르크 신앙고백에서(CA) 언급되지 않았음을[120] 알았음에도 불구하고 위에서 언

---

119) WA 30 II, 505, 28ff. 507, 38ff.
120) WAB 5, 496, 8f (7월 21일자 요나스에게 보낸 편지): CA는 연옥, 적그리스도와 같은 교황의 권한에 대해 침묵하고 있으며, 위의 첫째와 셋

급한 글은 아우구스부르크 신앙고백을 보충하려는 의도에서 적은 것은 아니다.[121] 루터의 판단에 의하면 전체적인 상황이 무슨 문제로 인해 종교개혁이 발화되었는지를 개신교인들과 그들의 후손들에게 상기시켜야 한다는 것이다.[122] 루터는 이러한 종류의 글을 더 쓰고자 계획을 세웠다. 신앙의 의와 행위의 의에 대한 메모가 현재 남아 있다.[123]

상당히 외로웠을 코부르크 기간[124]을 루터는 자신의 신상과 느낌을 설명하거나 혹은 수신자들에게, 그것이 그의 부인이건, 4살 된 아들 한스이건, 비텐베르크 동료 히에로니무스 벨러이건, 아우구스부르크 제국회의 장의 개신교 신학자와 정치가이건, 그의 심경이 잘 표현된 편지를 써서 극복했다. 이 사람들 중 멜란히톤이 가장 왕성하게 코부르크의 루터와 서신을 주고받았다.[125] 기대와는 달리 루터는 아우구스부르크로부터 정기적으로 어떤 소식도 접하지 못했

째 요지만을 언급하고 있다.
121) WA 30 II, 360 RN 그리고 O. Matthes: 10 Briefe aus den Jahren 1523-1590 aus dem Besitz Johann Valentin Andreäs, B II. f. württ. KG 60/61, (19-176) 62ff.
122) WA 30 II, 367, 1-27 390, 4ff. 465, 10ff; 비교. 280, 27ff.
123) WA 30 II, (652) 657-676: 이 메모의 전승에 대해서는 RN, 652ff를 보라.
124) 남아 있는 (118개의) 편지들은 거의 모두 BoA에 편집되었다. 라틴어와 독일어 선집은 마티아스 플라키우스가 1549년 교회정치적인 의도로 추진했다. WAB 14, 400-408. 587ff. 1547년 아우리파버는 루터의 '위로의 서신들' 이라는 글을 내고자 코부르크에서 쓰인 7개의 서신들은 묶었다, WAB 14, 365f. 574f.
125) 멜란히톤에게 보낸 루터의 서신 37통, 요나스에게 14통(동시에 스팔라틴, 멜란히톤, 요한 아그리콜라), 선제후 요한에게 보낸 6통이 남아 있다. 루터에게 보낸 편지는 멜란히톤이 쓴 27통(한스 폴츠의 비평, StA 7 II), 요나스가 쓴 16통 그리고 선제후가 쓴 8통이 남아 있다. 비교. H. Scheible.

다. 그로인해 그는 이따금씩 상당히 불안해졌고, 아우구스부르크의 대화상대도 그것을 느낄 수 있었다. 제국회의가 어떻게 진행되는지 그는 예견할 수 없었고, 개신교 제국의원들이 어떤 위험에 처했는지도 알 수 없었다. 통신교환이 잘 이루어지지 않음으로 그는 CA의 완성이나 8월에 열린 회의진행에 직접 혹은 개별적으로도 영향을 줄 수 없었다. 그럼에도 불구하고 루터의 서신과 소견서는 개신교(특히 선제후국) 신학자들과 정치가들의 기본 방향을 정해주었다.[126]

CA의 초기 형식에 대해서 루터는 자주 인용했던 견해를 피력했다: "이것은 매우 내 마음에 들며, 더 개선하거나 변화시킬 것이 없지만, 내가 부드럽고 조용하게 등장하지 않을 것이기 때문에 부치지 않을 것 같다."[127] 그 후 6월 25일에서야 최종적인 형태에 대해서 언급할 수 있었다. 그는 계속해서 양보해야 할 이유를 알지 못했다. "하나님이 원하시는지 모르겠으나, 더 이상 추가하지 않을 것이다. 지금 그대로가 좋다"는 확신은 점점 더 커졌다.[128] 개신교 제국의원들이 자신들의 신앙고백을 공적으로 제시했다는 사실에 대한 루터의 기쁨은 말할 수 없이 컸다.[129]

신앙고백을 제출한 후 루터는 제국의 평화가 유지되기를 원했다.[130] 개신교의 평화의지는 의심되어서는 안 된다. 구교의 폭력으로 그것이 위협받아서도 안 된다(WAB 5, 456, 7ff). 평화를 유지하기 위해서 구교는 종교 문제에 대해 가말리엘(행 5:38이하)의 충고를 따라야 한다(WA 30 II, 402, 21ff). 복음을 자유롭게 선포하

---

126) H. v. Schubert, LuJ 12, 1930, 156ff.
127) WAB 5, 319, 6ff.
128) WAB 5, 405, 17ff. 비교, H. Rückert, 108ff.
129) WAB 5, 409, 13ff. 453, 11ff. 455, 67ff. 458, 12ff.
130) WAB 5, 458, 9ff. 480, 23ff. 617, 6ff. 629, 38ff.

지 않고, 성서에 근거한 개혁을 폭력으로 억압하는 한, 루터는 교리의 진정한 일치는 불가능하다고 여겼다.[131] CA는 반박할 수 없는 진정한 진리를 담고 있다고 아우구스부르크 감독이 개인적으로 인정했음을 알게 된 것은 루터에게 매우 중요한 것이었다.[132] 만일 그가 제국회의 소집과 모순되게 바른 신앙과 이단에 대해 판단하고자 할 경우, 어떤 경우에도 1521년 보름스에서처럼 신앙의 문제에 판사로 인정되어서는 안 된다. 왜냐하면 하나님 말씀의 진리는 황제의 판단에 종속될 수 없기 때문이다.[133] 구교가 공의회 약속을 위해 그들 편에서 조건을 제시하고자 했을 때, 개신교 제국의원들은 그에 앞서 좋은 교회 전통을 회복해야만 했다. 이것은 과거의 미사와 같은 미사제도는 폐지되어야 하며, 수도원 재산의 사용권은 로마교회법에 의해 중단되어야 한다. 그러나 서로 상대에 대해 이단혐의를 제거하는 것에 대해서는 생각하지 못했다. 결국은 루터에게 있어서 중요한 것은 구교측이 개신교를 하나님 말씀에 근거해 있다고 인정하는가의 문제였다.

이러한 관점에서 그는 8월에 아우구스부르크에서 다룬 문제를 논했다. 그는 선제후 요한에게 장문의 편지를 보냈고(8월 26일), 1548년 잠정안을 거부하는 루터 반대파에 의해서 처음으로 출판된[134] 심의서를 작성했다. 금식과 축일에 대한 규정은 복음의 이해에 의하면, 감독의 사법권과 마찬가지로 하나님 앞에서 양심을 구

---

131) WAB 5, 458, 6ff. 470, 2ff. 480, 23ff; 비교. WA 30 II, 399, 17ff. 400, 22ff.
132) WAB 5, 427, 13ff. 440, 15ff; 비교. WA 30 II, 410, 17f; 30 III, 338, 14ff. 51, 473, 22f.
133) WAB 5, 454, 28ff. 456, 3ff (비교. 437, 15ff. 446, 8ff) 470, 5ff. 12, 122, 1ff.
134) WAB 5, 572ff. 589ff: 8월 22일자 루터에게 보낸 선제후의 편지. WAB 12, 124f.

속하도록 선포되어서는 안 된다. 평신도에게 잔을 주는 것이 성서적이요, 고대교회에서도 당연한 일이었음을 인정한다면, 분잔 거부는 개신교에 의해 당연히 인정될 수 없다. 미사희생이 신약의 그리스도의 선포와 모순됨을 아는 사람은 그리스도인으로서 미사를 자신의 책임이라고 인정할 수 없다. 왜냐하면 미사 본문에서 폭넓게 쓰이는 희생개념으로 행하는 것이 아니기 때문이다.[135]

루터는 『그리스도의 몸과 피의 성례전에 대한 권면』[136]으로 활발한 성찬의 교제를 하도록 개신교회를 고무시키고자 했다. 그는 그들에게 순순히 받아들이고, 듣고 그리고 그리스도 안에 하나님의 은총에 대해 감사하는 성찬의 의미를 보여주었다. 이것은 시편 111편 주해에서 동시에 보여준 관점이며, 독일 남부에서도 많은 지지를 받았다.[137] 아우구스부르크에서 구교가 제안한 미사희생의 해석은 그리스도의 희생을 제의적인 희생행위로 여긴다는 점에서 루터는 이러한 이해를 반대했다. 그리스도의 희생에 대한 기억은 성찬이 온전히 구속의 은총의 수단이 되도록 희생 그 자체로 해석되어서는 안 된다.

아우구스부르크 협상이 결렬되었다는 것은 루터에게는 당연했다. 왜냐하면 성서의 하나님 말씀과 교회 전통 사이에 근본적인 차이점이 명백히 다루어질 수 없었기 때문이다. 개신교 제국의원들의 신앙고백으로도 이러한 상황은 충분히 일어날 수 있었다. 황제는 개

---

135) WAB 5, 498, 4ff. 502, 1ff. 504f.
136) WA 30 II, (588) 595-626. Ulrich Kühn, Luthers Zeugnis vom Abendmahl in Unterweisung, Vermahnung und Beratung; bei H. Junghans (참고문헌 C), 146ff.
137) WA 30 II, 589 각주 9. (Briefwechsel der Brüder Blaurer, hg. Tr. Schieß, Bd.1. 1908, 229). 부처가 9월 25/26일 개신교내에서 성찬론의 합의를 위해 코부르크의 루터를 방문했을 때, 이 글들이 인쇄되었다.

신교에 귀를 열지 않았기에 황제가 자신의 뜻대로 제국의회 의결을 내놓기 전 작센 선제후가 아우구스부르크를 떠났다는 사실에 대해 기뻐했다.[138] 비텐베르크로 돌아오기 전 들었던[139] 제국회의 의결사항을 그는 비텐베르크에 와서 비로소 반박했다.

> 참고문헌 : Karl Eduard Förstemann: Urkundenbuch zu der Geschichte des Reichstages zu Augsburg im Jahre 1530; 2 Bde., Halle 1833/35 (Nachdr. Hildesheim 1966). Herbert Grundmann: Landgraf Philipp von Hessen auf dem Augsburger Reichstag 1530; in: Aus Reichstagen des 15. und 16. Jh.s; Göttingen 1958. Herbert Immenkötter: Reichstag und Konzil. Zur Deutung der Religiongespräche des Augsburger Reichstags 1530; bei G. Müller (참고문헌 C), 7-20. Gustav Kawerau: Die Versuche, Melanchthon zur katholischen Kirche zurückzuführen; Halle 1902. Eduard Wilhelm Mayer: Forschungen zur Politik Karls V während des Augsburger Reichstags; ARG 13, 1916, 40-73. 124-146. Gerhard Müller (Hg.): Nuntiaturberichte aus Deutschland, 1. Abt. 1.Erg.-Bd., Legation Lorenzo Campeggios 1530/31 und Nuntiatur Girolamo Aleandros 1531; Tübingen 1963. Ders.: Zwischen Konflikt und Verständigung. Bemerkungen zu drei Briefen Luthers von der Coburg; bei dems. (참고문헌 C), 108-136. zuerst DTh 3, 1936, 67-96. Heinz Scheible: Melanchthon und Luther während des

---

138) WAB 5, 631, 27ff. 634, 11ff. 645, 6ff. 헤센의 필립도 황제의 뜻에 반대하고 8월 6일 남몰래 제국회의를 떠났다.
139) WAB 5, 643, 1ff.

Augsburger Reichstags; bei P. Manns (참고문헌 C), 38-60. Johann Wilhelm Schirrmacher: Briefe und Akten zu der Geschichte des Religiongespräches zu Marburg 1529 und des Reichstages zu Augsburg 1530; Gotha 1876; Nachdr. Amsterdam 1968. Hans von Schubert: Luther auf der Koburg; LuJ 12, 1930, 109-161. Hans Virk: Melanchthons politische Stellung auf dem Reichstag zu Augsburg; ZKG 9, 1888, 67-104. 293-340. Johannes von Walter (Hg.): Die Depeschen des venezianischen Gesandten Tiepolo über die Religionsfrage auf dem Augsburger Reichstag; Göttingen 1928. Ders.: Der Reichstag von Augsburg; LuJ 12, 1930, 1-90.

제국이 정치적으로 종교개혁을 지원해준 해, 1531-1539

1. 제국의원들의 종교개혁 주장

비텐베르크로 귀환한 후, 루터는 황제에 대한 저항권 문제를 다루었다. 황제가 구교의 제국의원들과 함께 아우구스부르크 제국회의 의결[1]에서 개신교 제국의원들에게 요구한 것은 1529년 스파이어 제국회의의 요구를 넘어서는 것이었다.[2] 개신교 제국의원들은

---

1) 9월 22일 공식적으로 나온 후 개신교 제국의원들이 거부한 종교문제에 대한 제국회의 결의문에 대해서는 K. E. Förstemann (참고 10장 5) 2, 474ff,를 보라. 10월 13일 제국의원들이 내놓은 확대판은 2, 715를 보라. 11월 11일에 나온 최종판은 Ernst-August Koch: Neue vollständige SAmmlung der Reichs-Abschiede, Frankfurt/M 1747, TI.2, 306ff.
2) Stephan Skalweit (Reich und Reformation; Berlin 1967, 252)에 의하면 제국회의 의결안은 개신교 의원들을 모든 형태의 지역평화파괴와 제국폭동의 주범으로 단정했다.

즉시 동맹정책을 다시 시작했다(참고 10장 4). 황제는 그들이 자신들의 종교를 방어하고자 불가피한 경우 황제와 구교 제국의원들에게 저항할 것인지를 분명히 하라고 강요했다. 프로테스탄트측 정치가와 법률가들은 제후들이 황제를 정부로 선출했기에 황제가 선출과 동시에 넘겨받은 의무를 다하지 않는다면 반대할 수도 있다는 적극적인 법적 소견을 가지고 '황제에 대한 저항권'을 설명했다.[3] 루터는 다른 선제후국 신학자들과 함께—1530년 10월 말 토루가우 회의에서—이러한 논지에 동의했다.[4] 황제에 대한 개신교 제후들의 저항권은 순수이 법적으로 설명한 것이며, 정치적 책임이 수반되어야만 했다. 그런 의미에서, 비록 아우구스부르크 제국회의가 열리기 전 논지의 강조점이 바뀌었다고 할지라도, 전에 성서적이며 자연법적으로 설명한 의견에는 모순이 없다고 느꼈다.[5] 종교개혁은 전보다 더 제국의원들의 정치적 책임의 중요한 요소가 되었다.

루터는 당시 제국의 상황에 대한 판단인 『사랑하는 독일에 대한 경고』(Warnung an seine lieben Deutschen)를 출판했다.[6] 종교개혁을 폭력으로 억압하려는 구교의 위협 속에서 루터는 복음에 합당한 평화를 강조했고, 그리스도와 복음은 전쟁으로 결코 막을 수 없다는 자신의 확신을 재확인했다. 종교개혁의 추종자를 향해 전쟁을 일으킨다면, 정당방위로 저항해야 한다(WA 30 III, 291, 34ff). 황제가 사악한 부추김을 당해 종교개혁 진영에 대해 전쟁을

---

3) WAB 5, 653ff. H.Scheible (참고 10장 4),43ff. 75f 그리고 E. Wolgast; 165ff.
4) WAB 5, 662, 6ff; 비교. E. Wolgast, 173ff.
5) E. Wolgast, 179f.
6) WA 30 III, (252) 276-320 (390) 392-399, 590. 인쇄는 1531년 봄까지 지체되었다. 이 글은 슈말칼덴과 30년 전쟁시기에 여러 번 새로 간행되었다.

선포한다면, 그는 하나님의 법과 자연법을 위배할 뿐만 아니라(WA 30 III, 282, 23ff), 황제의 고유 권한과 의무에도 저촉되는 것이다 (WA 30 III, 291, 10ff). 이 점에서 루터는 황제에게 저항할 제국 의원들의 권리를 그다지 많이 추론하지는 않는다. 오히려 그런 상황에서 황제에게 순종하려는 구교인을 경고한다. 왜냐하면 그렇게 될 경우 모든 그리스도인은 공적으로 선포된 그리스도의 진리를 거스리는 적이 될 것이고(WA 30 III, 28ff), 교황의 기독교 훼손에 공조하게 될 것이며(WA 30 III, 301, 33ff), 결국에는 종교개혁으로 시작된 새로운 일들을 다시 제거하는 데 일조할 것이기 때문이다(WA 30 III, 317, 7ff). 그러므로 이같은 경우, 사도가 '사람보다 하나님께 순종하는 것이 마땅하다' (행 5:29)고 말하듯이 황제와 선제후에게 순종해서는 안 된다(WA 30 III, 320, 12ff).

아우구스부르크 제국회의 최종 결의는 'CA는 거룩한 복음에 위배되었다'고 주장했으며, 부분적으로 왜곡시켜 논한 신앙 칭의와 자유의지 등 몇 가지 복음적 교리와 삶을 정죄했다. 루터는 제국회의 의결이 출판된 후, 즉시 반박에 힘썼다.[7] 제국회의 의결이 직접 설명하듯이, 구교인들은 거룩한 성서에 복종하지 않았다. 그와는 정반대로 그들은 성서의 진리를 교회의 판단에 복종시켰고, 성령의 역사를 그 일에 적용했다.[8]

루터의 두 가지 글은 여러 개의 구교측 반박서가 집필되는 동기가 되었다. 이들 대부분은 작센 선제후국에서 집필된 것이다. 그중의 하나는 게오르크 공작이 직접 집필했으나, 익명으로 출판했다.[9]

---

7) WA 30 III, (321) 331-388, 583.
8) WA 30 III, 333, 20ff. 339, 6ff. WAB 5, 591, 42ff: 교회는 잘못할 수 있다. 그러나 교회를 만든 하나님의 말씀은 아니다.
9) WA 30 III, (415) 416-438. 비교. WAB 6, 69-75. Hans Becker: Herzog Georg von Sachsen als kirchlicher und theologischer

루터는 드레스덴 영주에게 그가 논적자에 대해 모르는 척 자신의 지식을 숨기면서 익명성을 이용했고, 부끄러움도 모른 채 폭동을 비난한 비열자라고 반박했다.[10]

황제의 부당한 권력을 대항하기 위한 슈말칼덴 동맹을 루터는 정치가에게 일임했고, 그 자신은 신학자로서 동맹정책이 '사람보다는 하나님 위에 바로' 세워지도록 권고했다.[11] 루터는 페르디난트를 로마 황제로 선출하는 일에 참여하지 말자는 작센 선제후의 결정 역시 반대했다. 그것은 그에게 하나님을 신뢰함과 미래에 대한 열린 자세도 없었기 때문이다. 이러한 결정의 이면에는 제국평화의 불필요한 위험을 염려하는 정치적 고민이 있었다.[12] 1531/1532년 한편에서는 트리어와 팔츠의 선제후가 그리고 다른 한편에서는 슈말칼덴 동맹의 리더인 작센 선제후와 헤센 백작이 협상을 하여 결국 뉘른베르크 잠정안으로 황제와 슈말칼덴 동맹 사이에 정전협약이 성사되었을 때 루터는 공적인 평화의 유지를 정치가들에게 반복해서 호소했다.[13] '황제와의 평화'가 루터에게는 하나님의 '기적'을 의미했다 (WAB 6, 562, 4ff).

공의회를 열기까지 슈말칼덴 동맹을 체결한 제국의원들에게 폭력을 쓰지 않고, 제국법정에도 고소하지 않겠다는 황제의 약속을

Schriftsteller, ARG 24, 1927, (161-269) 251ff; G. Wartenberg (참고 10장 4), 565.
10) Wider den Meuchler zuuuu Dresden; WA 30 III, (413) 446-471. 비교 WAB 6, 90ff. 154. 루터와 게오르크 공작의 공식적인 두 번째 논쟁은 1533년에 일어났다. 왜냐하면 라이프치히 의회가 군주의 뜻이라며 모든 시민들에게 단종성찬을 강요했기 때문이다. WAB 8, 444ff. 448ff. 456ff. 464ff: WA 38, (86) 96-127 그리고 (135) 141-170.
11) WAB 6, 57, 21ff; 비교. 261, 54ff. 263, 28ff.
12) WAB 5, 697ff. 비교. E. Wolgast, 201ff.
13) 비교. E. Wolgast, 203ff. G. Müller (참고 10장 4), 388ff.

협상을 진행하는 정치가들은 장차 동맹에 가입할 회원들에게까지 확대하고자 원했다. 프로테스탄트가 이러한 요구로 평화협상을 위태롭게 했기에 루터는 말을 타고 그곳을 떠났다. 그가 생각하기에 슈말칼덴 동맹은 평화조약으로 이미 상당한 성과를 거두었다. 자신의 생각이 복음의 확산을 방해하고 있다는 비난을 루터는 정당하게 보지 않았다. 루터에게는 개신교측이 인클루지오 푸투로룸(inclusio futurorum: 장차 동맹에 가입할 회원에게도 적용하는 것)에 대한 생각을 포기하는 것이 중요했다. 그의 생각에 의하면 복음은 차후 종교개혁을 택할 추종자를 위해 정치적인 안전보장을 요구하지 않는다. 복음의 능력은 장차 그러한 보장이 없어도 유지될 수 있다. 과도한 요구를 자제하라는 그의 경고는 실용주의에 그 본질이 있다(그는 잠언 30:33절을 인용한다: "코를 비틀면 피가 나는 것같이.").[14]

그는 제국의원들이 종교개혁을 보호하는 것이 가능하다고 보지 않았다. 왜냐하면 비록 연맹정책이 강화되고 교회개혁에 대한 관심을 드러내지 않았음에도 불구하고 황제가 최근의 아우구스부르크 경험으로 종교개혁에 평화가 보장되지 않았기 때문이다. 황제가 자유로운 기독교 공의회를 개최한다면, '순수한 하나님 말씀 선포'에 대한 추가 요구 없이 프로테스탄트도 만족할 수 있다.[15] 루터는 비

---

14) 협상에서 가장 큰 난제였던 inclusio futurorum의 문제는(WAB 6, 308, 5ff. 313, 3ff. 326, 16ff. 328, 15ff. 329, 47ff) 개신교 신자들에 대한 구교 정부의 간섭권 및 이주법의 문제와 얽혀 있었다. 페르디난트 왕 선출의 인정 문제 역시 루터에 의하면 이 협상이 좌초시켜서는 안 된다 (WAB 6, 260, 19ff. 263, 12ff. 310, 68ff).
15) WAB 6, 314, 62ff. 협상 초기에 "외적인 의식"을 어떻게 이해해야 하는지가 깊이 논의되었다. 루터의 생각은 아우구스부르크 화해시도 때와 다름이 없이, "그러한 모임이 감독 또는 적이 아닌, 함께 살고, 진심으로 가르침을 사랑하고 경건한 사람들로 이루어지는 것이다. 그들의 감독들은

록 협상이 개신교의 모든 요구를 빼놓지 않고 다 고려한 것은 아니지만, 선제후들이 평화의 뜻을 실제로 보여주기를 간청했다.[16]

사실 뉘른베르크 잠정안(1532년 7월 23일)은 제국의원 혹은 개인의 종교적 권한에 대해 어떤 규정도 내포하고 있지 않다. 황제와 슈말칼덴 동맹 소속의 제국의원들은 종교분열에도 불구하고 '하나의 보편적이고 자유로운 공의회가 열리기까지' 제국의 평화를 지키기로 약속했다. 개신교 제국의원들은 터키의 위협으로 황제가 긴급히 요청한 원조를 약속했고, 황제는 제국법정에서 진행중인 '중대한 신앙 문제'에 대한 소송을 중단하기로 약속했다. 후자는 법적인 해석에서 특별히 논의중에 있으나, 이때의 합의는 제국의 종교개혁에는 일시적인 성질을 가졌음에도 불구하고 아우구스부르크 제국회의의 위협이 종결되었다는 일종의 위안이었다. 이 협약은 제국의원들이 종교개혁에 합류하는 것을 용이하게 하기보다는 더 어렵게 만들었다. 슈말칼덴 동맹이 새로운 동조자를 얻는 것도 하나의 문제였다.[17] 왜냐하면 제국법정 소송에서 보호를 포함한 뉘른베르크 잠정안은 차후 슈말칼덴 동맹의 새 회원들에게는 적용되지 않은 반면, 슈말칼덴 동맹은 새 회원이 제국법정의 재판을 받는 경우, 이들을 보호할 의무가 있었기 때문이다.

몇몇 제국의원들이 ― 무엇보다도 1534년 안할트-데사우, 뷔르템베르크, 폼메른, 아우구스부르크 ― 종교개혁 진영에 가입하기로 결정하자, 루터가 이 일을 적극 추진했다.[18] 지리적으로 매우 인접해 있던 안할트-데사우의 선제후는 당시 루터와 긴밀한 유대관계 속

우리보다 더 악하다"(Z.22ff).
16) WAB 6, 261, 43f: 법보다는 평화가 중요하다. 평화를 위해서 법을 제정했기 때문이다.
17) WAB 12, 181ff.
18) B. Moeller (참고 10장 4), 579ff.

에 있었다. 루터는 1532년 그곳에 친구 니콜라우스 하우스만을 개신교 설교자로 소개했고, 부르고르크 뵈르리츠에서 직접 그들에게 설교했으며(온전한 기독교적 삶, WA 36, 352ff), 1533년 개인적인 서신을 통해 그들의 계획을 지원했다.[19] 아우구스부르크에서 1534년 시의원이 모든 교회에(성당과 도시 내에 있는 제국기관은 제외하고) 개신교 교회제도를 도입하자 츠빙글리의 성찬론 차단에 관심을 두고 있던 루터는 아우구스부르크가 성찬일치를 위한 협의에 참여하여 츠빙글리측 설교자와 루터측 설교자 — 요한네스 포르스트와 카스파르 후베리누스 — 를 임명한 것에 만족했다. 부처와 그의 추종자들이 1537년 아우구스부르크에서 실행한 시의원은 그리스도인 정부로서 제국법에 따라 독립적인 정부나 다름없는 성당을 교회 아래 예속시키고, 미사 중지를 위해 취한 조처는 비텐베르크 신학자들에게 의해 인정받지 못했다.[20]

1535년 영국 왕과 프랑스가 슈말칼덴 동맹에 접근을 시도하자, 루터는 호의를 갖고서 신학적 대화를 위해 두 왕이 요구한 멜란히톤의 파견을 선제후에게 추천했다.[21] 그는 프랑스 프로테스탄트가 어려운 상황에 놓여 있기에 프랑스 방문이 적절하다고 생각했으나, 선제후가 정치적 이유에서 거부한 초청의 신학적 진의에 곧 의심을 품었다. 영국의 접촉시도는 진지했던 듯이 보인다. 협의자로 선제후에

---

19) WAB 6, 440f 게오르크에게, 441f 요한에게, 491f 요아킴 폰 안할트에게. 1536년 4월 3명의 선제후들이 슈말칼덴 동맹에 가입했다.
20) WAB 7, 421f. 461, 12ff. 492, 4ff. 567, 14ff. 동일한 관점을 루터는 1533년 브레멘에 대해서(WAB 6, 428ff), 1535년 마인의 프랑크푸르트에 대해(WAB 7, 303f. 306ff) 그리고 1536년 민덴에 대해서도 표명했다.
21) E. Wolgast, 230ff. Gerhard Philipp Wolf: Luthers Beziehungen zu Frankreich; bei H. Junghans (참고문헌 C), (663-675) 672ff. James Atkinson: Luthers Beziehungen zu England, ebd. (677-687) 681ff.

게 보내진 영국 사신 로버트 바네스(Robert Barnes)는 전에 비텐베르크에 체류한 적이 있기에 비텐베르크 신학자들에게 잘 알려져 있었다. 비텐베르크는 루터가 1531년 이혼문제에 반대를 표명했던(WAB 6, 175ff) 헨리 8세의 결혼문제를 협상에서 제쳐두었음에도 불구하고, 신학적인 주요 문제에 대해 만족할 만한 결과를 얻지 못했다. 왜냐하면 영국의 신학자들은 목사의 결혼, 양종성찬, 미사, 수도사 서원 등의 문제에서 비텐베르크측의 입장, 즉 CA에 접근할 수 있었고, 비텐베르크 조항(Wittenberger Artikel)에 담긴 모든 신학적 이해는 왕의 결정에 달려 있었기 때문이다.[22] 신학협상이 이렇게 되어가자, 루터는 동맹을 맺도록 조언할 수 없었다. 그렇지만 루터는 정치적인 문제들은 정치가들에게 위임하기를 원했다(WAB 7, 404, 16ff). 영국과의 동맹은 이루어지지 않았다. 1539년 영국 왕의 새로운 접근 시도를 루터는 — 헨리의 종교정책에 큰 감명을 받은 부처와는 달리 — 더 이상 진지하게 받아들이지 않았다.[23]

황제와 개신교 제국의원들의 관계는 뉘른베르크 잠정안에도 불구하고 다시금 새로운 긴장 속에 빠졌다. 두 가지가 상황을 악화시켰고, 비텐베르크 신학자들에게 황제에 대한 저항권을 표명케 했다.

하나는 1536년 바울 3세의 공의회 소집이 원인이었다.[24] 프로테스탄트는 1530년 불가피하게 저항해야 할 악한 불의를 황제가 이미 범했다고 확신했다. 그것은 프로테스탄트가 공의회 소집을 호소하자, 공의회에 앞서 판사가 해야 할 결정을 내려 프로테스탄트를 이단으로 정죄하고 박해하려 했기 때문이다. 이제 비텐베르크측도

---

22) Georg Mentz (Hg.): Die Wittenberger Artikel von 1536. lateinisch und deutsch; Leipzig 1905.
23) WAB 8, 569, 22ff. 572ff. 577f.
24) E. Wolgast, 224ff. 1536년 12월 6일자 비텐베르크 심의서. H. Scheible (참고 10장 4), 89ff Nr 20.

황제가 공의회 결정을 근거로 개신교를 억압하나, 성서의 진리와 자연적인 하나님의 질서를 위배하는 것이야말로 하나님을 비방하는 범죄로 정죄해야 한다는 것을 확연히 알게 되었다. 이러한 경우에도 황제는 직접 기독교의 요구를 다루려고 하는 악한 불의를 범했다. 개신교 제국의원들의 황제에 대한 저항권은 바로 여기서 나온 것이다. 왜냐하면 기독교 정부로서 그들이 통치하는 지역의 공적인 기독교를 하나님을 비방하는 범죄로부터 보호하는 것이 의무이기 때문이다.

또 다른 하나의 원인은 1538년에 일어났다. 한편으로는 황제와 구교측 제국의원들이 종교정치적인 의도로 뉘른베르크 협약(1538년 6월 10일)을 체결했으며, 다른 한편으로는 제국법정이 슈말칼덴 동맹 회원이자, 한자도시인 민덴에 추방을 선고했기 때문이다. 이러한 선고는 종교개혁에 대한 대처라는 표본적인 의미를 가졌다. 몇몇 개신교 제국의원들은 종교 문제로 소송을 당했다. 뉘른베르크 잠정안에서 약속한 소송의 중지는 황제에 의해 철저히 이루어지지 않았고, 구교측 제국의원들은 더욱 방해했다. 종교 문제의 개념에 대한 구체적 해석 역시 의견이 많았다.[25] 이러한 상황에서 비텐베르크 신학자 의견서(1538년 11월)는 부당한 추방선고는 평화를 파괴하고, 회원이나 추방당사자들에게 선제공격이라는 정당방위를 정당화시킬 수 있음을 주장했다. 선제공격으로서 다른 행동도 또한 유효한 것인지는 더 논의되어야 한다.[26]

1539년 초 루터가 직접 쓴 두 개의 문서[27]는 종교개혁을 방어하

---

25) G. Dommasch.
26) H. Scheible (참고 10장 4), (92) 94 Nr.21.
27) WAB 8, 364ff. 1539년 2월 8일자 요한네스 루디케에게 보낸 서신; WA 39 II, (34) 39-51; 마 19:21에 대한 순환토론 논제. 1539년 봄 (52-89 1539년 5월 9일자 토론명시); Rudolf Herrmann: Luthers Zirkulardi-

고자 개신교 제후들이 황제에게 저항할 경우, 이 저항권의 근거를 종교전쟁이 일어날 경우, 황제는 적그리스도와 같은 교황을 돕는 자라는 점에 두고 있다. 적그리스도 사상은 루터의 논의에 종말론적인 차원을 부여하고 있다.[28] 루터는 교황과 터키를 저항해야 할 동등한 대상으로 여긴다. 왜냐하면 이 두 세력은 참된 종교, 정치 그리고 경제라는 하나님이 원하시는 질서를 황폐시켰기 때문이다. 루터는 이것으로 보편적 독재자라는 사상을 발전시켰다. 공적인 복음 설교를 지키고 하나님이 원한 모든 질서를 보존하고자 적극적인 저항도 제안했다.[29] 이러한 틀에서 루터는 멜란히톤이 상당히 방대하게 연구한 자연법적인 정당방위 논지를 제시했다.

> 참고문헌 : Gerd Dommasch: Die Religionsprozesse der rekusierenden Fürsten und Städte und die Erneuerung des Schmalkaldischen Bundes 1534 bis 1536; Tübingen 1961. Ekkehart Fabian: Die Schmalkaldischen Bundesabschiede 1530-1532, 1533-1536; 2 Bde. Tübingen 1958. Ders.: Urkunden und Akten der Reformationsprozesse am Reichskamergericht, am kaiserlichen Hofgericht zu Rottweil und an anderen Gerichten, Teil 1: Allgemeines 1530-1534; Tübingen 1961. Wolfgang

---

sputation über Matthäus 19, 21; Ges. Studien (참고문헌 C), 206-250. Siegfried Hoyer: Bemerkungen zu Luthers Auffassung über das Widerstandsrecht der Stände gegen den Kaiser (1539); bei G. Vogler (참고문헌 C), 255-263.

28) E. Wolgast, 244; G. Müller (참고 10장 4), 396.
29) Johannes Heckel: Lex Charitatis; 2. Aufl. Köln 1973, 251ff. 303ff. 루터는 창세기 10장 8절의 니므롯의 모습을 인용했다, WA 42, 400, 22ff.

> Günter: Martin Luthers Vorstellung von der Reichsverfassung; Münster 1976. Adolf Hasenclever: Die Poitik der Schmalkaldener vor Ausbruch des Schmalkaldischen Krieges; Berlin 1901. Paul Heidreich: Karl V. und die deutschen Protestanten am Vorabend des Schmalkaldischen Krieges; 2 Bde. Frankfurt/M. 1911/12. Gerhard Müller: Die römische Kurie und die Reformation 1523-1534; Kirche und Politik während des Pontifikates Clemens' VII; Gütersloh 1969. Konrad Repgen: Die römische Kurie und der Westfälische Friede. Idee und Wirklichkeit des Papsttums im 16. und 17. Jahrhundert; Bd. 1, 1: Papst, Kaiser und Reich 1521-1644, Tübingen 1962. Walter Rosenberg: Der Kaiser und die Protestanten in den Jahren 1537 bis 1539; Halle 1903. Otto Winckelmann: Der Schmalkaldische Bund 1530-1532 und der Nürnberger Religionsfriede; Straßburg 1892. Eike Wolgast. 참고 10장 4.

2. 재세례와 공적인 관용의 문제

세례운동은 1526/1527년 무엇보다도 먼저 독일 남부와 프랑스령인 뷔르템베르크 지역에서 목격되었으며, 비텐베르크를 둘러싼 작센지역에서는 인지되지 않아, 루터는 서서히 게다가 서신과 동료들의 구두보고 및 세례 서적[30]을 통해서 이것을 알게 되었다. 가톨

---

30) 1527년 말 발타자르 후프마이어의 생각만이 증명할 수 있다: Der uralten und gar neuen Lehrer Urteil; Schriften, hg. von G.

릭 지역에서 활동하는 개혁적 사고경향의 두 명의 목사가 던진 질문이 계기가 되어 루터는 1527년 말 『두 목사의 재세례』를 집필했다.[31] 그는 이 책에서 유아세례에 대한 비판을 집중적으로 다루었으며, 다른 차이점에는 관심을 두지 않았다. 그는 재세례주의자의 홍보 앞에서 개신교회를 강화시키려 했고, 재세례주의 글에 대해 아는 바가 없었기에 그들의 생각을 상세히 논한 글들이 나오기를 기대했으나, 반응은 없었다.

그 후 루터는 어떤 글에서도 기독교의 세례를 주제로 논쟁하지 않았다. 그러나 설교에서는 재세례와 구교의 세례를 구분하여 - 주현절 축일에 - 여러 번 개신교의 세례를 설명했다.[32] 두 교리문답서는 제4부에서 세례를 강조하고 있고, 루터가 스콜라의 세례론을 삭제한 슈말칼덴 조항에서 세례가 언급되었다.[33]

Westin, T. Bergsten, Gütersloh 1962, (224) 227ff; 비교. WA 26, 144, 5ff.

31) WA 26, (137) 144-174. 거의 같은 시기에 멜란히톤은 세례에 관한 그의 첫 논문을 집필했다; CR 1, 955ff. StA 1, 272ff; MBW 1 Nr. 676.

32) 1528: WA 27, 32-38, 41-45, 49-53, 55-60 그리고 WA 30 I, 18-23, 50, 52, 109-116; 1531: WA 34 I, 21-31, 42-50, 87-98; 1532: WA 96-117, 126-134, 228-232; 1534: WA 37, 249-253, 258-293, 299-304 (비교. WAB 7, 19f); 1535년 5개의 설교 WA 37, 627-672; 1538: WA 46, 145-155, 167-185, 194-201; 1539; WA 47, 640-659; 1540: WA 49, 111-135; 1546: WA 51, 107-117.

33) 4권의 반재세례 저서는 루터의 지도를 받은 두 명의 루터파 신학자가 썼다. 유스투스 메니우스는 아이제나흐의 교구감독으로서 튀링엔 서쪽의 재세례를 잘 알고 있었다. 이곳은 뮌처의 추종자인 한스 후트의 사상이 여전히 영향을 주던 곳이다. 그는 (1) 『재세례 교리와 비밀을 성서로 반박하다, 1530』를 썼다. 비교. WA 30 II, (209) 211-214; (2) 『Wie ein jeglicher Christ gegen allerlei Lehre, gut und böse, nach Gottes Befehl sich gebührlich halten soll』 1538, 비교. WA 50, (344) 346f; (3.) 『재세례자의 영』 1544, 비교 WA 54, (116) 117f.을 썼다.

루터는 그리스도인 모두 다시 성인세례를 받아야 한다는 3가지 이유를 반박한다. 1. (WA 26, 146, 32ff) 유아세례는 교황적이며, 적그리스도적인 관례이며, 그리스도 공동체가 전한 것이 아니기에 폐지해야 한다는 주장을 루터는 반박한다. 물론 교황권은 적그리스도적인 성격을 지녔고, 기독교의 역사적 기초가 되는 좋은 전통—성서, 설교직, 죄 용서의 권세, 세례, 제단의 성례전, 교리문답—이 교황교회에서 남용되고 왜곡되었다. 살후 2:4에 의하면 성전에, 즉 기독교 안에 있는 적그리스도는 이러한 좋은 전통을 지닌 기독교의 존재 없이는 생각할 수 없다(종교개혁은 항상 역사적으로 단절이 없는 기본적 전통 위에 세워진, 그러면서도 왜곡도 남용도 없는 기독교를 고민한다). 유아세례는 그 때문에 비난되어서는 안 된다. 다만 오해하거나 남용하지 말아야 한다. 종교개혁 진영의 기독교인들은 그 때문에 자신이 유아시절 교황교회에서 받은 세례를 비기독교적이라고 비난해서는 안 되며, 성인이 된 지금 다시 세례를 받아서도 안 된다.

    2. (WA 26, 149, 9ff) 그리스도인은 명확한 확신을 먼저 갖고—그리스도 공동체로의 입교인—세례를 받아야 한다고 주장한다면, 루터가 생각하기에 그것은 인간으로서의 삶의 의식과 공동체 의식의 기본 조건들을 무시하는 것이 된다. 왜냐하면 인간은 그가 직접 의식한 것만을 항상 받아들이는 것은 아니기 때문이다. 오히려 중요한 것은 하나의 성향(유아성과 같은)이 일반적으로 하나님의 뜻

아우구스부르크에 있을 때에 재세례자와 논쟁을 벌였던 우르바누스 레기우스는 뉘네부르크의 영주 에른스트 요청으로『뮌스터의 새로운 발렌티누스파와 도나투스파 고백 반박, 1535』을 썼다. 비교. WA 38, (336) 338-340. 비교.『뮌스터 재세례주의의 새로운 시대』(1535)에 대한 루터의 서문; WA 38, (341) 347-350. Günter Vogler: Martin Luther und das Täuferreich zu Münster; bei dems (참고문헌 C), 235-254.

에 달린 것인지, 세례가 타인에 의해 나에게 개인적으로 증명이 되는 것인지(나의 어린시절을 결정하는 부모처럼), 그리고 그들의 좋은 신앙적 영향으로 내가 세례를 경험할 수 있는지를 아는 것이다. 이러한 조건들은 교회의 유아세례에서 성취되며, 그 결과 하나님이 원하셨음을 믿는 확신이 이루어지는 것이다.

3. (WA 26, 154, 1ff) 집례자는 확신 있는 신앙을 세례의 조건으로 삼는다. 그러나 수세자가 실제로 믿는지는 집례자도 수세자 자신도 알 수 없으며, 세례는 어떤 확실치 않음에 근거하고 있다고 루터는 반박한다. 신앙은 그 확신을 지식 자체에 두고 있지 않으며, 그것은 이성적 확신보다 더 깊은 곳에 있다. 그 때문에 루터는 하나님이 이미 어린이들 속에 신앙을 만들고 있으며, 마 19:14에서처럼 아이들에게도 역시 그리스도 공동체에 완전한 참여를 약속했다고 생각한다.[34] 세례의 기초는 모든 사람에게 하나님을 설명하는 하나님의 말씀이다. "하나님은 모든 세상과 계약을 맺었고,…… 이러한 계약의 표지로 세례를 제정했으며, 모든 이방에 제공하고 명령했다", 마 28:19(WA 26, 164, 24ff). 이러한 토대에서 나중에 확신하게 되는 신앙이 세워진다는 것이다. 신앙은 여기에 그 확신의 근거를 둔다. 주현절[35]에 세례라는 주제로 설교를 하면서 루터는 기독교 세례가 지닌 구원의 의미를 그리스도의 세례와 연결시켰다.

재세례파는 평신도가 설교를 했다. 설교직은 개인의 신앙적 확신에서 유도하거나 혹은 재세례 공동체가 위임해 주었다. 재세례파는 자신의 기독교 이해를 토대로 설교하여 구교 혹은 종교개혁의 민족

---

34) 루터는 세례집례를 구교적인 교회의 신앙이나 부모 혹은 대부의 신앙에 연관시키지 않고, 수세자의 신앙에 연관시킨다. 하나님이 혹은 본래 집례자인 그리스도가 이러한 신앙을 만든다. 인간적이고 제의적인 것은 모두 배제되지만, 역사적 전통과는 단절되지 않는다. 비교. K. Brinkel.

35) TRE 9, 1982, 762ff: Epiphaniasfest.

교회적인 기독교와 분명하게 대립되었다. 재세례파의 등장으로 종교개혁은 교회와 직임이 지니고 있는 사회적-법적 요건을 보여주었다. 이 둘 모두-교회와 설교직-공적인 성격을 가지고 있다. 게다가 당시의 조건 하에서는 시민공동체와 동일한 법적 의미를 가지고 있어서 시민공동체와 교회는 비텐베르크 종교개혁에 있어서 동일하지는 않지만(취리히 종교개혁처럼), 그들의 공적인 성격은 일치하고 있다. 제국에서의 개신교의 공적인 존속이 교황과 황제가 이단시하여 위험하게 되고, 그 결과 불확실한 정치적 상황에 의존하고 있었기에, 종교개혁이 요구한 교회와 직임의 배타적 공공성은 성사되지 않았을 것이라고 보기는 어렵다. 교회의 목사직을 사회의 공공성과 함께 묶는 것은 종교개혁이 원한 바였고, 교회도 환영했다. 왜냐하면 그동안 고유권한을 가진 성직계급은 많은 기관들(특히 수도원과 재단들)과 구분하여 독자적인 존재영역을 구축해 왔기 때문이다.

    루터는 1532년 「비열한 자들과 엉터리 설교자들」이라는 글에서 당시 종교개혁적인 확신을 가진 사람들이 보기에 재세례파 설교자는 교회 직임이 갖고 있는 공공성과 조화되지 못했다고 밝혔다.[36] 교회나 시민사회는 재세례파의 설교에 대해 비난하지는 않았으나, 공적인 임명 없이 교회에 등장하여 은밀히, 즉 법적인 허가도 없이 설교하는 것을 더 이상 참을 수 없었다. 교구교회에는 설교와 목회의 권한을 부여받은 법에 따라 임명된 목사가 있다. 교회 구성원-이들은 사실 시민 전체이다-은 교구교회와 그들의 목사에게서 벗어날 수 없으며, 교구의 영향을 받게 된다. 그러나 재세례파는 교회 구성원을 시민공동체와 교구교회에서 분리시키려 하여 선동적인 의도를 갖고 있다는 비난을 받았다. 세속 기관 역시 루터와 다른 개혁

---

36) WA 30 III, (510) 518-527; 비교. WAB 7, 111f (1534년 10월 20일).

자들의 의견을 따라 교회의 일치가 공적으로 임명되지 않은 재세례파 설교자로 파괴되지 않도록 대응했다.[37]

정부의 적법한 재세례파 대응에 대한 루터의 생각은 시간이 흐를수록 더욱 더 강화되었다.[38] 1528년만 해도 다만 신앙적 오류일 뿐, 정부에 대해 폭동 또는 반항이 아닐 경우, 사형은 반대했다. 거짓 교사를 나라에서 추방하는 것으로 만족했다.[39] 그러나 1530년 이후 사형을 더 이상 배제할 수 없었다. 이것은 추측컨대 황제와 군주가 마련한 형법의 영향이자, 멜란히톤, 메니우스 그리고 미코니우스와 같은 동료 신학자들이 재세례파에 대한 보고와 글을 통해 그들의 독특한 성향을 알린 결과일 것이다.

재세례파는 공적인 사회생활의 장애를 가져왔다. 왜냐하면 (1) 재세례파의 교리는 선동적이기 때문이다. 그들은 세속 정부의 법과 소유권을 인정하지 않는다. 즉, 종교개혁가들이 자연적인 관습법에 토대를 두어 설명하는 법적인 질서를 부인하는 것이다. (2) 재세례파는 기독교 전체의 사도신경이자 성서에 근거한 신앙신조를 부인하기 때문에 점점 비방자가 되어가고 있다. (3) 재세례 설교자는 공적으로 직임을 임명받지 않은 채 교리와 관례를 전파하여 공적인 평화를 해치고 있다.[40] 루터는 이것을 알고 공적인 사회생활에 대한

---

37) 임명받지 못한 재세례 설교자에 대한 루터의 견해는 불가피한 상황에서 임명받지 않고 교리를 전할 권리에 대한 1523년의 견해와 긴장관계에 있다(WA 11, 412, 30ff. 12, 189, 17ff. 190, 34ff). 루터는 1523년에도 역시 교회의 공적인 일치성이 해체되는 것을 원치 않았다. 일반적으로 긴급한 상황인지에 대한 결정은 전한 가르침이 진리인가 하는 판단에 달려 있다.
38) K. Trüdinger (참고 8장 4), 125ff.
39) WA 26, 145, 22ff; WAB 4, 372, 5ff. 498f (비교. WAB 14, XXIIff).
40) WA 31 I, 207, 33-312, 22 (1530년 봄); WAB 5, 244, 5ff (1530년 2월), 6, 223 (1531년 1월/2월, 비교. WAB 14, XXIX), 7, 111f

위반이 명백하다고 보아 다른 종교개혁자들과 함께 정부에 형 집행을 요구했다. 그 시대의 지배적인 관점에 따르면, 하나님을 공공연히 비방하거나 폭동을 일으키는 것은 사형이었다. 루터는 재세례파에 대한 정부의 대응을 신앙의 억압이라고 보지 않았다. 왜냐하면 공적 질서의 위반만을 문제 삼을 뿐, 개인의 신앙적 확신은 종교재판관처럼 가혹하게 추적하지 않기 때문이다. 도덕적이고 종교적인 외적 태도는 사회적 요청에 복종하게 할 수 있으나, 사람들을 신앙으로 이끌 수는 없다. 루터는 몇 가지 특수한 경우 유혹자와 미혹당한 사람을 구분하고 재발을 막고자 집행유예 기간의 처벌에 대해 긴급히 조언했고, 구체적인 처벌로 추방을 지적했지만, 사형은 언급하지 않았다. 그럼에도 불구하고 1530년대에 선제후국에서 몇 사람의 재세례파가 처형되는 것을 막지는 못했다. 반면 헤센의 필립백작의 통치 하에서는 처형당한 재세례파는 없다.[41]

재세례파뿐만 아니라, 구교와 관련하여 개신교 제국의원들에게 관용의 문제가 제기되었다. 1529년 스파이어처럼, 아우구스부르크 제국회의에서도 개신교 제국의원들은 그들 지역에서 구교의 미사축제를 허용해야 한다고 요구했다. 왜냐하면 세속 통치자는 사제의 미사회생 혹은 수도원 생활과 같은 일들을 구속할 권한이 없기 때문이었다.[42] 루터는 선제후에게 서신을 보내 이 문제를 다루었다.[43] 구

(1534년 10월 20일), WA 50, (6) 8-15. 1536년 6월 5일자 백작 헤센의 필립에게 보내는 비텐베르크 신학자 의견서. 비교. WAB 7, 416ff.

41) Claus-Peter Clasen: Anabaptism. A Social History, 1525-1618. Switzerland, Austria, Moravia, South and Central Germany; Ithaca, NY 1972, 370ff. 437. 츠빙글리 성찬론의 추종자인 소위 성례주의자들을 루터는 재세례파보다 더 부드럽게 판단했다. 그들에게는 기껏해야 추방이 고작이었다. K. Trüdinger (참고 8장 4), 133ff.

42) WAB 12, 125, 38ff. 1530년 8월 22일 루터에게 보내는 선제후 요한의 서신.

교의 미사축제와 수도원 생활은 복음과 분명히 모순되어, 하나님을 비방하는 것이 되며, 그 때문에 공적인 삶에서 용납할 수 없다. 선제후와 공적인 책임의 수반자는 자신의 책임지역에서 그리스도인으로서 하나님의 영광을 위해 힘을 기울여야 하며, 백성들에게 어쨌든 하나님을 섬기도록 해야 한다(WAB 5, 614, 35). 통치자의 개인적인 확신은 하나님 말씀에 토대를 두어야 한다. 신앙의 억압은 일어나서는 안 되며, 다만 하나님을 비방하는 행위는 하나님의 뜻에 따라 제지되어야 한다. 하나님을 비방한다는 비난을 듣는 유대인들이 기독교 사회에서 관용되어야 한다는 것은 하나의 특별한 경우이다. 그들은 기독교와 시민공동체의 구성원으로서 용납되는 것이 아니라, 특별한 신분으로 용납되는 것이다. 그들을 공개적으로 비방해서도 안 된다(WAB 5, 615, 69f. 참고 12장 2). 수도승과 미사를 인도하는 사제는 기독교 사회에서 완전히 인정받기를 원했다.[44]

> 참고문헌 : Roland H. Bainton: The Development and Consistency of Luther's Attitude to Religious Liberty; HThR 22, 1929, 107-149. Heinrich Bornkamm: Das Problem der Toleranz im 16. Jahrhundert; bei dems.: Das Jahrhundert der Reformation; 2. Aufl. Göttingen 1966, 262-291. Karl Brinkel: Die Lehre Luthers von der fides infantium bri der Kindertaufe; Berlin 1958. Martin Ferel: Gepredigte Trufe. Eine homiletische Untersuchung zur Taufpredigt bei luther; Tübingen 1969. Hans-

---

43) WAB 5, 573, 45ff. 1530년 8월 26일 선제후 요한에게 보내는 서신, ebd. 614f (1530년 7월/9월의 의견서); WA 31 I, 207, 33-213, 21 (1530년 봄).
44) WAB 5, 615, 66ff. WA 31 I, 212, 30ff.

Jürgen Goertz: Die Täufer. Geschichte und Deutung; München 1980. Lorenz Grönvik: Die Taufe in der Theologie Martin Luthers; Åbo 1968. Heinrich Hoffmann: Reformation und Gewissensfreiheit; ARG 37, 1940, 170-188. Franz Lau: Die Konditional-oder Eventualtaufe und die Frage nach ihrem Recht in der lutherischen Kirche; LuJ 25, 1958, 110-140. Joseph Lecler: Geschichte der Toleranz und Religionsfreiheit im Zeitalter der Reformation; 2 Bde. Stuttgart 1965. Ders.: die Gewissensfreiheit. Anfänge und verschiedene Auslegung des Begriffs; bei Heinrich Lutz (Hg.): Zur Geschichte der Toleranz und Religionsfreiheit; (Wege der Forschung 246) Darmstadt 1977, 331-371. Karl-Heinz zur Mühlen: Luthers Tauflehre und seine Stellung zu den Täufern; bei H. Junghans (참고문헌 C), 119-138. John Stanley Oyer: Lutheran Reformers against Anabapyists. Luther, Melanchthon and the Anabaptists of Central Germany; Den Haag 1964. Nikolaus Paulus: Protestantsmus und Toleranz im 16. Jahrhundert; Freiburg i. Br. 1911. Ulrich Scheuner: Staatsräson und religiöse Einheit des Staates. Zur Religionspolitik in Deutschland im Zeitalter der Glaubensspaltung; bei Roman Schur (Hg.): Staatsräson; Berlin 1975, 363 ff. Paul Wappler: Inquisition und Ketzerprozesse in Zwickau zur Reformationszeit; Leipzig 1908. Ders.: Die Stellung Kursachsens und des Landgrafen Philipp von Hessen Zur Täuferbewegung; Münster. 1910. Ders.: Die Täuferbewegung in Thüringen von 1526 bis 1584; Jena 1913. Gerhard Zschäbitz: Zur mitteldeutschen Wiedertäuferbewegung nach dem großen Bauernkrieg; Berlin (DDR) 1958.

3. 계속되는 대학과 교회의 새로운 설립

루터는 코부르크 시절 이후 무엇보다도 먼저 중단했던 아가서 주해를 끝마쳤다(1530년 11월 8일-1531년 6월 22일).[45] 이것은 두 번째로 갈라디아서를 주해하기 위한 것이었다(1531년 7월 2일-12월 12일). 게오르크 뢰러는 강의중에 자신이 직접 받아 쓴 루터의 갈라디아서 주해를 출판했다(1535).[46] 뢰러가 두 번째 개정한 소위 『대 갈라디아서 주석』은 영국과 프랑스에 미친 루터의 영향사에 매우 중요하다. 1532-1535년에 루터는 시편에서도 특히 2편, 51편, 45편, 120-134편 그리고 90편을 강의했다.[47] 1535년 7월 1일 여러 번 중단했던 창세기 강의를 다시 시작했다. 1545년 11월 17일 창세기 강의가 끝나면서 그의 교수 활동도 끝이 났다.[48]

---

45) WA 31 II, (IX) 586-769; Dietrich Thyen: Martin Luthers Hohelied-Vorlesung von 1530/31; Sieger Pädagogische Studien 23, WS 1977/78, 62-77.

46) WA 40 I, (1) 33-688; 40 II, 1-184: 뢰러의 필사본과 그의 인쇄본. Karin Bornkamm: Luthers Auslegungen des Galaterbriefs von 1519 und 1531. Ein Vergleich; Berlin 1963.

47) WA 40, (185) 193-610 그리고 WA 40 III, (1) 9-594: Rörers Nachschriften und Veit Dietrichs Druckbearbeitungen. 시편 90편을 강의하기 전 루터는 독일어 성서 개정작업 때문에 거의 1년간 강의를 중단했다: 1534년 신구약 독일어성서가 나왔다. WADB 2, 545ff. Nr. 50; 비교. WA 60, 383.

48) WA 42-44 그리고 59, 389-401. 바이트 디트리히와 히에로니무스 베졸트가 인쇄를 위해 연이어 노력했다. 수강자들이 받아 적은 듬성듬성한 파

성서번역 작업은 때때로 강의와 밀접하게 연결되었다.[49] 신약성서를 번역한 후, 루터는 신속히 구약성서의 첫 3권을 번역했다. 이것들은 1523/24년 차례로 출판되었다: 모세오경[50], 역사[51]와 시가서.[52] 예언서와 외경의 번역은 오래 지체되었으며, 이 가운데 몇몇 성서를 단권으로 번역 출판한 후(가령, 이사야 1528년, 다니엘 1530), 1532년 예언서 전체를 출판했다.[53] 표준 독일어로 완성된 루터성서 전체는 1534년 가을에 출판되었다.[54] 뤼벡에서는 봄에 저지(低地) 독일어로 전환하여 발행하는 작업이 이미 진행되고 있었다.[55] 이 두 성서는 그 이후 루터성서의 전통적인 구성요소가 되었고, 요나스와 멜란히톤이 번역한 구약의 외경이 부분적으로 포함되어 있다.[56] 루터는 이미 1530년 이전에 신약과 시편을 번역하면서 새로운 판에 대해 많은 손질을 했다. 1530년 이후 그의 개정작업은 주로 구약성서에 집중되었다. 중요한 부분을 작업할 때에는 여러 명의 동료들이 규칙적으로 회의를 가졌다. 소위 개정작업 회의록이 남아 있어서 당시의 상황을 파악하는데 큰 도움을 얻을 수 있다.[57]

편들만이 남아 있다. Peter Meinhold: Die Genesisvorlesung Luthers und ihre Herausgeber; Stuttgart 1936. 두 개의 작은 주해 작업이 창세기 강의를 중단시켰다: 1543/44년 겨울 이사야 9장 주해, WA 40 III, (595) 597-682; 1544년 봄 이사야 52장 13-53, 12, ebd. (683) 685-746.

49) 다 완결하지 못한 불가타 개정작업은 학문적인 목적에서였다. WADB 5.
50) WADB 8.
51) WADB 1, 1-162 (Hs) und 11 I/II.
52) WADB 1, 393-639 (Hs) 그리고 10 I/II.
53) WADB 2, 1-162 (Hs) 그리고 11 I/II.
54) WADB 2, 545-553 Nr. 50. WA 60, 383.
55) WA 59, 797 Nr. 42.
56) WADB 2, 163-200 (Hs) 그리고 12.
57) WADB 3 그리고 4, 10 II, 158-349.

서문, 여백주기 그리고 삽화도 변화를 주었다. 독일어 성서를 위한 거의 25년간의 노력은[58] 이제는 과제가 되어버린 성서에 대한 그의 열정을 반영하고 있다.

1532년 아버지의 뒤를 이어[59] 재위한 선제후 요한 프리드리히는 1533년이 되자 교회정치적인 동기에서 비텐베르크 대학의 개편을 시작했다. 신학부를 위해서는 멜란히톤이 과거 교과과정 개편을 참고해 새로운 정관을 작성했다.[60] 10년이 지나도록 신학부에서는 토론도 개최되지 않았고, 학위도 수여되지 않았으나, 이제 다시 토론도 열고 박사학위 시험도 시행되었다.[61] 첫 박사학위를 위한 토론은 선제후가 참여한 가운데 루터가 의장을 맡았으며, 이 토론 시험을 통해 요한네스 부겐하겐, 카스파르 쿠르치거 그리고 요한네스 애피누스가 학위를 취득했다.[62] 루터는 1535년부터 1545년까지 학장으로 재임하는 동안 13개의 박사학위를 위한 토론시험에서 의장을 맡았으며, 이 중 10개는 본인이 직접 논제를 출제했다.[63] 정기토론회는 교수들에 의해 3개월에 한번씩 정기적으로 개최되었다. 학위를 위한 토론에서처럼 정기토론에서도 의장은 토론에 참여할 수 있었다. 1535년부터 루터가 출제했고, 직접 의장을 보았던 13개의 정

---

58) 루터의 성서 번역사에 대한 개관은 Hans Volz (Hg.): D. Martin Luther-Biblia, Das ist Die gantze Heilige Schrift Deudsch von Luthers deutscher Bibel WADB 2, (XX-XXVII) 201-727, WA 59, 783-819 그리고 60, 333-415.
59) 선제후 요한이 죽었을 때 루터가 한 2개의 애도설교(1532년 8월 18일과 22일) WA 36, 237-270.
60) W. Friedensburg (참고 3장 1), 186f.; 178ff.
61) W. Friedensburg (참고 3장 1), 190ff; WAB 12, 445f.
62) WAB 6, 478f; WA 39 II, XIV. 멜란히톤이 출제한 토론 논제 CR 12, Sp. 517-520.
63) WAB 12, 440ff; WA 39 II, XIVff.

기토론회는 우리에게 잘 알려져 있다.[64] 학위 취득을 위한 토론이나 정기토론회를 위해 논제를 제시할 때 루터는 칭의[65], 인간[66], 율법, 삼위일체, 그리스도[67] 그리고 교회라는 중심 주제를 벗어나지 않았다. 그렇지만 교회정치적인, 즉 콘스탄츠 공의회가 교리로 정한 단종성찬, 공의회의 결정권, 황제의 종교정책 저항권에 대한 논제도 제시했다.

비텐베르크 대학이 신학박사 학위를 갱신한 것은 4차례의 에큐메니컬 공의회에서 이루어진 고대교회 가르침과 일치되게 성서적 구원론을 표방해야 한다는 생각에서였으며, 이러한 생각은 CA에도 명확하게 표현되어 있다.[68] 이것은 가장 높은 단계인 박사과정에서도 계속 언급되어야 한다고 느꼈다.

복음적 가르침이 중요하다는 생각에서 1533년 박사과정을 갱신했듯이, 1535년 이제까지 감독의 책임이던 목사 시험과 임명을 새로 갱신했다. 시찰자들의 강의(1528년)에 의하면 총감독은 임직과 연계시키지 말고 새로 임명받은 목사를 교리와 삶과 연관해서 시험해야 한다.[69] 교회 취임시에 총감독의 협력은 전혀 기대할 수 없었다. 아우구스부르크 제국회의와 뉘른베르크 잠정안에 대한 협상에

---

64) Thesen und Nachschriften der Promotions-und der Zirkulardisputation ab 1535 in chronologischer Folge in WA 39 I 그리고 II; Nachtrag WA 59, 698-716.
65) 로마서 3장 28절에 대한 세 번째와 네 번째 논제; WA 39 I, (78) 82-86. 에벨링이 분석했다(참고문헌 C). III, 223-257. 258-310.
66) Gerhard Ebeling: Lutherstudien II: Disputatio de homine. Tübingen 1977, 1982.
67) M. Lienhard (참고 10장 1), 228-264. R. Schwarz 참고 6장 3. 각주 3.
68) Statuta collegii facultatis theologicae 1533, 참고문헌, C. E. Förstemann (참고 3장 1), 152.
69) WA 26, 235, 26ff.

서 감독의 임명과 취임권에 관심을 기울였다. 루터는 1533년 대학의 신학자들이 소속된 비텐베르크 교회가 다른 지역에서 임명된 목사를 안수하고 파송할 권한이 있다고 썼다.[70] 그는 1535년 5월 9일 설교에서 비텐베르크에서 공식적인 예배로 이루어지는 성직임명은 개신교적인 방식으로 시행해야 한다는 생각을 밝혔다.[71] 그 후 얼마 지나지 않아(1535년 5월 12일) 선제후는 목사의 길에 들어서서 이미 교회의 청빙을 받은 사람들은 비텐베르크에서 임직을 해야 한다는 규정을 내놓았다.[72] 신학부는 그와 관련된 사람들의 시험을 주관했다.[73] 성직임명에 즈음하여 루터는 1535년 10월 20일 자신이 직접 창안한 예전인[74] 취임식의 의미를 교회에 설명했다.[75]

취임식의 핵심은 말씀을 선포하는 비텐베르크의 다른 봉사자들과 함께 취임하는 사람에게 안수할 때 하는 취임식 주관자의 기도이다: '우리와 모든 교회 제직과 더불어' 취임자에게 말씀선포의 영이 넘치게 하옵소서.[76] 신약의 말씀에 근거하여(딤전 3:1-7, 행 20:28-31) 취임자는 참된 하나님의 말씀을 전하고, 그 자신이 그리스도의 삶을 살 것을 교회에 약속한다.[77] 예배로 드리는 독립적인 취임행사는 루터에게 신학적 직임이해에서 나온 필연적 일이었는가? 아니면,

---

70) WA 38, 238, 5ff. 비교. H. Lieberg, 177f.
71) WA 41, 240, 33ff. 비교. H. Lieberg, 185.
72) P. Drews, 288f.
73) P. Drews, 86f. 루터가 1535년 이전에 개인적인 지인관계를 토대로 목사직에 사람을 추천했다면, 이것은 하나의 시험증서나 다름없었다. 비교. WAB 5, 171f. 비텐베르크의 성직증명은 동시에 시험증서이기도 하다.
74) WA 41, 454ff. 762f. 비교. WAB 7, 302, 3ff(부겐하겐의 다른 관점). H. Lieberg, 186ff.
75) WA 38, (401) 423-433. H. Lieberg, 191ff.
76) WA 38, 429, 1ff. 433, 1ff.
77) WA 38, 427, 11ff. 432, 27ff.

직임이해와 조화되기는 하나 역사적인 정황에서 요구된 행사였는가? 이 문제를 전자의 의미(Lieberg)가 아니라, 후자의 의미(Drews)로 답변했다는 것은 괴팅엔 설교자 요한네스 수텔에게 보낸 1533년 3월 1일자[78] 루터의 서신과 1535년 「독방미사와 성직안수」라는 글에 대한 해석이 가져다준 결과이다.[79] 요한네스 수텔은 괴팅엔에서 성례전을 주관하는 목사로 부름을 입었으나 — 이것은 수텔의 첫 목사직이었다 — 취임식은 하지 않았다. 루터는 그의 취임식이 꼭 필요하지는 않다고 여겼다. 그의 바른 신앙에 대한 교회의 의심이 있을 경우에만 올바른 교리에 대한 확신을 증명하기 위하여 인정받은 행정권자가 기도와 안수로 임직을 수행할 수 있다.

비텐베르크의 취임식은 감독의 사제서품과는 무관했다. 다만 이미 중세 후기에 고유의 교회적 법적 행위로 인정된 책임 있는 기관을 통한 교회 직임에로의 소명이 그 전제였다.[80] 중인인 비텐베르크 교회 앞에서의 취임식은 해당자가 교회 직임에 부름을 입었으며, 신학부의 시험을 거쳐 복음적인 교리로 신뢰할 수 있다는 목사직으로의 소명을 증명하고 인정하는 것이다.[81] 그것은 선제후국의 중요 행사로서 적어도 선제후국 내에서(필요에 따라서는 그의 경계를 넘어서까지) 교리의 일치를 공적으로 알리는 것이었다.[82] 그것은 로마 교회와는 달리 개신교의 교회봉사 소명이 만인사제직을 토대로 권한에 아무런 부족함이 없다고 표현하고 있다.[83] 비텐베르크 신학자

---

78) WAB 6, 44, 15ff.
79) WA 38, (171) 195-256; 비교. (257) 262-272. 1534년 자신의 책 『Winkelmessen』에 대한 루터의 편지.
80) WA 38, 220, 15ff. 31ff. 236, 7ff.
81) WA 38, 433, 11; WAB 11, 156, 15-25.
82) WA 41, 457, 35ff. 1537년 초 작센 선제후는 개신교 전지역의 4곳에서 성직취임이 이루어져야 한다.
83) 루터는 자신의 사제직이 아니라, 비텐베르크에서의 설교직에 대한 소명을

들은 취임자에게 시험에서 그가 순수한 복음의 추종자임과 양심적인 직임수행과 기독교 교리를 충실히 따를 것을 약속했으며, 공적인 취임으로 직임에 대한 소명이 입증되었음을 증명했다.[84] 1537년 이후로 취임 리스트가 작성되었다. 루터가 죽기까지 740명의 목사가 임직되었다.[85] 임명자로서는 루터와 더불어 비텐베르크의 다른 신학자들, 특히 부겐하겐이 활동했다.

1533년부터 선제후 요한 프리드리히 통치하에 시행된 시찰에 루터는 개인적으로 참여하지 않았으나,[86] 4개 시찰지역의 시찰자들이 감독과 같은 임무를 잘 수행하도록 적극 지원했다.[87] 선제후국 안에 있는 수도원과 재단의 소유 토지는 1531년부터 선제후와 귀족으로 구성된 위원회를 통해 압류, 즉 정부가 관리했다.[88] 루터는 그러한 교회 재산을 구교가 사용하는 것에 반대해 왔다. 그 대신에 수익금을 개신교회와 학교에 주었다. 교회의 필요 외에도 종교개혁으로, 가령 고문들의 시찰로 새로운 부담을 짊어진 군주는 수도원의 재산을 사용할 때 지역을 위한 활용방안을 강구해야 한다. 그러나 반드시 필요한 일인가 하는 양심적인 판단 속에서 시행해야 한다.[89]

공적인 공동기구 내에 독립적인 종교기관을 계속 존속시키는 것이 얼마나 어려운 것이었는지는 헤어포드의 형제공동체가 입증해

가리킨다. WA 41, 24/25. WA 38, 185, 6f. 187, 13f. 취임식에 대한 루터의 평가에 대해서는 WA 38, 186, 12ff. 221, 25ff. 252, 23ff.

84) 30개의 비텐베르크 증명서 WAB 12, (447) 451-485. 저자는 멜란히톤인 것으로 보인다.
85) Georg Buchwald: Das Wittenberger Ordiniertenbuch 1537-1572; 2 Tle. Leipzig 1894/95.
86) 비교. Sehling Bd. 1, 50ff. 183ff. WAB 6, 346ff.
87) K. Trüdinger (참고 8장 4), 77ff.
88) K. Trüdinger (참고 8장 4), 85ff.
89) WAB 6, 5, 25ff (Z 77ff, 103ff 양심에 호소) 8ff; 비교. 8, 304, 25ff.

주고 있다. 공동생활형제단⁹⁰⁾은 헤어포드 도시에 종교개혁이 밀려오자 종교개혁 정신을 수용했으나, 독자적인 단체로 인정받고 남기를 원했다. 루터는 공동생활형제단이 복음적이라고 인정했다. 그들이 미사희생을 없애고, 생활도 더 이상 서원에 얽매이지 않았으며, 그리스도인의 자유에 기인하여 구걸 등을 폐지했기 때문이다. 헤어포드 시의원이 시교회의 종교개혁을 추진하는 중에 형제공동체의 독자성을 제한하고자 했을 때, 루터는 시의 강제적 조처에 반대했다. 형제공동체가 물려받은 교구의 고유 권리는 존중되어야 한다. 형제공동체가 유지하는 관습과 공동생활방식을 잘못이라고 여겨서는 안 된다. 왜냐하면 그들의 기본적 사고는 복음적이기 때문이다. 그러나 루터는 독자적인 성찬 시행을 그만두고 시교회에서 거행하는 성찬에 참여할 것을 조언했다.⁹¹⁾

1531년 선제후국 도시인 츠비카우에서의 갈등은 루터가 소도시 시의원이 교회에 대해 갖고 있는 권한을 상당히 억제하는 결과를 가져왔다.⁹²⁾ 교회의 영역에서 시의 목사가 참여하지 않은 채 불경한 행실을 이유로 설교자를 해임하고, 새로운 설교자를 임명하는 부당한 간섭이 시의원에게 허용되고 있다며 루터는 그를 비난했다. 갈등이 격화되면서 루터는 시민의 최고 대표자 격인 츠비카우 시장과 시서기를 교회공동체에서 배제시켰고, 새로운 교회정관에 따라 시

---

90) TRE 7, 1981, 220ff: 공동생활형제단; 8, 1981, 605ff: 근대의 헌신 (Devotio moderna).
91) 이 문제에 대한 루터의 가장 중요한 서신 WAB 6, 254f. 255f. 296f. 298; 7, 113f. 114f. Robert Stupperich: Luther und das Fraterhaus in Herford; FS Hanns Rückert, Berlin 1966, 219-238. Ders.: Das Herforder Fraterhaus und die Devotio moderna; München 1977.
92) E. Wolgast: Luthers Beziehungen zu den Bürgern; bei H. Junghans (참고문헌 C), 609-611. K. Trüdinger (참고 8장 4), 79-82.

목사 또는 담당 시찰자를 유보시킬 수 있는 권리를 요구했다. 츠비카우와 몇몇 다른 곳의[93] 시의원들은 루터가 보기에 정부와 교회의 경계를 넘어섰다. 루터는 당시 그 경계의 경시를 우려했다. 징계규정과 직위임명권이 서로 연루된 츠비카우의 문제는 선제후가 결론을 내렸다. 그 결과 시와 후원하는 귀족의 권리는 지역 군주의 통제에 예속되었다. "츠비카우 시의 교권 논쟁에 대한 루터의 개입은 시의원의 힘을 제한시켜 목사직의 독립 내지는 비상 감독인 군주의 역할을 극대화시키는 결과를 가져왔다."[94]

과거에는 감독이 담당했던 혼인판결을 선제후의 첫 시찰 이후 공무원의 협조로 총감독이 맡았다. 그러나 이러한 규정이 만족스럽지 않아 1539년 작센을 위해 비텐베르크에 첫 판결소를 마련했고, 혼인과 목사의 징계 등을 판결했다. 이것은 루터의 뜻에도 위배되지 않았다. 그는 혼인 결정은 세속정부의 일이라고 보았으나, 운이 없게도 혼인에 대해 많은 자문을 요청받았다.[95] 그러나 루터는 그 후 판사와 갈등에 빠졌다. 왜냐하면 그들이 주로 비밀 혼인을 인정했기 때문이다.[96] 판사들은 부모가 동의하면 비밀 결혼을 인정하기로 합의했다. 그러나 그들은 부모가 비밀 혼인을 반대할 자격이 있는지에 대해 이의를 제기했다.[97]

루터는 교회교육을 지역교회에 고정시키고자 했으며, 교회의 관청이나 위원회처럼 교회와 정부가 혼합된 기관에게 넘기기를 원치 않았다. 교회교육은 마 18:15-18에 따라 시행되어야 한다. 참회하지 않은 채 공공연히 악습을 일삼는 자는 출교해야 한다(WA 6,

---

93) WAB 6, 558f; 8, 433ff; 10, 252ff.
94) E. Wolgast, 611.
95) WAB 7, 555, 1ff; 8, 136, 15ff.
96) WAB 10, 498ff; WA 49, 294ff. 318ff.
97) WAB 11, 22ff.

340, 50f). 루터는 고집스럽게도 과거의 소위 완전출교는 계속 반대했다. 이것은 교회공동체에서 뿐만 아니라 세속의 법률공동체에서도 제외되는 결과를 가져왔기 때문이다.

이러한 전제 하에서 추방을 교회교육의 대책으로 정한 새로운 교회정관에 루터는 동의했다.[98] 그는 교회교육의 정관을 마련하라고 비텐베르크와 작센을 결코 강요할 수 없었다. 당시의 여건을 볼 때 아마도 그러한 정관이 가져올 어려움을 예상했던 듯하다. 성찬 배제가 교회의 실제적인 징계 수단이 되면 성찬 참여에 대한 평등성이 제거된다. 교회가 이미 다 알고 있는 성찬 배제는 세속정부가 개입하지 않을 경우, 보편적으로 실시하는 것은 어려웠다(WAB 6, 341, 65ff). 이와는 반대로 목사가 사적인 목회활동에서 누군가에게 참회의 기회를 주기 위해 성찬에 참여하지 못하게 하는 것은 아무런 문제가 없었다.[99] 공공연한 악습이 교회 전체에 대한 하나님의 분노를 불러온다는 생각이 일반적인 훈육규정을 마련해야 한다는 요구를 수그러들지 않게 했다. 많은 경우에 루터는 자신의 행동을 하나의 확고한 틀에 넣지 않은 채 파문을 경고하거나 혹은 직접 벌로 규정했다.[100] 교회에서는 잘못된 교리를 배제하는 것이 교회교육을 통해 깨끗한 생활을 하도록 배려하는 것보다 결국 그에게는 훨씬 중요한 것이었다(WA 47, 290, 3ff).

---

98) WAB 6, 340, 35ff; 10, 284, 17ff; 12, 353. 1543년 모리츠 영주 통치 시 추방규정에 대한 비판 WAB 10, 436, 3ff.
99) WAB 6, 340, 36ff. 341, 69ff.
100) Jos E. Vercruysse: Schlüsselgewalt und Beichte bei Luther; bei H. Junghans (참고문헌 C)(153-169) 166-168.

참고문헌 : Georg Buchwald: Das Writtenberger Ordinierten-buch 1537-1572; 2 Bde. Leipyig 1894. 1895. Paul Drews: Die Ordination, Prüfung und Lehrverpflichtung der Ordinanden in Wittenberg 1535; Dt. Zs. f. Kirchenrecht 15, 1905, 66-90. 273-321. Ruth Götze: Wie Luther Kirchen Zucht übte; Göttingen 1958. Joachim Heubach: Die Ordination zum Amt der Kirche; Berlin 1956. Hellmut Lieberg: Amt und Ordination bei Luther und Melanchthon; Göttingen 1962. Bernhard Lohse: Luther als Disputator; Luther 34, 1963, 97-111. Karl Müller: Die Anfänge der Konsistorialverfassung im lutherischen Deutschland; HZ 102, 1903, 1-30. Georg Rietschel: Luther und die Ordination; 2. Aufl. 1889. Rolf Schäfer: Allgemeines Priestertum oder Vollmacht durch Handauflegung? Zu Luthers Ordinationsauffassung im Brief an Johann Sutel in Göttingen; FS Gerhard Krause, Berlin 1982, 141-167.

4. 성만찬 일치와 반율법주의 논쟁

아우구스부르크 제국회의에서 CA고백자와 츠빙글리를 따르던 독일 남부 도시를 서로 갈라놓았던 성찬론의 분열을 오랜 노력 끝에 1536년 결국 극복했다는 것은 신학적으로나 교회정치적으로 매우 중요한 것이었다. 스위스 프로테스탄트 역시 성찬일치에 포함시키려는 시도는 성공하지 못했다. 일치를 위한 노력의 가장 큰 공헌자는 스트라스부르 신학자인 마틴 부처였다. 그는 이미 아우구스부르크 제국회의에서 루터측에 동의했다. 그는 당시 같은 의미로 루터에게 편지를 썼으나, 응답은 얻지 못했다.[101] 그럼에도 불구하고 그는 코부르크에 있는 루터에게로 갔고(1530년 9월 말),[102] 이어서 성만찬 일치를 알리고자 취리히와 바젤 등 독일 남부 도시로 갔다. 그는 자신의 성찬이해를 뤼네부르크 영주 에른스트에게 보낸 글에서 설명했다. 그는 이 글을 스위스 신학자들, 헤센의 영주 그리고 루터에게도 보냈다.[103] 루터는 부처가 "성찬에는 그리스도의 참된 몸이 현존하며, 먹는 영혼에게 신앙을 강화시키고자 말씀이 주어진다"[104]고 고백했다는 사실을 기뻐했다. 그리스도의 몸의 현존이 절대적으로 제정의 말씀과 연관되어 있다는 것이 이것으로 충분히 설명된 것은 아니다. 그 때문에 그는 성찬일치를 고백에 의존시켰으며, 신자뿐만 아니라, 경건치 못한 자도 "구두로 빵과 포도주를 통해 그리스도의 참된 몸과 피를 마신다"는 것이다.[105] 경건치 못한 자의 성찬을 부처는 개인적으로 인정하고자 했지만, 이러한 형식으로 인해 추구했던 일치에서 스위스가 배제되는 것을 확실히 우려했다.[106] 비록 루터는 반대할지라도 스위스는 자신의 교리적 제안을 받아들일 것이라고 그는 크게 희망했다.[107] 루터 역시 일치를 희망했지만, 성찬논쟁이 다만 말싸움일 뿐이라는 부처의 생각에는 동의

---

101) WAB 5, 566ff 그리고 12, 126ff; 비교. 5, 617, 15ff.
102) WAB 12, 134 각주 4a.
103) Z 11, 236ff. 비교. WAB 6, 18ff. 24.
104) WAB 6, 20, 4f; 비교. 25, 5ff.
105) WAB 6, 21, 21f; 비교. 25, 12ff.
106) WAB 6, 29ff.
107) WAB 6, 29ff; 비교. Max Lenz (Hg.): Briefwechsel Landgraf Philipp's von Hessen mit Bucer; Bd. 1, Leipzig 1880 (Nachdr. Osnabrück 1965), 27ff (1531년 2월 5일자 필립에게 보낸 부처의 편지)와 WAB 6, 39ff(선제후 요한에게 보낸 대략 1531년 2월 17일자 루터, 멜란히톤, 요나스의 편지).

하지 않았다. 그는 부처와 다른 설교자들의 성찬이해와 그 자신의 관점이 일치될 수 있는지, 그리고 그러한 이해를 사람들에게 공공연히 가르치고 시행하는지를 확인하고자 했다. 부처에게서 루터는 그러한 유사성을 보았으나, 일치를 위한 발전은 아직은 그다지 크게 진척되지 않았다. 신속히 제조된 중재형식은 다양한 해석으로 인해 새로운 불일치를 초래했다.[108]

츠빙글리의 성찬론은 루터에게 수용되지 않았다. 루터가 생각하기에 그의 사상은 비성서적인 영성주의와 연관되어 있었다. 루터가 그 때문에 슈벵크펠트의 교리처럼 츠빙글리의 교리를 경고한 것과 그가 죽자 츠빙글리에 대해 거세게 비판한 것이 스위스에 반감을 불러일으켰다.[109]

부처는 이해시키려는 자신의 노력에 있어서 낙담하지 않았다. 그의 성찬이해는 1533년 프랑크푸르트와 아우구스부르크의 설교자들에 의해 수용되었다. 게다가 츠빙글리적이라는 루터의 의심도 벗었다.[110] 정치적 상황 역시 독일 남부가 츠빙글리 혐의를 방어하고 부처의 성찬이해에서 취리히보다는 비텐베르크에 더 가깝다거나 혹은 적어도 중간적 위치임을 알릴 필요가 있었다. 스트라스부르와 아우

---

108) WAB 6, 20, 7ff. 25, 17ff. 12, 133, 7ff.
109) WA 30 III, 550, 20ff. 비교. W. Köhler 2, 292ff. 루터는 아우구스부르크에서 루터측과 츠빙글리측의 경계를 긋도록 지지했다. WAB 6, 244f. 492ff. 507ff. 510f. 539f. 547f. 루터의 '프랑크푸르트/M에 보내는 서신'은 1533년 인쇄되었다. WA 30 III, (554) 558-571, 1532년 12월 21일자 뮌스터 시에 보내는 서신, WAB 6, 398ff, 1532년 12월 23일 뮌스터의 로트만에게 보내는 편지. 401ff.
110) 프랑크푸르트/M.: M.Bucer, Deutsche Schriften 4, 307ff. 465ff; 아우구스부르크: J.V.Pollet: Martin Bucer. Etudes sur la Correspondance 1, 1958, 123ff. W. Germann: D. Johann Forster, der Hennebergische Reformator; Meiningen 1894, 63ff. 두 도시는 1536년에야 비로소 슈말칼덴 동맹의 회원이 되었다.

구스부르크 제국회의에서 부처가 작성한 독자적인 고백서인 '4개 도시 신앙고백서'를 황제에게 제출한 세 개의 다른 독일 남부 도시들은 울름, 비베라흐/리스, 이스니, 로이틀링엔처럼 1531년 초에 이미 슈말칼덴 동맹에 가입했다. 이러한 슈말칼덴 동맹 가입은 츠빙글리의 사망 후 그리고 2차 카펠지역 평화(1531년 11월)에 더 중요한 것이 되었다. 이것은 1532년 뉘른베르크 잠정안을 가져왔고, 4개 도시 신앙고백을 포기하지 않고도 CA와 그에 대한 변증을 인정해야만 했다.

1534년 뷔르템베르크에 종교개혁이 도입되었을 때, 필립 백작의 전격적인 군사작전을 통해 울리히 영주가 통치력을 회복한 후, 소위 슈투트가르트 일치가 성찬론에 대한 중재형식으로 선택되었고, 게다가 1529년 마브륵 종교회담의 결과를 반대하며 비텐베르크측이 제안한 형식은 스위스측에 의해 거부당했고, 이제 부처의 외교적 수완으로 다시 끌어들였다: "'이것은 내 몸이요, 이것은 내 피다'는 말씀의 능력으로 그리스도의 몸과 피가 성찬에 현존하며, 주어진다는 것을 우리는 고백한다."[111]

카셀에서 멜란히톤을 만난 1534년 12월 27/28일 부처는 비텐베르크측과 연합했다. 필립 백작은 1534년 멜란히톤의 자극으로 루터에게 성만찬 이해에 있어서 이제는 독일 남부 설교자들과 공통됨을 확신해야 한다고 지적했다. 루터는 약간은 미심쩍음에도 불구하고 흔쾌한 승낙을 보였다.[112] 몇몇 제국도시, 가령 아우구스부르크 같은 곳에서 교리의 발전은 아직도 불안한 순간을 갖고 있었다. 부처는 독일 남부 도시들을 확실히 극복했음에 틀림없다. 취리히는 참여하지 않았으나, 콘스탄츠(12월 14-18일)의 신학자 모임을 그

---

111) W. Köhler 2, 330ff. 뷔르템베르크는 CA를 수용했고, 1536년 슈말칼덴 동맹에 회원이 되었다.
112) WAB 7, 102f. 109f.

는 성사시켰다. 루터의 서면지침을 가지고 카셀로 여행한 멜란히톤은 그곳으로 "그리스도의 몸이 본질적으로 그리고 참으로 받아들여진다고 그렇게 우리는 성찬을 받는다"라는 독일 남부와 비텐베르크의 일치가 표현된 하나의 성명서를 가져왔다. 그리스도의 몸은 외적 표지인 빵과 포도주로 즉시 풍성해지며, 성례전적 연합에 근거해서 받게 된다.[113] 카셀 신조가 부정한 자의 성찬을 언급하지는 않았다고 할지라도, 루터는 그것을 승인했다. 올바르고 합리적인 일치를 이루기 위해 일치문은 서둘러 결정해서는 안 된다. 양측 모두 더 많은 논의를 통해 불신이 없는 폭넓은 동의를 이끌어내야 한다.[114]

부처는 아우구스부르크에서 그곳의 설교자들이 그의 생각과 일치하는 성찬의 글로 고백하게 하고, 의회에 루터의 가르침을 따르는 비텐베르크 출신의 설교자를 알선하는데 성공했다. 아직 슈말칼덴 동맹에 가입하지 않은 아우구스부르크인들은 사신을 보내 루터와 독일 남부의 다른 제국도시의 신뢰를 얻고자 노력했다. 루터는 아우구스부르크 사람들이 자신의 의지대로 의심과 불신 없이 '일치'를 이룰 것을 확신했다.[115] 다른 도시들(스트라스부르, 에쓰링엔, 울름)로부터도 역시 루터는 일치가 실현되기를 바란다는 편지를 받았다. 이 편지 속에는 재촉해야 할 요소로서 로마의 공의회 계획이 지적되기도 했다.[116]

1535년 가을(10월 5일) 루터는 일치를 매듭짓기 위해 독일 남

---

113) WAB 12, 167f; 157ff 루터의 지침. 164ff 부처의 입장. Gerhard Müller: Die Kasseler Vereinbarung über das Abendmahl von 1534, ein Autograph Melanchthons; Jb. d. hess. kirchengeschichtl. Vereinigung 18, 1967, 125-136.
114) WAB 12, 169; 비교. WAB 7, 156ff.
115) WAB 7, 195ff. 210ff. 220, 252ff.
116) WAB 7, 234ff. 242f. 247f; 비교. 278, 24ff.

부 도시에 신학자 회의를 제안했다.[117] 6월이 되어 아이제나흐를 회의장소로 결정했고, 부활절 후 4번째가 되는 주일(1536년 5월 14일)을 회의 날짜로 정했다. 루터의 건강악화로 인해 신학자들은 비텐베르크에서 모여야만 했다(1536년 5월 22-29일).

한편으로는 8개 도시의 설교자들이 참석했고(스트라스부르/부처, 카피토, 울름/프레히트, 아우구스부르크/볼파르트 = 리코스트헤네스, 무스쿨루스, 프랑크푸르트 암 마인/베른하르디, 콘스탄츠/츠비크, 에쓰링엔/오테르, 멤밍엔/슐러, 로이트링엔/마트, 알버, 샤르딘, 겜밍엔의 크라이가우 군주의 설교자/마틴 게르만), 다른 한편으로는 비텐베르크 신학자들과 선제후국 도시 두 곳에서 두 명의 대표자, 즉 메니우스(아이제나흐)와 프리드리히 미코니우스(고타)가 참석했다. 모임은 확실히 작은 규모였다.[118] 스위스에도 초대를 보냈으나, 아무도 오지 않았다. 너무 멀다는 것과 기간이 너무 짧다는 것이 그 이유였다.[119]

성찬문제에 대한 회의 결과는[120] 회의록처럼 기록된 문서 속에 들어 있다. 그것은 부처와 다른 도시 설교자들의 성찬이해를 다루고 있다. 1번은 그리스도의 현존에 대해 말하고 있다.[121] "그리스도의 몸과 피는 빵과 포도주로 사실적이고 본질적으로 존재하며, 제공되고 받게 된다." 빵이 그리스도의 몸이라는 것은 성례전적 일치에 근거하여 성찬이 집례되는 동안에만 적용된다. 그리스도의 몸과

---

117) WAB 7, 286f. 289ff.
118) 오시안더도 초대를 받았다; WAB 7, 463.
119) WAB 7, 406ff.
120) 독일어와 라틴어로 된 일치문 WAB 12, (200) 205-212; 201은 회의진행에 대한 보고이다. 보충 WA 59, 717f.
121) WAB 12, 206, 5ff; 성례전적 일치의 개념은 WA 26, 442, 38에서 인용되었다.

피는 화체설 역시 거부되듯이 공간적이고 장소적인 의미에서 요소 속에 존재하는 것이 아니다. 2번은 독일 남부[122]에 있어 그들이 생각하는 성찬의 효력은 그리스도의 개입에 근거하고 있고, 성직자의 직임이나 성찬 참여자의 타당성에 근거한 것이 아니라고 설명한다. 이것으로 사제의 봉헌과 마찬가지로 성찬 참여자의 고백 역시 성찬이 효력을 발생하는 조건에서 제외되었다. 그 때문에 그리스도의 몸과 피는 합당치 못한 자에게도 역시 '사실적으로 주어지며' 그들이 '참으로' 받게 된다. 그러나 그것은 심판이며(고전 11:29), 구원은 아니다. 독일 남부인들에게는 고전 11:27로 '합당치 못한 자의 성찬'(manducatio indignorum)을 말하는 것이 루터와 더불어 '불경건한 자의 성찬'(manducatio impiorum)을 말하는 것보다 더 용이했다. 성만찬은 그리스도의 축복과 은총을 바로 그곳에서 자기 것으로 삼고, 그리스도와 함께 살고, 그리스도의 피로 자라는 자들을 더 견고케 하기 위해 시행하는 것이다. 왜냐하면 그들은 진정한 참회를 하고, 그리스도를 믿는 믿음으로 위로하기 때문이다. 성찬식에서 이처럼 은총을 개입하는 것을 츠빙글리는 동의할 수 없었다. 왜냐하면 그에게는 성찬예식의 의미가 신앙인의 고백의지에 달린 것이지, 그리스도의 개입에 달린 것이 아니기 때문이다. 마지막으로 정리하면서 만일 양자가, 즉 설교자와 정부가 이제까지 언급한 사항들에 동의한다면, '성사된 일치가 우리 사이에 잘 알려지도록 할 것이라고 결정했다. 물론 그에 대한 전제는 CA와 CA 변증서의 인정도 함께 주어졌다. 한편으로는 참석한 독일 남부 도시의 신학자들(츠비카우와 콘스탄츠를 제외한)과 다른 한편으로는 선제후국 신학자들이 이 문서에 서명했다. 다른 자료에서는 어린이의 구원을 위해서 유아세례가 필요하다고 언급했고, 개인용서(Privat-

---

122) WAB 12, 207, 17ff.

absolution)를 정하고 싶다고 언급도 했다.

　독일 남부 지역이 부처의 성찬론을 채택하면서 행위의 주체(그리스도가 말씀을 통해 행하시는 것이며, 교회가 행위의 주체가 아니다)와 효력(그리스도와 그의 구원공동체의 은총의 공급)과 연관하여 비텐베르크 성찬론 합의를 위한 토대를 마련했다. 이 토대에서 부처와 독일 남부 지역이 그리스도의 몸의 현존(빵과 그리스도의 몸의 성례전적 일치)에 대한 루터의 진술을 수용하는 것이 가능했다. 루터는 그의 탁월한 구성(입의 성찬과 불경건한 자의 성찬)을 고집하지 않았다. 그럼에도 불구하고 루터와 부처의 성찬론 사이에 지적될 수 있는 차이점들은 토론되지 않았다. 그들도—무엇보다도 루터와 부처 자신이—알고 있었다고 추측할 수 있다. 형식들은 본질적으로 새로운 것은 아니었으며, 합의를 위해 새로 수정했던 지난해의 부처의 성찬론에서 가져온 것이다.[123] 확고한 공통점으로는 츠빙글리의 성찬론과 분명한 경계를 그었다는 점이다. 이것은 선제후국 작센지역에 있어서 교회정치적으로 중요한 것이었다.

　비텐베르크에서 계획된 형식적인 합의의 종결은 실현되지 않았고, 계속 발전된 정치적 상황으로 인해 제국 내에서 무관심하게 되었다. 비텐베르크 합의가 루터 신학 진영에서 전체의 동의를 얻지 못했다는 사실은 아무런 영향도 끼치지 못했다.[124] 가장 중요한 것은 우선 비텐베르크에 참석하지 않은 독일 남부 신학자들과 시의원들의 동의를 얻어내는 것이었다.[125] 대부분의 도시들은 동의했다.[126]

---

123) W. Köhler(2, 453ff)와 E. Bizer(121ff) 사이에서 합의가 형식적이었는지 아니면 몇 가지 차이점에도 불구하고 진정한 동의였는지에 대해 의견이 서로 다르다.

124) E. Bizer, 127 각주 1. 비텐베르크 합의 본문은 1577년 일치신조 제7항에 수용되었다(Art.7 SD. BLSK, 977f).

125) WAB 7, 419ff.

아우구스부르크, 프랑크푸르트/M, 로이틀링엔, 울름 그리고 스트라스부르로부터 루터는 일부는 도시 전체 목사위원회의, 일부는 시의원들의, 일부는 두 위원회의 서면 동의를 얻었다.[127] 몇몇 도시들에서는 ― 가령 울름에서 ― 소극적으로 반영했다. 루터는 그것이 그의 반츠빙글리를 옹호하는 성찬론과 다르다는 의견에 대해 적극적으로 맞섰다.[128] 콘스탄츠인들은 동의를 관철시킬 수 없었다.[129] 부처와 카피토는 스위스의 동의를 얻고자 매우 노력했다. 성 갈렌, 바젤 그리고 베른으로부터 몇몇 동의하는 표현들이 나왔다.[130] 루터는 스위스인들의 지체에 대해 양해했지만, 1536년 2월 4일 바젤에서 가결된 스위스 신앙고백(Confessio Helvetica prior)은 그를 만족시키지 못했다. 그는 스위스인들이 비텐베르크 합의문에 대한 교리적 설명을 수용하는데 더 이상 지체하지 않기를 원했다. 그러나 스위스, 특히 취리히는 그렇게 응하지 않았다. 1538년 가을 이후 스위스인들에게 성만찬 합의에 대한 관심은 결국 소멸해버렸다.[131]

루터는 이어지는 해에 기회가 있을 때마다 츠빙글리에 대해 다시

---

126) WAB 7, 471, 4ff. 부처는 프랑크푸르트 암 마인, 보름스, 란다우, 바이센부르크/엘자스, 더 나아가서 에쓰링엔, 아우구스부르크, 멤밍엔, 젬프텐 성직자들의 동의를 알려주고 있다. 울름의 성직자들은 비베라흐/리스의 동의와 자신들의 동의를 알려왔다. WAB 12, 214, 12.
127) WAB 7, 456f 474f (비교. 490ff) 479f. 538f. 572f (비교. 591ff). 574ff(비교. 12.213ff); 8,6ff. 이스니가 동의했는지는, 루터의 답변에 의하면, 그 내용이 담긴 편지를 받지 못해 의심스럽다. WAB 7, 618.
128) WAB 7, 618, 11ff.
129) WAB 12, 224ff.
130) St. Gallen: WAB 7, 514ff. 595ff: Basel: WAB 7, 556f (비교. 8,43ff); Bern: TR 3 Nr.3836 3840; W² 17. Sp. 2150ff.
131) WAB 12, 274f (241-275); 8,43ff. 149ff. 211ff. 241f. 비교. E. Bizer: Die Wittenberger Konkordie in Oberdeutschland und in der Schweiz; ARG 36, 1939, 214-252.

금 공개적으로 포문을 열었다.¹³²⁾ 이와는 달리 불링거에 대해서는 논박하지 않았다. 그는 1543년 취리히 인쇄업자인 프로샤우어에게 편지를 보내 츠빙글리가 잘못된 교리에 대해 책임지고자 하지 않았다는 이유로 취리히 설교자와 교회적인 연관성은 더 이상 자신에게 없다고 말했다.¹³³⁾ 참된 교리와 성례주의자의 거짓된 교리 사이의 경계가 다시금 희석될 수도 있다는 염려가 그에게 많은 동기들을 가져다주었다. 그 때문에 그는 1544년 다시 한 번 더 격한 논박으로 성례주의자들을 멀리했고, 더 강한 어조로 츠빙글리를 반박했다.¹³⁴⁾ 그렇지만 그는 개인적인 언급에서 당시 비판했던 부처는 보호했다. 왜냐하면 부처가 분명하고도 충분히 영성주의를 반대했지만, 복음적 성찬론을 경계하지 않았기 때문이었다. 무엇보다도 부처의 작품인 비텐베르크 합의문은 임시적인 형식으로 적어도 독일 내에서 그 해에 프로테스탄트의 단결을 확보했다. 그것은 독일 남부를 신학적으로 루터를 따르는 제국귀족들에 묶어 주었다. 이와는 달리 스위스는 츠빙글리의 신학적 유산에 큰 의무를 느낀 나머지 일치와 합의에 참여하지 못했다.

성찬이해에 있어서 개신교 내부의 분열은 제국 내에서 결코 제거되지 않았고, 1537년 비텐베르크에서 새로운 교리적 갈등을 초래했다. 이 갈등은 그다지 확산된 것은 아니었으나, 루터의 신학적 핵심이 매우 중요하다는 것을 알게 해주었다. 이 교리 논쟁은 그냥 발생한 것은 아니다. 왜냐하면 루터의 적수인 요한네스 아그리콜라¹³⁵⁾

---

132) M. Brecht, 514ff.
133) WAB 10, 387, 6ff.
134) 『거룩한 성례전의 최근 고백』, WA 54, (119) 141-167.
135) 1527년 이전의 그의 개혁신학은 Steffen Kjeldgaard-Pedersen이 연구했다: Gesetz, Evangelium und Buße. Theologiegeschichtliche Studien zum Verhältnis zwischen dem jungen Agricola (Eisle-

가 이미 1527년 멜란히톤의 시찰조항에 복음보다 율법을 설교하는 것에 대한 지적을 비판했었기 때문이다(참고 10장 2). 1525년 이후 라틴어 학교 선생이자 유명한 설교자로 아이스레벤에서 활동했고, 그 때문에 '아이스레벤 사람'이라고 칭했던 그는 루터의 슈말칼덴 조항에 대해 자문을 요청해 오자, 1536년 서둘러 비텐베르크로 옮겨왔다. 그는 임시로 해석학 강의를 맡았다.

이미 1537년 여름 출판된 아그리콜라의 3개의 설교와 '아그리콜라가 그리스도인의 종교적 경험에 비하여 율법의 중요성을 부인했다'고 내부에서 공공연히 전해지던 일련의 논제가 비텐베르크 대학 내에서 신학적 갈등을 불러왔다. 루터는 우선 설교를 통해 이러한 반율법주의 문제를 다루었다. 아그리콜라는 1537년 가을 대학의 공식적인 사전 허가도 없이 주일예배서 요약본(Summarien)을 인쇄했고, 이것이 루터에게 큰 불쾌감을 불러일으켰다. 인쇄는 결국 루터에 의해 제지되었다. 압류한 부분에서 루터는 아그리콜라의 특별한 교리를 접하게 되었다.[136] 아그리콜라가 자신의 관점을 공개토론에 제시하지 않고, 비텐베르크에서 돌고 있는 논제를 부인하려 하자, 루터는 1537년 12월 초 반율법주의자의 논제를 인쇄하고 동시에 자신의 반대논제도 공개함으로써 공개토론을 열었다.[137] 인쇄된 반율법주의 논제[138]의 일부는 아그리콜라의 것이며, 일부는 추측하건데 비텐베르크와 다른 지역의 추종자와 아그리콜라의 관점을

---

ben) und Martin Luther; Leiden 1983. Ernst Koch: Johann Agricola neben Luther. Schülerschaft und theologische Eigenart; in: G. Hammer, K. H. zur Mühlen(참고문헌 C), 131-150.

136) WAB 8, 121f; WA 51, 674f.
137) WAB 8, 158f. 279 연대문제에 주의하라. 13, 260, 265.
138) WA 39 I, (334) 342-345; 60, 229-235. J. Rogge: Innerlutherische Streitigkeiten um Gesetz und Evangelium; bei H. Junghans (참고문헌 C), (187-204) 196ff.

급진화시킨 의견들을 모은 것이다. 같은 12월에 루터는 반율법주의를 반대하는 두 개의 논제를 출판했고, 1538년 1월 초 또 다른 두 개의 논제를 내놓았다.[139]

1537년 12월 18일 루터가 의장이 되어 순회토론으로 개최된 첫 번째 반율법주의 논쟁에서 아그리콜라는 나타나지 않았다.[140] 그 결과 루터는 신학부의 학장으로서 1년 전 자신이 그에게 수여했던 아그리콜라의 교수허락을 중단시켰고, 그가 계속 가르치기를 원할 경우, 대학총장에게 문의하도록 지시했다(WAB 8, 186). 1538년 1월 12일 열린 두 번째 반율법주의 논쟁에 아그리콜라는 나타났고, 루터와 다시금 의견의 일치를 보았다.[141] 그 때문에 세 번째와 네 번째 논제들은 더 이상 토론되지 않았다. 1538년에 아그리콜라의 개인적이고 신학적인 위반이 다시 등장했다. 루터는 반율법주의에 대한 다섯 번째 논제들을 작성했고, 1538년 9월 6일 박사학위 시험에서 이 문제를 토론했으며(세 번째 반율법주의 논쟁),[142] 아그리콜라에게 공개적인 취소를 요구했다. 취소문의 작성을 아그리콜라에게 요청하기 위해 루터는 1538년 말 『반율법주의 반박』을 썼다(1539년 초 인쇄).[143] 아그리콜라가 루터의 비판에 대해 선제후에게 하소연했을 때, 스스로에 대한 공식적인 조사를 불러왔다. 루터는 선제후에게 맞소송을 제기했다.[144] 조사가 끝나기 전 아그리콜라

---

139) WA 39 I, (334) 345-354; 비교, WAB 8, 188, 3ff.
140) WA 39 I, (359) 360-417.
141) WA 39 I, (418) 419-485; 교리합의(457ff) 466f.
142) WA 39 I, 354-357. 1538년 코클레이우스가 자신의 논제와 대립시킨 논제들이다(비교 WA 39 I, 338), WA 39 I, (486) 489-584 제 3차 반율법주의 논쟁.
143) WA 50, (461) 468-477. 비교. WA 50, 599, 5ff. 624, 27ff. 627, 10ff. 17번째 논제에 대한 토론으로 아그리콜라는 인문학부에서 명예회복을 시도했다. WAB 12, 276ff.

는 비밀리에 비텐베르크를 떠났다. 베를린에서 요아킴 2세가 그에게 제안한 궁정 설교직을 맡기 위해서였다. 루터는 반율법주의에 대한 최종 6차 논제로 이 논쟁에 대한 결론을 삼았다. 이 논제는 1540년 9월 1일 박사학위를 위한 시험에서 토론되었다(네 번째 반율법주의 논쟁).[145]

외적인 과정으로 볼 때 우선 중요하지 않은 신학자들의 싸움인 듯 보였지만 사실은 신앙과 책임의식이 서로 어떤 관계에 있는지에 대한 토론이었다. 아그리콜라의 의견은 그 혼자만의 문제는 아니었다. 다른 반율법주의자들의 의견들은 훨씬 안 좋은 것들을 우리에게 남겨주었다.[146] 아그리콜라는 도덕적 자유주의를 입증할 수 없다. 루터는 반율법주의 논쟁에서 분명히 그들의 의견을 가끔은 과장했다. 아그리콜라는 기독교적인 신앙의 확신을 율법의 경험과 구분하고 싶어 했다. 신앙인의 죄인식과 참회는 율법이 아니라 그리스도 및 그의 대속과 연관되어야 한다. 만일 아그리콜라가 루터의 이전 언급을 인용했다면, 그는 그 의미를 오인한 것이며, 비록 루터가 신앙의 새로운 힘을 율법의 경험이 아닌 오직 그리스도와의 관계에서 이끈다고 할지라도, 하나님은 참으로 율법 속에서 그리스도에 대한 신앙을 요구한다는 것과 분리될 수 없음을 인식하지 못한 것이다. 아그리콜라의 반율법주의는 그리스도인의 경건, 도덕적 의식 혹은 구속신앙과 성화를 서로 갈라놓을 위험이 있었다. 결과적으로 그것은 자유주의나 혹은 새로운 종교적 율법을 의미했다. 루

---

144) WA 51, (425) 429-44; 비교. WAB 9, 86ff. 92f.
145) WA 39 I, 358 논제; 39 II, (122) 124-144 제 4차 반율법주의 논쟁.
146) 멜란히톤이 1540년 4월 5일 한 심의서에서 여러 명의 이름으로 뉘네부르크에서 서신을 받았다고 적고 있다(Föfstemann, 326; MBW 3 Nr.2409). 그들은 한 사람이 믿으면서, 동시에 결혼을 파기하거나 혹은 다른 계명을 위반할 경우, 그것은 죄가 아니라고 생각한다는 것이다.

터는 그에 반대하여 율법과 복음의 절대적 차이에도 불구하고 만일 율법의 경험과 윤리적 책임의 관계가 깨지면 복음의 의미가 사라진다고 강조했다.[147]

> 참고문헌 : Ernst Bizer : Studien zur Geschichte des Abendmahlsstreits im 16. Jahrhundert; 2.Aufl. Darmstadt 1962. Martin Brecht: Luthers Beziehungen zu den Oberdeutschen und Schweizern von 1530/31 bis 1546; bei H. Junghans (참고문헌 C), 497-517. Carl Eduard Förstemann (Hg.): Neues Urkundnbuch zur Geschichte der evangelischen Kirchenreformation; Bd. 1 Hamburg 1842 (Nachdr. Hildesheim 1976). Mark U. Edwards jr.s. 참고 8장 2. James M. Kittelson: Martin Bucer and the Sacramentarian Controversy. The Origins of his Policy of Concord; ARG 64, 1973, 166-183. Walther Köhler 참고 10장 1. Joachim Rogge: Johann Agricolas Lutherverständnis unter besonderer Berücksichtigung des Antinomismus; Berlin (DDR) 1960. Ders.: Innerlutherische Streitigkeiten um Gesetz und Evangelium, Rechtferigung und Heiligung; bei H. Junghans (참고문헌 C), 187-204.

5. 공의회 문제와 루터의 슈말칼덴 조항

루터의 공의회 호소(참고 7장 2)와 '하나님의 말씀과 그 힘'으

---

147) WA 50, 471, 15ff; TR 3 Nr.3650c.

로 판결하는 공의회만을 그가 인정할 수 있다는 보름스 협상에 따라, 1522/1523년 뉘른베르크 제국회의는 새로 발생한 종교적 문제를 해결하기 위해 여건에 적합한 독일 도시에서 '자유로운 기독교 공의회'를 열 것을 제안했었다.[148] 이러한 요청을 이어받아 개신교 제국의원들은 1529년 스파이어 제국회의 후 '자유로운 기독교 공의회'를 호소했다.[149] 황제는 그 후 1532년 뉘른베르크 유예에서 교황에게 1년 내에 공의회를 열도록 하겠다는 약속으로 이 요청을 수용했다.[150]

황제의 압력으로 결국 교황 클레멘스 7세는 1533년 공의회 소집에 관심을 가졌고, 먼저 영국과 프랑스 왕에게 그리고 가장 중요한 제국의원들에게 특정한 조건 하에서 교황의 공의회 소집에 동의할 것인지에 대해 의향을 타진했다.

선제후국 작센이 슈말칼덴 회원들과 함께 교황과 황제의 사신에게 주고자 했던 답변과 연관하여 루터는 세 개의 심의서에서[151] 개신교 진영은 현시점에서 자유롭고 오직 하나님의 말씀에 기초한 공의회 요구를 고집해야 한다고 지지했다. 교황도 과거 교회사의 공의회들처럼 자유로운 공의회를 약속했다. 교황이 생각하는 자유는 전혀 다른 의미일 수 있었다. 루터는 교황의 간섭으로부터 자유로운 공의회를 요구했다. 왜냐하면 교황은 제기된 문제를 볼 때 그 자

---

148) RTA 3, 449, 8f. 제국회의 결정은 1523년 3월 6일 제국정부의 위임으로서 황제의 이름으로 공포되었다. 참고 8장 2.
149) RTA 7 II, 1353, 19. 이러한 호소는 CA 서문에서 확인되었다. BSLK 48, 26.
150) 1524년 뉘른베르크, 1526년 아우구스부르크, 1526년 스파이어, 1529년 스파이어 제국회의의 공의회 소집 요구는 '자유로운'이라는 말이 없다.
151) WAB 6, 480ff, 루터의 세 개의 심의서, 다른 비텐베르크 신학자들과 함께 세 번째 공동으로, 1533년 6월. 비교. G.Müller(참고 10장 4), 392f. E. Wolgast, 123ff.

신도 당사자이기 때문이다. 공의회는 교황권과 15세기의 개혁공의회를 포함하여 중세기 공의회에 의무감을 가져서는 안 된다. "하나님의 말씀이 교황과 우리 사이의 표준이 되어야 한다"(WAB 6, 485, 52f). 보편공의회는 종교논쟁을 독일에만 한정된 사안으로 다루어서는 안 된다. "그것은 교황과 그의 가르침에 대항하여 하나님 말씀을 지키기 위한 기독교 전체의 논쟁이다"(WAB 6, 485, 55f). 자유로운 공의회라는 기본적인 요구 외에, 루터의 의견에 의하면, 공의회 방해라는 비난을 듣지 않기 위해 프로테스탄트는 어떤 조건도 제시하지 않아야 한다. 공의회는 로마 전통과 무관해야 하며 오로지 하나님의 말씀에 따라 판결해야 한다는 것은 포기할 수 없는 조건이었고, 비텐베르크인들이 생각하듯이, 온 민족의 요구였다(WAB 6, 488, 20f). 황제가 정말 그렇게만 한다면, 공의회 진행의 세부적 분야가 명쾌해질 수 있었을 것이다.

프로테스탄트에게는 황제가 기독교의 보호자로서 교황청이 조종하지 않는 공의회를 여는 것이 중요했다. 이러한 의미에서 여론과 선제후 및 왕들의 외교를 통해 황제에게 영향을 미쳐야만 했다. 그 때문에 황제 및 교황 사신과 슈말칼덴 동맹측의 협상 서류들은 독일어(루터의 서문과 함께)와 라틴어(멜란히톤의 서문과 함께)로 출판되었다.[152] 중세의 공의회와 전통적으로 연결된 공의회라면 종교논쟁에 대한 일치된 해결은 전혀 기대할 수 없다. 하나의 공의회를 새로운 형식과 새로운 정신으로 열수 있는가 하는 점에서 공의회를 통한 종교논쟁의 해결이 예측되기도 했다. 그러나 1533년 황제와 교황의 공의회 개최 노력은 다시 무산되었다.

클레멘스 7세와는 달리 후임자인 바울 3세(1534-1549)는 공의

---

152) WAB 6, 489ff(비교. 13. 216; 14, XXXf) 칼 5세의 공의회를 위한 노력을 인정한 루터의 서문; 비교. WAB 6, 479, 11ff.

회 사상을 처음부터 자신의 교회정책의 한 요소로 삼았다. 그의 대변인 피에트로 파올로 베르게리오는 1535년 제국의원들에게 만투아에서 공의회를 소집하겠다는 교황의 의도를 알렸다.

작센 선제후가 비텐베르크에 있지 않음에도 불구하고 그는 비텐베르크로 왔다. 뷔르템베르크 성에서의 대변인 베르게리오, 루터 그리고 부겐하겐의 만남에는 웃음과 진지함이 뒤섞였다.[153] 이러한 사적인 대화에서 루터는 교황의 통치령인 도시에서 공의회가 열리면 개인적으로 그의 교리를 옹호할 것이라고 이미 설명했다.

루터는 1533년처럼 1535년에도 공의회 소집 의지를 보이고, 자유로운 공의회를 기본 조건으로 알리라고 조언했다.[154] 그러나 슈말칼덴 귀족들이 답변에서 공의회 장소인 만투아를 거부했고, 교황의 교회정부를 거세게 반박하여 자유로운 기독교공의회 사상에 일고 있는 힘을 흡수해버렸다.[155]

1536년 6월 2일 바울 3세는 칙령 "Ad dominici gregis curam"을 통해 1537년 5월 23일 만투아에서 공의회 소집을 공고했다. 개신교 귀족들은 이 초청을 공식적으로 거부해야 하는지의 문제를 제기했다. 왜냐하면 소집에 응할 경우, 그것은 교황의 공의회 소집 권한을 인정하는 것이 되기 때문이다. 더 나아가서 비록 회의 장소가 교황의 통치력 내에 있는 도시이고, 반종교개혁적인 이단 심판이 의심됨에도 불구하고 공고된 공의회가 열려야 하는지의 문제였다. 선제후의 요청으로 비텐베르크 신학자와 판사들이 공동으로 하나의 심의서를 마련했다(1536년 8월 6일).

---

153) Nuntiaturberichte aus Deutschland nebst ergänzenden Aktenstücken; Abt. 1 Bd. 1, Gotha 1892, 538ff; WATR 5 Nr. 6384, 6488; WAB 7, 322, 5ff.
154) WAB 7, 238, 3ff. 비교. G. Müller, 393; E. Wohlgast, 129f.
155) CR 2, Sp. 1018ff; MBW 2 Nr.1677. 비교. E. Wolgast, 131.

1533년과 1535년 루터의 조언에 따라 그들은 전략을 처음부터 비타협적이고 강경하게 세우지 않고, 외적이며 형식적인 문제에 호의를 보이자는 데 찬성했다. 이미 대변인을 청하여 듣고 초청을 수락하기로 동의한 선제후들의 염려는 이 심의서와 일치하지 않았다. 그들에게 있어서 공의회를 소집할 수 있는 교황의 적법성은 문제가 되지 않았다.[156] 이것은 특정한 공의회 과정을 인정한 것이 아니라, 자유로운 공의회를 요구하고 그것을 황제와 제국귀족들에게 알리는 것이 여전히 더 의미 있다는 것이다. 이러한 방식으로 하면 공의회 방해의 비난에 걸려들지 않을 것 같았다. 프로테스탄트는 공의회에 초청되는 것이 아니라, 소환될 것이라는 경우도 역시, 그들은 루터의 생각을 쫓아야만 했다.[157]

   루터는 1537년 초 교황청 대변인에게 '거절하는 답변'을 주지 않고, 더 나아가 공의회에 대해 어떤 의무도 맡지 않기로 개인적인 결정을 했다.[158] 개신교는 여기서 '서두르지 않고 인내함으로 문제를 해결하는 하나님의 방법을 배워야 한다.' 자신의 입장을 성급히 드러내는 사람은 하나님의 도움을 잃게 된다. 로마의 악한 자들은 터키의 새로운 위협과 황제와 프랑스 왕 사이에 다시 발생한 전쟁 때문에 공의회가 실현될 수 없음을 분명히 예상했을 것이다. 그럼에도 불구하고 그들은 공의회를 반대한 책임을 프로테스탄트에게 전가하는 것 같다. 공의회를 통해 루터파 이단을 근절시키려는 로마의 의도를 루터는 확신했다. 그는 바울 3세가 그러한 말로 공의회의 목적을 명시한 칙령 "Sublimis Deus"(1535년 8월 23일)를 잘 알고 있었다. 그러나 그로 인해 개신교는 불안해 하지 않은 듯하다.[159]

---

156) E. Wolgast, 133 zu CR 3, 119-125, MBW 2 Nr. 1769. 비교. CR 3, 157f. MBW 2 Nr.1777.
157) E. Wolgast, 134ff.
158) WAB 8, 35ff. 비교. E. Wolgast. 136f; G. Müller, 394f.

1537년 2월 개신교 제국의원들이 슈말칼덴에 모였을 때, 정치가들은 상당히 많은 수가 출석한 신학자들의 관여 없이 - 그 가운데 물론 루터도 있었다 - 공의회 문제를 논했고, 황제의 사신인 마티아스 헬트의 공의회 선전을 거절했다(2월 28일). 교황청 사신인 페터 반 데어 포르스트에게도 황제의 사신에게 건넨 동일한 거부 설명서가 전달되었다(3월 2일).[160] 프로테스탄트 정치가들이 교황의 공의회 소집에 대해 솔직하게 거부한 것을 루터는 유감스럽게 여겼다.[161]

공의회 소집으로 생긴 상황 속에서 1536년 12월 루터의 소위 '슈말칼덴 조항'(Schmalkaldische Artikel)이 나왔다.[162] 선제후 요한 프리드리히가 비텐베르크 신학자들에게 교황의 공의회 소집에 대한 공동입장을 요청했던 1536년, 그는 부가해서 루터에게 개인적으로 일종의 신학적 유언을 요청했다.[163] 이것은 루터가 이제까지 가르쳤고, 설교했고, 집필했던 모든 글들을 망라하고, 죽음에서처럼 공의회에서도 역시 그것을 고백할 작품을 요청한 것이다. 이와 함께 루터는 공의회에서 하나님의 말씀을 포기하지 않으면서도 양보할 수 있는 점들을 명시해야 했다.[164] 루터는 1536년 12월

---

159) 칙령 "Sublimis Deus"에 명시한 바울 3세의 교황청 개혁과 만투아 공의회 소집에 대해 루터는 1537년 몇 가지 익명으로 된 전단에서 조소했다. WA 50, 129, 5ff. 130, 4. 132, 3ff. 134, 13; 비교. 93, 8ff 각주 2 그리고 113, 28ff 각주 5.

160) Lfg. K. 92ff. H. Jedin 1, 256ff. 황제의 사신과 협상한 내용을 담은 문서는 독일어로 출판되었다. 거부서는 독일어와 라틴어로 발행했다.

161) WATR 4 Nr.4575; 5 Nr.6387.

162) WA 50, (160) 192-254; 60, 131-139. H.Volz, 35-69. 비교. E. Wolgast, 137ff.

163) H. Volz, 19, 7ff(1536년 8월).

164) H. Volz, 23,1ff(1536년 12월). 아직 해결되지 않은 문제는 두 가지이다(WA 60, 131 에른스트 비처와 한스 폴츠의 소논문 제목). 첫째는 선

「내가 서야만 하고, 죽기까지 견지하고 싶은 조항」이라는 글을 썼다.[165] 마찬가지로 선제후의 뜻에 상응하여 루터는 1536년 12월 말 몇몇 선제후국 신학자들에게 — 요나스, 쿠르치거, 부겐하겐, 멜란히톤과 비텐베르크로 초대를 받은 암스도르프, 스팔라틴, 아그리콜라 — 입장표명과 서명을 하도록 자신의 글을 제시했다.[166] 선제후에 대해 루터는 여기에 서술한 신앙의 확신에 대한 개인적인 책임을 강조했다.[167]

제1부에서 루터는 신교와 구교 양측이 모두 고백하는 삼위일체론과 기독론의 4가지 요점을 서술했다. 제2부에서는 명쾌한 형식으로 개신교 고백의 구원론적 중심이 되는 성서적 구절들을 언급한다. 구원은 오직 그리스도를 통해서 가능하며, 오직 신앙을 통해서만 자신의 것으로 삼을 수 있다는 것이다.[168] 이러한 배타적 구원이해가 종교적 삶에 중요하기에 루터는 그로 인해 완전히 배제된 3가지 일들을 더 소개해주고 있다. 첫째는 미사희생과 경건을 꼭 필요하다고 연루시킨 연옥, 순례, 성인 및 성인유물 숭배이다. 둘째는 수도승 제도이며, 셋째는 로마 감독이 신적인 권한을 부여받은 기독교의 머리이기에 교황에 대한 순종만이 구원을 얻을 수 있다고 주장하는 교황제도이다. 제3부에서는 죄, 율법 그리고 복음과 성례전, 구두로 은총이 전달되는 형식인 참회용서에 대한 복음적 교리

제후가 1537년 열린 슈말칼덴 제국회의와 연관해서 루터의 글로 어떤 교회정치적 의도를 가졌는가 하는 점이며, 둘째는 슈말칼덴에서 멜란히톤의 '계책'을 통해 혹은 교회정치적인 결정과정을 통해 루터의 글이 전혀 알 수 없는 선제후의 의도와는 달리 그 배경으로 작용했는가 하는 점이다.

165) WA 50, 252, 10ff; BLSK 462, 5ff; H.Volz, 68, 15ff.
166) H. Volz, 30-33, 69-79.
167) H. Volz, 77, 22ff; WAB 8, 3, 17ff. 비교. E. Wolgast, 140.
168) WA 50, 198, 25ff; 비교. WATR 3 Nr. 3502(1536년 6월 12일).

를 요약 기술하고 있다. 그는 1538년 열광주의에 대한 비판을 첨가했다. 이들은 '외적인' 말씀을 통한 역사적인 구원의 수단을 경시했다. 그는 교회론과 관련된 몇 가지 점들을 더 기술하여 제3부를 마감했다.

루터는 1537년 1월 30일 부겐하겐, 멜란히톤과 함께 개신교 제국귀족들의 모임에 참여하고자 슈말칼덴으로 떠났으나, 그곳에서 요결석(Harnstein)에 의한 고통이 악화되어 다만 2월 12일에 열린 작은 신학자 모임에만 참여할 수 있었다. 이것은 아우구스부르크 신앙고백에 대한 자신의 동의를 증빙하고자 함이었다.[169] 위험하고 안 좋은 병세로 인해 그는 2월 26일 슈말칼덴에서 돌아왔다.[170] 교회정치적 상황은—무엇보다도 독일남부 도시를 고려하여—멜란히톤의 변증과 슈말칼덴에서 그가 쓴 논문인 『교황의 수위권과 권한에 대하여』(de potestate et primatu papae)를 2월 24일 참석한 신학자들에게 공식적으로 서명하도록 제시할 것만을 허용했다.[171] 독일 남부 신학자들 역시 서명한 것은 비텐베르크 일치(Wittenberger Konkordie, 참고 46)의 열매였다. 이에 비해 루터의 글은 그의 개인적인 글로 여겨졌고, 비공식적으로 몇몇 신학자들이(부처와 블라러는 아니지만) 서명했다.[172] 루터는 1538년 초, 바울 3세가 소집한 공의회를 다시금 연기했을 때, 몇 가지를 수정한 그의 글을 서명자의 명단을 빼고 인쇄했다. 서문에서 그는 1528년의 자신의 고백과 그들을 비교했다.[173] 루터의 죽음과 슈말

---

169) H. Volz, 170, 65ff; 비교. 114, 45ff(각주 14).
170) H. Volz, 127ff. WAB 9, 54ff.
171) H. Volz, 120ff. 126ff. 139. 173f.
172) H. Volz, 124ff. 141, 40ff. 171, 98ff. 173, 57ff. 루터가 에어푸르트에 체류하는 동안(1537년 3월 4-5일) 이 도시의 10명의 개신교 신학자들이 더 서명했다. H. Volz, 137ff.

칼덴 전쟁 후에서야 비로소 루터의 슈말칼덴 조항은 튀링겐의 에르네스트측이(1554년 이후부터 이곳도 '슈말칼덴 조항'이라고 표기했다) 그 가치를 인정하여 공식적인 고백서로 높아졌다.[174]

> 참고문헌 : Ernst Bizer: Die Wittenberger Theologen und das Konzil 1537. Ein ungedrucktes Gutachten; ARG 47, 1956, 77-101. Albert Ebneter: Luther und das Konzil; ZkTh 84, 1962, 1-48. Hubert Jedin: Geschichte des Konzils von Trient; Bd.1: Der Kampf um das konzil; 2.Aufl. Freiburg I. Br. 1951. A. Jacobson Schutte: Pier Paolo Vergerio; Genf 1977. Christa Tecklenburg Johns: Luthers Konzilsidee in ihrer historischen Beratungen der Protestanten über die Konzilsbulle vom 4. Juni 1536; ZKG 13, 1892, 487-512. Hans Volz (Hg): Urkunden und Aktenstücke zur Geschichte von Martin Luthers schmalkaldischen Artikeln(1536-1574); Berlin 1957. Eike Wolgast: Das Konzil in Erörterungen der kursächskschen Theologen und Politiker 1533-1537; ARG 73, 1982, 122-152.

---

173) WA 50, 194, 6f. 루터는 그의 병 때문에 슈말칼덴에서 회의에 참여하지 않았다는 점을 주의해야 한다. 구교측에서 즉시 세 개의 반박글이 나왔다. H. Volz, 185f. 1543년 선제후는 1544년에 열릴 임박한 스파이어 제국회의 때문에 새로운 과제를 권유했다. (WA 50, 183f), 비교. WAB 10, 438f (H. Volz, 188ff).

174) H. Volz, 190ff.

제 12 장

생의 마지막 해, 계속되는 제국 내 종교정치적인 경색

1. 교회와 역사

　1530년대 이후 루터는 역사적 자료, 특히 공의회와 교황의 역사에 큰 관심을 나타냈다. 당시 현안이던 공의회 문제가 그 자극이 되었다.[1] 1535년(WA 39 I, 9ff)에 쓴 토론논제에서 그는 콘스탄츠 공의회에 대해, 특히 당시 암기할 정도로 잘 알고 있던 평신도 분잔 금지 교령을 비판했다. 후스가 쓴 3개의 서신을 출판하면서 그는 머리말을 썼고,[2] 로버트 반스(Robert Barnes)의 『로마 교황의 삶』(Vitae Romanorum pontificum)에도 서문을 썼다.[3] 또한 그는 1537년 그라치아누스 교령(Decretum Gratiani) 속에 포함된

---

1) M.U. Edwards (참고 10장 3), 70.
2) WA 60, (16) 23-25, 34-39 (121) 123-125.
3) WA 50, (1) 3-5.

콘스탄티누스 증여문서를 독일어로 직접 번역하면서, 교황의 보편적 권한에 대해 비판적 고찰을 첨부했다.[4]

역사에 대해 관심을 가진 것은 루터 혼자만은 아니다.[5] 역사에서 교훈을 얻고자 하는 소망은 인문주의의 자극이었다. 민족적 자각 역시 역사인식에서 얻고자 했다. "우리 독일인은 수 천 년의 역사를 지닌 선조와 우리 자신이 어디서 왔는지 거의 아무것도 알지 못하고 있다는 사실보다 무엇을 더 한탄해야 하는가?"(WA 50, 384, 29ff). 모든 역사는 인간의 어리석음과 총명함, 인간의 정직과 악이 어떻게 일어나는지를 보여주며, 그와 더불어 하나님이 어떻게 인간을 보살피고, 다스리며, 제지하고, 인도하고, 벌하고 그리고 영광스럽게 하는지 통찰하게 해준다(WA 50, 384, 4f). 역사적 교훈은 역사가가 용감하게 진실을 폭로하고, 교황청의 위선자들이 지금까지 해왔고, 여전히 행하고 있듯이 사건을 특정한 의도로 왜곡하지 않을 때에만 비로소 그 목적을 성취할 수 있다(WA 50, 385, 9).

네 차례 열린 교회의 첫 에큐메니컬 공의회[6] 연구는 교황의 공의회 소집(참고 11장 5)뿐만 아니라, 신교와 구교측에서 계획된 고대 교회 공의회와 교부를 토대로 한 교회개혁 노력이 자극이 되었다.[7] 루터가 『공의회와 교회』(1539)라는 중요한 논문을 쓴 출발점도 여

---

4) WA 50, (65) 69-89; 참고 22. 루터가 관여하여 서문을 첨부한 "Epistola Sancti Hieronymi ad Evagrium de potestate papae" 1538; WA 50, (338) 341-343.
5) 다른 저자의 역사적 저서에 대한 루터의 서문, 각주 2f와 WA 50, 45ff. 381ff.
6) 네 차례의 첫 일반 공의회의 연관성은 그레고리 1세가 590년 강조했다. DS 471. 비텐베르크 신학부는 1533년 네 차례에 걸쳐 열린 첫 일반 공의회의 교리결정을 인정했다. C. E. Förstemann (참고 3장 1), 152. 비교. WAB 12, 185, 29ff(1535).
7) 비교. Lfg. K, 113ff.

기에 있다.[8)]

루터는 고대교회의 공의회와 교부들을 종교개혁의 척도로 삼지 않았다. 기독교의 가르침과 기독교적인 삶에 필요한 모든 것은 성서에 있다. 개신교의 개혁이 아직은 연약하기에 성서가 더욱 필요하다고 여기거나 또 다른 권위에서 구제책을 찾아서는 안 된다.[9)] 공의회나 교부들은 척도가 될 수 없다. 왜냐하면 그것들은 일치된 결정도 아니며, 시간이 지나면서 정당한 이유로 인해 결의된 내용들이 폐기되었기 때문이다. 그러한 불일치들은 부가적인 교회 교령을 통해 제거될 수가 있었다.

루터가 제2부에서 설명하듯이, 네 번의 일반 공의회나 사도회의(행 15)는 새로운 결정을 내리고자 한 것은 아니다. 이것은 교리(WA 50, 607, 7ff), 삶의 교훈(607, 18ff), 예배형식(613, 19ff), 세속법에 대한 교회의 언급(613, 27ff), 교회법의 결정(614, 1ff)에도 적용된다. 공의회는 다만 이 모든 점에서 성서와 함께 주어진 기독교의 토대를 떠나거나 왜곡하는 것을 막고자 할 뿐이다. 기독교의 성서적 토대는 율법적 성격이 없으며, ─고대 공의회 정신에 따르면─교회의 교리나 혹은 법으로 대체되어서는 안 되는 것이다.

루터는 객관적인 형태로 역사적 분석을 해놓은 고대교회 공의회에 대한 새로운 자료목록[10)]을 입수했다. 그의 시선은 무엇보다도 공의회의 신학적 교리진술로 향했다: 교리진술은 그리스도에 대한 고

---

8) WA 50, (488) 509-653. 514, 29ff: 교회가 그와 같은 공의회와 교부들의 방식과 정도에 따라 개혁되기를 원하는 몇몇 선하고 경건한 마음들. 비교. M. U. Edwards(참고 10장 3), 93ff.

9) WA 50, 516, 20-519, 12.

10) Petrus Crabbe: Concilia omnia tam generalia quam particularia; 2Bde., Köln 1538. 비교. LThK^2 3, Sp.82f 그리고 WA 50, 502ff. 514, 26ff. 594, 28ff. 605, 19f; WATR 4 Nr.4374, 4732f.

백을 성서 본문과 동일시할 수 있는 이해의 도구다.[11] 이와 같이 루터는 비록 그 진술이 논쟁의 여지가 있음에도 불구하고 그 교리진술에서 성서적으로 입증된 진리를 찾고 있다. 루터는 기독론적 진술을 그리스도 안에서 일어나는 하나님과 인간의 고유한 특성을 설명하는 술어에 근거하여 검토한다. 이 술어는 공의회에서 아직 사용된 적이 없는 신학적 용어이며, 루터에게 그것은 해석학적인 열쇠의 기능을 갖고 있다. 견실한 공의회처럼 잘못된 교리에 대한 저항이 교회가 성서를 설교하고, 믿고, 고백하는 도처에서 일어나고 있다(WA 50, 615, 23f). 이것은 종교개혁의 의도에 따라 "목사와 학생"들에게도 역시 일어나야 한다(WA 50, 623, 29).

제3부에서 루터는 교회를 '백성들의 모임' 또는 '그리스도와 같은 거룩한' 성격을 지닌 '공동체'라고 정의한다. 왜냐하면 그들은 예수 그리스도를 믿고 성령을 경험하기 때문이다. 그리스도는 대속의 죄 용서뿐만 아니라, 죄로부터 해방, 정화 그리고 사망을 통해 매일같이 그들을 거룩하게 한다.[12] 십계명에 나타난 하나님의 뜻은 기독교의 거룩함에 있다(WA 50, 626, 15ff). 기독교의 거룩함은 십계명 저편에 그 척도가 있는 것이 아니다. 루터는 이 세상에서 예수 그리스도의 거룩한 백성임을 알 수 있는 7개의 특징을 언급한다. 이것들은 성령이 이 세상에서 기독교 공동체를 모으고 거룩하게 하는 수단들이다: 구두로 선포된 하나님의 말씀, 세례, 성만찬, 묶고 풀 수 있는 능력, 교회봉사의 직분, 교회의 공적 예배, 세상에 대한 무기력.[13]

---

11) Walter Mostert: Luthers Verhältnis zur theologischen und philosophischen Überlieferung; bei H. Junghans (참고문헌 C), 356f.
12) WA 50, 624, 24ff; 비교. 625, 23ff.
13) WA 50, 628, 19ff. 비교. M.Beyer, 114f.

루터는 어디에서 '올바른 옛 교회'와 '거짓된 새 교회'가 접목되는지를 설명하고자 1541년 교회의 특징 목록을 중요하지 않은 것은 수정하고 약간은 개정했다.[14] 이것은 종교개혁이 가져온 논쟁점이다. 루터는 종교개혁의 개신교가 지금은 이단혐의를 받고 있으나, 교회의 특징에 근거해 볼 때 올바른 옛 교회로서 복음의 근원적인 순수성을 갖고 있음을 증명하려 했다. 이와는 달리 로마 가톨릭교회는 그들의 종교성이 거짓된 새 교회임을 구체적으로 입증할 수 있다.[15] 이것 역시 역사적인 판단이다. 왜냐하면 로마 가톨릭의 종교성은 역사가 진행하면서 지금의 형식을 취했기 때문이다. 로마 가톨릭 교회는 특이한 발전으로 인해 '적그리스도'의 교회가 되었다. 이러한 거짓된 새 교회는 성서 본문과 사도신경을 믿고, 세례, 성만찬, 죄 사함의 권세에 대한 중요한 말씀을 통해 올바른 옛 교회와 성서 본문의 연관성만을 갖고 있다. 특정한 종교적 관습과 분리할 수 없는 많은 공적인 교리가 바른 옛 교회와 거짓된 새 교회라는 두 개의 구체적 형태를 만들었다.[16] 종교개혁으로 일어난 기독교와 서로 관련되는 올바른 옛 교회라는 루터의 개념은 신학적인 의미가 가득 찬 개념인 반면, 현대의 '구교'라는 개념은 순수한 역사적 개념이며, 중세에서 근대로의 과도기에 로마 가톨릭교회에 해당하는 개념이다.

교회의 관례와 교리는 1539년 이후 제국에서 시작된 '조정', 즉 종교적으로 상반되는 문제들을 해결하려는 노력에 있어서 가장 핵심적인 문제였다. 마이센의 감독 요한(VIII) 폰 밀티츠는 작센 공작 게오르크가 죽은(1539년 4월 17일 사망) 직후인 1539년 6월 그

---

14) WA 51, 479, 20ff 『한스 보르스트 반박』의 교회론 내용 안에서(참고 12장 3), WA 51, 476-531.
15) WA 51, 487, 18ff; 비교. WA 50, 644, 12ff, WAB 8, 473, 142ff.
16) WA 51, 521, 19ff. 비교. 참고 42 (코부르크 시절의 루터의 글들).

뒤를 이어 즉위한 하인리히에게—그는 개신교적인 의미로 교회를 개혁하기를 원했다—'그리스도 교회의 개선'을 위해 구교적인 것을 담고 있는 기본도서인 『기독교 교리』라는 대중적인 작품을 넘겨주었다.[17] 전통적인 교회의 관례들은 신학으로 중심 내용을 치장하고, 칭의론도 부드럽게 설명하고 있다. 하인리히 공작은 평가를 위해 이 문서를 비텐베르크 신학자들에게 제출했다. 루터, 요나스, 멜란히톤[18]은 이 문서를 '개혁과 교회갱신' 그리고 '기독교 조정'의 근거로 인정하지 않았다. 왜냐하면 이 문서에는 계층구조적인 교권에 대한 복종이 개혁의 기본조건으로 제시되었기 때문이다. 그 때문에 개신교를 '배교'라고 여긴다는 것이다. 개인미사, 단종 성찬, 사제독신과 같은 구교의 중요한 교회 관례에 대해서는 침묵하고 있다. 그러나 복음에 의하면 이것은 하나님을 비방하는 것이다. 왜냐하면 그것은 성서에 나타난 하나님의 뜻과 모순되며, 역사 속에서 등장한 것이기 때문이다.[19] 교회의 주요 관례에 대한 논쟁이 진지하게 수용된 것은 칭의론에 대해 그들이 제기하는 이의보다 더 중요하다고 보았기 때문이다(WAB 8, 474, 213ff). 올바른 기독교를 위한 논쟁은 진리를 희생시켜서는 안 되며, '세속적으로 현명한 사람'을 위한 조정이 되어서도 안 된다.[20]

---

17) 이 책은 1541년과 1542년 마인츠에서 인쇄되었다. Christoph Moufang: Katholische Katechismen des 16. Jahrhunderts in deutscher Sprache; Mainz 1881 (Nachdruck 1964), 135-242. 형성사와 교회 정치적 목적에 대해서는 WAB 8, 458ff. Walter Kaliner: Julius Pflugs Verhhhhhältnis zur "Christlichen Lehre" des Johann von Maltitz; Leipzig 1972, 당시 마이센 성당장이던 율리우스 풀룩이 저자였다는 추측은 설득력이 없다.
18) WAB 8, 469ff. 515ff; 비교. MBW 2 Nr.2238 그리고 WATR 4 Nr.4797.
19) WAB 8, 471, 84ff. 473, 142ff.

칼 5세는 1539년 이후 제국의 종교분열을 해결하기 위해 1540년 종교회담을 개최할 계획을 세웠다. 개신교의 입장 표명을 위해 작센 선제후는 1539년 말 비텐베르크 신학자들에게 하나의 심의서를 요청했다.[21] 루터와 그의 동료들은 칭의론뿐만 아니라, 교회의 종교적 입법권, 성인간구, 수도사 서원, 연옥과 관련하여 글을 수정하거나 혹은 온건하게 작성하여 사안을 모호하게 하지 않을 교리에 대한 확신이 있다고 설명했다.[22] 그들에 의하면, 신약에 기초하고 있다고 할 수 없는 의식적인 관례들도 있다. 그 때문에 개신교는 그들이 개혁한 것 중, 가령 미사형태, 독신제도의 폐지, 수도원 서원, 성인숭배 그리고 미신적인 서품행위 등 어떤 것도 양보할 수 없다는 것이다. 예전적인 노래들, 사적인 죄 용서, 주중 예배, 성인축일 등은 이것이 성인숭배와 결합되지 않는 한, 아디아포라(Adiaphora) 즉, '외적인 중간적인들'의 합의 가능성이 언급되고 있다. 만일 감독들이 개혁진영의 교리와 교회적 관례 중 물러설 수 없는 사항에 동의한다면, 여기서 타협이 이루어질 수도 있다. 그렇게 되는 경우 그들에게도 특정한 조건 하에서 감독의 사법권(목사직임명, 시찰, 혼인소송)이 인정될 수 있다. 만일 감독들과 구교측 귀족들이 프로테스탄트의 이단화를 그만두지 않을 경우, 제국귀족들은 정치적 종교평화를 추구해야 한다. 만일 프로테스탄트가 독일에서 그들의 교리와 교회 관례를 인정받는다면, 최고 감독인 교황의 인

---

20) WAB 8, 470, 21ff; 비교. WAB 9, 21, 1ff. 24, 146ff.
21) WAB 8, 647ff. 비텐베르크 신학자들은 당시 마틴 부처와 게오르크 비첼이 1539년 1월 라이프치히에서 시작한 교리조정에 대해 알고 있었다. (비교. Fasz. K 115); WAB 8, 650ff; 9, 8ff.
22) WAB 9, 19ff. 비교. G. Müller (참고 10장 4), 396f. 이 심의서는 1548년 아우구스부르크 잠정안에 따라 다시금 중요성을 갖게 되었고, 당시와 1564년, 1575/76년 교회의 기본문건으로 출판되었다. 비교. WAB 5, 589; WA 30 I, 513 그리고 H. Volz (참고 11장 5), 221 각주 1.

정은 아무런 문제가 되지 않을 수 있다. 다른 나라로의 복음의 자유로운 확산도 중단 없이 계속될 것이다.

1540/41년 개최한 보름스와 레겐스부르크의 종교회담[23]에 멜란히톤은 참여했으나, 루터는 비텐베르크에서 거의 관여하지 않았으며, 이 회의에 큰 기대를 두지 않았다.[24] 그는 레겐스부르크에서 진행된 신학적 조정 문제를 네 번[25]이나 다루었다.[26]

1. 1541년 2월 루터는 조정 협상에 제출할 레겐스부르크 협정 초고를 입수했다. 이것은 브란덴부르크 선제후 요아킴 2세가 입장표명을 위해 은밀히 루터에게 보낸 것이다. 그러나 루터의 생각에 의하면, 이 안은 로마도 프로테스탄트도 수용할 수 없는 것이었다.[27]

2. 정치적인 이유로 레겐스부르크 제국회의에 참여하지 않았던 작센 선제후가 5월 루터에게 칭의론 합의제안을 했다. 루터는 부겐하겐과 함께 신학적 분석을 한 나머지 개신교과 구교의 핵심 본문인 로마서 3장 28절과 갈라디아서 5장 6절의 연계를 비판했다.[28]

3. 6월 초 개신교 제국의원이 보낸 사절이 조정 합의를 본 4개 항의 교리를 루터에게 보고했다. 루터는 칭의론에 대한 자신의 비판을 반복했고, 황제가 이루어진 합의를 법으로 확정짓지 않을 것이라는 자신의 기대를 표명했다.[29]

---

23) C. Augustijn, 43ff. Fasz. K, 118ff.
24) 이 시기에 황제에 대한 루터의 기대는 이원적이다. 비교. G. Müller(참고 10장 4), 397f.
25) 비교. G. Müller(참고 10장 4), 398f.
26) Karl-Heinz zur Mühlen: Die Einigung über den Rechtfertigungsartikel auf dem Regensburger Religionsgespräch von 1541- eine verpaßte Chance? ZThK 76, 1979, 331ff. V. Pfnür, 55ff.
27) WAB 9, 322ff. 329f. 332ff.
28) WAB 9, 396ff. 406ff.

4. 6월 말 루터와 부겐하겐은 선제후의 요청으로 레겐스부르크 협정, 특히 4가지 합의된 조항에 대한 최종 심의서를 보냈다. 이 두 명의 비텐베르크 신학자는 비성서적이라고 판정한 관점이 부각되지도 않고 거부되지도 않고 있다고 비난했다. '조정'이 참되고, 불필요한 혼란을 피하고 싶다면 이제까지의 오류에 대해 취소해야 한다. 화해를 하려면, 황제와 구교측 제국의원들 역시 이제까지 부당하게 복음의 추종자들을 박해했음을 인정해야만 한다.[30] 화해는 만일 그것이 진리인식과 화해의지를 갖고 있다면, 이제까지 오류와 불의가 무엇이었는지를 분명히 밝혀야만 했다.

진리에 대한 명백한 합의와 종교정치적인 화해가 거의 불가능했기에, 루터의 의견에 의하면, CA와 CA변증서에 입각해 복음적 교리를 설명하고 제국의 정치적 평화를 위해 일치를 모색하는 것이 더 나은 것 같았다. 이것이 역사적 발전과정에서 볼 수 있는 1532년 뉘른베르크 휴회와 1555년 아우구스부르크 종교평화회담의 경계이다. 교황청 역시 레겐스부르크 조정안을 수용하지 않았다. 비텐베르크와 로마의 적개심이 결정적이었는가 아니면 양쪽이 신학적 교리와 종교적 삶은 결코 일치할 수 없음을 예견하고 있었는가? 혹은 이단 루터와 적그리스도 로마의 적개심이 당시의 여건 속에서 교리와 삶의 해결불가를 표현한 것인가?

루터는 당시 교회의 혼선을 『세상 년도의 계산』(Supputatio annorum mundi, 1541, 1545[2])이라는 역사도표를 제시하면서 전체 역사의 과정 속에서 설명했다.[31] 동시대인과 마찬가지로 루터

---

29) WAB 9, 436ff. 루터는 당시 화체설의 개념에 비판적인 입장을 가졌다. WAB 9, 443ff; 비교, 419, 8ff.
30) WAB 9, 456f. 459ff. 두 번째 본문은 1549년 시급한 교회 정치적 관심으로 인해 두 번이나 출판되었다.
31) WA 53, (1) 22-184. P. Meinhold의 견해에 의하면, 루터는 추측하건

는 성서에서 시작된 창조의 날짜로 역사를 시작한다. 이 날짜는 연대기적으로 보면 하나님이 동시에 창세기 3장 15절의 은총의 언약으로 답하신 타락과 합치된다. 하나님의 교회(ecclesia Dei)의 원 날짜 역시 이렇게 주어졌다.[32] 그의 주요 연구는 구약성서의 연대기 작업이었다. 다니엘 9장 25절에 나오는 70년주(年主)의 계산은 그에게 특별히 중요했다.[33] 루터의 관심 역시 그리스도 이후에 교회사에서 일어난 주요 사건에 있음은 분명하다. 그리스도의 교회의 역사는 루터가 전체 역사를 2천년 단위로 나눈 세 시대의 마지막 시기이다.[34] 그리스도 이후 첫 번째 천년이 끝나면서 계시록 20장 2절의 예언이 성취되어, 보니파키우스 3세(607)가 이미 기독교의 수위권을 요구한 이후(WA 53, 142), 로마 감독이 적그리스도가 되었다(상게서 152). 그레고리 11세(1370-1378) 이후 시작된 교황청 분열은 계시록 16장 19절에 의거해 볼 때 적그리스도의 멸망이 임박해 있다는 분명한 표지였다(상게서 165f). 루터는 1540년 자신의 연대기에 의하면 세계사의 5500년이 정확히 이제 지나갔다고 썼다. 6천년 세계사의 마지막에는 하나님이 그것을 절반으로 단축시킬 것이라고 기대할 수 있다는 것이다.[35] 루터는 계시록에 나오는

데 1540년에야 비로소 Supputatio의 작성을 시작했다. 왜냐하면 인쇄된 창세기 강의에서 Supputatio에 대한 연관성을 발행인이 보여주기 때문이다. 역사도표 작업결과 루터는 1541년 몇 가지 부가적인 설명, 특히 다니엘 11장 36절에 대해 큰 엑스쿠어스(Exkurs)를 덧붙여 그의 다니엘서 서문을 확대했다. WADB 11 II, 50, 1-124, 20; 비교. 상게서. LXXVIff(다니엘 서문과 프랑스 역뿐만 아니라 라틴어 역은 분리 인쇄했다).

32) WA 53, 28.
33) WA 53, 13f. 106ff. 172ff; WADB 11 II, 18ff.
34) Reinhard Schwarz: Die Wahrheit der Geschichte im Verständnis der Wittenberger Reformation; ZThK 76, 1979, (159-190) 168ff.
35) WA 53, 171; 비교. WATR 5 Nr. 5813.

적그리스도의 모습을 역사적인 실재로 평가했듯이(참고 6장 1), 임박한 종말에 대한 기대 역시 창조로 시작된 전체 역사에 대한 간략한 설명에 연관시켰고, 역사적 실재에 대한 경험과 결부시켰다.

루터는 1545년 마지막 방대한 논쟁서를 집필하여 '마귀에 의해 시작된' 실재인 로마 교황청과 싸움을 벌였다.[36] 수년전에 계획을 세웠지만 그동안 진행된 교회정치적인 과정이 동기가 되었다. 1544년 6월 10일 스파이어 제국회의에서 칼 5세는 프로테스탄트와 몇 가지 교회정치적인 합의를 했고, 개혁과 '기독교 일치'를 장려할 목적으로 '보편적이며 기독교적이고 자유로운 공의회'를 제국의 한 곳에서 열고자 한다는 자신의 의지를 재차 설명했다. 그러나 가까운 시일 내에 공의회 개최는 불투명했기에 황제는 몇 달 내 새로운 제국회의를 소집하여 적어도 제국을 위해서 논의되고 있는 종교 문제에 대한 임시적 해결을 이끌어 내고자 했다.[37] 교황은 황제를 비난하는 교서로 위협적인 국가교회적 개혁의 위협에 맞섰다. 루터는 1544년 8월 24일 완료된 최종적인 교황의 비난교서를 알았을 뿐만 아니라, 훨씬 더 강렬한 내용이 담겼던 초고도 알고 있었다.[38] 바울 3세는 1544년 11월 19일 황제가 주도한 국가공의회를 견제하기 위하여 1545년 3월 15일 트리엔트에서 보편공의회를 열겠다고 공고했다.

루터는 자신의 글 도입부에서 공의회 소집에 대해 조소했다. 바

---

36) WA 54, (195) 206-299. 비교. H. Kirchner, 454f. M.U. Edwards(참고 10장 3), 182-200.
37) E. A. Koch (Hg.): Neue und vollständige Sammlung der Reichsabschiede; Frankfurt/M. 1747, Tl. 2, 510f. CT 4 I, 358ff. 비교. G. Müller (참고 10장 4), 400; Fasz. K. 133f.
38) CT 4 I, 374-379. 첫 초고; 상게서. 364-373 칼빈이 본문을 논박하며 1545년 출판한 최종 비난서, CR 7, 249-288.

울 3세는 이미 1년 전에 만투아 공의회를 소집했으나, 열리지 못하고 지연되거나 연기되었으며, 1542년에도 새로이 트리엔트에 공의회를 소집했지만, 다시금 연기되었었다. 루터는 수 년 전부터 반교황적인 논쟁을 하고자 교황의 공의회 개최를 요구해 왔다. 바울 3세가 비난교서에서 기독교에서 황제보다도 더 높은 저촉할 수 없는 자신의 우월적 지위를 강조했기 때문에 루터는 3개의 주요 본론에서 교황의 수위권을 세 가지 이유로 비판했다. 1. 교황은 기독교의 최고 수장으로 황제와 공의회보다 더 높다는 주장(WA 54, 228ff). 2. 교황은 아무에게도 판단 받지 않고, 해임될 수 없다는 주장(상게서 285ff). 3. 교황은 세속권력, 심지어 황제의 힘까지도 이용할 권한을 갖고 있으며, 한때 칼 대제가 황제의 전언(translatio imperii)에서 황제의 독일 통치권을 넘겨주었다는 주장(상게서 295ff). 루터는 교황과 황제의 역사에 대해 상당량의 역사적 회고물을 연구했다. 그의 글은 황제와 교황 사이의 긴장을 더 심화시켰고, 황제권을 자신의 탁월한 능력에 돌렸다는 칼 대제의 반로마적 주장은 민족의식을 고취시켰다.

　루터는 이 글로 인해 작센 선제후의 격려를 받았다.[39] 이 글은 제국과 특히 개신교 지역에 반로마적 정서를 강화시켜 주었다. 후기의 다른 글에서도 볼 수 있듯이 노골적인 표현과 문체를 사용한 의도가 그 이유였다.[40] 교황권은 돌이킬 수 없는 '마귀에 의해 시작된 것'이라는 루터의 입장이 여기에 더해졌다. 고칠 수 없는 것일수록 더욱 상스러운 말들이 더해진다. 그 외에도 교회정치적인 긴장이 가져온 정서가 있었고, 그리스도를 적대하는 세력들이 발악하는 재림이 임박한 시기에 살고 있다는 의식도 추측컨대 한 몫을 했다.

---

39) WAB 11, 71, 5f.
40) M. U. Edwards (참고 10장 3), 3ff. 203ff.

> 참고문헌 : Cornelis Augustijn: Die Religionsgespräche der vierziger Jahre; bei G. Muller (참고문헌 C), 43-53. Michael Beyer: Luthers Ekklesiologie; bei H. Junghans (참고문헌 C), 93-117. John M. Headley: Luther's View of Church History; New Haven 1963. Wolfgang Höhne: Luthers Anschauungen über die Kontinuität der Kirche; Berlin 1963. Hubert Kirchner: Luther und das Papsttum; bei H. Junghans (참고문헌 C), 441-456. Walter von Loewenich: Duplex iustitia. Luthers Stellung zu einer Unionsformel des 16. Jahrhunderts; Wiesbaden 1972. Vinzen Pfnür: Die Einigung bei den Religionsgesprächen von Worms und Regensburg 1540/41 eine Täuschung? bei G. Müller (참고문헌 C), 55-88.

2. 유대교 논쟁

루터는 『예수는 유대인으로 태어났다』(참고 8장 2)[41]는 글로 자신을 대적하던 구교에 의해 유포된 이중의 이단혐의에 답변했다. 그들은 루터가 마리아는 예수의 출생 전과 후에 동정녀가 아니었고, 예수는 '아브라함의 씨'라고 가르친다는 혐의를 씌웠다.

첫 단락에서 루터는 메시아에 대한 커다란 예언(창 3:15; 22:18. 삼하 7:12)들은 한 동정녀(사 7:14)의 아들로서 태어난다는 것보다도 더 분명하게 항상 유대인 혈통의 메시아를 향하고 있다고 설명했다. 그리스도의 참된 인간됨에 대한 고백은 그러므로 그리스도는

---
[41] WA 11, (307) 314-336.

'참된 유대인' 임을 의미한다(WA 11, 325, 74). 두 번째 단락에서 루터는 창세기 49:10절 이하와 다니엘 9:24절 이하에 근거하여 예수 안에 약속된 메시아가 나타났다는 역사적 증명을 한다. 왜냐하면 예언된 모든 주변상황들이 당시 유대민족의 역사에 등장한 것들이기 때문이다. 증명의 과정은 예언의 본문[42]을 '이성적으로' 이해할 것과 특히 예루살렘 성전이 파괴[43]된 사건 속에서 구약의 예언이 보여주고자 하는 그들 자신의 역사에 대한 통찰을 호소한다. 유대인에 대한 이제까지의 주장보다 더 확신에 찬 그러한 주장으로 인간 예수가 참된 메시아라고 유대인들을 이해시켜야 한다는 것이다. 반면 참된 하나님으로서 예수에 대한 고백은 나중에 더 깊은 차원에서 이루어지는 이해로 남겨둘 수 있다(WA 11, 336, 14ff). 왜냐하면 당시 그랬듯이, 이 주장은 역사적 예언의 증거와 함께 유대인의 역사에서도 하나님이 행동하심을 보여주었고, 유대인에 대한 강한 선교적 희망을 보여주고 있다.[44] 여기서 전제는 이스라엘 조상의 언약 신앙과 기독교 신앙의 본질적인 동일성이다.

 루터는 유대인을 무시하고 폭행하는 행위가 중지되기를 소망했다. 유혈폭력혐의처럼 그들에 대한 거짓들이 더 이상 유포되지 않기를 원했다. 또한 그들이 더 이상 교역과 제조업에서 배제되지 않기를 소망했다.[45] 만일 그들이 기독교 사회에서 자유롭게 살아갈 기회를 얻는다면, 그리스도인들의 친절을 경험할 것이고, 거기에다 분명한 성서해석도 알게 될 것이며, 그렇게 될 경우, 일부 혹은 많은 유대인들이 회심할 수도 있을 것이다.[46] 팸플릿 형식의 루터의 글은

---

42) WA 11, 330, 23.
43) WA 11, 325, 34ff. 332, 13ff. 335, 35ff.
44) WA 11, 315, 6ff.
45) WA 11, 336, 22ff. 315, 14ff. WA 7, 600, 33ff(1521).
46) WA 11, 314, 15, 325, 18f. 336, 23. 루터는 유대민족 전체가 종말적인

그 해에 큰 반응을 불러왔다.[47]

성서해석을 통해 유대인에게 기독교 신앙을 전하고자 한 루터의 희망은 1520년대 중반 세 명의 유대인과 구약의 몇몇 본문(렘 23:6)의 해석을 놓고 직접 토론했을 때보다 더 큰 난관에 직면했다. 유대인들은 랍비전통을 인용하여 루터의 해석에 동의하지 않았으며, 루터가 보기에 이것은 그들이 성서 본문보다도 그들의 랍비전통에 더 큰 의무감을 느끼고 있다는 표지였다.[48] 그것은 시간이 지나면서 성서주해 및 번역과 연관해 랍비주해에 대한 루터의 부정적인 인상을 강화시켰으며, 니콜라우스 폰 리라와 파울 폰 부르고스[49]의 인용을 통해서 알고 있던 것보다 더 컸다.

루터는 1526년 시편 109편[50]을 주해하면서 그리스도 이후 유대

회심을 할 것이라는 기대는 갖지 않는다.

47) 1523/24년 2개의 전단은 Otto Clemen(Hg.): Flugschriften aus den ersten Jahren der Reformation, Bd. 1, H. 10, Halle 1906 (Nachdr. Nieuwkoop 1967). 당시 유대인 사회도 종교개혁의 발발을 주목했다. Hayim Hillel Ben-Sasson: The Reformation in Contemporary Jewish Eyes; Proceedings of the Israel Academy of Sciences and Humanities 4, 1971, 239-326.
48) 루터는 이에 대하여 1526년부터 말하고 있다. WA 20, 569, 8ff; 25, 185, 24ff (비교. 31 II, 162, 26ff); 50, 313, 5ff; 53, 461, 28ff; 589, 16ff; WATR 3 Nr.3512; 4 Nr.4795, 5026.
49) 파울 폰 부르고스의 추기를 가진 니콜라우스 폰 리라의 성서주석 외에도 리라의 『유대인 반박서』(Libellus contra Judaeos)와 파울의 『Scrutinium Scripturarum』는 루터에게 매우 중요했다. WA 53, 163 167. 랍비 성서주석의 중요성에 대해서 다른 종교개혁 주해가들은 이견을 보이고 있다. Gerald Hobbs: Monitio amica: Pellican à Capiton sur le danger des lectures rabbiniques; bei Marijn de Kroon, Marc Lienhard (Hgg.): Horizons europès de la Rèforme en Alsace; Strasbourg 1980, 81-93.
50) WA 19, 595-615. 처음으로 루터는 상게서 608, 5에서 교수형에 처해진

교, 예루살렘 파괴 이후 그들의 운명 그리고 완고함을 언급하고 탈무드를 로마 교회의 교회법과 이슬람의 코란과 비교하는 예리함을 보여주고 있다(WA 19, 600, 19f). 루터에게서 이제 분명하게 등장하고 있는 독창적인 제도를 가진 공적인 종교로서의 랍비-탈무드적인 유대교는 유대의, 더 정확히 말하여, 바리새적인 종교성과는 구분해야만 한다. 이러한 언급은 비텐베르크에서 교수로 활동한 이후로 계속 볼 수 있고, 끝까지 계속되고 있다. 유대인이나 바리새인은 율법적이고, 외식하며, 자기를 만족시키는 경건과 특히 영적 시련에 대해 냉담한 시대에 기독교의 경건 역시 변할 수 있다는 대표적 예로서 사용되고 있다.[51] 루터는 랍비-탈무드적인 유대교와 바리새적인 유대 종교를 구분하지 않았다. 그는 더군다나 그리스도 이후의 유대 종교를 유대인 종교성의 완성체라고 보았다. 마치 그가 '교황의' 기독교 또는 '터키'의 종교를 그와 같은 경건에 상응하는 완성체라고 제시하는 것과 같다. 기독교와 랍비-탈무드적인 유대교에 대한 루터의 관계설명은 바로 이 점에 위험한 약점이 놓여 있다. 당시의 여건 속에서 어느 정도로 정확히 구분할 수 있는 종교사적 고찰이 가능했는지에 대한 질문이 남아 있다. 16세기 이후에 등장한 종교사적인 의식의 전환을 고려할 경우에만, 루터와 그 시대 다른 사람들의 유대교 논쟁이 비판적이면서도 독창적인 역사적 의식을 촉진시켰다고 이해할 수 있다.

칼 5세가 1530년 아우구스부르크에서 공고한 "신성로마제국의 정책개혁과 지침"은 폭리를 취하는 유대인의 법적인 보호를 삭제했고, 제국귀족들에게는 만일 유대인들이 고리대금업을 중지하고 알

자라는 예수에 대한 유대인의 말을 언급하고 있다. 몇몇 유대인이 기독교 신앙으로 회심했다는 사실도 루터는 이제 배제하지 않는다. 상게서 608, 28ff.

51) H.A. Obrermann: Luthers Stellung, 520ff.

맞은 장사와 수공으로 생업하는 경우, 관용하도록 위임했다.[52]

상황이 상세히 알려지진 않았으나, 1536년 작센 선제후는 유대인들을 자신의 통치령에서 추방했고, 더군다나 그 지역을 지나가는 여행도 거부했다.[53] 이듬해 엘자스의 유대인 요셀은 루터에게 자신을 대변하여 선제후의 여행통행권을 얻게 해달라고 청원해 왔다. 요셀은 기회가 있을 때마다 유대인 변호사로서 제국에서 활동해 오던 인물이나, 루터는 거절했다.[54] 공공연히 알려진 유대인에 대한 친근성이 이로 인해 오해되었고, 예수의 메시아성을 인정하도록 유도하고 싶었지만, 유감스럽게도 그들 자신의 종교적 확신만을 강화시켰기 때문이다. 루터는 당시 모라비아에서 유대인들이 선교하며, 유대인의 제의법, 특히 안식일 계명을 인정하고 할례를 받도록 그리스도인들을 데려갔다는 것을 이미 알고 있었다.[55] 개신교인이 된 백작 중 하나인 보헤미아의 슈릭(Schlick)이 1537년 루터에게 안식일 논쟁을 제안했다.

그 결과 루터는 1538년 「안식일 준수자에 반대하는 서신」[56]에서 약속된 메시아가 이미 왔는지 혹은 이스라엘의 죄 때문에 그의 도래가 지연되고 있는지의 문제를 우선 다루었다. 그의 대답은 다음

---

52) Bl. C3 r des Druckes Mainz 1531.
53) C. A. Burkhardt: Die Judenverfolgungen im Kurfürstentum Sachsen von 1536 an; ThStKr 70, 1897, 593ff. 비교. WAB 8, 77, 8ff.
54) WAB 8, 89ff. Selma Stern: Josel von Rosheim; Stuttgart 1959 (nachdr. München o.J. 〔1973〕), 125ff.
55) WATR 3 Nr. 3579; 비교. 1. Nr. 356. 비교. E. Zivier: Jüdische Bekehrungsversuche im 16. Jahrhundert; FS Martin Philippson; Leipzig 1916, 96ff. H. A. Oberman: Wurzeln des Antisemitismus, 168 각주 8, 177f. 각주 87f.
56) WA 50, (309) 312-337.

과 같다. 하나님은 인간의 죄와 무관하게 그의 언약을 이루시는 분이다. 그러므로 하나님은 그의 메시아 언약을 이미 이루셨고, 이스라엘 백성에게는 메시아가 오기까지 필요한 여러 제도를 주셨다(예루살렘 성전, 제사장, 예언, 정치지도자). 루터는 이어서(WA 50, 328, 8ff) 모세 율법은 항상 필요하며 이교도 역시 수용해야 한다는 안식주의의 관점을 반박한다. 모세 율법 전체는 — 루터에 의하면 — 메시아의 오심으로 사라졌다. 이스라엘은 예루살렘이 파괴된 후 더 이상 모든 율법을 지키지 않아도 된다. 할례는 모세 율법의 전유물이 아니며, 그리스도 이전에 하나님이 백성으로 삼았다는 절대적 의미를 갖고 있는 것도 아니었다. 이에 비하여 십계명은 모든 인류 역사에 적용되는 "창조시 인간의 마음속에 심어놓은"(WA 50, 331, 15f) 하나님의 요구를 담고 있다. 그것에서 분리한 것이 성서의 십계명 속에 등장하는 이스라엘 백성에게만 해당하는 몇 가지 요소들이다(상게서 331, 20ff).

　1542년 루터는 슈릭 백작의 글 하나를 입수했다. 이것은 루터의 「안식일 준수자에 반대하는 서신」에 대한 유대인측의 답글이었다.[57] 이 책이 동기가 되어 루터는 1543년 랍비-탈무드적인 유대교와의 논쟁을 다룬 『유대인과 그들의 거짓』이라는 방대한 책을 집필했다.[58] 니콜라우스 폰 리라와 파울루스 폰 부르고스 외에도 루터는 반유대적 논쟁서 두 권의 책을 더 이용했다. 1. 포르케투스 살바티쿠스(✝ca.1315):「Victoria adversus impios Hebraeos」, 파리 1520.[59] 2. 안토니우스 마가리타(세례 받은 유대인 ✝1544): 『유대교 신앙』.[60]

---

57) WATR 4 Nr.4795; WA 53, 417, 14ff.
58) WA 53, (412) 417-552.
59) 루터의 여백주기 WA 60, 236-239.
60) 루터는 1530년 아우구스부르크에서 나온 초판이나 아니면 1531년 라이

루터는 유대인을 기독교 신앙으로 개종시킬 기회는 1538년보다 더 크지 않다고 생각했고, 그 결과 논쟁하지 말 것을 충고한다. 유대인들이 예루살렘 파괴 이후 자신들의 "불행"에 관해 다만 알기를 바랄 뿐이다. 왜냐하면 만일 그들이 하나님의 구원방식을 그리워했다면, 메시아가 당시 이미 왔다는 것도 인정해야 하기 때문이다(WA 53, 417ff). 루터의 의도는 그리스도인이 유대교로 가는 것을 막고자 함이며, 그들의 신앙을 더 굳게 하는 것이다. 그 때문에 제1부(상게서 419, 22ff)에서는 유대인이 요구하는 선택의 표지(족장의 혈통, 할례, 시내산에서 율법, 약속의 땅과 예루살렘에 대한 지시)들이 구원의 확신에는 아무런 근거가 될 수 없음을 성서로 입증하려고 노력했다. 루터는 유사한 방식으로 기독교에서도 구원의 확신이 하나님의 은총의 말씀에서 도달할 수 있는 어떤 성질의 것으로 어떻게 옮겨갈 수 있는지를 거듭해서 보여준다.[61] 제2부에서 그는 다시 한번 1523년 언급했던 메시아 예언을 설명한다. 그는 인용한 본문(창 49:10과 단 9:24외에도 이제 삼하 23:2f, 렘 33:17ff, 합 2:6ff)에 대한 랍비의 주해를 전보다 더 예리하고 상세히 비판하고 있다.

회당기도에서처럼 반기독교적 적대감에서 나온 유대인들의 비방에 대해 루터는 그의 책 제3부에서 의견을 밝히고 있으며, 주로 안토니우스 마가리타의 책을 활용하고 있다. 비방이 예수와 마리아에 대해서라면, 그것은 곧 기독교인에 대한 것이라고 루터는 생각했다(상게서 518, 16ff). 기독교인에 대한 직접적인 비방에 관해서는 우물에 독약 살포와 살인제의[62] 등의 고대 반유대적 비난으로 관심

프치히에서 나온 제2판을 사용했다. 비교. WATR 4 Nr.4493 (1539년 4월 12일); 5 Nr.5504 (1542/43).
61) WA 53, 436, 26ff. 443, 28ff. 448, 7ff.
62) WA 53, 520, 11ff. 비교. 482, 13f. 522, 10f. 530, 18ff. 538, 28.

을 유도하고 있다. 그는 유대인의 고리대금에 특히 격분한다.[63] 루터는 기독교에 대한 일종의 종교적대인 유대교의 모든 고소를 진지하게 여긴 나머지 만일 침묵한다면 그리스도인들도 공통의 책임을 지게 된다고 말한다.[64] 그 때문에 루터는 제4부(상게서 522, 20ff)에서 정부가 아래와 같은 대책을 강구하여 유대인의 기독교적대행위를 중단시키라는 충고를 한다. 1. 회당의 제거, 회당은 랍비로 인해 그리스도를 비방하는 장소가 되었기 때문이다. 2. 소유물인 주거지 제거, 그곳도 비방의 장소이기 때문이다. 3. 비방으로 가득한 기도서와 탈무드의 몰수. 4. 랍비의 교육금지. 5. 백주 대로상에서 공공연한 통행금지. 6. 고리대금업 금지. 7. 예속된 위치에서 육체적 노동의 요구.[65] 루터는 프랑스, 스페인, 보헤미아 등지에서 적용된 지역방침을 마지막에 덧붙였다.[66] 기독교인들은 유대인들을 비방해서는 안 되며, 개인적으로 그들에게 위해를 가해서도 안 된다.[67] 유대인들은 기독교인들과의 사회적 교류에서 가능한 한 배제되어야 하고, 그들의 법적 지위도 더 낮추어져야 한다. 유대인들의 확신을 변화시킬 가능성이 적을수록 기독교인과 유대인 사이의 사회법적 경계는 더 확연해졌다. 랍비-유대교에 대한 거대한 종교적 한계는 루터에게 있어서 사회법적인 한계를 세우는 동력이 되었다. 교회에서 이와 동일하게 가르치라고 루터가 목사들에게 요구한 과정들이 이것을 잘 보여주고 있다.[68] 복음적인 메시아 신앙은 유대교의 메시아 대망과는 상치되며, 제2부에서 메시아 예언 본문을 다시

---

63) WA 53, 521, 9ff. 522, 14f.
64) WA 53, 522, 8ff. 30ff. 523, 3ff. 532, 2ff. 535, 25ff.
65) WA 53, 522, 34ff. 536, 23ff. 541, 25ff.
66) WA 53, 526, 7ff; 비교. 521, 1ff.
67) WA 53, 522, 36, 527, 36.
68) WA 53, (573) 579-648.

다른 결론도 이것을 보여주고 있다.

루터는 유대교 연구-한편으로는 안토니우스 마가리타와 포르케투스 살바티쿠스의 작품 강의와 다른 한편으로는 열정적인 자신의 저술-를 통해 논쟁에 개입되었고, 그 결과 1543년 포르체투스 살바티쿠스에 의해 유포된 마술사 예수에 대한 유대 전설을 번역했고, 이미 개신교 사람들이 야비하고 불쾌한 언어라고 평가한 반유대적 악담들도 다루었다.[69]

그리스도와 연관짓는 구약해석은 여전히 중요하며, 그가 생각하기에 이것만이 단 하나 적합한 해석이고, 뮌스터의 세바스티안(✝1552)의 구약 언어학은 매우 위험하다고 보았다. 1543년 삼하 23:1-7 해석인 『다윗의 유언』[70]이라는 글에서 루터는 그의 해석의 한 예를 소개한다. 그리스도의 신성과 인성에 대한 신앙과 삼위일체 신앙의 증거처럼 보이는 몇몇 다른 구약 본문의 해석도 함께 다루었다.[71] 메시아에 대한 구약성서 본문을 그리스도 중심으로 해석하는 일은 당시 이사야 9:1-6절(1543/44)과 53장(52:13-53:12, 1544년) 강의가 큰 도움이 되었다.[72]

1546년 2월 15일 아이스레벤에 체류하면서 죽기 직전 "대 유대

---

69) Vom Schem Hamphoras und vom Geschlecht Christi WA 53, (573) 579-648; 제목이 시사해주듯이 제2부(610ff)는 마 1:1과 눅 3:23 이하의 그리스도의 출생 문제를 다루고 있다. 600, 26ff는 비교. Jsaiah Shachar: The Jundensau. A medieval anti-jewish motif and its history; London 1974.

70) WA 54, (16) 28-100.

71) 비교. Die drei Symbola oder Bekenntnis des Glaubens Christi, 1538, WA 50, (255) 262-283.

72) WA 40 III, (595) 597-682 그리고 (683) 685-746. 그리스도-메시아 문제와 상관없이 1535-1545년 진행한 창세기 강의에서도 랍비해석에 대한 반대를 찾아볼 수 있다.

인 경고"라는 마지막 설교를 했다. 그는 다시금 그들의 '그리스도 비방'을 이유로 기독교 사회에서 유대인을 축출하라고 요구하여,[73] 여론에 영향을 주고자 했다. 왜냐하면 만스펠트에 있는 유대인들은 당시 그가 생각하기에 지나친 관용을 얻고 있었기 때문이다.

지난 해 그는 브란덴부르크 선제후의 친유대인 정책을 중지시키고자 시도했었다.[74] 1543년 5월 루터의 영향으로 1536년에 공포되었으나, 1539년 완화되어버린 유대인금지령이 다시 강화되었다.[75] 당시에 유대인들이 자금조달자로서 선제후궁에서 다양하게 활동하고 있다는 것을 루터는 비판의 한 요점으로 삼았다.[76] 전체적으로 볼 때 루터의 문헌적 유대교 논쟁이 가지고 있는 사회정치적 영향은 과대평가되어서는 안 된다.[77]

> 참고문헌 : Walther Bienert: Martin Luther und die Juden ; Frankfurt/M. 1982. Johannes Brosseder: Luthers Stellung zu den Juden im Spiegel seiner Interpreten; München 1972. Carl Cohen: Die Juden und Luther; in ARG 54, 1963, 38-51. Klaus Deppermann: Judenhaß und Judenfreundschaft im frühen Protestantismus; bei Bernd Martin, Ernst Schulin(Hgg.): Die Juden als Minderheit in der

---

73) WA 51, 195f; 비교. WAB 11, 275, 5ff.
74) WAB 10, 389, 16ff. 526, 8f; 11, 51, 26ff. 46ff.
75) C.A.H. Burkhardt(참고 3장 5), 597.
76) WA 53, 526, 17ff. WATR 3 Nr.3512(1536년 12월)는 데렌부르크 출신의 미하엘 유드를 언급하고 있다. 비교. Heinrich Schnee: Die Hoffinanz und der moderne Statt; Bd.1, Berlin 1953, 23ff; Bd.5, 1965, 110.
77) 비교. M. U. Edwards, 134ff.

> Geschichte, 2.Aufl. München 1982, 110-130. Mark U. Edwards JR. (참고 10장 3). Walter Holsten: Christentum und nichtchristliche Religion nach der Auffassung Luthers; Gütersloh 1932. Reinhold Lewin: Luthers Stellung zu den Juden. Ein Beitrag zur Geschichte der Juden in Deutschland während des Reformationszeitalters; Berlin 1911, Nachdr. Aalen 1973. Wilhelm Maurer: Kirche und Synagoge. Motive und Formen der Auseinandersetzung der Kirche mit dem Judentum im Laufe der Geschichte; Stuttgart 1953. Heiko A. Oberman: Wurzeln des Antisemitismus. Christenangst und Judenplage im Zeitalter von Humanismus und Reformation; Berlin 1981. Ders.: Luthers Stellung zu den Juden: Ahnen und Geahndete; bei H. Junghans (참고문헌 C), 519-530. Karl Heinrich Rengstorf, Siegfried von Kortzfleisch(Hgg.): Kirche und Synagoge. Handbuch zur Geschichte von Christen und Juden; 2 Bde. Stuttgart 1968. 1970.

3. 제국 내 교회정치적인 혼란

1540년대 들어 교회는 정치적으로 더 어려운 혼란 속에 빠져들고 있었다. 루터 역시 이러한 혼란의 와중에서 어떤 방식으로든지ㅡ물론 대부분이 조언자 혹은 신학적인 저자로서ㅡ남은 6년 동안 하나의 역할을 해냈지만, 처음의 양심적 조언이 가진 교회정치적 중요성은 드러나지 않았으며, 그 자신 역시 본인이 한 조언의 완전한 영향력을 몸으로 실감하지 못했다: 백작 필립 폰 헤센의 중혼에 대한 양심적 조언.

 필립은 17살이 되자, 작센 백작 게오르크의 딸인 크리스티네와 결혼했다. 이후 몇몇 자녀를 얻었으나, 크리스티네와의 결혼생활은 그의 육체적 욕구에 충분한 만족을 주지는 못했다. 그 결과 육체적 본능이 요구하는 대로 방탕한 삶을 살았다. 복음주의 진영에 합세한 후, 이 문제는 그의 양심을 더욱 괴롭혔다. 그는 1539년 알게 된 마이센지역 귀족 가문 출신으로 궁정에서 일하던 마가레테 (Margarete von der Sale, 1522년 출생)와 중혼하여 양심을 괴롭히는 방탕한 삶을 정리하고자 했다. 마가레테의 어머니가 합법적인 결혼[78]을 요구했기에 그는 이 문제에 대해 여러 사람에게 조언을 부탁했다. 성서적 지식을 어느 정도 갖고 있던 필립은 구약성서에 나오는 몇몇 남자들의 중혼 사상에서 그 가능성을 찾았다.[79] 그는 마틴 부처와 막역한 관계였고, 그래서 부처의 중재를 통해 1539년 12월 자신의 계획에 대한 루터와 멜란히톤의 동의를 요청했다.[80] 필립은 작센 선제후들의 정치적인 후원을 희망했다. 필립은 황제가 심판자임을 알고 있었다. 1532년 황제가 선포한 형법(die Carolina)에 의하면 중혼은 중죄에 해당했다.[81]

 루터와 멜란히톤은 필립이 사랑하는 여인이 귀족임을 알지 못했고, 은밀한 중혼이 백작에게 문제가 된다는 것도 알지 못했다. 루터와 멜란히톤은 1539년 12월 10일 의견을 제시했고, 부처와 5명의

---

78) W. W. Rockwell, 19ff.
79) M. Lenz (참고 11장 4. Anm.7), 352f.
80) 기독교인에게 중혼이 가능한지에 대해 백작에게 한 1526년 11월 28일자 루터의 견해가 남아있다. WAB 4, 140, 비교. 177, 24ff. 영국 왕 헨리 8세의 결혼 문제에 대해서 루터는 1531년 자신의 견해를 보냈다. WAB 6, 175ff. 비교. W. W. Rockwell, 6ff; W. Maurer, 101f.
81) Gustav Radbruch (Hg): Die peinliche Gerichtsordnung Karls V von 1532; Stuttgart 1960 (Reclam 2990), 80. 참고 121.

헤센 신학자들이 서명했다[82]: 하나님은 세상을 창조하면서 사람들에게 일부일처제를 제시했고(창 2:24), 그리스도께서도 그것을 확증했다(마 19:5). 그리스도인들에게 다른 형식의 결혼이 허용되어서는 안 된다. 그러나 하나님은 연약한 인간 본성을 고려하여, 그것도 자신의 백성에게, 예외로 중혼을 허용했다(신 21:15). 그렇지만 그러한 예를 인용할 수는 있으나 율법이나 혹은 공적인 책임을 가진 사람의 예를 통해서 중혼을 합법화할 수는 없다. 하나님이 인정한 중혼의 허용은 극단적인 경우에 양심이 간음이나 이혼보다는 중혼을 선택해야 함을 보여주는 것이다. 그런 어려움이 있는지의 여부는 당사자가 직접 하나님 앞에서 대답해야만 한다. 루터는 백작의 경우에서 참회자가 겪고 있는 양심의 고통을 보았다. 이러한 필립을 보고 루터는 그에게 간음을 범하기보다는 오히려 중혼을 택하라고 참회권고를 했다. 중혼은 은밀하며 개인적인 사안으로만 유지되어야 했다. 일반대중은 백작의 혼외관계를 내연관계라고 생각할 수 있었다. "왜냐하면 제후들이 내연관계를 갖는 것은 무척 흔한 일이었기 때문이다"(WAB 8, 643, 144f). 루터도 인정하고 있는 당시의 혼인법에 의하면 중혼은 명백한 위법이었다. 루터는 백작에게 그가 당시의 혼인법에서 특별한 사면을 받도록 황제에게 청원할 것을 충고할 수밖에 없었다. 황제는 그러나 백작이 겪고 있던 양심의 고통 같은 것은 고려하지 않았으며, 간음을 범죄로 여겼다. 자세한 상황을 알지 못한 채 루터는 백작의 문제를 은밀히 참회해야 할 것으로 여겼고, 자신의 충고 또한 참회자에게 주는 사제의 충고라고 생각했다. 그 결과 이 모든 일은 엄격히 함구해야 할 극히 일부 제한된 사람들만 알고 있었다. 백작은 루터가 이 일을 법적으로 예외적인 규정에 해당한다고 판정해주기를 소원했었다.

---

82) WAB 8, 638ff.

그러나 필립은 이 문제를 비밀에 부치지 못했다. 1540년 3월 4일 부처와 멜란히톤이 참여한 가운데 혼인서약과 조용한 혼인으로 중혼을 한 이후, 그것은 곧장 제후정치의 논쟁거리가 되었다. 왜냐하면 알베르트측과 선제후국 브란덴부르크의 호헨촐렌 가문은 필립이 그들의 합법적인 혼인법을 어겼다고 보았기 때문이다. 백작은 작센 선제후들과 비텐베르크 신학자들의 엄호를 구했고, 그렇지 않을 경우 루터가 참회자에게 해준 참회권고를 공개할 것이라고 알렸다. 루터는 선제후에게 필립이 자신의 참회권고를 어떻게 이해했는지를 설명했고, 백작과는 달리 처음 자신의 생각을 고집했다. 집요하게 조사를 하는 경우, 경우에 따라서는 불가피한 거짓말의 도움을 받아야 한다. 그래야만이 참회의 비밀이 유지된다.[83] 루터는 "현재까지도 로마 가톨릭에서는 영적인 결정을 내부와 외부(in foro interno und in foro externo)에 구분하여 사용하는 관례가 있다"고 주장했다.[84] 사면 혹은 무죄판결이 진솔하게 뉘우치는 양심에 주어지기는 하나, 실정법과 통용되고 있는 관습 앞에서 면죄를 가져올 수는 없다. 작센 선제후는 루터의 견해를 따랐고, 백작에게 아무런 지원도 하지 않았다.

황제는 중혼을 이유로 백작을 벌하는 대신에 1541년 개최된 레겐스부르크 제국회의에서 슈말칼덴 동맹을 약화시킬 정치적 행동에 협력하도록 요구했다. 필립은 영국과 프랑스의 왕뿐만 아니라, 클레베 공작을 슈말칼덴 동맹과 분리시키고, 재정적인 면에서 클레베 공작보다는 황제를 지원하라는 의무를 부여받았다.

헤센의 한 신학자는 1541년 구약을 인용한 익명의 한 저서에서

---

83) A. Stein (참고 8장 5), 179. 비교. WAB 9, 131ff. 146ff. 159ff. 176ff. 191ff. 고해성사의 비밀을 지키기 위한 불가피한 거짓말의 문제는 아래를 보라. W. Köhler, 135ff. 178f.
84) A. Stein (참고 8장 5), 180.

그 시대의 법과 관례 앞에서 중혼을 정당화하고자 했다. 이에 대한 루터의 반대저서는 단편으로만 남아 있다[85]: 어떠한 경우에도 이러한 결론이 도출되어서는 안 된다. 구약성서의 중혼 역시 하나님이 인정한 경우에만 해당하는 것이다. 하나님의 계명인 일부일처제를 결코 의문시해서는 안 된다.

루터가 백작을 사면했지만, 그것이 도덕적으로 판단되어서는 안 된다. 그는 무엇보다도 구약의 이스라엘 백성들에게 먼저 일어났다고 생각한 그 범위를 벗어나고자 하지 않았다. 구약의 범례에 대한 이러한 목회적 이의제기도 신학적으로는 영적인 고민거리이다. 이것은 구약과 신약에 나오는 하나님 백성 사이의 차이점은 거의 없다고 보는 루터의 역사관을 통해서만 설명된다(참고 12장 1). 그 외에도 중혼을 반대한 니콜라우스 폰 암스도르프의 판단과 비교해 볼 때 루터의 참회권고는 오로지 백작의 상황만을 고려했음을 보여 주고 있다. 니콜라우스 폰 암스도르프는 여성의 권리가 남성의 관심에 종속된다는 이유로 중혼을 반대했다.[86]

이제까지 구교진영이던 브란덴부르크 제후령과 작센 공작령은 1539년 공식적으로 종교개혁을 수용했다. 이 과정에서의 루터의 직접적 영향은 대체로 크지는 않았다.[87] 브란덴부르크 선제후 요아킴 2세(✝1571), 작센 백작 하인리히(✝1541), 그리고 그의 후계자인 모리츠(✝1553)와 루터의 친분관계는 거의 없었다. 브란덴부르크 제후령이 상당히 많은 구교적 예배의식을 유지하려 하자, 루터는 그것을 인정해 주었다. 물론 미신적인 오용을 피하고 구원과 직결되는 구속성을 부여하지 않는다는 조건 하에서였다.[88] 비텐베

---

85) 훌리치 네불로니스(Hulrichi Nebulonis)의 언급에 대한 답변, 1542, WA 53, (185) 190-201.
86) W. W. Rockwell, 323ff; A. Stein (참고 8장 5), 180.
87) G. Wartenberg (참고 10장 4), 568ff. B. Moeller (참고 10장 4), 582ff.

르크 성교회에서는 1539년 그리고 시교회에서는 1542년 성찬에서 축성을 폐지했으며, 이것은 비텐베르크가 교회예식에 있어서 자유를 보여준 한 실례가 되었다. 칼슈타트의 엄격주의에 대항할 당시에는 루터가 확고하게 고집했던 사안들이다.[89] 국가의 교회 통치가 세속정부로 인해 교회의 삶이 엄격히 통제되는 위험을 초래했듯이, 작센 백작 모리츠의 교회에 대한 제도적 규제에 루터는 비판적 입장을 표시했다. 루터는 교회와 세속정부는 또 다시 혼동되어서는 안 된다고 강조해야만 했다. 종교개혁은 국가와 교회가 대립적인 두 개의 형태라는 불행한 이해를 제거해 주었다.[90]

루터는 1539년 이후 자신의 지역 군주의 활동에 적극적으로 참여했다. 지역 군주는 작센에 인접해 있던 인근 지역에서 자신의 교회와 정치적 이득을 찾고 있던 때였다. 3개의 중부 독일 감독령인 메르제부르크, 마이센, 나움부르크에서는 베티(die Wettiner)가문이 15세기에 그들의 보호관리권을 행사했다. 1485년 라이프치히 분할협약을 통해 나움부르크는 에르네스트측이, 메르제부르크는 알베르트측이 그리고 마이센은 공동통치하기로 협의했다. 그 결과 에르네스트측은 감독을 선출하는 나움부르크 참사회를 자신의 마음대로 구성하고자 했다. 그러나 1541년 1월 나움부르크의 감독—팔츠 백작이자 프라이징의 감독이던 필립은 바이에른 교구를 지키고자 힘을 기울였다—이 죽자, 차이츠에 있던 나움부르크 참사회는 작센 선제후 몰래 그 후임자로 구교의 감독을 선임했다. 그가 바로 나움부르크 성당 수석신부인 율리우스 플룩이다.[91]

---

88) WAB 8, 620ff. 625f. 브란덴부르크 선제후 요아킴 2세와 비슷한 경향을 게오르크 폰 안할트도 가졌다(각주 21); WAB 11, 132f.
89) WAB 8, 626, 45; 10, 85, 5ff. 171, 3ff. 178, 6ff. 237, 23ff. 265, 8ff. 284, 11ff. 556, 16ff.
90) WAB 10, 436; 비교. TR 5 Nr.6407.

이 선출 결과가 작센 선제후국에 알려지기 전에 평가를 요청받은 비텐베르크의 루터, 요나스 그리고 부겐하겐은 선제후에게 법적인 틀 안에서 개신교인을 선출할 것을 조언했다. 그렇지 않을 경우, 주교직을 개혁할 다른 기회는 고대할 수 없기 때문이었다.[92] 마인츠에서 성직록을 받으며 당시 그곳에서 살던 플룩은 나움부르크의 선거 결과 수용을 1년 연기했다. 그는 1541년 레겐스부르크 제국회의가 열리자, 주교가 제국의 일에 직접 관여함을 존중하라는 황제의 명령을 프리드리히 선제후에게 내려줄 것을 요청했다. 그럼에도 불구하고 선제후는 9월 주교를 관할하는 참사회 의장이 되었다. 상황은 선제후에게 유리했다. 두 개의 주교구인 나움부르크와 차이츠의 시민들, 일부이긴 하나 귀족들도 당시 이미 개신교인이었다. 나움부르크는 이미 1536년 이후부터 루터의 친구인 니콜라우스 메들러가 개신교 총감독이 되었고, 1537년에는 나움부르크 의회가 — 작센 선제후의 후원으로 — 메들러가 제시한 교회정관을 가결했다.[93]

나움부르크 구교측이 플룩의 선출을 취소하지 않자, 선제후 요한 프리드리히는 비텐베르크 신학자들과 협의하여 후견인이며 통치자로서 직접 개신교 귀족들과 개신교 시민들에게 그가 제안한 신학자를 감독으로 선출하게 할 계획을 수립했다.[94] 그는 감독직을 개신교적인 의미로 세우고자 했다. 통치자의 권한으로 감독에게 재판의 과제, 특히 혼인을 판결할 임무를 부여함으로써 참사회를 개혁하겠다는 의도를 내비쳤다. 게오르크 폰 안할트가 후보로 거론되기도 했으나, 결국 니콜라우스 폰 암스도르프가 더 적임자로 정해졌다.

---

91) Julius Pflug: Correspondance 2, Leiden 1973, 182ff.
92) WAB 9, (310) 317f. P.Brunner, 19ff.
93) Sehling 2, 55f. 61ff; WAB 8, 129ff. 133.
94) 1541년 가을 선제후와 비텐베르크 신학자들(루터, 멜란히톤, 부겐하겐, 크루치거)이 구상했다. WAB 12, (314) 321-347.

그 역시 게오르크처럼 결혼하지 않았으나, 작센의 종교개혁 진영과 긴밀한 유대관계를 갖고 있었다.

율리우스 플룩이 1542년 1월 12일 자신의 선출을 받아들였음에도 불구하고,[95] 나움부르크, 차이츠 그리고 지역의 귀족 대표들은 1542년 1월 20일 아침 선제후가 제안한 암스도르프를 선출했다. 루터는 그 전날 밤 대표자들에게 그들이 보호자인 선제후와 협력하여 올바른 교리를 가르칠 감독을 선출하고, 법적인 결과들을 인정할 자격이 있다고 설명했다. 루터가 보기에 성당참사회와 그들이 뽑은 감독은 복음의 박해자였기 때문이다. 그는 신약성서와 고대교회의 예를 그 근거로 제시했다(WAB 9, 596ff). 루터는 1월 20일 즉시 나움부르크 성당에서 선제후와 귀족, 나움부르크 목회자들과 수많은 교인들이 참여한 가운데 암스도르프의 취임식을 거행했다.

니콜라우스 메들러는 교회에 그들의 새 감독을 소개했고, 교회는 박수로 환영했다. 루터는 설교했으며, 네 명의 개신교 목회자들과 함께 안수기도를 했다. 목사들과 교인들이 테 데움(Te Deum)을 합창하는 동안 교회의 성가대실에서 감독에게 자리가 배정되었다. 마지막 순서와 교인들의 박수가 있기까지 취임식은 비텐베르크의 목사취임 형식에 따라 진행되었다.[96] 다음날 암스도르프는 시청에서 시민들과 나움부르크 의회의 순종서약을 받았다. 한 주 후 차이츠에서도 이와 유사한 순종서약이 거행되었다. 종교개혁의 역사에서 처음인 암스도르프의 나움부르크 감독 취임을 루터는 글로 써서 정당화했다.[97]

---

[95] J. Pflug: Correspondance 2, 288ff.
[96] WA 49, XXVI ff 53, 257. P. Brunner, 60ff.
[97] Exempel, einen rechten christlichen Bischof zu weihen, geschehen zu Naumburg, Anno 1542, 20. Januarii; WA 53, (219) 231-260.

이 모든 행사의 추진력은 처음부터 끝까지 선제후였으며, 그는 법을 통해 조력했다. 그러나 이 일 자체가 모순이었다. 왜냐하면 암스도르프는 성직자들의 충성 서약으로 세속적인 통치권한을 쥐게 되었고, 이것은 개신교 감독이념에 위배되었기 때문이다. 그러나 암스도르프는 자신의 권한을 행사할 때에 선제후가 아직 폐지하지 않은 교구장의 방해를 받았다. 황제와 구교측이 나움부르크의 대주교직을 제국직할 기구로 삼으려는 뜻을 굽히지 않았기에 선제후가 이와 같은 행동으로 맞선 것이다. 황제에게 이것은 1546년 슈말칼덴 전쟁을 일으키게 한 원인이 되었다. 1541년 1월 루터는 선제후에게 현재 그가 지닌 법적인 권한의 한계를 넘어서지 말 것을 권고했었다. 이후 그는 비텐베르크 동료들과 더불어 선제후의 계획에 더 밀접하게 연계되었고, 로마의 적그리스도와 주교들에 대한 감정이 법보다 앞에 있었다.

두 번째 개신교 감독 취임식 역시 그 해에 루터가 시행했다. 제후인 게오르크(Georg von Anhalt)가 메르제부르크 감독으로 취임했다. 이 교구는 알베르트의 통치하에 있었다. 나움부르크의 경우와는 달리 이곳의 개신교 전환은 큰 마찰 없이 진행되었다. 영적인 권한과 세속적인 권한은 분리되었다. 작센의 모리츠 백작이 1544년 이것을 성사시켰고, 성당참사회는 그의 동생 아우구스트를 이 교구의 세속통치권을 가진 행정관으로 선출했다. 메르제부르크와 마그데부르크 참사회원이자, 전통적 의미로 볼 때 성직자이며, 결혼하지 않은 제후 게오르크는 영적인 문제에 보좌신부로 정해졌다.[98] 그는 1545년 8월 2일 루터에 의해 메르제부르크 성당에서 취임했다. 비텐베르크 취임증서를 견본으로 작성된 취임증서가 남아 있으

---

98) Franz Lau: Georg III von Anhalt (1507-1553), 메르제부르크 초대 개신교 감독; Wiss. Ztschr. Leipzig 3, 1953/54, 139ff.

며, 게오르크가 작성한 취임규정도 남아 있다.[99]

나움부르크 주교구와 유사하게 개신교는 마그데부르크 대주교의 세속적 통치지역에서도 역시 확고한 기반을 잡았다. 할레에 엄청난 비용을 들여 대주교관을 확장한 알브레히트 대주교는 1530년대 말까지 종교개혁적인 충동을 억압하고자 시도했었다. 그러나 재정적인 상황은 그로 하여금 1541년 특권계급을 인정하게 만들었고, 할레에서 자신의 개인적 야심을 포기하게 했다.[100] 할레 시민들은 그들이 교회생활을 개신교적인 의미로 재구성했고, 이러한 목적으로 루터의 동료인 유스투스 요나스를 지도목사로 선임했다.[101] 작센 선제후는 이미 그 나름대로 1530년대에 이제는 의미가 없어진 마그데부르크 성주라는 법적 호칭을 도입하여 할레에 개신교가 도입되도록 지원했다. 루터와 요나스는 이러한 법적 칭호가 다시 부활되기를 찬성했다. 선제후가 브라운슈바이크-볼펜뷔텔 백작 하인리히를 치고자 출전한 후, 자신이 만든 성주법을 근거로 1542년 8월 군사력으로 즉각 할레 시를 복종시키고, 알브레히트의 지위를 박탈하고자 했을 때, 루터는 즉시 그를 제지시켰다. 크게 믿을 수는 없지만, 구교측의 평화 약속이 다시 제시되었고, 평화를 원하는 선제후의 뜻도 의심되어서는 안 되기 때문이었다.[102]

그 몇 달 전-1542년 4월-루터는 프리드리히 선제후뿐만 아니라, 작센 공작 모리츠에게 긴급한 평화호소를 전했다. 왜냐하면 선제후 요한 프리드리히가 마이센 주교구령에 속한 부어첸(Wurzen)

---

99) WAB 11, 155ff. Sehling 2, 6ff. 36ff; 비교. WA 48, 228f (RN).
100) B. Moeller (참고 10장 4), 586f.
101) Sehling 2, (429ff) 434ff. Walter Delius: Justus Jonas; Berlin 1952; ders.: Die Reformationsgeschichte der Stadt Halle a. S.; Berlin 1953.
102) WAB 10, S. 199ff.

인근지역을 차지한 후, 두 베티 가문 사이에 전쟁 발생의 위험이 있었기 때문이다. 부어첸 지역은 본래 베티 두 가문이 공동으로 통치했던 지역이다. 유혈 전쟁이 일어나기 전 헤센의 필립이 중재에 성공했다. 루터는 대중에게 쓴 경고의 글에서 1525년 농민전쟁에서와 유사하게 어떤 상황에서도 법과 평화가 유지되어야 한다고 재차 고백했다.[103]

슈말칼덴 동맹 제후들은 1530년대 말 브라운슈바이크-볼펜뷔텔 공작 하인리히(†1568)와 어려운 교회정치적 문제에 빠져들었다. 그는 당시 독일 북부에서 끝까지 구교를 옹호한 마지막 제후였다. 자유제국 도시인 고스라르(Goslar)와 교황파의 통치와 실제로 무관했던 브라운슈바이크, 이 두 도시가 개신교가 되어 1531/32년 슈말칼덴 동맹에 가입하고,[104] 슈말칼덴 동맹이 1538년 브라운슈바이크에서 회의를 개최한 상황 역시 하인리히 공작을 자극했다.

당시 공작은 작센 선제후와 헤센의 방백이 자신의 통치지역을 통과하는 것을 거부했다. 이 두 제후들이 보여준 현저한 대립적 행동이 그 이유였다. 공작 하인리히는 1538년 여름 합스부르크 가문과 다른 구교측 제후들과 연합하여 소위 '뉘른베르크 동맹'을 체결한 인물이었기에 헤센의 방백이 공작의 서신을 중간에서 가로챈 후, 개신교는 공작이 교회정치적 음모를 획책한다고 의심했다.

이것이 1539년 말 두 사람의 지도적인 개신교 제후들과 하인리히 공작 사이에 반박 공방을 가져왔다. 이후 2년 동안 지속된 팸플릿을 통한 공방은 위기를 더욱 증폭시켰다.[105] 1540년 개신교 지역

---

103) WAB 10, 31ff. E. Wolgast (참고 10장 4), 262ff.
104) Gundmar Blume: Goslar und der Schmalkaldische Bund 1527/31-1547; Goslar 1969. Die Reformation in der Stadt Braunschweig, Festschrift 1528-1978; Braunschweig 1978.
105) 비교. M. U. Edwards, 145ff.

이던 튀링겐과 작센 남부에서 일어난 일련의 방화와 도시 아인벡크(Einbeck)의 파괴는 공작 하인리히 탓으로 돌아갔고, 루터는 그를 살인방화범이라고 설명했다.[106] 볼펜뷔텔 공작, 작센 선제후 그리고 헤센 공작은 서로에 대해 종교적이고 도덕적인 관점에서 잊을 수 없는 모든 것들을 팸플릿을 통해 비판했다.

이미 거센 파도가 되어버린 글을 통한 이 싸움에 루터는 선제후 측과 협의하여 1541년 개입했다. 그의 글 『한스 포르스트 반박』[107]에서 루터는 선제후를 하인리히 공작이 전가한 중상에서 벗어나게 해주었고, 그 책임을 다시 그에게 되돌려주었다. 루터는 하인리히 공작과 개신교 사이의 갈등의 주된 요인은 그리스도의 교회와 마귀의 교회(참고 12장 1) 사이에 화해할 수 없는 대립 때문이라고 생각했다. 그는 그 해에 나온 다른 팸플릿에서처럼 수사(Rhetorik)와 욕설적인 단어를 썼으며, 이것은 종말론적인 싸움에서 마귀와 적그리스도의 책동을 웃음거리로 만들고자 함이었다.[108]

이러한 팸플릿 싸움은 결국 군사적 갈등으로 비화되었다. 하인리히 공작의 독촉으로 1540년 제국법정은 고스라르시에 대해 추방을 결정했지만, 황제는 1541년 초 이 결정을 연기했다. 왜냐하면 개신교 제후들이 1541년 레겐스부르크 제국회의에 불참하겠다고 위협했기 때문이다. 제국법정은 하인리히 공작에게 고스라르시 추방 문제를 위임했다. 황제의 연기에도 불구하고 하인리히가 그것을 할

---

106) WAB 9, 205, 11ff 242, 27ff. 346 각주 7. 374, 16ff. 446, 15ff. F. J. Stopp: Henry the Younger of Braunswick-Wolfenbüttel. Wild Man and Werwolf in Religios Polemics 1538-1544; Journal of the Warburg and Courtauld Institutes 33, 1970, 200ff.
107) WA 51, (461) 469-572.
108) WA 51, 553, 18ff.

자격이 있기 때문이었다. 1542년 고스라르와 브라운슈바이크에 대해 군사적 행동을 일으키려 했을 때, 선제후 요한 프리드리히와 방백 필립은 슈말칼덴 동맹에 가입했다. 그리고 동맹도시인 고스라르와 브라운슈바이크를 보호하고자 1542년 7/8월 하인리히 공작을 상대로 출전했다. 공작은 슈말칼덴 동맹의 힘에 밀려 도주했다. 선제후와 방백은 시장을 통해 점령한 공작령 볼펜뷔텔의 교회 문제를 새롭게 정리하도록 했다.[109] 루터가 보기에 개신교의 승리는 하나님이 행한 일이었고, 때문에 자만할 일이 아니었다.[110] 루터는 곧 용병들의 무분별한 행동과 개신교 시장의 어리석은 권력정치를 한탄했다.[111]

개신교의 볼펜뷔텔 공작령 점령은 법적으로 오래 지속될 수 있는 것은 아니었다. 1543년 말 황제의 재산에 속한 지역을 양도하라는 제안이 나왔다. 개신교 제후들에게는 양도문제를 볼펜뷔텔 지역에서 개신교의 안전보장과 연관시켜야 하는지가 고민이었다. 의견을 요청받은 루터와 그의 동료들은 슈말칼덴 동맹은 이제 더 이상 볼펜뷔텔 지역의 개신교 주민들을 보호하겠다는 약속을 할 수 없다는 것에 긍정했다. 이것은 위급한 경우에 효율적인 보호 가능성이 마련되어야 한다는 말이기도 하다.

황제가 원한 점령지 양도가 수행되기도 전에 하인리히 공작은 1545년 가을 자신의 지역으로 진군했다. 그러나 그는 헤센의 필립에 의해 포로가 되었다. 선제후측에서는 방백이 구교측에 의해 설득되어 하인리히 공작을 석방하게 될까 염려했다. 이것을 방비하고 이미 형성된 여론의 동향을 설명하기 위해 루터는 선제후측의 요청으로 "포로가 된 브라운슈바이크 공작에 관하여 작센 선제후와 헤

---

109) Sehling 6 I, 4f. 12ff.
110) WAB 10, 98, 16ff. 118, 6ff. 124f. 135, 18ff. 138, 15ff. 141, 12ff.
111) WAB 10, 141, 12ff. 467, 40ff.

센 방백에게"라는 공개서신을 썼다.[112] 종교적 갈등이라는 견지에서 루터는 하인리히 공작에 대한 '지나치게 온정적인 자비'[113]를 경계했다. 왜냐하면 그는 "교황권의 몸체"를 이루는 드러난 구성원이기 때문이다(WA 54, 393, 11f). 이런 상황에서 공작에 대한 관용은 '자신도 알지 못하는 죄'(fremder Sünde)에 개입하는 것이 되며, 하나님의 분노를 자아낼 수 있다는 것이다.[114] 그는 건방진 자만심에 빠지지 않도록 개신교에게도 경고하고 있다(WA 54, 403, 23ff). 이 글은 신중한 어조에서 한스 포르스트 반박과 뚜렷한 대조를 이루고 있다. 한스 포르스트 반박이 또 다른 상황에서 하인리히 공작에 대항하는 전선을 구축하고자 했다면, 이 서신은 세심한 정치적 태도를 유도하고자 한 글이다. 이러한 차이점은 사안에 따른 루터의 다양한 출판 의도와 글의 방법을 선택함에 있어서 얼마나 그가 유연했는가 하는 것을 잘 보여준다.[115]

> 참고문헌: Peter Brunner: Nikolaus von Amsdorf als Bischof von Naumburg; Gütersloh 1961. Hans-Ulrich Delius: Das bishofslose Jahr, das Bistum Naumburg-Zeitz im Jahr vor der Einsetzung Nikolaus von Amsdorfs durch Luther: Herbergen der Christenheit 9, 1973/74, 65-95. Mark U. Edwerds Jr. s. 참고 10장 3. Paul Heidrich: Karl V und die deuts-chen Protestanten am Vorabend des Schmalkaldischen Krieges; 2 Bde. Frankfurt/M 1911. 1912. Irmgard Höss: Episcopus evangelicus. Versuche

---

112) WA 54, (374) 389-411.
113) WA 54, 392, 38; 비교. 399, 6ff.
114) WA 54, 391, 21f. 392, 35ff.
115) M. U. Edwards, 162.

> mit dem Bischofsamt im deutschen Luthertum des 16. Jahrhunderts; bei Erwin Iserloh (Hg.): Confessio Augustana und Confutatio; Münster 1980, 501-512. Walther Köhler: Luther und die Lüge; Leipzig 1912. Friedrich Koldewey: Heinz von Wofenbüttel; Halle 1883. Wilhelm Maurer: Luther und die Doppelehe Landgraf Philipps von Hessen; Luther 24, 1953, 97-120. Franz Petri: Herzog Heinrich der Jüngere von Braunshweig-Wolfenbüttel, ein niderdeutscher Territorialfürst im Zeitalter Luthers und Karls V; ARG 72, 1981, 122-157. William Walker Rockwell: Die Doppelehe des Landgrafen Philipp von Hessen; Marburg 1904. Günter Wartenberg: Martin Luther und Mortz von Sachsen; LuJ 42, 1975, 52-70.

4. 병, 마지막 영향, 죽음

루터는 천성적으로 신중하고 비범한 능력을 지닌 건강한 사람이었다. 그의 소년시절이나 수도원시절의 기록에서 우리는 병에 대한 특별한 언급을 볼 수 없다.[116] 바르트부르크 성에 들어가 외롭고 제한된 생활공간으로 인해 한 달이 지난 후 그는 변비를 앓았다.[117] 그는 1527년 이후로 협심증(Angina pectoris)을 앓고 있었으며, 1527년 7월 6일 심한 고통으로 쓰러지기도 했다.[118] 이날 루터의

---

116) H. Bornkamm (1B), 489.
117) H. Bornkamm (1B), 24.
118) 부겐하겐과 요나스의 목격 WATR 3 Nr.2922b, 81-90. 비교. WA 48, 525f. H. Bornkamm (1B), 490ff, H. A. Oberman (1B), 332ff. 가

상황을 곁에서 직접 목격했던 부겐하겐과 요나스는 루터의 기도와 자신들의 느낌을 글로 남겼다. 육체의 허약은 이후 몇 년 동안 지속되었다. 여러 달에 걸쳐 친구들에게 쓴 편지에서 한동안 중지되었던 영적인 시련에 대해 언급했다.

덴마크의 심리학자 파울 요한 라이터는 갑자기 나타나는 불안을 근거로 루터가 정신병을 갖고 있다고 주장했다.[119] 그는 필사하여 남긴 두 번째 저서[120]에서 이러한 생각을 전기를 분석한 심리학적 해석이라고 했고, 그 결과 루터는 1527년에 '인성의 파열'이 시작되었으며, 그것이 노년기의 루터를 '어린애 같은 환상의 세계'에 빠지게 했다고 말했다.[121] 라이터는 루터가 모든 병을 그 시대에는 평범했던 종교적 체험에 연관시켰다고 잘못 판단했다.

물론 특별히 강한 영적 시련은 협심증(가슴 압박증)이 주는 불안과 연관되었다. 루터의 영적 시련에서 최고의 순간은 그리스도의 복음의 증거라는 역사 속에서 자신이 차지하는 중요성에 대한 남다른 확신에서 왔다.[122] 올바른 교리를 정립해야 한다는 신학적 책임이 그를 가톨릭과의 끝없는 대립으로 이끌었고, 그는 이것을 그리스도와 사탄, 마귀 혹은 적그리스도 사이의 갈등으로 이해했다. 로

벼운 증상은 이미 1527년 1월에도 나타났었다: WAB 4, 160, 17ff.
119) Paul Reiter: Martin Luthers Umwelt, Charakter und Psychose; 2 Bde. Kopenhagen 1937/41.
120) 비교. Ulrich Becke: Eine hinterlassene psychiatrische Studie Paul Johann Reiters über Luthers; ZKG 90, 1979, 85ff.
121) U. Becke (각주 5), 88f; 91ff. 라이터에 대한 비판.
122) 비교. K. Holl(참고문헌 C), 381ff. Hans von Campenhausen: Reformatorisches Selbstbewußtsein und reformatorisches Geschichtsbewußtsein bei Luther 1517-1522; bei dems.: Tradition und Leben; Tübingen 1960, 318-342; zuerst ARG 37, 1940, 128-150.

마 교회와의 갈등 외에도 열광주의자, 성례주의자 그리고 재세례파와의 갈등도 있었다. 후자와의 논쟁은 1526/1527년에 더욱 중요하게 되었다. 그리스도의 복음의 증거자로 부름받았다는 확신은 1527년 7월 6일 자신을 괴롭히는 영적 시련이 되었고, 몇몇 다른 복음 설교자들처럼 그 해에 죽어서는 안 된다는 확신을 가져다주었다.[123] 순교가 제 몫이 아닐수록 마귀의 압박은 더 강해져 그는 더 큰 영적인 시련을 겪어야만 했다.[124] 그는 복음의 진리를 확신했고, 복음 선포에 적합한 특별한 은사가 자신에게 주어져 있음도 분명히 알았다.[125] 영적 시련은 육적이고 영적으로 곤고한 상태에서 개인의 신앙적 확신과 연관된 일이나, 이와 더불어 자신의 운명을 전적으로 세상의 판단에 의탁하고 "세상의 군주"(요 14:30)가 복음을 세상의 판단에 위임하고자 한 것은 더 심각한 문제였다.[126] 그러므로 루터는 자신의 병을 마치 바울(고후 12:7)처럼 그 자신도 겪어야 하는 사탄의 주먹질로 이해했다.[127]

1527년 여름과 가을 비텐베르크에 페스트가 다시 번졌다. 선제후는 대학관계자들에게 예나로 떠날 것을 요구했고, 루터에게도 가족을 데리고 비텐베르크를 떠날 것을 개인적으로 권고했으나, 그는 계속 남아서 강의를 지속했다.[128] "죽음을 피해 도피해야 하는지"에 대한 시급한 질문에 대해서 그는 공적인 책임을 가진 사람이나 혹은 페스트에 감염된 가족이나 이웃을 보살펴야 하는 사람은 페스트

---

123) WATR 3, 83, 13ff. 88, 17f; 비교. WAB 4, 235, 16ff.
124) WAB 4, 235, 18f; vgl. WATR 3, 82, 15ff.
125) WATR 3, 83, 26ff. 89, 15ff.
126) WATR 3, 85, 25ff.
127) WATR 3, 82, 20ff; WAB 4, 228, 5ff. 238, 6ff. 269, 1ff. 270, 4 u.ö.
128) WAB 4, 227f. 비교. 275ff. 1535년에 있은 페스트에도 루터는 비텐베르크에 계속 머물렀다. WAB 7, 206ff. 275, 10ff.

때문에 자신의 처소를 떠나서는 안 된다는 글로 답했다.[129] 다른 사람들은 떠나도 된다. 왜냐하면 하나님은 사람에게 계속 살고 싶은 욕구를 "심어주셨기"(eingepflanzt) 때문이다(WA 23, 347, 6). 루터 역시 걱정과 근심이 없지는 않았다. 1529년 이후, 특히 귀에서 윙윙거리는 울림과 현기증[130]을 동반한 두통으로 인해 건강이 쇠약해졌고, 이런 상태는 가끔 오랜 시간 지속되어 연구능력을 약화시켰음에도 불구하고 그의 연구 업적(강의, 설교, 성서번역, 서신, 집필)은 놀라울 정도로 컸다.[131]

1536년 이후 루터는 신장 결석(Harnsteinleiden)으로 고통을 겪었고,[132] 프로테스탄트 제후들의 회의에 참여하고자 슈말칼덴에 머물던 1537년 2월에는 엄청난 아픔을 느꼈다(참고 11장 5). 그는 신학자들의 모임에 참여할 수가 없었으며, 서둘러 떠나야만 했다. 8일간 배뇨의 장애를 가져온 고통스러운 이 증상은 요독증(Harnvergiftung) 초기증세로 판명되었다.[133] 1527년 7월 6일의 경우처럼 죽음이 임박했음을 느꼈을 때, 그는 다시금 부겐하겐을 불러 도움을 받았고, 부겐하겐은 루터의 유언을 받아 적기도 했다.[134] 이질(1538)과 중이염(1541)은 제쳐두고라도 반복되는 두통과 함께 결석증이 그 이후 루터를 가장 쇠약하게 했다. 두통과 현기증을 억제하고자 루터는 의사의 조언을 얻어 1543년 왼쪽 종아리에 상처를 내기도 했다. 그것이 두통을 완화시켜 준다고 했기 때문이

---

129) WA 23, (323) 338-386. 비교. H. Bornkamm (참고문헌 B), 497f.
130) H. Junghans이 이에 대해 좋은 개관을 제시해주고 있다. 18ff. 25f. 33f.
131) Alfred Dieck: Luthers Schaffenkraft; Luther 27, 1956, 35ff.
132) WAB 7, 425, 3f.
133) WAB 8, S.46ff. A. Halder, E. Matouschek, 257ff. 안네마리 할더가 더 상세히 논하고 있다.
134) WAB 8, 54ff (13, 255f).

다.[135]

　루터의 마지막 활동은 만스펠트 백작들이 오래전부터 세 개의 노선으로 나뉘어 벌여오던 갈등을 조정하는 것이었다. 원인은 부분적으로 통치권의 남용에 있었다. 오래전부터 루터는 알브레히트 백작이 올바로 통치하도록 권면해 달라는 요청을 받아 왔다.

　알브레히트는 백작들이 공동으로 통치하게 되어 있는 광산과 제련소를 독점했다. 이와 같은 광산의 독점 경영은 그에게 엄청난 경제적 이득을 가져다주었다. 그는 임대해준 제련소를 직접 운영했다. 왜냐하면 대부분의 제련소가 세습되었기 때문에 세습임차인이 가진 그들의 권리를 박탈하고자 노력을 기울인 것이다.

　루터는 백작에게 그가 분명 물질에 눈이 멀었으며, 금전적인 이득 때문에 백성들의 임대권리와 재산을 빼앗고, 노예로 전락시키면서도 창피한 줄을 모른다고 솔직하게 편지를 썼다.[136] 루터는 사회적 배려가 전혀 없는 비슷한 경향을 가진 다른 두 사람의 만스펠트 백작들 역시 엄하게 질타했다.[137] 만스펠트 백작들이 상호간에 벌이고 있던 교회적 논점들은 특히 아이스레벤의 안드레아스 교회에서의 그들의 인사권과 연관된 것이었다.[138] 세속적 성격의 다른 논쟁들은 무엇보다도 알브레히트 백작의 독단으로 인해 발생했다. 그는 루터의 중재 노력을 수용했다. 1545년 10월 초 요나스 및 멜란히톤과 함께 한 첫 번째 고향 여행에서 루터는 백작의 수용태도를 신중히 검토했다.[139] 같은 해 말 루터는 멜란히톤과 함께 다시 그 지역을 여행했지만, 협상은 아무런 결과를 얻지 못했다. 루터는 1546

---

135) WAB 10, 373f. 442;11, 301, 4ff.
136) WAB 9, 28, 80ff. 비교. 115f 그리고 10, 8ff.
137) WAB 9, 334f; 11, 190, 39ff.
138) WAB 10, 81ff. 659, 7ff. A. Sames, 595f.
139) WAB 11, 189f.

제12장 생의 마지막 해, 계속되는 제국 내 종교정치적인 경색 * 453

년 1월 말 다시 한번 만스펠트 지역, 특히 아이스레벤에 갔다. 세 명(한스, 마틴 그리고 파울)의 아들이 동행했고, 할레에서는 요나스도 합류했다. 겨울이라는 계절 조건은 여행을 무척 어렵게 했다. 힘들게 협상은 진행되었고,[140] 결국 두 개의 합의서가 작성되었다. 하나는 교회의 인사권을 백작에게 위임한 것이며,[141] 다른 하나는 적어도 몇 가지 세속적인 논쟁들을 해결하였고, 나머지를 위해 5월에 재차 협의를 재개한다는 것이었다.[142]

육체의 쇠약에도 불구하고 아이스레벤에 체류한 3주 동안 루터는 4번의 설교를 했다.[143] 루터는 아내에게 자신을 염려하지 말라는 당부의 편지를 썼다. "염려해 주어서 고맙소. 나는 당신과 모든 천사들보다 더 좋은 보호자가 있소. 그는 요람에 누워 동정녀의 품안에서 쉬고 있소. 그렇지만 동시에 전능하신 아버지인 하나님 우편에 앉아 계신다오. 그 때문에 행복하다오."[144] 마지막 날 그는 버질 또는 키케로 그리고 적절한 경험이 없이 성서를 바르게 이해한다는 것이 얼마나 어려운지를 메모에 남겼다. 그리고 루터의 메모는 이렇게 끝이 났다: "우리들은 거지다. 이것은 사실이다."[145]

루터는 2월 16일 교회 문제에 대한 합의서에 재차 서명했다. 다음날 있은 또 다른 합의에 대한 서명은 건강의 약화로 참여할 수 없었다. 요나스와 만스펠트 지역 설교자인 미하엘 코엘리우스가 이 날 숙소에서 루터의 곁에 있었다. 그리고 그 다음날 밤 이들은 루터의 임종을 지켜보았다. 이 두 사람은 루터가 불신자가 아닌 신앙적

---

140) WAB 11, 284, 3f. 285, 3ff. 286, 13ff. 291, 19f.
141) WAB 11, 367ff.
142) WAB 12, 374ff.
143) WA 51, 148-196.
144) WAB 11, 286, 8ff. 비교. 291, 4. 300, 21. 28f.
145) WA 48, 241; 비교. WAB 12, 363f.

확신에 찬 그리스도인으로서 죽었음을 입증하고자 서면으로 임종 순간의 상세한 것을 대중에게 알렸다.[146] 아이스레벤의 안드레아스 교회에 루터의 관을 안치하고 2월 19일에는 요나스가 그리고 20일에는 코엘리우스가 설교를 했다. 시신은 2월 22일 비텐베르크로 옮겨 왔다. 비텐베르크 교수요 설교자의 시신은 장엄한 의식 속에 성 교회 및 대학교회에 안치되었다. 영결예배에서는 비텐베르크 시목사인 부겐하겐이 독일어로 그리고 멜란히톤이 대학의 대표자로서 라틴어로 설교했고,[147] 설교단 앞에 매장했다.

죽기 바로 직전 루터는 황제의 군사행동에 대해 들었다.[148] 황제는 레겐스부르크 종교평화회담에도 불구하고 개신교 제후들을 용인하려 하지 않았다. 실제로 1546년 개신교 제후들에 대한 황제의 군사행동은 현실이 되었다. 루터는 트리엔트 공의회가 개최되었음도 물론 알고 있었다.[149]

> 참고문헌 : Werner Gaude: Zur Krankengeschichte Martin Luthers; Beiträge z. Geschichte der Univ. Erfurt (1392-1816) 19; Erfurt 1979/83, 113-163. Annemarie Halder: Das Harnsteinleiden Martin Luthers; Diss. med. Univ. München 1969 (masch.). Annemarie Halder, Erich Matouschek • : Über das Harnsteinleiden Martin Luthers; Sudhoffs Archiv 52, 1968, 257-263. Helmar Junghans: Luther in Wittenberg; bei dems. (참고문헌 C), 11-37. Erwin Mül-haupt: Luthers Kampf mit der Krankheit;

---

146) WA 54, (478) 487-496.
147) 2개의 아이스레벤 설교와 2개의 비텐베르크 설교: W² 21b, 3397ff.
148) WAB 11, 280, 13f. 300, 25f.
149) WAB 11, 271, 13ff. 273, 14f. 289, 11.

Luther 19, 1958, 115-123. Arno Sames: Luthers Beziehun-gen zu den Mansfelder Grafen; bei H. Junghans (참고문헌 C), 591-600. Christof Schubart: Die Berichte über Luthers Tod und Begräbnis. Texte und Untersuchungen; Weimar 1917.

원자료와 참고문헌

A) 원자료(Quellenwerke)

Luther-Ausgaben von wissenschaftlichem Rang:

WA = Weimarer Ausgabe: D. Martin Luthers Werke. Kritische Gesamtausgabe; Weimar 1883ff; mit drei Zusatzabteilungen;

WAB = Briefwechsel

WATR = Tischreden

WADB = Deursche Bibel

EA = Erlanger Ausgabe: Dr. Martin Luther's sämtliche Werke; Erlangen 1826ff;
  2. Auflage Frankfurr/M. und Erlangen 1862ff; mit den vier Zusatzabteilungen:

E ex = D. Martini Lutheri exegetica opera latina; Erlangen 1829ff.

E Gal = D. Martini Lutheri commentrius in epistolam S. Pauli ad Galatas, 1843f.

E var = D. Martini Lutheri opera latina varii argumenti; 1865ff.

Enders = Dr. Martin Luther's Briefwechel, bearbeitet von Ernst Ludwig Enders; 1884ff.

BoA(oder Cl) = Bonner Ausgabe: Luthers Werke in Auswahl, hg. von Otto Clemen; Bonn (bzw. Berlin) 1912ff.

LStA = Luther-Studienausgabe: Martin Luther Studienausgabe, hg. von Hans-Ulrich Delius; Berlin (DDR) 1979ff.

Von den älteren Luther-Gesamtausgaben ist am leichtesten zugänglich:

W = Walch: D. Martin Luthers sowohl in Deutscher als Lateinischer Sprache verfertigte und aus der letztern in die erste übersetzte Sämtliche Schriften, hg. von Johann Georg Walch, Halle 1740ff; 2. (veränderte) Aufl. Saint Louis, Mo. 1880ff.

RTA= Deutsche Reichstagsakten, jüngere Reihe; Gotha 1893ff; Nachdruck Göttingen 1962.

B) 참고문헌(Biographien)

Roland Bainton, Martin Luther; übers. von Hermann Dörries, 7. Aufl. hg. von Bernhard Lohse, Göttingen 1980. — Heinrich Böhmer, Der junge Luther; 6. Aufl. hg. von Heinrich Bornkamm, Stuttgart 1971. — Heinrich Bornkamm, Martin Luther in der Mitte seines Lebens. Das Jahrzehnt zwischen dem Wormser und dem Augsburger Reichstag; hg. von Karin Bornkamm, Göttingen 1979. — Martin Brecht, Martin Luther. Sein Weg zur Reformation 1483-1521; 2. Aufl. Stuttgart 1983. — Gerhard Brendler, Martin Luther. Theologie und Revolution, Berlin (DDR) 1983 (köln 1983). — Richard Friedenthal, Luther. Sein Leben und seine Zeit; Neuausgabe München 1982. — Hartmann Grisar: Martin Luthers Leben und sein Werk; 2. Aufl. Freiburg i. Br. 1927. — Eric W. Gritsch, Martin — God's Court Jester. Luther in retrospect; Philadelphia 1983. — H. G. Haile, Luther. An Experiment in Biography; Garden City NY 1980. — Julius Köstlin, Gustav Kawerau, Martin Luther. Sein Leben und seine Schriften; 2 Bde., 5. Aufl. neubearbeitet von Gustav Kawerau, Berlin 1903. — Franz Lau, Luther, Berlin 1959. — Marc Lienhard, Martin Luther. Un temps, une vie, un message; Paris, Genf 1983. — Walther von Loewenich, Martin Luther. Der Mann und das Werk, München 1982. — Bernhard Lohse, Martin Luther. Eine Einführung in sein leben und sein Werk; 2. Aufl.

München 1982. — Peter Manns, Helmut Nils Loose (Bilder): Martin Luther, Freiburg i. Br. 1982. — Heiko Augustinus Oberman, Luther. Mensch zwischen Gott und Teufel; Berlin 1981. — Otto Hermann Pesch, Hinführung zu Luther, Mainz 1982. — Otto Scheel, Martin Luther, 2 Bde., 3./4. Aufl. Tübingen 1921/30. — John Murray Todd, Luther. A Life; Londen, New York 1982. — Herbert Wolf, Martin Luther. Eine Einführung in germanistische Luther-Studien, Stuttgart 1980.

C) 정기간행물, 전집

Heinrich Bornkamm, Luther, Gestalt und Wirkungen; G?tersloh 1975. — Hermann Dörries, Wort und Stunde, Bd. 3: Beiträge zum Verständnis Luthers; Göttingen 1970. — Gerhard Ebeling, Lutherstudien I-III, Tübingen 1971ff. — Gerhard Hammer, Karl-Heinz zur Mühlen (Hgg.), Lutheriana, Köln 1984. — Rudolf Hermann, Gesammelte Studien zur Theologie Luthers und der Reformation; Göttingen 1960. — Ders., Gesammelte und nachgelassene Werke; Bd. 1: Luthers Theologie; Bd. 2: Studien zur Theologie Luthers und des Luthertums, Berlin (DDR) 1967. 1981. — Karl Holl, Gesammelte Aufsätze zur Kirchengeschichte, Bd. 1: Luther, 7. Aufl. Tübingen 1948. — Erwin Iserloh, Kirche — Ereignis und Institution. Aufsätze und Vorträge; Bd. 2: Geschichte und Theologie der Reformation, Münster 1985. — Hans Joachim Iwand, Gesammelte Aufsätze, Bd. 1: Um den rechten Glauben; Bd. 2: Glaubensgerechtigkeit; München 1959. 1980. — Helmar Junghans (Hg.), Leben und Werke Martin Luthers von 1526 bis 1546; 2 Bde., Berlin (DDR) 1983 (Göttingen 1983). — Hartmut Löwe, Claus-Jürgen Roepke (Hgg.), Luther und die Folgen, München 1983. — Peter Manns (Hg.), Martin Luther, "Reformator und Vater im Glauben". Referate aus der Vortragsreihe des Instituts für Europäische

Geschichte Mainz; Stuttgart 1985. — Martin Luther und die Reformation in Deutschland. Ausstellung zum 500. Geburtstag Martin Luthers (AKat); Frankfurt/M. 1983. — Wilhelm Maurer, Kirche und Geschichte. Gesammelte Aufsätze, Bd. 1: Luther und das evangelische Bekenntnis; Bd. 2: Beiträge zu Grundsatzfragen und zur Frömmigkeitsges-chichte; Göttingen 1970. — Gerhard Müller (Hg.), Die Religionsgespräche der Reformationszeit; Gütersloh 1980. — Hanns Rückert, Vorträge und Aufsätze zur historischen Theologie; Tübingen 1972. — Leo Stern, Max Steinmetz (Hgg.), 450 Jahre Reformation; Berlin (DDR) 1967. Vierhundertfünfzig Jahre lutherische Reformation 1517-1967; Festschrift für Franz Lau zum 60. Geburtstag; Berlin (DDR) 1967. — Günter Vogler (Hg.), Martin Luther. Leben, Werk, Wirkung; Berlin (DDR) 1983.

국제루터학회의 연구와 보고서(IKLF): 1. Aarhus 1956: Lutherforschung Heute, hg. von Vilmos Vajta: Göttingen 1961. — 2. Münster 1960: Luther und Melanchthon, hg. von Vilmos Vajta; Göttingen 1961. — 3. Järvenpää: Kirche, Mystik, Heiligung und das Natürliche bei Luther, hg. von Ivar Asheim; Göttingen 1967. — 4. Saint Louis, Mo. 1971: Luther and the Dawn of the Modern Era, ed. by Heiko A. Oberman; Leiden 1974. — 5. Lund 1977: Luther und die Theologie der Gegenwart, hg. von Leif Grane, Bernhard Lohse; Göttingen 1980. — 6. Erfurt 1983: Martin Luther 1483-1983. Werk und Wirkung, hg. von Helmar Junghans, LuJ 52, Göttingen 1985.

D) 포괄적인 루터 신학 연구서

Paul Althaus, Die Theologie Martin Luthers; 2. Aufl. Gütersloh 1963. — Ders., Die Ethik Martin Luthers; Güterloh 1965. — Ulrich Asendorf, Eschatologie bei Luther; Göttingen 1967. — Hans-

Martin Barth, Der Teufel und Jesus Christus in der Theologie Martin Luthers; Göttingen 1967. — Heinrich Bornkamm, Luthers geistige Welt; 4. Aufl. Gütersloh 1960. — Hans Düfel, Luthers Stellung zur Marienverehrung; Göttingen 1968. — Gerhard Ebeling, Luther. Einführung in sein Denken; 4. Aufl. Tübingen 1981. — Brian A. Gerrish, Grace and Reason. A Study in the Theology of Luther; Oxford 1977. — Friedrich Gogarten, Luthers Theologie; Tübingen 1967. — Bengt Hägglund, Theologie und Philosophie bei Luther und in der occamistischen Tradition. Luthers Stellung zur Theorie von der doppelten Wahrheit; Lund 1955. — Johannes Hekkel, Lex charitatis. Eine juristische Untersuchung über das Recht in der Theologie Martin Luthers; 2. Aufl. Darmstadt 1973. — Rudolf Hermann, Luthers Theologie; hg. von Horst Beintker; Berlin (DDR) 1967 (Göttingen 1967). — Hans Joachim Iwand, Luthers Theologie; München 1974. — Wilfried Joest, Ontologie der Person bei Luther; Göttingen 1967. — Marc Lienhard, Martin Luthers christologisches Zeugnis. Entwicklung und Grundzüge seiner Christologie; Göttingen 1980. — David Lögren, Die Theologie der Schöpfung bei Luther; Göttingen 1960. — Bernhard Lohse, Dogma und Bekenntnis in der Reformation: Von Luther bis zum Konkordienbuch; HdBDThG 2, Göttingen 1980. — Ole Modalsli, Das Gericht nach den Werken, Göttingen 1963. — Karl-Heinz zur Mühlen, Nos extra nos. Luthers Theologie zwischen Mystik und Scholastik; Tübingen 1972. — Martin Nicol, Meditation bei Luther; Göttingen 1984. — Kjell Ove Nilsson, Simul: Das Miteinander von Göttlichen und Menschlichem in Luthers Theologie; Göttingen 1966. — Otto Hermann Pesch, Hinführung zu Luther; 2. Aufl. Mainz 1983. — Ders., Theologie der Rechtfertigung bei Martin Luther und Thomas von Aquin. Versuch eines systematisch-theologischen Dialogs; 2. Aufl. Darmstadt 1985. — Albrecht Peters, Glaube und Werk. Luthers Rechtfertigungslehre im Lichte der Heiligen Schrift;

Berlin 1962. — Lennart Pinomaa, Sieg des Glauben. Grundlinien der Theologie Luthers; Göttingen 1967. — Martin Schloemann, Natürliches und gepredigtes Gesetz bei Luther; Berlin 1961. — Martin Seils, Der Gedanke vom Zusammenwirken Gottes und des Menschen in Luthers Theologie; Gütersloh 1962. — Hans Vorster, Das Freiheitsverständnis bei Thomas von Aquin und Martin Luther; Göttingen 1965. — Johannes von Walter, Die Theologie Luthers; Gütersloh 1940.

E) 루터 해석서

Werner Beyna, Das moderne katholische Lutherbild; Essen 1969. — Heinrich Bornkamm, Luther im Spiegel der deutschen Geistesgeschichte; 2. Aufl. Göttingen 1970. — Karl Forster (Hg.), Wandlungen des Lutherbildes; Würzburg 1966. — Abraham Friesen, Reformation and Utopia. The Marxist Interpretation of the Reformation and its Antecedents; Wiesbaden 1974. — Hans Freidrich Geisser (u.a. Hgg.), Weder Ketzer noch Heiliger. Luthers Bedeutung für den ökumenischen Dialog; Regensburg 1982. — Adolf Herte, Das katholische Lutherbild im Bann der Lutherkommentare des Cochläus; 3 Bde., M?nster 1943. — Hans-Gerhard Koch, Luthers Reformation in kommunistischer Sicht; Stuttgart 1961. — Karl Lehman (Hg.): Luthers Sendung für Katholiken und Protestanten; München 1982. — Berhard Lohse, Lutherdeutung heute; Göttingen 1968. — Peter Manns, Lutherforschung heute. Krise und Aufbruch; Wiesbaden 1967. — Ders., (Hg.), Zur Lage der Lutherforschung heute; Wiesbaden 1982. — Gottfried Maron, Das katholische Lutherbild der Gegenwart — Anmerkungen und Anfragen; Göttingen 1982. — Ders., Auf dem Wege zu einem ökumenischen Lutherbild. Katholische Veröffentlichung zum Lutherjahr 1983, ThR 50, 1985, S. 250-283. Bernd Moeller (Hg.): Luther in der Neuzeit, Gütersloh 1983. — Otto Hermann Pesch, Zwanzig Jahre katholische Lutherforschung; LR 16, 1966, S. 392-406. — Ders., Ketzerfürst und Kirchenlehrer. Wege katholischer Begegnung mit Martin Luther; Stuttgart 1971. — Johann Baptist Müller (Hg.), Die Deutschen und Luther. Texte zur Geschichte und Wirkung; Stuttgart 1983. — Richard Stauffer, Die Entdeckung Luthers im Katholizismus. Die Entwicklung der katholischen Lutherforschung seit 1904 bis zu Vatikan II; Zürich 1968. — Horst Stephan, Luther in den Wandlungen seiner Kirche; 2. Aufl. Berlin 1951. — Gerhard Phillip Wolf, Das neuere französische Lutherbild; Wiesbaden 1974. — Ernst Walter Zeeden, Martin Luther und die Reformation im Urteil des deutschen Luthertums; 2 Bde., Freiburg i. Br. 1950, 1952.